穿越界限

一个德国人在中国35年的传奇

[德] 乌苇·克劳特 著

龚迎新 译

Grenzueberschreitung

—— 35 Jahre in China

Uwe Kraeuter

中国青年出版社

（京）新登字083号

图书在版编目（CIP）数据

穿越界限：一个德国人在中国35年的传奇/（德）克劳特著；龚迎新译. —北京：中国青年出版社，2010.8

ISBN 978-7-5006-9481-6

Ⅰ.①穿… Ⅱ.①克… ②龚… Ⅲ.①克劳特-自传

Ⅳ.①K835.165.4

中国版本图书馆CIP数据核字（2010）第160503号

北京市版权局著作权合同登记章

图字：01-2010-5747

中国青年出版社 出版 发行

社址：北京东四12条21号

邮政编码：100708

网址：www. cyp. com. cn

编辑部电话（010）57350504

门市部电话（010）57350370

三河市君旺印装厂印刷

新华书店经销

700×1000 1/16 23印张 10插页 300千字

2010年10月北京第1版

2010年10月河北第1次印刷

定价：35.00元

本图书如有印装质量问题，请凭购书发票与质检部联系调换

联系电话：（010）57350337

人生，应该有一些变化……

1　2

3

1. 母与子
2. 16岁时
3. 1974年来中国前在自家花园

1

2 3

1. 和母亲在上海
2. 我的家和车
3. 新婚燕尔的父母

终于，我们结婚了

作者的话

2003年，非典肆虐，北京人的公共生活在很长一段时间内几近瘫痪，人人都被困在家里。就在那一段时间里我开始整理自己的私人资料，其中包括信件、笔记、媒体报道、发言稿、采访、电报和照片，从1974年我刚到中国的那一年开始。我希望把这些资料集中起来，归类存档。有好几个星期家里到处都摆满了纸盒、箱子、文件夹和信封，平时整洁的屋子被翻了个底朝天。连我自己都不敢相信能找出这么多的东西。这么多年来我没有扔掉任何东西，在电脑时代之前用打字机打的文件，我都把当时常用的副本仔细地收好；重要的传真也都完好无缺地躺在家里或办公室的书桌抽屉里；所有的电子邮件都在电脑里。我怀着兴奋的心情时而坐在地板上，时而坐在椅子上，从这些资料中再一次重温我在中国的生活，我没有办法停下来。很快资料就变成了高高的纸堆，我把每一份文件都按照时间顺序记录在清单上。当非典的危险慢慢淡去，人们又开始逛商场时，我出去买了十个大纸箱，把所有的材料按顺序放了进去，就这样在几个星期的杂乱无章后家里又恢复了往日的井井有条。

一晃三年时间过去了，在2006年的时候我才有了写书的愿望，想把自己在中国的独特生活经历写下来，算一算我在中国生活的时间已经超过了在德国生活的时间。回忆的过程就如同是一次时空旅行，在这漫长的旅行中有些时期写起来并不容易。我一直提醒自己不要用今天的眼光去书写过去，而是以当时的时期、事件和环境为背景尽可能地把我当时的个人体验和感受写出来。我觉得只有这样才能做到更真实，更坦诚，而且也更吸引人。

另外需要说明的是，我在书中用到的一些引文都是英文或者德文的，现在译者又从外文翻译成中文，在行文和用词上难免与最初的中文有出入。但为了体现历史感及现场感，仍然用作直接引语，敬请读者谅解。

目 录

序一

梅兆荣 2010年7月9日

我认识乌苇·克劳特是1995年，在波恩一家中餐馆的朋友聚会上。坐在我对面的他，金发碧眼，很是帅气。当时我任中国驻德国大使。虽然是第一次接触，我却有一见如故的感觉。但更令我惊喜的是，这位当时已在中国生活了21年的西德人对中国不仅有深刻的了解，而且表现出浓厚的友好感情，这在当时还是少见的。

早在20世纪80年代我在外交部西欧司工作时，就对乌苇·克劳特这个名字已有所闻。特别是他成功地把老舍的著名话剧《茶馆》搬上曼海姆民族剧院的舞台，并担任了50场现场翻译，使德国观众得以领会剧情。《茶馆》在欧洲舞台上获得了空前的成功，这使我对乌苇产生了敬佩之情。

1997年我奉调回国工作，乌苇曾多次约我商谈组织中德政界人士电视对话事宜，在此过程中我对乌苇有了更多的了解。他积极致力于在电影、电视、文学、艺术和传媒等领域寻求连接东西方的途径，以增进不同文化之间的相互了解。他无疑抓住了当今世界东西方关系中的一个重要课题。

这部30万字的自传，我几乎是一口气读完的。乌苇原是1974年应中国外文出版社聘请来华工作的德语专家。作品以一个外国人的视角真实地记述了他初到中国时的感受，包括外文出版社对这位“外国专家”热情周到的关怀和当时北京的城市风貌以及中国的社会风尚，一个个生动有趣的故事情节使我仿佛又重新回到了20世纪70年代。我情不自禁地得出结论：此书值得一读！

年轻的乌苇对中国怀有好感，甚至抱有某种浪漫主义的憧憬，但在中国生活工作了多年之后，中西文化的差异也不可避免地在他身上显现出来。他对某些问题常常直言不讳，甚至感情冲动，表现出十足的德国人气质，这种直接率真的态度，让他与单位和同事之间的矛盾与日俱增。在中国工作了近10年之后，就在他准备离开时，他结识了影星沈丹萍。随着中国改革开放的进展和中国朋友特别是一些负责同志的热心帮助，乌苇在中国拥有了一个真正属于自己的家；而随着矛盾、冲突的化解，他也更加理解中国，并且日益融入中国社会，有时甚至如鱼得水。

在书的后半部，乌苇以切身的感受和生动的笔触描绘了中国的巨大变化，而他的活动天地也随之不断扩大。他多次返回德国，同亲朋故友交谈，对于乌苇在德国的朋友来说，他在中国的经历和所做的事情，简直是不可思议，他们无不感慨：乌苇每一次从中国来，都带来了一股青春的气息。他们所说的“青春气息”，是指他们无法想象的中国丰富多彩的生活和发展变化，以及中国的改革开放环境给乌苇这样的外国人提供的可能性。乌苇在书里还开诚布公地探讨了很多令人感兴趣的话题，并介绍了德国人的观点和做法，这也有助于生活在不同世界的人们相互了解，拉近距离。

基于对乌苇这本书的上述理解，意识到中欧之间加强人文交流的重要性，我十分高兴为这本自传作序。相信中国的读者会喜欢这本书，有兴趣了解一个二十多岁的西方年轻人刚到中国时的体验和观察，他在35年里对中国变化的见证和感悟，他在中国是如何生活、工作和发展的，以及他是如何在中国施展才能，在人生道路上取得成功的。

乌苇同中国家喻户晓的东方美女沈丹萍结为伉俪，从而成了中国的女婿或者说他嫁给了中国。他穿梭于中德两国，努力在东西方文化之间架起理解的桥梁，他在多方面表现出自己是一个“世界人”。

序二

英达 2010年4月

乌苇是我的老朋友。

说他是“老”朋友不是说他岁数大，是指我们的交情年头长。初次见他时我还未成年，他自己也不过是一个弱冠青年而已，只不过因为是个老外，咱中国人看不出他的年龄。那会儿改革开放还远没开始，跟外国人交往尚属一件有风险的举动，即便这外国人是咱国家请来的专家。我当时怀着一种犯罪般的兴奋去参加了这次由我父母和若干外宾出席的饭局，名义上是给我一个和真正的洋人练习“英语对话”的机会，但说实话我是蹭那顿吃的去了——要知道在那个用粮票的年代里，去“康乐饭庄”撮一顿有多大的吸引力啊！一见面这个金头发的大个子就朝我伸出毛茸茸的大手自我介绍说：“我是乌苇，德国人……西德！”我不知道他为什么强调这一点，也许是因为东德“修”了，所以跟中国的关系还不如资本主义的联邦德国吧。我只知道人家真正的英语原来是这味儿的，跟咱平时学的“狼来夫拆门帽”不是一个调。那就跟人家虚心学吧！学来学去后来出国留学，美国人都纳闷为什么这个中国人的英语一股子德国腔。

后来混熟了，乌苇成了我家的常客。不光我的老爸，一干文艺界的明星像赵丹、于是之什么的都跟他成了莫逆，隔三差五的聚。我爹动辄盛赞这个从没学过表演的德国青年，说此人聪明绝顶，悟性奇高，最难得天生不知什么叫紧张，真是祖师爷赏饭，不干演员这行可惜了儿的。听得我这个自视颇高却一直不得其门而入的梨园子弟甚是不服。不料紧跟着人家乌苇就露了一手：先是随北京人艺《茶馆》剧组赴欧巡演，每到一处都由他现场同声翻译，连说带演，一人分饰各个角色，等于台上几十个老艺术家全给他一人跑龙套，这一趟周游列国风头出大了。接下来又在李翰祥的《火烧圆明园》中闪亮登场，正经演起电影来，不服还真不行。当然最令我们这些圈内外人津津乐道，或者说艳羡不已的，还是他后来和电影明星沈丹萍的爱情故事，四分之一个世纪以来，经影迷口传心授、媒体猎奇炒作包括本人主持的夫妻节目客观报道，这故事已被锻造成了传奇，在当今分合不断绯闻纷飞的演艺界熠然生辉。

如今乌苇夫妇在演艺圈有着更多的莫逆之交，我只是这些朋友之中的一个。非常幸运也十分感激他们夫妇数次光临我的节目并请我来为这部记载了乌苇非凡经历的传奇之书作序。乌苇·克劳特，在那个风云际会的动荡年代里，不远万里来到中国，先是到外文局，后来又到文艺界工作，演过电影，搞过电视，干过同传，还娶了中国的女明星，见证和参与了三十多年来我们国家文艺界乃至整个社会翻天覆地的变化。这个当年的日耳曼小伙子，满头金发早已变成了银丝，他将自己的一生都投入了这里，他是我们名副其实的“老”朋友。

忝为序。

1974年7月16日—18日

第一章

出发，向着一个完全陌生的世界

来中国前夕和继父、母亲、外婆合影留念

1. 美丽的海德堡
2. 我的大学
3. 和从小的玩伴——老友托马斯

1
2
3

人生中的重要变化

1974 年 7 月 16 日，星期二，中午时分。海德堡。

我刚刚去过银行，把仅有的一点儿积蓄都取了出来。我站在马歇尔街和豪普特街的交叉路口边，看着从我身边侧身而过的人流。中午时分这个地段总是人来人往，人们好像在比赛看谁走得快。当路边的人行道上已经没有落脚的地方时，有的行人干脆走到机动车道上。我终于把出发前要办的事情都办完了，但是还是无法相信眼前的事实。我感到很累。车辆排成长龙，缓慢地向前挪动，自行车在车的夹缝中曲折前行。马路对面是我经常光顾的一家小面包店，除了买面包外有时我也在那儿买果酱和香肠。面包店后面的马路向远处蜿蜒，一直伸展到天佑教堂。天佑教堂突兀地站在道路的尽头，好像是硬要给路边很气派的两排房子画上一个句号。教堂后面就是老城，我敢确定地说，一到晚上在任何一个餐馆里我都至少能碰到一个认识的人。我所在的学院就在那边，具有古典主义风格的学院大楼由大块的沙石建成，凸窗和拐角的挑楼伸向大街。到今天我才发现这座楼原来这么漂亮。大楼后面是古色古香的大学主楼，通过广场连接着新校区的几座教学楼。映衬在远处暗色调山坡下的教学楼看上去颇为壮观。这一切都让我感到如此的亲切，如同抬头不见低头见的老朋友，同时又让我觉得离得很远，好像我正在回视自己的过去。我的心隐隐作痛。

在豪普特街的对面是格拉本街，大部分住在老城里的大学生都经常光顾那里的洗衣房。我们常去的书店也在那里，走到路的尽头就是大学图书馆。图书馆上方的铜制屋顶在阳光的照射下闪闪发光。穿过弗雷德里希-艾伯特公园可以直接进到城堡山的地下通道，假期里我曾在那里的工地上刷墙，当时的情景还历历在目。一天我和其他几个工人站在高高的脚手架上，架子晃得厉害，好像随时都会塌下来。可恶的工头不但不帮助我们，还站在安全的地面上对我们不停地指手画脚，我一气之下把活儿给辞了。从地下通道向上延伸出一段台阶，路过警察局，马路继续向左延伸通向城堡。如果再向前走的话还有一条近路直接到克灵根塔希街，在那里有一座1650年修建的小钟楼。我刚开始上大学的时候就住在那附近的一栋楼里，石拱楼门的上方凿刻着“1843”的字样。胖胖的女房东也住在里面。房子的一边是一座犹太墓地，我从来没看到有人进去过。我的房间在四楼的房顶下面，小得可怜，带一个洗漱池，但是从窗户里可以一直看到王座山。门口的克灵根塔希街路面很陡，害得我不得不把雪铁龙2CV的车头抵在一棵高大的橡树上，免得它自己滑跑。这种车在熄火的时候挂一挡没有刹车的功效，而且手刹也不灵。手刹不灵不能怪别人，是我自己没有钱去修理。后来我搬到另外一间面积大一些也稍微亮堂一些的房间里，就在马路的对面，离纳可草坪只有50步的距离。美中不足的是做饭的地方在卫生间的一个角落里，时间一长有些难以适应。加上后来和房东又闹了矛盾，虽然我按时付了房租，他却把电给掐了。我迫不得已去法院告他，强制他恢复供电后问题才算告一段落。估计在那里也住不长了，我就开始在外面留意是否有类似的房间，后来在市中心靠外一些的法芬格顿区找到了。两个月前，也就是在5月15日我搬进了新家，但从一开始就知道在那里不过是暂住而已。我在一家租车行里租了一辆大卡车，自己开着车把双人床垫、一张用了很久的书桌、几个书架、两块地毯和一台黑白电视机都运了过去，当然还有一直陪伴着我的磁带录音机、唱机和唱片。最后我把不用的书和文件存放到了父母的家里。

新家确实不错，不但门前有一块儿小花园，后面还有后院，很适合在外面烧烤。只是最近我的心里总是忐忑不安，中国大使馆那边又不知为什么对我时冷时热，让人无所适从。我越来越觉得这可能和我的案子有关，其实从年初到现在他们一直都是这样举棋不定。他们把我叫到波恩的大使馆里去谈了好几次，其中有两次都告诉了我机票的日期，但是每次又在过了几个小时后打电话通知我说机票取消了。五个星期前他们还亲自来了一趟。他们把大使馆的轿车停在了几百米远的地方，然后徒步走到我的家门口。来访的是一男一女，都穿着深色西装，他们说不希望附近的居民看到使馆的车号后对我

石拱楼门的上方凿刻着“1843”的字样。2008 年故地重游。

议论纷纷。两个人的态度十分友善，对于我家里的简朴设施也感到很满意，尤其是我的床垫不是放在床上，而是直接摆在地上给他们留下了深刻的印象。在等待消息的那几周里我为了能分神不停地看侦探小说，其实我平时不太喜欢看这类小说。当终于知道真的要走的时候，一切都发生得太快了。在最后的两天里我开着福特家庭车把新家里的书、文件夹和唱片分几批运回了罗世镇我父母的家里，他们一直保留着我的两间屋子。

有轨电车的铃声打断了我的思路，我下意识地向回退了一步。电车紧擦着路边的石阶开过。我再一次环顾四周，眼神几乎是贪婪的，我真想把每一个细节都永远记住。天气实在是太好了，我不仅暗暗地诅咒：哪怕是下一场雨也好啊！在这里阴天是常事儿，为什么偏偏今天不是！让我感到更可恶的是这里的生活看上去似乎很好！我转过身沿着马歇尔街向下走到我的车边，每走一步都能清楚地感到脚底和地上碎石路的接触。大学食堂在书店的左边，一群大学生正从那里走过来，其中一个人向我打了个招呼。我们打招呼不是那种客气的低头致意，而是看着对方自豪地把头向上一甩。我也以同样的方式回了礼。

几周前我去曼海姆，到《共产主义人民报（KVZ）》和大家告别，那一天阳光明媚。他们的话不多，只是说这是你自己的决定。可能他们也不知道该对我说什么，显得有些不知所措。这和我想象的差不多。报社的总编辑波尔卡特·布朗贝亨斯和往常一样穿着格子衬衫，说话的口气也和往常没什么区别：“要是有时间的话，可以继续给我们写文章啊。”

决定是在半年前作出的，当时我正在法国南部的小城安提布。从 18 岁开始我就经常去安提布，最开始的原因是想接近玛丽-克洛德。只要她的长途电话一打过来而我又正好有几天的空闲，我就会跑过去一趟。这次去安提布是在圣诞和新年之间。我没有考虑太多就动身了。不安的情绪一直笼罩着我，但是我不断地安慰自己（我确实也是这么想的），我应该多想想曾经是海员的外祖父，作为他的后人我不能这样经不起事。我已经 28 岁了，我应该清楚眼前这个机会不但意味着梦想成真，也意味着希望和探险。一个完全陌生的世界将向我打开大门，我怎么能拒绝呢？虽然这将彻底改变我的生活道路。两年的时间听上去很漫长，令人胆怯。谁又能说得清楚我到底什么时候才能回来？昨晚我在晚会上见到了我的印度朋友善他努·穆克吉。他也是一个大学生，我们俩最初是在印度的加尔各答认识的。在加尔各答我见识了在世界任何其他地方都无法见到的贫困和异国情调。1971 年我在印度待了三个月，主要目的是去为我的博士论文收集一些资料。论文的主题是比较中印两国在社会经济发展方面的不同，侧重于中国在 1949 年建立共和国后和印度在 1947 年独立后的比较。初次和善他努见面时他就请我到他那儿去住，然后二话没说拿起我的行李，把我从一间虽然有些破旧但富有殖民时期特色的旅店里直接带到了他的家里。他的家不大，但还有一张空床供我休息，他的母亲和妹妹舒米达跟他住在一起。在善他努的帮助下我结识了一些当地的地下知识分子，接触到当时遭禁的《解放》期刊。他还把我带到著名的电影导演莫利奈·森的家里，在那里森给我们放了他当时的最新电影《采访》。在那段时间里，所谓的东巴基斯坦在血腥的屠杀过后从西巴基斯坦脱离出来，成为孟加拉国。加尔各答的人们对此感到无比的愤慨。一天善他努和我坐火车到 60 公里之外的边境城市波噶，下了火车后又坐人力车加步行到了人烟稀少的边境。边境上只有一个不善言语的男人站在一棵树下，他没有穿制服，气氛有些压抑。在回来的火车上我们只买到了硬座车厢的车票，我是那里唯一的一个外国人，情况突然变得很紧张。没过多久就有一个人走过来愤怒地对着我大喊了一句，说我是美国来的间谍，而美国人要对在那里发生的屠杀负责任！他的话音没落车厢里就炸开了，人们异口同声地用英语和孟加拉语来骂我。只有少数人没有参加对我的口头攻击，大部分是妇女，他们把头深深低下，盯着地面。我试图为自己辩护，说我是德国人，而且我是“孟加拉胜利”组织的同情者，但都无济于事。他们继续骂我是帝国主义的间谍，没有资格把“孟加拉胜利”这个词挂在嘴边。我感到车厢里的气氛越来越危险，不敢再开口了，我越辩解他们可能会越愤怒。坐在我对面的善他努一面苦口婆心地劝大家要保持冷静，同时还要十分谨慎不要把自己也搞成替罪羊。在忐忑不安中我们挨过了不知多长时间，火车终于到了达姆镇。大部分的人在那儿都下了车，我们总算松了一口气。善他努后来到了德国，他成熟了不少，人也更聪明了。在德国他活得如鱼得水，就和在自己的故乡一样。在昨天的晚会上他简单而不无自豪地对我说：“在人的一生中有时候就是要发生一些变化嘛！”

他的话一直在我的耳边回响，好像是对我目前心情的一个客观总结，隐含着一种必然性。动荡中的一颗心似乎又找到了依靠。

到了家以后我先上楼到自己的屋子里去收拾行李。外祖母也住在二楼。看到我后她说，你终于回来了，剩下的时间不多了，赶快去收拾行李吧。是的，我知道，我一边说一边走到阳台上。阳台的下面是一片花园，种满了树木和花草，在后面还有几棵蔬菜。我的父母最中意的是花园正中间的一棵雪松，还有阳台右边的一棵桦树。两棵树都还小，两米高左右。我喜欢更高一些的树，最好还是那种有外国名字的。我一直忘不了当时我们一起去奔斯海姆的苗木场买树的情形。回来的路上我们把车后排的椅子拿了出来，然后把树横插进雪铁龙车的后座箱里。巨大的树冠伸出车外，看上去很气派。我开车回到罗世镇时，路边的一些行人竟然给我鼓了掌。哎，到了那边我肯定会想念这几棵树的！我的父母在10年前自己动手建造了罗世镇的这栋房子，之前我们一家住在曼海姆。搬家的时候我刚满18岁，每天坐小火车去海德堡上学。之后没有多久我有了自己的摩托车，就改成了骑摩托车上学。骑了还不到一年的时间我就出了场车祸，在结冰的路面上自己摔了一跤。万幸的是我没怎么伤到，但是外祖母看不过去了，很快就给我买了现在的雪铁龙车。

进门时家里的狼狗沃尔夫在我的身边跳来跳去，一直扬着头看着我。四年前我把沃尔夫带回家时它只有几个月大，在回家的路上它也是像现在这样不停地上蹿下跳，害得我很难把牢方向盘。沃尔夫和我们一家人成了好朋友，它是一条很尽职的看家狗。沃尔夫，听话！我离开之前一定会抽时间和你玩儿一会儿，但是现在不行！

我的房间十年如一日，从搬进来到现在没有什么变化。一进门第一眼看到的是草绿色的墙纸，贴满了各个墙面。颜色是我选的，和草绿色的地毯、一黑一黄的两个沙发很适合。在橱柜的正中间有一尊孔子的石雕像，是我自己在一家古董店里看中的，让父母把它当做16岁的生日礼物送给了我。柜里还有一只西班牙的花瓶，从法国南部带回来的岩石，从阿尔高淘到的小骑士雕像，东海的贝壳，埃菲尔铁塔的模型，南汉普顿的雕花盘子，奥地利的锡制杯子。在墙角摆着几只鼓筒，两个是在摩洛哥买的，两个是从印度带来的。我最引以为豪的收藏品摆在玻璃橱里，是一株干枯的灰褐色植物，乍一看像是个木制的小矮人，上面有14个已经干枯了的花苞。我19岁那年曾去过一次以色列，在内盖夫沙漠里的一片绿洲上，我的朋友叶胡达把这棵植物从沙地里拔了出来。他对我说："我把这棵沙漠之花送给你，如果你好好保护，它可以陪伴你很长时间。你不需要给它培土，也不需要浇水。但是如果你愿意看到它开花，只要给它喷一点点的水，所有的花苞就会绽开！"

那是很久以前的事了，但是他说的太对了。每次我给它喷几滴水，花苞就会打开，只用几秒钟时间，花开得很大，就像在童话里一样神奇。我都快把它给忘了！

此刻，屋里到处都是塞满了书和文件夹的纸箱子，书架上已经腾不出地方了。我没有时间仔细考虑，直接把箱子推到了门后，眼不见为净。我对自己说：在我回来之前它们就老实地待在那里吧，反正书在箱子里也落不了灰。

我母亲把冬夏两季的衣服分类放在沙发上，只等着我装箱。她还在楼下熨衣服。幸好在过去的几天里我给自己列出了一个清单，除了衣物外我也不清楚应该还需要带什么。我的清单很长：磁带录音机，音乐磁带，空白磁带，照相机，胶卷，便携式打字机，小刀，剪刀，救急医药包，圆珠笔，钢笔，墨水，字典，法国小说（我很担心在中国会把法语给忘光了），其他一些小说，非小说，无法割舍的一些照片（包括过去几年中女朋友的照片），随身背的小包，护照，学生证，地址本，笔记本，巧克力，一张招贴画（一个美丽的裸体女子在幻影中朝着一束光芒骑马而去），针线，曲别针，鞋带，尼维雅牌润肤膏，爱娃的天使项链，日历，还有琼和宙斯在昨天的晚会上给我们放过的最新唱片。

再见啦，朋友们

在晚会上，琼送给我两张唱片，一张是给我的，一张用来在北京当礼物，她说如果我遇到一个不错的西班牙人就可以把唱片送给那个人。爱娃听到后悻悻地说在中国一定也有不错的德国人，但是他们不欢迎她去。我对她说，你又在胡说。她最后还是答应了让我带走她的银项链，上面挂着一个小天使。那是她最喜欢的一条项链，每天都戴在身上。“别碰我的项链，你什么意思？”她故作生气地说，但是并没有阻拦我。我把项链拿在手里，看着爱娃说：“如果可以，我想把它带走。”

爱娃身材娇小，满头金色的短发（她经常用指甲花染料来染头发），长着一双迷人的蓝眼睛。她是政治系的学生。听到我的话之后她凝视了我一会儿，然后低下头没有再说话。

托马斯·沃尔夫问我有没有一架好的照相机。我说有。他说他可以把他父亲去世前留给他的照相机借给我，那个相机很适合拍特写。我说不需要，但他坚持说：“需要，需要，两个相机总是比一个好。你可以用你自己的拍一般的幻灯片，用我这个拍特殊的场景，比如黑白片。”托马斯无论在冬天还是夏天总是穿木鞋。去年12月我最后一次去安提布之前忽然发现汽车坏了，托马斯二话没说就让我把他的老奥普中校车开走了。一路上车开得很顺手，从海德堡到蓝色海岸一天就到了，加上回程的路一共跑了几乎3000公里。车还到他手里时也还一切正常，没想到两天之后车突然在马路上抛锚了，一查发现发动机坏了。托马斯对我说车反正也老掉牙了，他不想和我计较，也不准备让我赔什么。托马斯和我上小学的时候就在一起玩儿，我们之间的谈话很少涉及深刻的话题，大多是家长里短的实际问题。我们都很清楚什么是谈得来的，什么谈不来。我们两个人都非常迷恋法国，喜欢模仿法国人的生活方式。我们去巴黎或者蓝色海岸时都很喜欢摄影，此外我们也爱在一起谈论汽车。虽然上了大学后我们的接触少了，但是完全没有影响到我们的友谊。我们有时还会心血来潮一起去旅行。最近我在抒欧咖啡馆里遇到他，就压低声音把我的计划告诉了他。没想到他竟不管不顾地大声重复了好几遍我的话，旁边桌上的人一定都听得一清二楚。我当时气死了，恨他不理解我为什么要格外小心谨慎地和他说话。到了告别的时候我们又和解了，他说等我走的那天他要开车亲自送我到机场去。

我的律师史蒂芬·拜尔打来电话，他让我按免提键，这样每个人都可以听到他说的话："到了那边别忘了继续革命！"

安吉丽卡对我说："我一定找时间去看你。"听上去她不像是在开玩笑。安吉丽卡有一头很长的黑发，在我们的小圈子里一向很显眼，因为她总是故意穿成很堕落的样子。

瑞纳德和我拥抱告别："我们在德若梅的家永远对你开放，"她很严肃地对我说，她说的家指的是她父母在法国南部的度假屋，"反正你也知道钥匙在哪里！"

乌伟·赫尔曼留胡子，一张孩子脸，态度总是很友好，他是一位意大利学专家，也是我们一帮朋友中唯一一个骑摩托车的。他在告别的时候说："我很羡慕你的经历。"

玛丽-克劳德把她的大狗费斯托斯也带来了，"费斯托斯！趴下！"费斯托斯像往常一样，一晚上都老老实实地待在原地。玛丽-克劳德抱着吉他给我唱了一首歌："我离开……在一架喷气式飞机上……"她的眼睛湿润了。

今天上午我把最后一个箱子放到车上，沃尔夫·史路赫特安静地站在窗边看着我。他和安吉丽卡住在对面房子的二楼。他一直看着我装车，时不时还向我招招手，面孔上看不出任何表情。我没有想到他今天会如此安静，平常他可不是这样。估计所有人都觉得我很快就要到一个比月球还远的地方了。

母亲对我说如果不喜欢那里就回来

我母亲抱着堆成小山一样的一大包熨好的衣服进来。我让她先都放在床上，然后把衬衫、睡衣和毛巾挑了出来。她不解地看着我，估计还在为我回来晚了而生气。一看到屋子里的样子她急了：

“所有的纸箱子和盒子都要一直这么堆着吗？你是怎么想的？”

我努力向她解释说，实在是找不出其他地方了。她说如果没有地方就应该把东西搬到地下室去而不是都堆在这里。我连忙反对：“地下室又冷又潮，对书不好。”她开始还不答应，但过了一会儿她开始妥协：

“好吧，那我现在去找个书架，我们把书给摆上去。也不能两年时间都把书放在纸盒子里啊！”

“太好了，真是个好主意！”我顺便告诉她托马斯和爱娃会一起来给我送机。我母亲喜欢爱娃，她一直觉得女人比男人小几岁挺好的。

楼下的大门打开了，是我的父亲卡尔-乔治回来了。他在曼海姆的一家工厂里做化学工程师。母亲说还有半个小时晚饭就好了，今天的主菜是法式牛排里脊配红菜头，我最爱吃的一道菜。说完后她下楼去继续准备。卡尔-乔治是我的继父，我的亲生父亲在二战中失踪了。失踪前他是个普通的军人，在我出生时他曾在下萨克森州易北河边的小城黑兹亚克的一家储蓄银行里做职员。我从来没有见过他。在我还小的时候我母亲曾带着我一起参加过几次老兵的大型见面会，是在火车站里，从俄罗斯战场回来的军人刚刚到。我母亲右手拉着我，左手举着一根棍子，棍子上绑了一块硬纸板，上面写着“我找提奥多·克劳特”，旁边还有一张我父亲的照片和一个数字。她把我的手抓得很紧，一次次地叮嘱我一定不要放开她的手，那里的人太多了。她说如果我丢了，她就再也找不到我了。我 12 岁的时候，她和卡尔-乔治结婚了。我的一些同班同学说他们永远也不会答应自己的母亲再婚，但我觉得这种想法很过分。我很确切，母亲再婚以后还会像以前那样疼我，也许这是我和其他孩子想得不一样的原因吧。在我母亲面前，我觉得自己不仅是个孩子，有时也是她的保护者，我其实很高兴在她的身边来了一个新的男性，我也期待着和他分享我的故事、我的经历和困惑。卡尔-乔治在 18 岁的时候也曾参军，但

“我找提奥多·克劳特。”

他的身体不太好，从那时的照片上一眼就可以看出他病怏怏的。从他的身上我很快学到了宽容和严谨，我的世界观也是在他的影响下逐渐形成的。

在楼下的用餐室里我把杯盘碗碟在桌上摆好，母亲做好的饭菜也从递菜窗口里传了出来。卡尔-乔治说在中国吃饭估计应该不成问题。是的，我也是这么想的。在阿尔及尔和马拉喀什的大马路上我都能吃得很开心。第一次用手指吃饭是在孟买，在一家拥挤的小餐馆里，当时感觉怪怪的，好像自己是个顽皮的小孩子，执意要用手指把米饭和咖喱鸡揉成一团直接塞到嘴里！餐馆里根本就没有刀叉，每个人都在用手吃。我边吃边偷偷地向对面的桌子望去，竟没有人觉得我的姿势可笑，服务员像没事儿似的走过来递给我一碗水，让我把手指洗干净。我使用筷子的技巧虽说还不算完美，但是我肯定不会挨饿。那里会有啤酒吗？是不是每天都要喝茶？我母亲忽然很认真地对我说：

“如果你不喜欢那里就回来。虽然我们没有很多钱给你，但是如果情况紧急，我们至少可以给你买一张飞机票。我在一个信封里放了一些钱，吃完饭以后给你。”

我有些吃惊……

她接着说：“你还不知道那里到底怎么样，也可能和你想象的完全不一样。你读到的东西不能什么都信。我们很为你担心，你知道的，但是我们今天不用非说这个。我只是想再说一次：政治是肮脏的。我们希望你在那里生活得愉快，而且学到很多新东西。”

“是，我知道。”我连声说是，不希望今天一家人又在同一个问题上发生争论。我很感激父母的慷慨，虽然我对未来满怀信心，但是我也很清楚只用我那少得可怜的积蓄去一个新的世界闯荡可能会有些问题。饭后我到地下室里把卡尔-乔治的大号旅行箱（他同意让我带走）和我的皮旅行袋拿了上来。旅行袋是我在土耳其的马乔利买的旅游纪念品。在房间布置和装行李方面我同样拿手。我顺利地把所有的东西都塞了进去。

餐桌上的对话

第二天早上我带着激动不已的沃尔夫去树林里散步，还和它玩了一会儿，我把骨头抛到远处让它跑去接住，然后再跑回来还给我。回家后卡尔-乔治执意要给我拍黑白特写照，他的态度从来都没有这么认真过。他让我站在窗前，帮我摆姿势调位置，说光线一定要照到我的头发上才好看。“你和你外公年轻时长得真像。”外祖母站在一边说。我耸耸肩：“那又怎么样？”她的评价让我觉得很不好意思。她继续说：

“等你回来时可能我就不在了。”

我盯着她的眼睛说：“外婆，你这是什么意思？”

“你当然知道我什么意思，我都 79 岁啦。”

我说：“你身体很好，可别这么瞎想。”

她说：“我没瞎想，也没什么可抱怨的，可是我的身体不是很好，谁知道呢……”

我被她说得不知如何作答，但又不想让她看出来。我们闲聊了几句之后我终于找到了机会走开。我说我现在必须到走廊去给在明斯特的克里斯蒂安·思格利斯特打个电话。他是我的博士生导师。他在电话上说：“这是一个千载难逢的好机会。你要好好地利用它。”他还说：“我很好奇，很想知道你能学到什么。”他问我诉讼的事有什么新的进展，检察院有什么动作。对于他的同情和支持我感到很自豪，我也很自豪有机会在他那里读博士，我向他保证，一定和他保持定期联系。

午饭我们是在阳台上吃的，比平时更讲究更丰盛，我们特意在桌上铺了白色的桌布，点上蜡烛，拿出了家里最好的餐具和刀叉。我母亲说她唯一的愿望是我每周给她写一封信，否则她不知道该如何忍受我不在身边的事实。

在吃饭的时候我们总是有很多话题可谈，与其称之为谈话还不如说是观点的交锋。那天餐桌上的对话大体如下：

卡尔-乔治：寄一封信要多长时间？

我：两周？

母亲：如果有紧急情况可以发电报吗？

我：估计可以吧。

卡尔-乔治：那里肯定有很漂亮的邮票。

母亲：对，一定要用好看的邮票！

我：希望我有一部电话。

外祖母：你可以给我加一勺汤吗？

母亲：就是有电话也太贵。

我：我又不是要你给我打电话。

外祖母：还有自行车……他们肯定会给你一辆自行车吧？

卡尔-乔治：他早就不会骑自行车了吧！

我：我当然会骑自行车！到了那边我立刻就去买一辆！

卡尔-乔治：没有黑巧克力，没有香肠，看你怎么办。

我：如果有啤酒也行啊。

外祖母：你外公总跟我说，他在上海咬了一口苹果后嘴就合不上了……那根本就不是苹果！

我：你可以把煮白菜递给我吗？

卡尔-乔治:不管怎么说你终于可以亲身经历真正的马克思主义啦,然后……

母亲：别再说了！

卡尔-乔治：然后他会后悔不已，急着要回来。

母亲：我请你不要再说了！

我:可是为什么越来越多的人对马克思主义感兴趣？总得有个理由吧。这个问题你想过吗？如果每个人都对生活很满意,活得很开心,为什么还……

卡尔-乔治：因为在这里，我们想感兴趣什么就感兴趣什么，我们有这个自由。这就是区别。

我：是，是，所以法西斯才……

母亲：都住口！你们是不是都觉得家里太平的时间太长了。你们两个人永远也不会停下来！总是政治！为什么我花这么多心思给你们做好吃的？没有一个人告诉我味道如何，我花了那么多的时间准备！

卡尔-乔治：哦，当然，当然，肉卷好吃极了，简直就是一首诗，而且最最美味是浸在里面的肉汁……所以我才说他以后肯定会后悔的，早晚会自己跑回家来。

母亲：现在你又给自己找了个台阶下来。

外祖母：等你回来时，大概也该结婚了吧。到时你得多大啦？

我：我？结婚？我不结婚。

母亲：可以给我加一点儿酒吗？……谢谢……当然你也不想要孩子。我们已经知道了。

我：每次都非说这个不可，有完没完呢。我只能再问你们一次：你们真觉得现在是要孩子的时候吗？不说你们也知道，每天在越南都发生着什么，那里的人们是如何被屠杀的，还有，在柬埔寨，上百万的人丧生，而且战争还不止发生在印度支那！我知道，你们是反对战争的，但是如果我不想随随便便地结婚，然后随随便便地把孩子生到这个不公平的社会里，你们不应该对我乱加指责！……而且，你们也应该好好想一想，我这样的想法是不是很负责任！

卡尔-乔治：结不结婚当然是你的权利，但是过不了几年你的想法可能也会改变。也可能不。谁知道。哦，外婆，当他回来后，也不会立刻就能找到一份工作，所以等等也没什么。

母亲：你是我的儿子，我非常了解你，我也可以理解你的那些愤怒。卡尔-乔治和我经常说到你，可能在你的面前我们不想承认，我们都是为了你好。其实我现在也不应该说……有时我真的很傻……我们都亲身经历了战争，我们知道战争有多可怕。我只希望你的生活是和平的。当然，你的生活你自己过，但你必须知道自己在做什么。你看，如果可能的话我们会一直支持你……给法院的信写完了吗？

我：是写给检察院的，对，写完了。明天我给你。

母亲：希望在机场上不会有什么问题。我很担心，你要是现在已经走了该有多好！

“您去中国？您的签证只有一周时间。”

7月18日。下午1点托马斯和爱娃准时来了。爱娃看上去光彩照人。她一定是想让我记住她开心的样子，希望我能高高兴兴地离开，不想让气氛变得更加复杂，我很喜欢她那份单纯。她递给我一封信，说要上了飞机以后才可以打开看。外祖母从二楼的窗户里看着我，我向她挥手。我决定开自己的车去，然后托马斯可以把它开回来，存在车库里。路上我们经过了奥波街边的一排小巧精美的房子，是我以前一直觉得很小市民气很无聊的那种精致，主要是为了说出来气我的父母。“护照和机票都带了吗？”我母亲问。“带了。”我说。“加心巧克力也带了吗？如果在飞机上没有吃的东西怎么办？时间那么长……”她接着问。“带了。”我的语气开始有些不耐烦。这时爱娃忽然大喊一声：“我必须回去！我把剃须刀忘在家里啦！”她喊得声音很大，把我们都吓了一跳，一时没有反应过来她是在开玩笑。托马斯和往常一样不怎么说话。出城后我在达姆施达特的岔路口上了高速，这一段路我很熟悉，估计闭着眼睛也不会走错。我们还经过了去奥芬巴赫的出口。母亲和我在那里曾住过一段时间，当时她在德国铁路公司的法兰克福总部工作。公司的办公楼又高又大，就在展览中心的旁边。那时我白天在歌德街的幼儿园里，晚上就到车站上去等她下班。

一进飞机场总是不免有回家的感觉。在上中学的时候我曾有两个假期在这里当搬运工，通常是上夜班，晚8点到早8点。每个小时的工资是4马克，一个晚上可以挣到48马克。有了钱就可以去旅游了。两次在这里打工都是在寒假。没事的时候我们穿着灰色的帆布工作服坐在一个大厅里，等着大喇叭里的通知。一听到某航空公司某航班要准备降落或者预备起飞，飞机马上就可以卸货或装货，我们就集合，冒着寒风坐车穿过空旷的机场到达指定位置。夜里的飞机大多是货机。有一次我站在一架飞机的货舱里，等着一个要进来的集装箱。集装箱很高，在一辆绞车的拉动下需要经过载货平板进到货舱里。

为了防止集装箱蹭到墙面，我背靠着舱壁，伸出双臂撑在集装箱上。当时我是一个人站在那个位置，没有人能看到，我觉得自己一个人的力量应该够用了。我当时也很确切集装箱的方向不会改变。绞车不断地向上移动，忽然集装箱改变了方向，向飞机的墙面撞来。我拼命地大喊起来，绞车手立刻把机器停了下来。他们把我从我的位置上救了出来。我虽然没有受伤，但是被吓坏了。之后的几个夜里我都噩梦不断，不停地想着那台机器和它发出的如同地狱般的噪音。当时我们没有见过直接去中国的飞机，到了现在也还是没有从德国直接去中国的航班。中国大使馆给我买了汉莎公司去巴黎的机票，从那儿我需要再转法航的飞机去北京，途经卡拉奇。

在办登机手续前我把写给检察院的信交给母亲。我请她在我出了关确认护照没有问题之后再把信寄出去。我在信里写到我要去中国工作两年（信的副本同时会发给我的律师），是很久以前就和中国方面约定好的，并非蓄意逃避坐牢（如果法院最后确实认定我有罪的话）。

汉莎航空柜台内的女士向我点了点头，看到行李后说：

“一个大箱子，一个旅行袋……旅行袋需要手提吗？”

我：啊……是……

她：看上去很重啊。

我：对……是书……工作需要的。

她点点头，没有再提问。我顺利地拿到了去巴黎的登机牌。

我走回到父母、爱娃和托马斯的身边。我不喜欢在火车站或飞机场上的离别，但是这一次我无法避免。我们一起坐在咖啡厅里。还没坐稳我就又站了起来，去旁边的报摊上买了《新苏黎世人》《法兰克福评论报》和法国《世界外交论衡月刊》，都是我在海德堡时必读的报刊。我回来时听到托马斯正和我的父母谈论我母亲想考驾照的事。我的父母很紧张，他们担心我的护照在最后关头会出问题。我很感激托马斯能找出一个轻松的话题让他们分神。我母亲还在想着我的远行：

“保持你的本色。”

“当然！别担心。”我回答她。

可以看得出来，爱娃一直在努力让自己镇静。她凑到我的耳边小声地说，她真希望可以和我一起走。如果我不再爱她了，我应该把她的天使项链还给她，这样她就知道了。爱娃希望我可以把她接过去，但是这将意味着一个很大的承诺，如同结婚一样，对此我还没有做好准备。我承认，我还不想就这样把什么都定下来，我希望尽可能独立地开始在中国的新生活。卡尔-乔治结账后我们站了起来，一起走到出关的口岸，在那里可以看到护照检查的全过程，很多送行的家属都站在那里。我们相互拥抱。我又叮嘱了母亲一遍："一会儿别忘了把信寄出去！"我排在一条长队的队尾。轮到我的时候我把护照、登机牌和机票都交给了边检人员。对方面无表情地看了看我的护照照片，然后抬头审视我。照片是我花一马克在海德堡豪普特大街电影院的自动照相机里拍的，看上去也就像是一马克的照片。不知是不是因为我留着大胡子，还是我的发型让他看不惯，他一页一页地仔细翻看我的护照，直到他翻到中国签证那一页。签证很醒目，占据了整整一页。

"您去中国？"他一边问我一边很有兴致地看中国签证。

"是。先去巴黎，然后去北京。"

"哦，是哪个航空公司的？"

"法航。"

"您的签证只有一周时间。"

"是……哦……"

"有意思。"

他有些诧异地又看了我一眼，中国对他来说遥远得如同外星。他慢慢地合上护照，连同飞机票和登机牌一起递给我："您可得快一点儿，到登机口要走很长的一段路。"

"谢谢。"我故意说得很轻描淡写。在关口的另一边，我把搭在胳膊上的大衣穿上（东西太多，大衣只能随身携带了），把护照和登机牌放进大衣的内兜，提上所有的行李，回头向微笑着的父母、爱娃和托马斯望过去，同时大声喊道："我必须得赶快走！"然后我开始跑，厚重的大衣向后扬了起来。过了玻璃门后我没有再回头看他们，我一直向前跑，边跑边想，妈妈一定过很长时间也不会忘记这一刻。

1974—1975

第二章

投身在历史的大潮中

和“同志们”一起下乡参加麦收

1. 魏璐诗，让我激动的名字
2. 初见傅莱
3. 够cool吧！
4. 和德语部的同事们在办公楼顶上

第 X 天

这又是我经历的第 X 天。在我的日记里去中国大使馆的那一天是“X，波恩，巴德–格德斯伯格，上午 10 点半”。巴德–格德斯伯格是中国大使馆在波恩的所在地。而今天，1974 年 7 月 18 日，在我的日历里也只有一个 X 的标志。我坐在飞机里靠窗的位置，外面是德国。A5 号高速公路上两个方向都有不少车。我能看到自己的车吗？也许他们已经开出了我的视线范围？我刚想再仔细看一眼，飞机开始向西掉头，高速公路一下就不见了。机舱内座无虚席。我忽然觉得有一种很亲切的感觉，好像自己离这些陌生的面孔很近，好像我一直都熟悉他们的长相，他们的眼睛，他们的手势和他们的声音。我觉得，就连他们在想什么我也是熟悉的。我第一次清楚地意识到我所熟悉的生活是多么的有限。在很长时间里我一直想打破这个有限，盼望着到另外一个世界去看一看……

一头金发的空姐走了过来，她的笑容很迷人：“您想喝点儿什么？当然您也可以要一份冰激凌。”

几个小时后，在巴黎的奥利机场，我已经坐进了停放在那里的一架波音 747。我是最先登机的几个人之一。在机场上我等了差不多两个小时，我试图把看到的每一个场景，听到的每一个单词都记住。我走到机场大楼的外面，很后悔没有计划在这里多停留一段时间。我很想到城里的咖啡馆去坐一坐，要一杯牛奶咖啡，或者是一杯法奇那橘汁气泡饮料，然后在投币电话里和海德堡法国学院认识的一个女老师聊天。我知道她现在就在巴黎。回到大厅之前我使劲盯着墙上的大幅化妆品广告看，我隐约感觉到从现在开始可能永远也看不到这样诱人的照片了。

一个中国人走到我的身边停了下来。我的位置在过道上。他看了看自己的票，又检查了一下座位号，然后给我打手势说他的座位在中间。我站起来让他过去。他看上去有50岁左右，戴一副黑边儿眼镜，身材魁梧，穿一身灰色中山装，就是我们称之为“毛式制服”的那种。

飞机计划在卡拉奇停一个小时。开始的时候机上只有不多的几个巴基斯坦人、中国人和欧洲人。大部分欧洲人是瑞士的技术人员，他们是去参加一个瑞士的工业展。其他人大都是使馆工作人员。忽然后面传来嘈杂的声音，说着陌生的语言，在我前面的一个乘客用德语说：“你看，是他们!”虽然声音不小，但还是有礼貌的，口气中透露出好奇，好像他看到了什么新鲜事物。我回过头去，看到进来了一群中国人，大多是男人，都穿着灰色或蓝色的中山装，慢慢地沿着过道走过来。他们好像是一起的，个个都很兴奋，互相说着什么，有的还和隔着几个人远的人在交谈。看得出来，他们一定是因为快要回家了而感到兴奋。很快飞机就起飞了。我们将在18个小时后到达北京，也就是北京时间的第二天下午。

中国大使馆的人告诉我，出版社的同志会去北京机场接我，如果我有任何问题都可以请他们帮忙。我还不是很清楚中国的出版社到底希望我在国际宣传方面做什么具体工作，虽然我们也接触过很多次了。不知是因为他们是我的上司，不便细说，还是因为他们太客气了，不想细说？他们提出的要求只是，除了德语之外我还应该掌握英语和法语（中文不需要），此外还要有一些记者的经验。当然如果我在中国历史和地理方面具备一些基础知识也是很有帮助的。我应该会用打字机。我最重要的任务是帮助准备德语出版物兼翻译文件。工作的前提条件应该还包括认同中国的政治制度，虽然这一条没有这么直接地提出来。有一次在大使馆里他们让我谈了自己对中国的看法，完全没有打断我，我估计这可能是他们测试我的一种方法。

出版社和大使馆之间好像有一些交流上的问题。3月的时候出版社请我立即动身去波恩，说那里有人等着要和我见面。我很快就过去了，可是大使馆的人说他们根本不知道这回事。4月1日出版社又给我发了一份电报——“不是愚人节的笑话”，来自北京的消息说——他们请我再去一次大使馆。后来大使馆的官员和我见了很多次面，通常是在巴德-格德斯伯格的阿登纳大街上他们的办公室里。他们请我喝茶，会客厅里悬挂着毛主席的照片。他们的态度一向非常客气，询问我的学业，我在学院里的工作经验，还有我为学生报纸写的文章。在政治问题上他们比较收敛。见了几次面之后我们谈到了我在法院被起诉的案子。他们想知道如果宣判时我在中国会发生什么情况。他们的话不多，大多是听我说。我也提出了一些关于中国的问题，但我发现他们对德国人的生活了解不多，而且对于出版社的具体要求也不是很清楚。他们无法告诉我什么时候可以动身去中国。“如果北京有了消息，我们会尽快和您联系。”

当曼海姆地方法院重新开始审理“卡奥拉巴萨案”（也叫“麦克纳马拉案”时，我对是否还能去中国的事就更加没有把握了。我是这个案子的被告之一，开始的时候有八个被告人，后来人数降到五个。去北京前的两周判决下来了，我被判八个月徒刑。我很清楚，这个判决将陪伴我相当一段时间。

1970年的夏天，我们几个人在海德堡参加了到那时为止最为激烈的一场游行示威。游行的目的是抗议美国在越南、老挝和柬埔寨的战争以及反对葡萄牙在它的殖民地莫桑比克的卡奥拉巴萨建大坝。大坝如果建成将成为非洲的第一大水电站，在当时是世界上最具争议的一个建设项目。游行是由“社会主义德国学生组织”SDS发动的，我们几个人都是这个组织的成员。那次游行还有一个最直接的原因，那就是在海德堡的欧洲城堡饭店正在举行西方国家关于发展援助的一次会议。会议的主席偏偏是美国的前国防部长及现任世界银行的行长罗伯特·S·麦克纳马拉。麦克纳马拉在1960—1968年任国防部长期间犯下了不可饶恕的罪过，他对于东南亚战争的升级、美军的大面积轰炸、凝固燃烧弹的使用，以及对于上百万越南人的阵亡、整个国家的摧毁、大片丛林的破坏都负有主要责任。美国人不但不正视他们在越南施下的暴行（美国将军威斯特摩兰曾说过：“我们要把越南炸回到石器时代！”），还用所谓的多米诺骨牌理论来为自己开脱。他们认为如果一旦对越南失去控制，其他亚洲国家就会一个接一个地倒向苏联。参加游行的我们都不相信作为世行行长的麦克纳马拉愿意真心帮助发展中国家，他们的目的不过是发放一些对自己很划算的贷款，通过资本出口控制第三世界国家的经济，让他们更加依赖西方，不但会沦为西方的市场，还要向西方提供廉价的劳动力，最终的结果是西方国家得以保全他们的利益最大化。在游行中我们高声喊道：“团结第三世界国家的人民！抗议卑鄙虚伪的会议！”

“您需要吃一点儿东西吗？”空姐的问题把我从回忆中拉了出来。

“哦……你们有冰激凌吗？不，还是给我一杯苹果汁吧。”

我们到的时候警察已经把欧洲城堡饭店包围得里三层外三层。后来成为被告的几个人看到这个架势后就把胳膊挽在一起，向警察发起了冲击。结果我们很快就和警察厮打在一起，持续了好几个小时，以至于当时在楼里开会的人都挤到窗前来观望——想象一下那是怎样的一幅画面！估计他们也想欣赏一下自己有多重要吧。那天警察出动了近700人，配备了四只水枪，两辆带催泪弹的加重汽车，还有一架直升机。同一天晚些时候麦克纳马拉宣布提前离开会议，五天之后“社会主义德国学生组织”SDS被禁。听到这个消息后在海德堡这座小城里爆发了万人大游行，此外在汉堡、慕尼黑和西柏林的人们也走上街头表示团结。

空姐开始送餐。快到了我们这一排时，我的邻座对我说：

“这次飞行的时间很长。您也去北京？”他的德语很流利。

我说：“是的，我去北京。”

“我叫王殊。”他伸出手来和我握手。

“啊，王殊先生？”我知道这个名字。握手后我向他自我介绍。

“恕我冒昧，”我问他，“您是在波恩的中国大使吗？”

“是的。”

“太巧了，”我对他说，“我最近经常去您的大使馆！”边说我边想：太让人佩服了，中华人民共和国的大使坐经济舱！

“克劳特先生？我好像在哪儿听说过您的名字……”他稍事考虑，“您是去外文出版社工作，对不对？”

他听说过我？

“对，是的，去两年。我很高兴现在终于可以去了，我对新的工作、对北京和您的国家都充满了期待！我肯定能从你们那儿学到很多东西。”

我估计他可能也听说了我的特殊情况，我曾经很详细地给大使馆的官员们讲了诉讼案的来龙去脉，而且我也给他们看过新华社在1970年6月20日发的一条消息，标题是“西德大学生抗议罪恶的麦克纳马拉”。当时这条新闻以多种语言被发送到世界各地，我们读到后感到非常自豪。文章中是这样写的：“昨天，西德的几千名大学生在巴登–符腾堡州的海德堡市为了抗议前美国国防部长及现任世界银行行长麦克纳马拉而爆发了激烈的示威游行。游行者指责麦克纳马拉的参与抱有不可告人的阴险目的。游行者高举标语口号穿过市中心，地方政府派出大批警力，对示威人群使用了水枪和催泪弹。但是示威者顽强抵抗，勇敢地和警察对峙，冲破了警察的防线，使游行得以继续进行下去。”

新闻是由新华社当时在波恩的特派员写的，估计这么多年过去后他对这篇文章已经没有什么印象了，我也不想把他带回到这一段往事上去：当时在波恩任新华社特派员的人就是王殊，后来他主持建设了中国在波恩的大使馆，然后又做了大使。

检察院完全不关心我们示威游行的动机，也不关心我们反对的到底是什么。检察官能对我们说的只有一句话：好的观点不需要用暴力传达。奥托·席利是我们的辩护律师，他在辩护词中指出很多证人没有说出真相的勇气和愿望，他们的证词实际上是继续“同参加示威的人进行另一个层面上的对抗”，而且法院“从一开始就在取证方面很明显地偏袒警方”。席利是一位温文尔雅的律师，他待人接物友善而自信。同时他的温文尔雅也给人一种距离感。他比我们年长几岁，在为我们辩护的过程中并不总是同意我们的看法，但是我们都觉得他是个值得信赖的律师。他在和警方证人的对质中妙语连珠，还巧妙地叫来了游行的围观者为我们作证，结果法官一时无法确定对我的定罪：“目前还无法证明被告人克劳特对于多名警察有人身故意伤害罪。”

我们的律师（除了奥托·席利外，还有汉斯–克里斯蒂安·史特略伯勒和艾伯哈特·贝克尔）提出申请，要求以下三位证人出庭作证，他们分别是南越临时革命政府的阮玉勇女士、美国参议员爱德华·肯尼迪和罗伯特·麦克纳马拉本人。同时我们还提出要请国际人权专家到场来分析印度支那争端，请美国科学家来解释美军使用的固体燃烧弹、气体炸弹、有毒物质及虐待在医学和心理学上对受害者的损害。法院拒绝了所有这些请求，但又不得不表示他们会在判决中考虑“这些政治因素的影响”（席利语）。

海德堡地方法院在法官兹维克的主持下于 1972 年 3 月 2 日开庭作出判决：“被告人对于美国的越南政策及对西方工业国家的发展中国家政策的批评并非狂妄之想，他们认为卡奥拉巴萨大坝将给葡萄牙殖民政府带来好处也不是无稽之谈。”但是，“我们还是决定以阻挠警察执法，破坏国家治安为由判处被告人”七个月到三年不等的徒刑，没有缓刑期。

如果案子就这样结束的话我们也可能就认了，但是卡尔斯鲁厄的德国最高法院批准了我们的上诉，就是因为他们看到了在原判中关于我们的政治观点并非狂妄之想的那句话。对于最高法院的态度我们感到欣慰，因为我们始终都认为自己的行为是顺应历史大潮的。《巴黎协定》*签署后美国的战败已经世人皆知，而在葡萄牙殖民地中寻求独立解放的运动也愈演愈烈，胜利在望。

空姐把托盘收走了，我把小桌板支起来。前面座位的人忽然把椅背压了下来，差一点儿就撞到了我的鼻子上。我也慢慢地把自己的椅背放了下去。

两个星期前曼海姆地方法院作出了最新判决（案件进入下一审后审判地点发生了变化）。庭审的那几天场面十分混乱，有一次一名被告忽然张口大喊：“法院是帝国主义和杀人凶手的帮凶！”法官很气愤，威胁说要休庭，首席检察官也在观众的谩骂中离庭。后来观众被禁止入场，我们对此表示了强烈的抗议：“没有公众的参与就没有任何意义！他们走我们也走！”我们向外走的时候警察极力阻挠，但是观众一直护着我们。我们一直都相信自己不是罪犯，我们谁也不愿意成为像麦克纳马拉那样的人，而法庭正在颠倒是非。但是德国的部长们伸开双臂欢迎他，我们无法理解为什么德国的部长们能把麦克纳马拉之流当做座上宾，反过来他们也不理解我们。我参加示威游行的时候 24 岁。当时我们提出了很多问题，但是我们没有得到答案。我们反对的并不是国家政权，而是罪恶的战争、殖民主义和对第三世界的剥削。但是国

---

* 即《关于在越南结束战争、恢复和平的协定》，由越南民主共和国、越南南方共和临时革命政府与美国和越南共和国四方于 1973 年 1 月 27 日在巴黎签订并立即生效。——编者注

家认为我们的行为侵犯了国家权利，所以一定要把我们关起来。

我们分别被判入狱 5 个月到 12 个月，没有缓刑期，我的刑期是 8 个月。宣判刚一结束，我们中的一个人已经喊了出来：“你们不是在宣判罪行，你们是在宣判良心！”法官粗暴地打断了他。

在巴黎的时候我曾经拜访过南越临时革命政府的代表阮玉勇女士。她后来给检察官写了一封信，在法庭上法官没有能够阻止这封信的当场宣读。在信中阮女士对“被无端控告的朋友们表示手足般的情谊和支持”，被告的行为是“为了抗议以麦克纳马拉等人为首的美国对越南的侵略，他们表现出了对正义与和平的追求”，此外她非常肯定地说我们的努力“毫无疑问将在德国和世界各地得到大多数人的同情和支持”。她的评价对于我们来说比法院的判决更重要。

北京的出版社对于我的诉讼案开始时意见不一，据说后来是由于“上面”最后拍了板，大使馆才敢把签证发给我。在法院宣判之后没有几天，大使馆的官员提出要请我吃饭，吃饭的时候他们对我问长问短，让我非常感动。负责文化的一位官员对我说：“出版社让我们给您带话，说他们很期待和您的合作，也很高兴很快能在北京见到您。”三天之后我就收到了机票。

飞机在卡拉奇降落。我看了一下手表，德国时间大约 6 点半，当地时间估计快到中午了。窗外的机场在热气中发光。乘客必须带上随身物品先出舱，我们簇拥着走到了外面。我不理解为什么大家不能有秩序地走出去。出了机舱后我拿到一张转机卡。太阳很晃眼，满眼看到的都是巴基斯坦人，有的人穿着传统的服饰，有的穿西装。妇女们很喜欢艳丽的带金色装饰的袍子。我在花花绿绿的免税店里逛了一圈，很庆幸停留时间只有一个小时。新上来的乘客几乎都是巴基斯坦人。

“我们的国家是一个发展中国家，”飞机快到北京时大使对我说，“我们属于第三世界。虽然这么说，我觉得还是需要指明，我们在过去的 25 年中作出的成绩是有目共睹的。如果您在 1949 年解放前曾到过中国，就会明白我的意思。区别实在是太大了。”

“那说明我来晚了，”我笑着答道，“但是我去过其他几个发展中国家，我还是可以比较的。”他也坦诚地笑了笑，告别的时间到了。

一个中国人把我称做“同志”

我沿着过道走出来，时间是晚上 6 点 1 刻。一股热浪迎面袭来。机场只停靠了屈指可数的几架飞机。蓝天映衬下的机场上几乎鸦雀无声。我们走了大约 150 米，进到一座大楼里。楼的外面悬挂着一幅毛泽东画像，下面是一条用中英文写的横幅：“我们的朋友遍天下！”在楼里一块长条形的平台上站满了人，他们有的招手，有的呼喊，我旁边的一些中国人好像已经认出了接他们的人，也喊回去，有的使劲地挥着双臂。在护照检查口我们需要填写三张表：一张入境表（在中国停留的目的和时间，谁是接待单位等），一张健康申报表，一张进口关税物品表（照相机、手表、录音机以及外汇的具体金额等）。我一边排着队一边不停地出汗，心里感觉有点儿慌。我把袖子挽了起来，解开衬衫最上面的纽扣。有的中国人拿出纸扇来扇。这时一个中国人走到我的面前，看上去中等年纪，穿一件白色的衬衫（其实周围所有的人都穿白衬衫）和一条灰色的麻质长裤。“您是乌苇·克劳特先生吗？”他用德语问我。我点头说是，他很友好地向我笑了笑。“别着急，您慢慢排队，”他说，“我是出版社派来的，我叫马节，我们都在出口的外面等您。”说完后他转身走了。一位穿着人民解放军

20世纪70年代的北京首都机场。

绿色制服的年轻女子检查我的护照和所有表格，她认真地看我的照片然后仔细地打量我。看完后她开始写，写了好一会儿，我也不知道她都在写什么，写完还在纸上重重地盖了几个戳。最后她把进口关税物品表还给我，“这个表格请您保管好，出境时需要带来。”她用英语对我说，口气很严肃，同时把护照也还给了我。“谢谢!”说完后我充满期待地望着她，她只是从嘴角挤出了一丝小得不能再小的笑容，转头去叫下一个人。

每个人都推了一个行李车，可是我不知道他们都是从哪里找到的。我拖着沉重的行李，腋下夹着大衣缓慢地向外走。在外面等待我的是一个由八人组成的欢迎团。领队的是一个上了年纪头发花白的人，他笑着和我打招呼。他是外文出版社负责图书出版的主任，别人都叫他邱同志。出关前我已经见过的马节做翻译，把大家一一介绍给我。他们中有三个人会说德语，其中两个人在出版社工作，另一个窦同志在友谊宾馆工作。我以后就住在友谊宾馆里。其中还有一个人是从国务院外国专家办公室来的。剩下的都是出版社的员工。我们一起从大厅里走出来，他们把我的行李都接了过去。一辆黑色的大轿车开到我们面前，车又长又宽，很气派。来接机的大部分人现在又开始和我一一道别。他们让我坐在副驾驶的位置，三个会说德语的人坐在后座上。车开动后其他人向我们招手致意。车里宽敞得如同一间起居室。“这辆车真不错!”我脱口而出。马节说：“这是我们自己造的红旗车。”他向我介绍：“当苏联和我们的关系好的时候我们就已经开始制造红旗车，技术是从苏联人那里学到的。”我看着他笑了笑，心想原来这样的话是可以说的。

离开机场后车开上了一条笔直的柏油乡间路，路的两边长着成排的杨树，树的后面是宽阔的平地。车开得不快，车窗大开着，可以听到知了高高低低此起彼伏的叫声，让我感到很亲切。就是在法国南部，知了也从来没有这么大的嗓门，是不是品种不太一样？路上车不多，有几辆轿车，几辆卡车，偶尔还能看到一些自行车。“我们现在去友谊宾馆，先让您看一下房间。”一个同事对我说。他看上去是很努力上进的那种人，人长得消瘦，瘦得脸都有一些凹陷，我一时没有记住他的名字。“之后我们请您在饭店里吃一顿便饭。”“哦，”我说，“其实我不饿，在飞机上吃了不少。”他们的回答是清清嗓子和礼貌地微笑。“我想您还是能吃进去一点儿的。”马节说，“这可是您在中国的第一顿饭啊。”他的德语说得真好。我意识到我已经不在海德堡了，不能再像从前那样想怎么说就怎么说。同事继续说："从明天开始您可以好好休息几天。我们会带您去看一些北京的名胜古迹。如果您同意，窦先生明天就带您在饭店里转一转。""我当然同意。"我答道。窦戴一副眼镜，很细心的样子，他对我说："友谊宾馆是亚洲最大的饭店，在那里您很有可能会迷路。"

我们到饭店的时候天慢慢黑了。进了大门后车拐向东南方向，在南边的第一栋楼前停了下来。两个饭店里的员工立刻走了出来。楼有三层高，一条碎石铺的小路延伸到大门口，小路两边隔一段距离有一把长椅。院子里长满了高大的树木和茂密的灌木，乍一看像是一座公园。除了我们一行人我没有看到别人。我们拾级而上，每一层有三间屋子，一间朝西，一间朝南，一间朝东。我的房间是在最高层的中间，81242号。窦帮我打开房门，让我先进，其他人随后跟了进来，一人拿了一件我的行李。房间比我想象的要大一些，窦仔细地给我介绍里面的种种设施。在起居室里有一张小圆桌，两把座椅，一张书桌（上面有一部很老式的电话和一个桌历），一个木制的书架；在卧室里有一个大衣柜。两个房间里都铺着深色的木地板。厨房（里面也有一张桌子和两把椅子）和卫生间都很宽敞，铺了瓷砖。我很满意，美中不足的只是卫生间没有窗户，但是我觉得没有什么可抱怨的。

瘦同事对我说："出版社里的外国员工都住在这里。"他还告诉我房租由出版社来支付。这里每天都有人打扫，如果有要洗的衣服可以直接交给饭店的服务员，但是洗衣费要自己付。他掏出一个棕色的信封交给我，笑着说他们明天要带我去城里最有名的购物街，可能我会需要钱。他说信封里装了300元，是从我的工资中预支的。他让我好好数了一遍，然后在一张纸条上签字。我不好意思数，直接签了字。他看了一下表："我们应该马上去食堂，已经有点儿晚了。"

去食堂的路看上去不长，我想也许我们可以走路过去，正想着司机已经把车给锁上了。"啊，在这里你们也需要锁车吗？"我问瘦同事。"什么意思？"他不知所措地反问我，又看了司机一眼。我重复了一下我的问题，但他还是没有听懂。

在食堂里我们上了二楼，大厅里一个人也没有。我们坐在离厨房最近的一张桌子旁，司机也和我们坐在一起。一个年轻的服务员走过来，圆脸上带着羞涩的表情，穿白色上衣，蓝裤子，她问我："您想要西餐还是中餐?"马节说我可以选择，我说当然是中餐了。在马节和瘦同事点菜的时候，窦给我介绍食堂的情况，说这里菜单每天一换，主要是为住在这里的外国专家开的，一天三顿，都是优惠价。他说我当然也可以去饭店里的其他地方用餐，比如说在主楼的餐厅，但是价格就要贵多了。我开始感到有些疲倦，但是窦继续给我介绍饭店。友谊宾馆是 1954 年建成的，一共有 3000 张床位。饭店是专门为从苏联和东欧来"帮助中国建设社会主义"的技术人员、工程师和顾问而修建的。1960 年 7 月赫鲁晓夫把他们统统都召了回去，饭店一下子就空了。现在这里住了四百多个外国人，他们来自拉丁美洲、非洲、西欧和亚洲，包括阿拉伯国家，此外在这里还经常举办大型的会议，有时几千人同时开好几个星期。

瘦同事插话进来，说出版社的同事们都很想认识我，还有在《北京周报》工作的人，我将来也会在那里工作。马节说我是他们单位第一个从西德来的外籍员工，以前只有奥地利人和瑞士人，当然在 1960 年前还有一些东德人。

我听到身后有人在说话，开始我没有在意，直到马节给我打手势，让我回头，我才发现那个羞涩的女服务员正站在我的右手边准备上菜，她想让我挪挪身，但说话的声音很小："同志?"我忽然感到很激动。她用一种再自然不过的方式把我当做同志，一个中国人叫我同志！我觉得很自豪也很光荣。在中国每个人都是同志，我很高兴地发现自己已经成了他们中的一员。

友谊宾馆怎么会是"家"

在中国的第一夜很热，我翻来覆去睡不着，除了不适应高温外，我还不停地做梦，多次惊醒，后来我不得不起来，打开灯在屋里徘徊。我仍沉浸在过去 24 小时的兴奋之中，禁不住好奇地向窗外望去，黑暗的街上一切都静悄悄的，没有任何动静。天蒙蒙亮时，我完全睡不着了。我无法按捺内心的激动，又不知道应该做什么。我打开行李把衬衫和长裤挂在衣柜里，书摆在书架上，照相机放在抽屉里。我忽然很想听音乐。电源插头在哪里?找到后发现和磁带录音机的电源不配套。我开始怀疑在这里是否还能听到音乐。在小圆桌上我发现有一罐茶，桌子下边还有一只红色的大号暖瓶。奇怪，谁会需要这么多的热水?到目前为止我很少喝茶，除非没有其他任何东西可以喝。

估计这个习惯很快就要改变。在厨房里东西很齐全，除了很多玻璃杯外还有筷子、中式炒菜锅和各式锅碗瓢盆。好像这里住着一家人，天天都要开火做饭似的。

门外忽然传来响动，我打开门，看到一只大号暖瓶，里面是刚烧开的热水。在过道的右边有一个年轻的小伙子，正把一只暖瓶放在隔壁房间的门口。我对他说："谢谢!"

他对我点点头，然后非常慢地一个字一个字地用英语说："您——是——新——来——的——客——人?"

我说是的。

他给了我一个很灿烂的笑容，这次他的语速加快了一些："欢迎您到友谊宾馆来!"

他连说带比划地让我知道我可以把用过的暖瓶放在门口。我立刻照办，把新的拿了进来。我把茶叶放在玻璃杯里，倒上沸腾的热水，一部分茶叶留在杯底，其他的慢慢漂了上来。水很热，我等了好一会儿才敢喝第一口。我坐在椅子上，望着对面白色的墙面，想象着将来可以在上面挂什么。我看了一下手表，如果没有记错的话现在食堂应该已经开门了。在海德堡的时候我从来没有认真吃过早饭，估计在这里也不会有太大的改变。我走进卧室，把通向小阳台的门打开，热浪又一次扑面而来。路上仍旧很安静，但是和夜里的安静有些不同，现在可以看到一些骑自行车的人。有单个的，也有成群结队的，经常是几辆并排，速度都不快，没有人超车，有的人还边骑边和旁边的人聊天。我看到很多草帽，男人穿白衬衫，女人穿白上衣，裤子的颜色什么都有。打破沉静的是偶尔传来的悦耳清脆的车铃声，让我不由自主地想到圣诞节。机动车很少，很长时间才可以看到一辆，开车的人都很小心地躲着自行车走。

我回到房间里，茶还是热的。我决定出去散步！我拿起放在小圆桌玻璃桌面上的钥匙。钥匙上挂了一个椭圆形的金属牌，上面刻着红色的房间号。我需要带钱或者护照吗？估计不需要。我觉得也没有必要把它们藏在屋里的什么地方。

送水的小伙子坐在楼下的门厅里，旁边还坐着一个年轻的女子。她看上去顶多20岁。两个人都围着白色的围裙，穿蓝裤子。他们一起向我问好，同时很好奇地盯着我，看来新来一个外国人对他们来说还是挺新鲜的。我看他们当然也挺新鲜的。

在门口我看到一排很长的楼，外面是灰色的砖墙，不难看但也不漂亮，楼在东边拐了一个直角又继续延伸出去。我住的楼在这个直角楼的西边，我昨晚去过的食堂就在这个楼的里面。进到食堂的楼梯很宽，玻璃制的大门四周镶嵌着木框。在直角围出的空地上长满了树木和灌木，看上去护理得不是很仔细。供行人走的小路上铺了沥青，到处都是草坪。我边走边想，这里其实挺适合野餐的。是不是社会主义国家的建筑师都故意避免装饰？我大步向右手边走去，好像我很清楚我要去哪儿似的。离我不远的地方走过来一个穿着浅色牛仔裤的女人，肯定是个外国人，因为她没有穿饭店里的制服。她的手里拿着几张纸，边走边看，头发有点儿灰色又有点儿金色。到了她的身边我看了她一眼，同时她也抬头看到了我。她的面孔让人猜不出年龄来。“哦，新来的。”她用英语说，然后问我是哪里来的。当我告诉他我是德国人时她想起了什么：“那您就是要在出版社工作的那位？”我说我就是那个人，她接着说：

“我听说过您，好像他们等了您好几个月的时间。”

“是，”我说，“在中国大使馆那边拖了很长时间。”

她说：“这很正常。”

“您是哪里来的？”虽然能从她的英语口音中听出来，我还是问她。

“我？哦，从意大利来的。”和我想的完全一样。她说意大利时的口气似乎在说一个很遥远的地方，和她完全没有关系似的。我正要问她在这里住了多久，她停了下来，给我指了一个门，说她就住在那儿。她对着手里的资料点了一下头说：“我必须准备我的课程。我叫普蕾柔丝，有空儿到我家来坐坐。”我一边走一边想她说的“家”，怎么会这样，不，我永远也不会把友谊宾馆变成自己的家！

绕过楼的东南角我来到一条马路上，一辆汽车从我身边开过，路上人很少，马路对面是一座很高大的建筑。我沿着马路走过去，想仔细地看看。很明显这是饭店的主楼。一部分的楼体也是灰砖的，但是我很吃惊地发现楼顶上用绿色的琉璃搭成错落有致的屋檐。楼的中间部分被特意抬高，墙面上镶嵌着鲜红色的木材，颇有中式古典建筑的宏伟气势。楼前50米左右是饭店的入口，在那里有两个穿着制服站岗的门卫。我从他们的身边走过，他们都向我点头致意。饭店的前面没有围墙，和外面的马路之间只用铁栏杆隔开。出了大门是一条宽敞的大路，路两旁的树木又瘦又高。饭店门口的一排树得有四五层楼高，估计后面楼里的采光不会很好。路上交通缓慢，汽车的时速估计不会超过40公里。小轿车看上去都圆滚滚的，像是同一个类型。为什么很多轿车的窗户里都挂着深色的窗帘？坐在里面的高级干部难道不希望看到外面的老百姓吗？有时也能看到吉普车，但是最多的还是大卡车。有的大卡车后面站满了人，栏杆很高，里面站的人只能露出头来，车开的时候他们的头发随风飘舞。装货的大卡车里货物摆放得很高，有时在货物的上面还坐了或躺了几个人。我还看到一个人坐在车后面的最外侧，腿伸出来晃来晃去，好像要扫到地面的样子，看上去实在有些吓人。三轮运货车的声音很大，车的前面是一个马力不小的摩托车，后面加装了一块运货的木板。三轮车的司机都是饱经风霜的样子。他们肯定是农民，运的货物有西瓜、蔬菜，或者是沙石。还有一些人骑着由自行车改造的三轮车，骑起来很辛苦的样子。在马路的对面有一片红砖墙的平房，看上去像是临时性的住宅。一眼望过去很热闹，很多卖西瓜的摊位把西瓜搭成了金字塔一样的三角形。估计那里有个市场。在平房的右边有一些看上去比较结实的楼，前面用红墙围着。我看了一下表，是该回去的时候了。两个门卫对我笑了笑，好像我们已经认识很久了。

我刚刚把一杯热茶喝完就听到敲门声，原来是饭店的窦翻译来了。他40岁左右，也有可能是50岁，手里拿了一个黑色的公文包。他说我们今天有两个计划，一是参观饭店的设施，二是去体检。体检？“我很健康，不需要的。”我赶忙说。“我们最好先去体检！”他的口气很确定，不像是在问我。在路上他告诉我饭店在北京城的西北，从饭店的西边出去就能看到农田了。从白石桥路向北走是人民大学，之后再过几百米就又到农村了。

窦翻译帮我挂了号，还帮我填了一张表格。“这里有多少员工？”我问挂号处的女士。

“我们这里有20个医生和助手。”她回答我。

“在这里也可以看重病吗？”我问她。

“不，我们这里只负责给住在友谊宾馆的外国人看病。如果有重病的话我们会把病人转到城里的大医院去。”

在隔壁的一间屋子里，我开始做一项一项的常规检查：抽血、透视、脉搏、视力、听力、牙齿等等。结果都出来后我被告知有“轻微的高血压”，他们的表情让我觉得这好像是挺严重的一件事。“当然我有一点儿高血压。”我强忍着不耐烦，“我坐了20个小时的飞机，昨天夜里又几乎没有睡。请你们不用担心，很快就会正常的。”窦把我说的话都翻译给他们听，然后面无表情地站在那儿。医生和他的助手都点头，表示很理解。“当然，”医生说，“但是我们还是请您后天再来一次。可以吗?”我点头。“只有所有的指标都正常时我们才能给您发游泳证。”他又加了一句。

窦和我走出医务室。对面是一个网球场。窦问我是否打网球。“有时，”我说，“但是没有太多机会。”他笑了笑说：“在这里您有足够的机会!”在网球场的右边我看到一个游泳池的边，其他的部分被挡在一个楼的后面。“这里是饭店的体育活动中心，”窦给我介绍说，“这里面是体育场。”他指着游泳池前的楼说，“您可以在里面打乒乓球或羽毛球。”这个主意不错，希望我能找到一个伙伴。到目前为止我只见到几个外国人。窦带我穿过楼里的一个后门走到露天游泳池的位置。游泳池不小，还有一个六米高的跳台。

我问他：“医生说来这里游泳需要游泳证?”

“是的，当然，没有游泳证您不可以在这里游泳。”

我们继续在院子里散步，他给我介绍了饭店里的设施。我感到这里像是一座小城市，他说的很对，我肯定需要一段时间才能记住所有这些地方。还好商店、发廊、服装店和摄影室都在一起，在商店里面可以买到生活用品以及面包、饼干等食品。虽然服装店对我来说没有什么用处，但发廊还是很必要的，过去这几年都是我的女朋友给我理的发。饭店里还有一个“外国专家俱乐部”，但是白天关门。虽然没能进去参观，但我已经开始憧憬，因为窦告诉我：“在这里您可以打台球，打乒乓球，喝啤酒。”

主楼里有一个邮局。“可以在这里发电报到西欧吗?”我问柜台里的一个年轻女子。“当然可以。”玻璃橱窗里展示着各种各样的邮票，我已经可以想象收信人在德国欣喜若狂的样子，因为我会在信封空白的地方都贴满邮票！可以给国外打电话吗？答案是可以，但是在打之前我需要亲自来这里登记，之后饭店里的接线员就会把电话接到我的房间里。我又开始想象自己从邮局出发冲刺 600 米到房间里，上气不接下气地拿起话筒。“同志，我可以直接在房间里登记吗？”不可以，女孩儿给我解释说，一定要先在这里填一张表格才行。

在主楼的后面我们爬上一座人造的小山坡，在那里种了圆形的低矮灌木，摆了一堆奇形怪状的石头。山坡的顶部有一个小亭子，红色的柱子，木制的坐凳。从小亭子里可以看到饭店里的一座很宏伟的剧场和剧场前的水泥广场。窦说那里经常举办演出和政治报告。今天听到的最好消息是：每个星期五晚上放电影。

“什么样的电影？”我问他。

“故事片。”

“中国的故事片？”

“是，但偶尔也有外国的。”

“哪些国家呢？”

“比如说阿尔巴尼亚或者朝鲜的。”

“肯定没有苏联的。”我笑着说。

窦也笑了笑，还是有些拘谨的样子。“不，”他说，“自从苏联变成修正主义后我们就不看苏联的电影了。但是我们放苏联的老片子，比如说像《列宁在十月》这样的。”

“也有从越南来的电影吗？”

“也有。”

“我希望周五的电影不只是给外国人看的吧？”

“不，凡是有外国专家工作的单位的人都可以过来看，比如说您在的单位，出版社里的人也可以来。”

“多少钱一张票？”

“多少钱一张票？”窦故意又重复了一遍，好像是在说一个笑话，“对您来说当然是免费的。”停了一下他接着说，“我们的参观结束了。虽然没有看到所有的设施，但是我想慢慢地您自己就都会知道的。”他问我是否还有问题。哦，当然，我有太多的问题了，但是我知道不可以一天都问完。听到我的答复他咧嘴笑了笑又马上收回。他打开皮包拿出一张粉红色的卡片：“这是您的饭店出入证，要一直带在身上。”我的名字和房号都写在卡片上面。

“需要我带您回家吗？还是您可以自己找到？”

回家?!

“哦，不用，我肯定自己可以找到。”

我无法掩饰见到她的激动

中午到食堂的时候只有五六张桌上坐了人，大厅宽阔得如同是一个体育场，窗户很高，阳光直直地射进来。大厅里摆了一排大圆桌，每桌十个座位，剩下的桌子小一些，每桌六个座位。我坐在昨晚坐过的同一地方，开始看菜单。我又点了中餐，一个荤菜，一个素菜，当然还有米饭，外加一瓶崂山矿泉水。一位上了年纪的女士坐在我的邻桌，头发雪白。我们目光相遇时互相点头致意，随后她的饭菜来了。我向她打了个手势，祝她胃口好。“您一定是从德国来的。”她操着维也纳口音的德语对我说。

“啊，是的，”我很吃惊，“您怎么这么确切?”

“能感觉出来。”她说,然后又问我,“您不坐到这边来吗?说话比较方便。”

“当然。”说完我就坐了过去。

我自我介绍了一番。

“那您就是要在《北京周报》和外文出版社工作的那一位啦。”她更让我吃惊了。

“对，就是我。”

“很好!”她好像松了一口气似的，“我已经在《北京周报》帮了一段时间的忙，工作很辛苦，实在忙不过来……我还要负责《中国画报》的工作……哦，对不起，我还没有自我介绍，我叫魏璐诗，我……”

这次轮到我打断她了。

“魏璐诗?”我兴奋地提高了嗓音，“我经常看到您的名字。应该是在《北京周报》里，不……是在《北京周报》的副刊上!《来自安娜·路易丝·斯特朗的信》是您翻译的!对!是您的名字。(我无法掩饰我的激动)每次看到您的名字我都在想，这个生活在北京的女人是谁?太好了，您现在就坐在我的面前，我都有些糊涂了。您不知道……”这时魏璐诗用很严厉的口气打断了我:

“现在不要再对我说‘您’啦!我叫露丝。”

“哦，太荣幸了，当然，我叫乌苇。”

第一次看到安娜·路易丝·斯特朗的名字是在毛泽东的一篇文章里。1946年斯特朗第五次去访问延安时，毛泽东接受了她的采访并提出了著名的“一切反动派都是纸老虎”的论断。斯特朗曾在莫斯科做过多年记者，但在1948年时她被指控为间谍，被迫离开苏联。在美国她用了10年时间才拿到护照，1958年她终于又有机会出国，她当时很希望能在中国生活。从60年代初开始她定期为一个专栏撰稿，文章用给老朋友写信的口气写成。我是栏目的忠实读者，但是关于她的生活也就只知道这么多，而魏璐诗我知道的就更少了。

“你也住在这里?”我问她。

她不住在饭店里，而是和其他几个外国人住在外文出版社里，他们都在中国住了几十年。她今天到饭店是来理发的。

我的饭菜也来了，我驾轻就熟地拿起筷子，好像从来都是这么吃饭的。“来让我看看，你使筷子的技巧如何。”魏璐诗说。我试了试，没什么问题啊。“考试及格!”她向我祝贺。我笑了笑，问她是什么时候到中国来的。

“那可是很久以前的事儿了。”她说，“41年前……1933年。”

“哦。”我充满敬畏地看着她。

“当时我才……让我算一算……25岁。”

比我现在要年轻几岁。还没等我想出下一个问题，她又开始了：

“我当时到中国来和政治没有什么关系……”她放下筷子，顿了两秒钟，然后缓慢地略带沉思地说，“……更多的是因为爱情。”说完后她自己先笑了起来。

“然后呢?”

“爱情很快就结束了，我开始还想从上海马上坐船回欧洲算了，可是一拖再拖，总是下不了决心。1946年我去了美国，在联合国工作，直到1951年。后来我又回到中国，和我的两个儿子一起，凯和伦……那时候我和我的中国丈夫已经离婚，他留在了美国。”

我不敢问她后来是不是又再婚了。

“你很勇敢!”

“你真的这么想?”她停了一下，“不管怎么说，我的决定是正确的。在这里我生活得很充实。我们的社会在一步步地前进。虽然也犯了一些错误，但是认识到错误之后我们都在努力改正。我觉得能在中国生活，参与这里的发展是一种幸运……好，年轻人，”她忽然换了一种口气，“我现在必须去理发，咱们交换一下电话号码，你有空儿可以到我们家来坐坐。”她从头到尾都把中国叫做“我们”，让我有些诧异。

所有人的目光都投向了金头发的外国人

汽车缓缓地开到白石桥路上，一个老司机双手把着方向盘。瘦同事告诉我，从饭店到天安门广场有 14 公里。现在我也终于知道了他叫什么，他的名字是麦湛雄，简称小麦。他和霍勇同志坐在车的后座。小麦有时和我使用尊称“您”，有时又换成一般的“你”。霍很一致，从头到尾都叫我“你”。我倒不觉得他们想和我保持不同的距离，而是体现了不同的德语老师对他们的影响。我对他们两个人都用“你”。霍略微有些发福，头发剃得很短，穿短裤。他和我说话时一直面带微笑。两个人的德语都非常出色。霍看上去顶多 35 岁，麦比他大一些。我们的车一路向南开。

路的两旁有一些外形简单的商店和市场，通常是一排长长的低矮的砖房。居民楼大多有三四层高，也有很少的一些是五层。楼上都有阳台，而且几乎所有阳台都被玻璃窗围得严严实实。“为什么人们把阳台给围上？”我问他们。“北京的灰尘很大，”霍回答我，“沙漠离这里只有七八十公里，风一刮沙子就来了。而且，”他笑了笑，“我们的房子很小，如果把阳台围上，就又多了一间屋子。”

车在一个路口停下来，我看到路边有一块水泥做的红色标语牌，上面有白色的汉字。“上面写的是什么？”我问。“这是毛主席语录。”麦告诉我。两个人一起给我翻译：“我们能够学会我们原来不懂的东西。我们不但善于破坏一个旧世界，我们还将善于建设一个新世界。”

一座方方正正的大楼引起了我的注意，看上去很有苏联建筑的风格，屋顶上还加了一座尖尖的顶楼。“这是北京广播电视台，”同事们主动告诉我，“从去年开始我们这里也有彩色电视了。”

我问：“你们家里有电视吗？”

他们异口同声地回答：“没有！”

“为什么?”

“买不起啊！太贵了！只有比较大的单位、大学和工厂里才有……可能国家领导人家里也有。我们都能看到电视，只是不在自己家里。没有问题的。”

在一条东西向的大道上我数了一下，总共有八条机动车车道，有一些地段还有10条。机动车道的外面还有一条很宽的自行车道，我从来没有见过这么宽的自行车道。我禁不住把这里和巴黎的香榭丽舍大道相比。车走着走着，路两边忽然出现了高楼，有12层到15层高。窗户之间的距离很小，我估计后面的房间也不会很大。在我们的车行方向这一边出现了一些老式的灰墙，比人高不了多少，中间断开的地方是一些窄小的街道，有的窄得刚好能过一辆自行车。从灰墙的上方望去可以看到一片灰色的屋顶，像波浪一样延伸出去，屋顶上都铺着波浪形的瓦。木制的大门雕梁画栋，带给人神秘的遐想。“这里是北京的传统住宅，叫胡同。”我的同事解释道。胡同里的房子很拥挤，很多人家住在一起。50年代的时候北京很多地方都是这样的胡同。霍说：“胡同就如同是老北京的骨架。”

长安街给我的感觉是好像还没有完全竣工。自行车道上骑车的人很多，如同一股洪流向前涌动。步行道上几乎没有人，可能因为在整条大道上没有一家商店，没有一家餐馆，没有一家茶馆。至少我到现在为止还没有发现。霍的老家在北京，他给我解释说，北京城里的主要街道就如同象棋盘上的格子那样横平竖直，很容易记住东南西北。

我们到了西单购物街，行人一下多了起来。

过了西单后在路的左边看到一堵红色的高墙，正方形的墙角分别向北和向东延伸出去。接着又出现了一个很威严的中式大门，屋檐上悬挂着中国国徽，门的两边有战士守卫。门前还有两尊石狮子，中华人民共和国的国旗在前面飘扬。大门的里面横着一堵墙，挡住了人们的视线。墙上写着一些金色的大字。

“上面写了什么?”

“这里是中南海的入口。”麦很严肃地说，“毛主席和我们的中央政府在这里办公。墙上的字是毛主席亲笔题写的‘为人民服务’。”

“原来是毛主席的官邸?”我问。

“是的，毛主席在这里办公。”说着的时候我们已经开了过去。我很激动地向回望。

“我必须要照张照片，”我说，“我必须要照张照片！”

“不！不！”麦吓坏了，“不可以照，没有人可以照！”

我看着他：“不可以照？连大门都不可以？为什么？”

“为了安全的考虑。”

我没有时间继续纠缠他，或者为此而不开心，大道在眼前一下子变得更宽了，我们已经到了天安门广场，紫禁城就在天安门城楼的后面。天安门城楼看上去比照片上还令人震撼。广场上有很多人，单个的，成群结队的，但在宽阔的广场上都显得很小。我无法掩饰自己内心的激动，同事们的详细讲解我也听得断断续续。他们讲了毛如何在25年前站在天安门城楼上宣布中华人民共和国的成立，还有8年前毛在天安门城楼上接见红卫兵的激动场面。1959年时出版社里的一些同事和数不胜数的各界群众参加过人民大会堂的建设，他们当时无比自豪。“这里应该是世界上最大的广场。”我的同事告诉我。对于他们来说我就是从外面“世界”来的，我肯定应该知道这句话的含义。幸好他们不像是要问我这个问题，我只要听就好了。如果他们真问我的话，我还真不知道世界上最大的广场在哪里。

我们的车拐进王府井大街。在街口的地方有一栋高楼，从天安门广场上就能看到。它是中国最现代的饭店，叫北京饭店，同事们告诉我，饭店去年才刚刚建成。饭店的西边一侧沿用了解放前就有的一部分，当时的饭店在北京城里曾是最老的一家。新修的部分是“在周恩来总理亲自领导下建成的”。

“周总理亲自来领导的？”

“是的，因为在这里住的都是我们国家的重要国宾和朋友。”

“那他都具体领导了哪些工作？”

“房间的设施、布置，还有艺术品的整体装饰。”

王府井上可真是人山人海！我们把车停在百货大楼前，这里是北京最大的商店。有的人先看到了我，随后所有人都发现了我的存在。我听到他们喊：“老外！老外！”不少人用手指指着我。还有的人特意走得近一点儿，想好好地观察我。他们互相讨论着什么，满脸绽放着笑容。我的同事对我说：“别停下来！继续向前走！”他们并没有围在我的四周试着保护我，而是故意和我拉开一段距离。我觉得他们可能不想让别人看出来他们和外国人的关系不一般。

我们总算进到了商场的里面。我想买两件东西，一个闹钟，一把扇子。麦问一个售货员在哪里可以买表，然后我们走楼梯上二楼。石板楼梯很宽，上面同样是挤满了人。人们又开始喊：“老外！老外！”

“老外是什么意思？”

“外国人。”

一时间，“外国人”和“老外”的喊声此起彼伏……

到处都有人睁大了眼睛好奇地看着我，有的人干脆站在楼梯上不走了，从上到下地打量我，好像我是一只逗人笑的动物。很多人簇拥着我们一起走到了卖表的地方，我们一站下来，周围的人就更多了，把我们团团围住。我急需一个闹钟，从现在开始早上可不能睡懒觉了。柜台里摆了六七种不同的型号，我问同事哪个牌子好，他们是否可以给我推荐一种。他们讨论了一下，然后给我指了一个。我说，不错，但是还需要听听它的铃声。售货员在闹钟上调了调，过了一会儿铃声响了。四周的观众都很开心。我把所有的钱都拿了出来交给霍，我还不知道怎么数钱。我有些不好意思，因为一举一动都被周围人看得清清楚楚，他们一边看还一边唧唧喳喳地评论。当我从售货员手里接过用棕色纸包好的闹钟时，人群里有人鼓了几下掌。我回过身看了他们一眼，好像都是普通老百姓，我笑着对他们点了点头，他们也笑着对着我点头，更加兴奋了。

其实我很想在商场里多转一转，但是好像没有人想到我可能会有这样的愿望。我们又匆匆地买了一把扇子，是用晒干的芭蕉叶做的。离开商场后我想到我还需要一张北京地图，这样以后我自己也可以出来走走。我问同事在哪里可以买到，而且最好是有英文标志的。他们说在新华书店里，也在王府井。幸好在走路的时候我没有引起太多的围观。

“为什么大家都围着外国人？”我问。

“在百货大楼里大多是外地人，”麦给我解释说，“他们只听说过外国，但还从来没有亲眼见过外国人，所以很好奇。”

霍和麦都为我遇到围观感到不好意思，他们还开玩笑地说，那些围观的人一定以为我不是毛主席就是周总理亲自请来的外宾，不然这个外国人怎么能自己跑到大马路上呢？

新华书店的墙上挂着马恩列斯毛的画像。书店一共有三层，同事们说这里的书是最全的，如果在这里找不到，在其他任何地方也肯定找不到。书架摆得非常紧凑，我看到毛的书和其他有关共产主义的书籍都放在一起，其他的书籍被分类摆放，有政治、经济、中国文学、外国古典文学的中译本、经济、技术、儿童文学、艺术、历史。在书店里还悬挂了不少“文化大革命”的招贴画，画上有正在写批孔大字报的农民，有正在工厂里发表演说的气宇轩昂的女性形象，有在学校里学习的年轻工人和农民，还有战士和民兵共同训练的场面。书的价格很低，低得让人难以置信。书店里还有一个报刊区，汇集了所有中国出版的报刊。这样的书店我还是头一次见到。

书店里的顾客看到我之后没有像在商场里那样围观，他们都很平静。女人大多梳辫子，有长有短。霍勇找到了北京地图，他在远处向我招手。我去收款台排队，但是前面的人都不让我排，他们友好地把我挤到队伍的最前面，让我第一个付钱。至少这次是我自己付的钱。

第一次吃烤鸭

周一晚上出版社请客，晚上6点开始。包括我在内的10个人围坐在一张大圆桌上，宴请的主人是邱同志，他坐在我的正对面。吃饭的地方是北京城里最有名的前门全聚德烤鸭店，已经有几百年的历史。我们坐在一间宽敞的包间里，设施非常简单。邱同志是图书部的领导，在机场时我已经见过他一面。马节坐在他的右手边当翻译。邱举起一个小玻璃杯，每个人也都跟着做同样的动作。他开口说：“欢迎乌苇同志到中国来！”杯子里是一种味道很冲的烈酒，喝下一口后我的表情逗笑了在场的所有人。他们立刻又把杯子加满。

邱说他很高兴出版社可以请到一位来自西德的朋友，作为一个远道而来的客人，我可能已经发现了在中国的生活没有在西德时那么舒适。

“没关系。”我立刻说。

邱笑着对我点头，继续说，中国很珍重同外国朋友和同志的友谊，外国朋友能离开自己的国家来参加中国的社会主义建设是难能可贵的。他说他听说我曾在德国为了支持进步、反对帝国主义而战斗。按照毛主席的三个世界理论，西德属于第二世界，第二世界和第三世界应该团结起来一同对抗美苏两个第一世界国家，因为就是这两个国家给全世界人民带来了最大的威胁。

邱在说话的时候一直专注地看着我。他接着说，殖民主义、帝国主义和霸权主义都将失败，我们正生活在一个重大的变革中，就如同邓小平同志在纽约联合国的特别会议上说到的那样，目前是天下大乱，超级大国之间争权夺利，都希望控制发展中国家。曾经是社会主义国家的苏联已经在很久以前就变了颜色，成为帝国主义超级大国。第三世界国家深受殖民主义和帝国主义的压迫和剥削，但他们正在进行着最为艰巨的斗争，他们是目前世界上主要的革命力量。

一个女服务员把两个盘子摆到桌上。邱停下来让马节翻译，之前马一直不停地在他的小本子上做记录。

邱接着讲，超级大国之间的矛盾是不可调和的，有打世界大战的可能性。中国会始终站在第三世界国家的一边，因为中国自己也是发展中国家。一些同事已经开始动筷子，他们给我打手势，让我也开始吃。邱说中国正处于批林批孔的运动中，这是无产阶级文化大革命中的一场很深刻的革命运动，目前出版社也正在积极参与运动的宣传工作。他说，同事们肯定需要我的帮助。

所有同事都纷纷应和着说，他们希望合作愉快。“让我们为合作干杯!”邱说，然后大家都异口同声地说“干杯!”放下酒杯后邱把手一挥，意思是让我们大家边吃边聊。

麦和霍开始把切成小块儿的鸭肝夹到我的小碟里。大厨把烤得金黄的鸭子端上了桌，然后用一把锋利的长刀把鸭子削成薄片。霍勇小声问我是否愿意在大家面前讲几句，我当然愿意！我请他帮我开场。他立刻宣布：“乌苇同志要讲几句话!”大家立刻安静下来。我注意到邱同志刚才是坐着讲话的，我决定也坐着说。“我感到非常荣幸，能和大家一起共进晚餐，你们的邀请让我十分感动。”我心里很激动，也有些紧张。霍帮我翻译，因为有的同事不会说德语。“我刚到中国几天，但已经留下了很深刻的印象，尤其是这里的人都对我非常友好，让我很感动。”我告诉他们邓小平 4 月在联合国的讲话我已经学习过了，我对他的观点非常欣赏。我还讲到我希望把世界上先进的革命运动经验运用到中国来，也讲了我很愿意为出版社贡献我的力量，对于出版社因出版毛主席著作而闻名世界倍感自豪。最后我说对于有机会认识中国的社会主义并能对中国社会主义的建设添砖加瓦感到非常的荣幸。讲完的时候大家都热烈地鼓掌。我先用德语说了声干杯:“……还是我应该说‘干杯’?”

“干杯!干杯!”他们齐声答道。

“好,‘干杯’!”

我正手忙脚乱地准备把一块刚刚卷好的鸭子塞到嘴里时,坐在对面的马说:

“乌苇同志,我向你透露一个秘密:1971年基辛格曾秘密到北京来,为1972年尼克松总统访华做准备……当时他就是在这间屋子里吃的烤鸭!”

在饭桌上我无意间提到我很喜欢去法国南部,邱同志听到后开始和我用法语交谈,其他的人好像和我一样吃惊,而且他们好像也听不懂法语,结果邱和我自顾自地说了好几分钟。我用德语问马,邱同志是否在法国住过,他没有直接回答我,但是说邱也会说俄语,他年轻时曾在莫斯科住过。“啊,您当时在莫斯科做什么?”我很直接地问他。他顿了一下,表情开始变化,好像这个问题很多余似的。“和你现在在这里做的一样。”他干巴巴地答道。我不明白为什么他忽然变成这个样子,倒也没觉得是个问题,但是我隐隐地开始感到,在这里我将有很多很多东西要学。

工作开始之前单位还安排我去了一次故宫、天坛和颐和园。我开始还有些吃惊,倒不是说我对这些地方不感兴趣,其实我非常想去看一看,尤其是在我读了末代皇帝爱新觉罗·溥仪的自传《我的前半生》后,我对他住过的地方更加感兴趣了。只是中国正处于“文化大革命”之中,人们想尽一切办法反传统,我实在没有想到单位会主动安排让我去参观这些代表封建社会的古迹。公园里到处都挤满了来参观游览的中国人,也是我事先没有想到的。这次为我当导游的有三个人,一是性格幽默的李希贤,他留着一撇小胡子,在北京很少见;二是瘦小的薄一仙,他说德语时比较喜欢使用粗话;第三个是在《北京周报》工作的史燕生,我将来会和他坐在同一间办公室里。史跟我说,在出版社里休息的时候可以打太极拳。我就和他打趣,说我最近在一张德国的报纸上看到,太极拳是旧社会的遗毒,应该受到禁止,他们都笑了。

参观这些古迹的时候我们走了很长的路。皇家住过的地方不只是紫禁城,还包括在东西两个方向的两座很大的公园。颐和园里的长廊确实很长，有个典故说如果一对男女在开始的地方相识，走到中间时就会爱上对方，等走完全程时就已经决定要结婚了。我的同事们好像没有什么顾虑，他们轮流给我讲述古迹的历史和一些著名皇帝的典故。他们对于古代工匠的精湛技艺赞许有加，但是对于儒教和道教他们就不敢恭维了。这些宏伟壮观的古代宫殿实在是太令人惊叹了。

我的工作流程

从现在开始我每天晚上要准时上床睡觉，每天早上坐饭店里的班车去上班，早上7点50分发车。班车是专门为在出版社工作的外国人安排的。第一次坐车的时候车里人不多，车开了一刻钟左右到达出版社。出版社的大楼是一个灰色的长条形建筑，有四层高。第一天的上午我要在出版社里和同事们见面，下午去《北京周报》。霍勇在楼门口接我，他把我带到办公室，在楼的最上面一层。经过楼道时我看到一张乒乓球桌。

"啊！"我指着乒乓球桌给霍看。

"哦，我们在休息的时候打乒乓球。"

我所在的部门一共有五间办公室。当我进去的时候，有人大喊了一声，很快所有的男女同事都从各个方向走过来，纷纷和我握手问好，自报家门。我大概和二十来个人握了手。马、麦和霍三个人带我去我的办公室，里面有两张临窗的大书桌，面对面，左边的那一张是我的。办公室里还有一张小一点儿的书桌，一排书架，一张沙发。墙上挂着毛主席画像和一个日历。我坐在给我安排的位子上，其他同事也都坐下来。他们告诉我开始的时候我需要在图书部和《北京周报》两边跑，两个单位都在同一栋楼里。从周二早上到周四中午我在《北京周报》工作，其他的时间在这里。也就是说，我是图书部的员工，但一部分时间要被借调到《北京周报》去帮忙，直到他们自己的外国员工到位。到底需要去那里帮忙多长时间他们现在也说不好。我的工作合同要两个月之后才能拿到。他们说这是很正常的情况，因为单位需要两个月的时间来对我的工作质量作出评估，不然没法决定我的工资。

"你同意这个安排吗？"我当然同意。

现在我大致明白了这里的工作流程。通常中国的同事先把一本书从中文翻译成德文，我的工作是修改他们的翻译并审稿，让译文符合现代德语的行文规范。虽然不是每一篇文章都有译好的英文版，但是大部分都有，我可以用英文版作为辅助材料，如果有现成的法文版，我也可以拿来参考。有时我还需要独立地把英文译成德文。

工作时间是每天八小时，每周六天。周六上午的内容已经都安排好了，由我来给同事们讲西德和欧洲的现状，关于社会、政治、教育、经济、体育、艺术、工资收入、年轻人和老年人的生活、工会的工作、城市里的住房情况、农村问题、电影艺术等等。我讲完后大家会一起讨论。讲座的目的是让同事们尽可能多地了解西德和西方国家，同时也提高他们的德语水平。周六下午通常就可以回家了。

同事们给了我一份最近要完成的翻译和审稿的任务清单。中华人民共和国建国 25 周年的国庆日快到了，也就是在 1974 年的 10 月 1 日，为此出版社计划出版一本题为《新中国的第一个二十五年》的书。需要优先处理的有两本书，一本是介绍批林批孔运动的，书中汇集了有关这个运动的所有重要文章；另外一本叫《中国文化事业简介》。还有一项工作被列为“非常重要”，指的是要分集出版中国现代史，作者是一些来自上海高校的专家学者。正在筹备中的出版物还有中国各省的经济情况调查。画册也在计划之列，其中一本是陕西省户县地区农民的绘画，此外还有一本“文革”题材的短篇小说集，作者都是亲自参加过“文革”的年轻人。

除了这些图书外出版社还计划出一套毛泽东著作的单行本，一共五本，包括非常著名的《实践论》《矛盾论》《关于正确处理人民内部矛盾的问题》等。马克思最重要的著作也会继续出版下去，此外还有两本恩格斯的著作，分别是《自然辩证法》和《社会主义从空想到乌托邦的发展》。

如果我对工作的内容有什么疑问，可以和同事们讨论，霍勇将是我的指导员，也就是说如果我有任何问题、任何愿望都可以和他去说（霍在听到麦这样安排时很友好地笑了笑）。出版社希望我在这里工作生活得愉快。霍的办公桌就在我的对面，我们说话的时候一个女同志坐到了那张小书桌上，她叫徐淑敏，看上去比霍要年长一些。慢慢地我把社里的所有同事都认全了，不仅是通过工作，还有一同参加的参观和郊游，他们都轮流给我做过翻译。

麦交给我一些已经初译完的《新中国的第一个二十五年》，其他部分我会陆续收到。第一篇文章还空着，不但没有翻译稿，连中文原稿也还没写好，只有一个标题：10 月 1 日《人民日报》社论。麦告诉我目前最急着要的还是“批林批孔”，但是还没有已经翻译好的章节，所以我只好先看“二十五年”。但是一旦“批林批孔”来了，我就得马上放下“二十五年”。

工作介绍结束后我感到责任重大，立刻开始伏案工作。《新中国的第一个二十五年》一书的内容以中国的经济发展为核心，分很多主题，最重要的主题是“文化大革命”的成功，其他的主题包括中国人民的自力更生，北京是如何从一个消费城市变成工业城市，中国在粮食上的自给自足，新的健康保障系统，妇女解放，工业的发展，大庆的石油发现，在西北高原地带建设铁路，水利建设，河流治理，大寨合作社的榜样等等，一共有 24 个章节。所有的文章都来自中国的报刊。在西方我们对这类文章已经有经验，内容大都是关于成功和胜利，语言简练，口气坚定。

12 点班车准时开回饭店。差不多两个小时以后，也就是在 13 点 50 分车再把我们带回单位。这中间有足够的时间去食堂吃饭。如果我早上错过了班车，在饭店的对面还有一个出租车站，那里一直停着一辆上海牌轿车。出租车费由单位来付，而且还不需要解释为什么迟到。

这一天我吃完午饭后去医务室，量了第三次血压。两天前我量过第二次，一切正常，但是他们还是要我再来一次，这次如果还正常的话我就可以拿到游泳证了。我确实拿到了游泳证。

史燕生在《北京周报》的办公室门口接我。图书部的办公室在大楼的东边外侧，而《北京周报》德语版的办公室则在大楼的西边最上一层。《北京周报》的几位领导在一间小办公室里向我介绍了工作的内容。他们说每个星期的压力都很大，无论是中国的员工还是外国的员工都非常忙。我的工作是修改译文，修改好后要把文章交还给原来的译者，由他再检查一遍，同时其他的同事也要再看一遍，最后我要在那个基础上再把一次关。如果经过这个过程后仍然存在语言上或者是内容上的不同意见，我就需要和责任编辑达成共识。责任编辑的责任是保证德文版和中文原文相符。他们还告诉我，在翻译中出现不同的意见是很正常的，在这种情况下中文原文永远是优先的，尤其是在翻译政治文件和理论性文章时。

《北京周报》的同事们告诉我，他们都很高兴有机会和一位来自西德的专家一起工作。现在手头马上要出的是第30期，里面有不少需要翻译的文章，大史（因为他个子很高，大家都这么叫他）和报社的领导把我带到我的书桌旁。我和大史在同一间办公室里，屋里还有另外一个同事。办公室两面都有窗户，一边对着后院，一边对着马路。我发现这里的办公室比图书部的办公室要宽敞不少。我进去时他们大都没什么反应，毕竟我只是借调到这里来的。我要修改的第一篇文章是关于正在进行的联合国海洋权会议，标题是《第三世界国家共同对抗霸权主义的新发展》。文章讲到苏联和美国的发言在第三世界国家中引起普遍抗议，其中有一句话我觉得写得很好："两个超级大国现在的情况就如同在一首诗里写到的那样：无可奈何花落去。"

《北京周报》除了有英文、德文版外，还有法文、日文和西班牙文的版本。在海外，人们通过《北京周报》来了解中国的政治和国际关系的发展。我的前任瑞士人于尔根·包姆伯格在这里工作了两年，临走时他留给后任一封信，在里面他写到《北京周报》"从政治路线上来说是中国最好的宣传机构"（在括号里他还加了一句"虽然它也不是完美的"）。《人民日报》的社论和周恩来总理关于国际政治的发言以及《红旗》杂志中的文章，都有助于读者理解中国对美苏关系的分析及"文革"在中国的发展情况。所有这些重要的文章都喜欢频繁引用毛主席语录，他的原话在文章中通常会用黑体字突出出来。西方的知识分子读者普遍认为，《北京周报》的弱点在于外文不通，宣传口号重复太多，缺乏具体的经济和社会调查。

初见傅莱

我听到有人在隔壁办公室里说德语，一听就不是中国人，但是从我的座位上看不到他。我也不想表现得太好奇，就没有站起来。过了一会儿一个外国人从门口走过，他身材高大，灰色头发，看上去50岁左右。

"那个外国人是谁？"我问大史。

“他是理查德·傅莱，奥地利人。他也来给我们帮忙，因为你一个人开始的时候还做不完这么多工作。”

“他不是周报的员工吗？”

“不，他是一位医生，已经在中国生活很长时间了。”

两天后我又一次看到这个理查德·傅莱。他问我是怎么到北京来工作的，在德国时都做过什么，很明显他听说过我的诉讼案，想知道更多的情况。我等了好一会儿才有机会向他提问。原来他的老家在维也纳。

“19岁的时候我正在大学里学医，那是1938年，德国军队快要进入奥地利之前我赶快穿上制服，去政府那里申请了一张护照。”

“制服？什么制服？”

“当然是纳粹的制服了。”他干巴巴地说，“我拿到了护照。”

后来傅莱告诉我他是犹太人。但是他当时想离开奥地利的更直接的原因是，作为一个共产主义者他上了政府的黑名单。

他接着说：“拿到签证后我坐蒸汽船去了上海。”

“然后呢？”

“我先在上海住了一阵，在一家医院里工作。后来又去了延安。”他在上海一共住了八个月。

“去延安？就这样说去就去？”

延安离上海有一千多公里，位于陕西省，是毛泽东领导下的红军在长征之后创建的“解放区”。国民党沿路查得一定很严，他是怎么到那里的呢？傅莱比一般人要高出一大截，一定很显眼。

“不，没那么简单。中间要停好几次，我先去了天津，然后又去北京。后来我还在一个乡下的医院里工作了一段时间。但是我一直和红军保持着联系。”

“你是怎么和中国共产党走到一起的？”

“哦……当然是在上海的时候了。”

在延安傅莱见到了毛泽东和周恩来。红军当时急需医生，傅莱就这样找到了自己的位置。新中国建立后他一直在医学院的信息部门任职。

想从他那里得到更多的细节不是很容易。很多问题他一听就手臂一挥，说“这有什么可问的”或者是“现在谁还感兴趣这个”之类的。这无疑给他增加了不少神秘感。年轻的傅莱到底是怎么想的，为什么义无反顾地去投奔了共产党？只是一个意识形态上的决定吗？估计原因没有这么简单吧。当时很多犹太人住在上海，但是他们仍旧无法完全避免德国的官方代表伙同日本入侵者对他们的控制和恐吓。也许傅莱和其他一些志同道合的人在共产党的身上看到了自己最后的希望？

我非常需要一辆自行车

外国人每隔几天就会收到参加各种文体活动的邀请。各个单位、工厂、学院和机构也都会定期收到体育比赛、话剧、电影、音乐会以及京剧的票。北京有 600 万人，每个人都应该有机会参加文体活动。不管是什么活动，拿到票的人几乎都会去参加。外国人的票不是单位发的就是从饭店里的外国专家办公室那里领的。

我拿到一张去首都体育馆看中国队对罗马尼亚队的篮球票，兴奋不已，倒不是说我有多喜欢看篮球，但是去中国的体育馆看球还是头一次。快到 8 点时我们几个到了门口，入场的过道里挤满了人，每个人都很兴奋。我和窦一起费力地向里走，穿过很多排座位，可走着走着我们俩就走丢了。我其实一点儿都不吃惊，周围的人全都是黑头发、白衬衫，不丢才怪呢。看情况这里面也没有人来专门照顾外国人。站在拥挤的人群中我愣了几秒钟，感到很无助和茫然，不知下一步该怎么办。我试图站在原地，在裤兜里找到了票，已经有些皱，上面的汉字我一个也看不懂。我走到下一个入口，那里站着一位年轻的女子，她戴着一顶帽子，像是维持秩序的。我给她看我的票，她看了之后说了些什么。她让我继续向前走，然后又伸出两个手指，我理解她是让我去找第二个门的入口。后来我走了很久，总算找到了自己的位子，在一个很高的地方。从上面看下去黑压压都是人，所有座位都坐满了，体育馆里灯火辉煌。看台很陡，体育馆大得完全超出我的想象，我一下给镇住了，更加意识到自己真的是来自一个很小的国家。估计体育馆里有两万人，每个人的手里都拿着一把扇子。那是一个很漂亮的令人难忘的画面。比赛情况如何以及比赛的结果我都不知道了，但是给我留下最深印象的是：人山人海。

后来窦为我解开了两个手指的谜底：大拇指和食指同时伸出来不是“二”的意思，而是“八”，我当时如果直接去八号入口，就不用费那么大劲儿了。

我越来越感到需要一辆自行车。倒不是为了炫耀，而是在中国要想自己去什么地方有辆自行车太重要了。我也不想再坐班车去出版社了。周末的时候我希望能自己骑车去城里，因为坐车和自己骑车的速度差不多。霍勇说我可以在任何地方买到自行车。中国人要买的话需要购货券，但外国人不需要。他建议我到建国门外专门给外国人开的友谊商店去买，因为那里买的车不需要自己拧紧每一个螺丝。我决定周日下午坐 1 点半的班车到城里去试试。

路上的自行车几乎都是黑色的，又大又沉。在友谊商店里卖的车是凤凰牌，有各种各样的颜色。我决定折中一下，黑色但是要有些独特的设计，价格很贵，要 199 元。车铃的功能正常，我请售货员帮我检查其他的功能，包括拧紧所有的螺丝。他都一一照办，好像本来就应该是这样的。

和往常的周日一样，路上几乎没有机动车。在一座大城市里能这么安静让我有些不适应。酷暑已经过去了，人们三五成群地在马路边上和广场上散步。天安门广场上很热闹，小孩子和成年人在一起放风筝。我骑了一个半小时回到友谊宾馆，一边骑一边看路两边的人，每个人都在尽情享受着周日的清闲。有的人拿了小木凳或折叠椅坐在外面，有的人把整张床都放在外面，夜里室外的温度一定比室内要舒服。有些人站在一起聊天，有下象棋的，有看报纸的。很多人手里拿着一个玻璃容器，和中号的花瓶差不多大，在里面他们放了茶。男人们喜欢把背心卷上去，露出肚子，估计这样肚子也可以凉快一些。几乎看不到超重的人。穿长裤的人喜欢把裤腿卷到膝盖的位置。女人们不是穿式样简单材料轻薄的短裙，就是连衣裙或者宽腿的长裤。路上每隔一段就有一个堆成小山似的西瓜摊。卖瓜的人手里操着大刀，随时准备着。我还看到不少卖冰棍儿和汽水的小摊位，孩子们踢球、踢毽子，或者跑来跑去互相追逐，和世界上其他地方的小孩子没什么区别。

话题总是围绕着中国

在食堂吃晚饭的时候我和红子坐在一起，她来自日本，23 岁。她生在中国，和父母一直住在友谊宾馆里。她的父母在日本侵略中国时就反对日本的政策，后来决定留在中国。红子的中文说得和中国人一样好，英文和法文也不错。她很漂亮，自信，活泼，充满好奇心。我们在一起谈得最多的是德国和中国，不怎么说日本，因为她不是很了解。她兴致勃勃地给我讲在友谊宾馆的生活以及其他一些外国人的怪癖。她最好的朋友是另外一个日本女孩，也是父母在战后决定留在中国的。忽然她想起了什么：

“我好朋友的爸爸是德国人。”

“啊，那他是什么时候来中国的？”我问。

她不是很清楚，但是至少在抗日战争时他就在这里了。

“他叫什么名字？”

“他叫 Mǐ Lè。”

“这不是一个德国的名字。”

“啊，对，中国人都这么叫他。他的德国名字我不知道。”

“你觉得，我可以有机会认识他吗？”

“我帮你去问一下我的女朋友，让她去问她的爸爸，我们可以一起去她们家。”

“你可以当我的中文老师吗？”我忽然有了这个主意。

“好主意，”她很高兴，“最近已经有其他两个朋友也问过我同样的问题，他们都住在这里……可以，你们几个人可以一起来学……我还不知道我能不能教好你们呢！”

中文课在那之后的第二个星期开始，每周三的晚上 8 点到 10 点，两个小时。学生的人数很快就增加到五个人，课堂在我的房间里。

一天晚上红子把我带到 Mǐ Lè 家。我很好奇，想象不出这个藏在中国人名字后面的德国人到底是什么样子。我们坐出租车穿过北京城里昏暗的小巷，最后停在 扇传统的中式大门前。红子去敲大门上很重的铁环，然后有人把我们带到正厅，过了一会儿一扇侧面的门打开了。我想象中的他应该穿着传统的中式衣服，口气随和，就像我在北京已经认识的几位上了年纪的外国人一样。当他进来时我吃了一惊，他身材瘦高，面容很严肃，头发花白，穿一身非常合体的深灰色西装，打深色领带。他礼貌地向我问好，但是表情一直很严肃，而且整个晚上都没有变化。后来我也听到别人讲起他，看来这就是他的一贯风格，不苟言笑外加深色西装领带。他的朋友们在背后都有些调侃地叫他“条顿人”。

Mì Lè 的原名是汉斯·库尔特·穆勒。吃饭的时候只有我们两个人坐在桌边，饭菜很简单。后来红子忽然走了进来，带着她的女朋友咪咪，我们互相介绍后她们又都出去了。穆勒 59 岁，他的父亲是犹太人，他在很年轻的时候就参加过反对纳粹的示威活动。后来他被迫逃离德国，先在瑞士住了几年，在那里继续学医，后来又被迫离开瑞士。那一年他 24 岁，他从马赛坐船去了香港。穆勒完全不是共产党人，但是因为他认识宋庆龄，后来决定去延安，在那里他受到了热烈的欢迎。去延安的旅程很不简单，他先离开香港坐船去越南，从那里他走陆路到达中国，后来又找到了红军，立刻开始在游击队里当外科医生。红军占领一家日本人办的医院时他也在场，由此结识了当时在那里当护士的日本人中村京子，中村后来成为了他的夫人。他们 1949 年在天津结婚，育有一儿一女。

穆勒博士现在是北京医学院*的副院长。他向我询问了一些在德国生活的现状，大学里的情况，还有为什么我愿意到中国来工作。当我跟他讲到我可能要去服刑时，他露出很不满意的表情："革命人应该永远避免进监狱！"当然他说的没错。他又重复了一遍，没有做任何解释。为什么他一定要说这个给我听？我可以想象出很多答案但又不知哪个答案是正确的。是他内心的"条顿人"情结还在作怪？晚上回到家后我还在不停地问自己，是不是因为我目前在德国的问题他才没有让他的女儿和我一起聊天，其实我很想能多了解一些她的情况。（1977 年穆勒博士在离开德国几乎 40 年之后又一次回到德国，走访了他的出生地杜塞尔多夫。他父亲及所有的亲戚朋友都在二战中被法西斯迫害致死，从前住过的房子也不在了，德国政府为此给了他一笔赔偿。）

晚上如果没有官方的活动我一般都待在家里，有时也和饭店里的熟人一起去城里吃饭。通常是和欧洲人，尤其是法国人在一起。在饭店里他们的人数最多。我们的年龄都是在二十八九岁到三十五六岁之间。在一起我们总是讨论中国，没有什么话题比中国更重要了。北京城表面上看上去很平静，但是在表面之下隐藏着激烈的政治讨论。哪一个观点是代表进步的，哪一个是退步？每个人都想知道答案。我们每天都遇到新的情况，有时是最新公布的政策，有时是

---

* 1952 年全国高校院系调整中，北京大学医学院脱离北京大学，独立为北京医学院。1985 年，更名为北京医科大学。2000 年又与北京大学合并，组建新的北京大学，北京医科大学成为北京大学医学部。——编者注

《人民日报》的最新社论，也有从同事那里听来的小道消息，工作单位里看到的文章，还有最新的电影。每个人都有自己对中国的一套看法，有的是受到原来参加过的国外组织的影响，有的是受到个人经历的影响。同是马列主义者的两个人，在对中国的看法上有可能完全不同。有的人认为自己是西方意义上的“左派”，有的人称自己是“中国的朋友”。还有一些人完全说不好他们是怎么想的。有的人认为中国的现状和他们事先想象的完全不一样，比如说我的邻居克劳蒂·布罗叶，她和她的先生住在我的楼下。布罗叶以前曾在中国住过一段很短的时间，后来写了一本叫做《半边天》的书，讲的是中国的妇女解放和儿童教育。她的书在1974年出了德文版，她笔下的中国比其他任何书籍和文章中的中国都美，当时曾在大学生中引起轰动。我到了北京之后没有几天就认识了书的作者，我当然和她提到了这本书。没想到她竟然非常气愤地对我说：“我恨不得一把火把这本书给烧了！书里的内容都是错的！整个都是欺骗！”她又重复了一遍，“对，我必须把这本书给烧了。”突然听到她在食堂里这么一喊我吓了一跳。我初来乍到，除了点头之外也只能继续向她提问。我可以理解如果一个人发现另外一个国家和自己原来想的完全不一样会感到很失望。但是为什么有这种仇恨？一个陌生的国家本来就不应该成为信仰的替代品。从无比热爱转变到切齿痛恨，里面一定还有什么私人的原因吧。

我和朋友们经常一起骑车去市中心的新侨饭店，当然北京饭店也是我们很喜欢的一个目的地。除了这些地方，晚上7点之后城里没有什么地方可以去。回来的路上总是空空荡荡的。回到饭店后，如果我们不想再去谁的家里坐一坐，我们也可以去外国专家俱乐部。非洲人、阿拉伯人和亚洲人很少光顾，更多的是拉丁美洲人。我们坐在吧台上叫一瓶青岛啤酒，交换当天的新闻，看电视中播放的外国代表团的来访，打台球、乒乓球。服务员都很喜欢和我们打乒乓球，通常都是他们赢。有时我们什么也不想玩，就安静地坐在那里，看着窗外的夜色……

见证现代版的“愚公移山”

北京不代表中国，城市和农村之间存在着很大的差距。北京城和农村离得很近。如果骑着自行车沿着一条陌生的大马路一直向前，通常没多久就会离开城市，一下子跑到田地旁。我认识的很多中国人不是自己从农村来的，就是在农村里有亲戚，他们都很喜欢告诉我农村的事情。共产党的党主席自己也是从农村来的，党内、政府和军队里的大部分领导也一样。电影、电视节目和小说里经常涉及农村题材。在这些作品中女农民都看上去很漂亮，她们幽默、聪明、坚强、体贴。男人们则是勇敢、强壮、有责任心。他们不但关心自己所在的合作社或者小村子，也很关心国家大事，关心革命的进程，以及如何“解决城乡之间的矛盾”。这就是理想化的农民形象。在这些文艺作品中，农民对于自己在国家和社会中所扮演的角色感到很自信，他们没必要在城里人面前矮一截。

作为一个西欧人我觉得这个领域很值得关注。当我听说有机会去参观河北省的沙石峪村时我非常兴奋。活动需要三天时间，我们坐公共汽车去。沙石峪位于长城脚下，有一句俗语是那里最好的写照：“土如珍珠水如油，漫山遍野大石头。”我想也许我可以以沙石峪为题写出我在中国的第一篇报道文章。同一时期外文出版社也在准备出版唐风章写的关于沙石峪的一本书，我将参与这本书的翻译校对工作。

毛泽东的文章《愚公移山》很多中国人都能背下来。“愚公移山”这个成语讲的是一个传奇故事：愚公家门前有两座大山挡着路，他决心把山平掉，另一个老人智叟笑他太傻，认为不可能。愚公就说：“我死了有儿子，儿子死了还有孙子，子子孙孙无穷无尽，两座山终究会被凿平。”后来他感动了天帝，天帝命大力神把两座山搬走了。

沙石峪就是现代版的愚公移山。在那里我将有机会看到他们的生活和工作环境。

沙石峪的生存条件和他们的组织形式据说都独一无二。我们的车开过平坦的华北平原，道路笔直，路的两边有稀疏的小树，除此之外没有其他任何植被。路上的机动车很少，更多的是简单的农机具。三个小时后我们到了燕山。从那里到遵化的路蜿蜒曲折，司机开得很小心。路两旁的房子是用灰色的石头搭建的，大多是平房，偶尔也能看到两层的小楼。晚上我们在一家简陋的招待所里过夜，第二天一早继续开到了沙石峪。沙石峪给我们的第一印象是山很高，没有种庄稼的地方很秃，没有树，没有草，除了石头以外什么都没有。但是一进到村里就看到不少植被，可以看出来都是人工精心栽植的。

我们去一户人家拜访，一位老农民给我们讲了过去的苦日子和今天的变化。他很自豪地给我们看他家里装粮食的大缸和可以享用一年的咸菜，还有收音机和缝纫机。我们步行到梯田的附近去参观一个在岩石中开凿出来的蓄水池。水是从哪里来的呢？我们的导游是个小个子的男人，有点儿罗圈腿，穿一条宽腿裤，他用四平八稳的口气告诉我们人们在这里打井有多困难。早些年间他们曾经想找一个能用肉眼看出地下水源的“神人”，村里的人为此还发生了争执。有的村民说这种人一点儿用也没有，而其他人就说他们不懂。党组织怕脱离群众就不得不答应了这个做法。当地最有名的寻水“神人”身有残疾，村民就把他放在一张桌子上每天抬着四处走，走到了第五天的时候这个人指了一处地方。他说人们应该在那里打井，而且还说如果那里没有水，人们可以把他埋在那里。村民在那里挖了一个很深的井，比以往任何井都深，但还是没有水。村民们很愤怒，有的人真的想把那“神人”扔进去。党的干部借机教育大家以后不要再相信这些迷信了，不然总是会上当受骗的。世界上没有上帝也没有救世主，唯一能让这些农民脱贫的只有自力更生。

后来人们发现在一处山坡上一到雨季就有很多水从岩石缝里流出来。他们决定在那里建一个蓄水池。五年之后，在一千多个工作日的辛勤劳动后，沙石峪人建成了一个有 2700 立方米的蓄水池。从那时起人畜都有了足够的饮用水。后来地质人员通过勘测又在那里发现了地下水源。村民们在村子里安装了水管和抽水机，挖掘了灌溉的水渠。我可以想象，当他们第一次看到水从水管里流出来的那一刻该是多么的幸福。

在村子的主楼里生产大队的七个社员来接待我们。我们坐在一张长桌边，每个人面前有一只蓝白花的带盖茶杯，每个茶杯旁边还放了一只苹果。我打开一个崭新的笔记本，外面是硬塑料的表皮，上面印着一面红旗，下面写着：革命日记。一个面容沧桑的老人开始讲话，他感谢我们走这么远的路到这里来看他们，一边说一边点上了一只没有过滤嘴的香烟。三个年轻的姑娘一声不吭地走进来，给我们的茶杯加水，她们都穿着麻布底的布鞋。讲话的人姓王，我猜他应该有 70 岁了。

“他有多大?”我问霍勇。

“大概 50 岁。”

“真的？......”

“农民都显老。”霍解释道，“他们从早到晚都在外面，风吹雨打，而且这里的条件也很艰苦。看上去比实际年龄大 20 岁是很正常的。”

王给我们一一介绍他的社员，他们都在生产大队里担任不同的职位，有革命委员会的领导，其他人分别负责农业、牧业、打井、学校、妇联、医疗等等。每个人都讲了几句他们的具体工作。对于从西德来的我，他们说的事情好像来自另外一个星球，而事实上他们的经历也确实很原始。我一直都梦想要为建立一个更好的社会而斗争，听了他们的故事后我感到无比欣慰。他们的故事再一次证明了，普通人也完全可以有能力创造进步。

沙石峪在一百多年前就有人居住。解放后住在村里的 80 户人家每年都要依靠政府提供救济粮和过冬衣物，但是他们不甘贫穷。36 户人家觉得如果他们能联合起来很有希望摆脱贫困。尽管他们的建议备受争议，他们毅然决然在 1952 年组成了合作社。开始的时候他们既没有种子也没有家畜，只能把自己的口粮省下来，靠吃野菜和草根树皮为生，耕地的工具只有木犁。但是合作社的优势很快就体现出来了，他们把生产和劳动组织得井井有条，共同的目标激发了每个人的斗志。看热闹的中农比合作社里的人家富裕多了，但他们各自为政，有困难时得不到别人的帮助。一年过后，合作社不但比中农每亩多打了 22%的粮食，还用盈余的钱去买了（虽然不多）家畜和最简单的一些农具。稍微富裕一些的农民看到了好处，也纷纷参加了合作社。

沙石峪里到处都是石头山，贫瘠少水。合作社决定在山坡的高处种树，在山坡的低处建梯田，这样即可以防止水土流失，也可以增加农田的面积。一开始反对意见很大：“在岩石上怎么种树？能成活吗？除非哪天公鸡会下蛋了，石头缝儿里也能长树了！”后来一株核桃树在岩石间不但扎了根，而且长得很好，人们的信念更加坚定了。

村民们在山上凿出了几千个洞，种上果树、松树和柏树。在开始的五年里产量增长了三倍半。沙石峪不仅做到了粮食的自给自足，还有剩余的粮食可以卖掉。他们不断地从石缝里取土、在石板上造田，既改善了村子的面貌，也促进了革命。他们用自己的行动验证了人定胜天的道理。

二十多年来，沙石峪人就这样点点滴滴地埋头苦干，一共改造了 9 座山头，17 个山谷，移动了 100 万立方米的土块和岩石，体积相当于 1 米高 1 米宽 1000 公里长的一堵墙（用我的想象力来说就是从海德堡到法国南部的高速公路里程)。在1974年时沙石峪有717个人,300个劳动力;生产大队拥有1200亩农田,64头家畜,3台拖拉机,50件农业机械。粮食储量达15万斤,大部分的家庭里有缝纫机和收音机。此外村民还拥有113辆自行车,80%的家庭有了自己的储蓄。

"请问,您是如何解决歧视妇女的问题的?"到了我们可以提问的时候。妇女的问题在那一段时间是很重要的一个话题,因为正好是批孔的时期。负责妇联工作的张同志答道:"问题是存在的,孔夫子的影响在我们这里还是很深,男人比女人更受重视,人们还是更希望生儿子。我们正在努力解决这个问题,但是进步比较慢。村里有一半的劳动力是妇女,男人需要改变思想。我们也需要时间来进行教育,但是肯定会有改变的。"

对于他们的开诚布公我很吃惊,好像我们是从另外一个大队来的农民代表一样。沙石峪是一个闻名全国的榜样村,作为来访者总是难免想知道这里的成绩是否有夸张的成分,但是在亲眼看了之后,我们不得不感到折服。沙石峪的艰苦环境、人们的自信以及他们对所获得成绩的真心喜悦都让我强烈地感觉到自己的渺小。会谈结束时一个干部对我们说:"请尝尝我们自己种的苹果吧!我们很高兴能为你们提供这些!"

在邀请信下面签字的人是:周恩来

从沙石峪回到北京后没几天,也就是在9月30日,邱同志和出版社的另外两位领导到友谊宾馆来看我。他们来之前通知了我,而且我也知道他们要送给我一份参加国庆宴会的邀请信,更多的我就不知道了。邱看上去心情很好,不但是因为他要亲手把邀请信交给我,而且他还兴奋地告诉我:"周恩来总理很有可能也会参加!"是真的吗?我简直不敢相信自己的耳朵。太好了!邀请信上印着红色和金色的国徽,时间是19点30分,签字人果真是:周恩来。

我们都知道周总理6月的时候因为癌症住进了军队的305医院,他把自己的工作班子也一起搬了进去。周总理这一年76岁。尽管在那之后《人民日报》登出了他在会见外宾时的照片,看上去很放松的样子,但关于他健康状况的流言还是越来越多(来自苏联的消息说周总理已经去世了)。如果他真的来参加国庆晚宴的话，是不是说明他的身体情况已经有所改善了？至少这将是他在公开住院后第一次和公众见面。

去人民大会堂的沿路洋溢着节日气氛，长安街和天安门广场上灯火辉煌。孙中山的大幅画像被醒目地摆放在广场的中央。走在通向人民大会堂的红地毯上，我感到每走一步鞋子都要陷下去，地毯长得看不到尽头。进到大会堂的里面，我们走楼梯上到宴会厅里，楼梯的造型很典雅，我一边走一边数台阶数，总共有58级——难道我在入口的地方错过了两级？宴会厅里的4500个客人都端坐在宽大的圆桌边，穿着白色制服的服务员手里拿着茅台酒瓶在圆桌间穿梭，每个人的酒杯里都倒满了酒。前餐已经摆放在桌上，盘子很大。每个人都在想同一个问题，忽然音乐声响了起来，紧接着是鼓掌声，所有人都站了起来……周恩来带领着党和国家的领导人一起走了进来。跟随在他后面的有共产党的五位副主席，德高望重的叶剑英，年轻的上海市“文革”领袖王洪文，从延安时代就开始做保密工作的瘦削的康生，政治局的几乎所有委员，还有朱德，据说周恩来20年代初在柏林读书时就结识了他。我认出了邓小平，毛在去年才把沉寂了多年的他调回了身边。进来的还有毛的夫人江青和来自大寨的陈永贵。进来的领导人应该有六十几位，其中有很多老态龙钟的男人，在经历了一生的革命后，他们现在需要被人扶着，有的还是被两个人同时扶着。我无法想象他们目前的心情，在25年的中华人民共和国历史中发生了那么多的事情，8年“文化大革命”，14年同苏联的亲密友谊，多次战役，还有3年前和美国关系正常化。到了现在人们还不知道谁将是毛的接班人。难以琢磨的还有目前一段时间的幕后政治斗争，据说批林批孔的真正目的是要打倒党内最高的阶级敌人，也就是当今的孔夫子，他就是周恩来！毛和周是几十年的革命伙伴，难道他们也是死敌吗？……领导席位于大厅的最前方，他们的桌子上有鲜花点缀；大厅的上方悬挂了毛主席的画像和中国国旗。

宴会开始了。桌上的饭菜色泽鲜艳得如同是一幅画。同桌的客人相互自我介绍。我旁边的人像往常一样体贴地为我夹菜。已经认识的人发现又被分在同一张桌上都表示抗议。饮料除了白酒外还有中国产的红葡萄酒、青岛啤酒和矿泉水。大家在餐桌上畅所欲言。我讲了去沙石峪的体会，很多人表现出很感兴趣。有人问我是从哪个国家来的，提问的人后来告诉我他在外交部工作。主席台上发出一些动静，大家都转过头去，主持人宣布“我们尊敬的周总理”要发表讲话。在全体的热烈掌声中周总理走上讲台，掌声经久不息。

周的演讲时间不长，但声音始终很洪亮。他说到25年前毛主席宣告了中华人民共和国的诞生，中国人民从此站了起来。从那时开始中国的各民族就在毛主席和共产党的领导下，在社会主义道路上胜利前进。中国在世界上树立了一个新形象，巩固了无产阶级专政，中国的朋友遍天下。他还代表“伟大领袖毛主席、中共中央、中国政府”，对来自不同国家的朋友们的支持和帮助，表示衷心的感谢，中国“会一如既往同世界各国人民一道，把反对帝国主义的斗争进行到底”。

一个年轻的女服务员端着一个托盘走到周的身边，上面是一杯白酒。这时大厅中所有的人都站了起来。

“现在，请大家为中国各族人民大团结，为世界各国人民大团结，”他停了一秒钟，然后大声说，“干杯!”

所有人都举起手中的酒杯，“干杯!”的声音此起彼伏，和更加热烈的掌声融合在一起。周总理走回到他的座位上，和他同桌的有外国使节、特别代表等尊贵客人。大家都坐了下来开始用餐。在我们的桌上有的人开始评论，说周的声音洪亮，看来他已经康复了。我仍然沉浸在喜悦中，为自己能有机会参加如此具有历史意义的活动而激动，同时也有些吃惊为什么周的讲话这么简短。我又很快地看了一遍他的讲话，英文稿就放在我的面前。确实，他在讲话中不过是重申了大家都已经知道的一系列关于“文革”的政策，也许国庆宴会不是发表长篇政治演说的场合吧。

我向周所在的贵宾桌望去，发现柬埔寨的西哈努克亲王坐在他的旁边。西哈努克在中国是一位很特殊的国宾，他从1970年开始就住在北京。我对他的经历一向都很感兴趣。

法国的殖民者对当时还很年轻的西哈努克亲王非常失望，觉得他好像只对哲学和音乐感兴趣，法国人认为在政治上他势力比较弱，没有什么利用价值。1941年时法国人同意他继承王位，西哈努克也从此开始了他动荡的政治生涯。四年前，也就是在1970年的3月，柬埔寨的朗诺·施里玛达将军借西哈努克在国外旅行的时机发动了政变。西哈努克是在莫斯科听到这个消息的，当时他正坐在去机场的汽车里，陪同他的是苏联的总理柯西金，他的目的地是北京。面无表情的柯西金在听到消息后立刻告诉了他，同时也表示苏联对此情况无能为力。不仅如此，他还说如果西哈努克到了北京，中国政府也会对他置之不理。后来发生的情况和柯西金说的正好相反。当西哈努克到达北京的时候，周恩来已经在机场等着他。他非常热情地拥抱西哈努克，对他说："您仍旧是国家元首，我们不会承认其他任何人。"在机场上欢迎他的还有众多外交人员，其中包括 42 个国家的大使和公使。

西哈努克谋求柬埔寨完全中立的立场，美国人认为他是一位"红色亲王"，对他不信任，所以夺了他的权。腐败的朗诺政府在一夜之间开始恐怖镇压，对异己进行野蛮的清洗屠杀；政府的无能迫使各地的民众起来造反并请求菩萨的保佑。在进城的路上西哈努克很直接地对周恩来说："我要回到柬埔寨，参加斗争！"周认为这样不妥。他说，战斗将是"漫长而艰苦的，有时会很危险，有时也会令人气馁"。他认为西哈努克应该做好等待五年的思想准备。在同一天晚上，中国共产党政治局开会决定，如果西哈努克需要的话，中国将为他和他的工作人员在北京建造一处永久的官邸，并为他提供一切作为流亡政府所需要的设施，这样他就可以在中国继续进行他的斗争。中国政府很大方。西哈努克提出年度预算每年 500 万美元，周立刻决定给他双倍的，说其中的一半将用于在柬埔寨国内的斗争……

"宴会结束！"主席台上忽然宣布。9 点整。所有的人都站了起来。"每次都这样突然结束吗？"我问旁边的人。他们告诉我："是的，这很正常。"

10 月 1 日和 2 日全城都在庆祝国庆，六大公园里尤其热闹，1 日晚上在不同的地点还燃放了焰火。白天的时候我的同事陪我去了颐和园、紫竹院和中山公园。在中山公园里人们搭起了一个大舞台，足足有 50 米长。在那里人们可以观看京剧、话剧、音乐、歌舞、相声、杂技等各式演出，演员有专业的也有从农村、工厂、学校、部委、矿山或是城区来的业余文艺工作者。军队里的文艺团体也参加了演出，我还看到一群孩子很认真地演了一场京剧。对我来说一切都很新鲜，很绚丽，让我感到目不暇接。和我们坐在一起观看演出的既有普通的老百姓也有党和政府的高级官员。

在饭店里我收到来自《共产主义人民报（KVZ)》编辑部的一封信。我之前给他们投了一篇稿，讲的是我在沙石峪的经历。总编辑布朗贝亨斯给我答复说，他们很愿意发表我的文章，但是我需要在中国获得当通讯员的许可。出版社的领导只用了 15 分钟就决定了，说我完全可以随时在德国发表我在中国的感受和经历，他们不会限制的。

我和出版社签订了工作合同，每个月的工资是 500 元人民币，相当于 625 马克。我把一半的工资寄回到德国的家里。按照中国的规定，单身的外国人可以把一半的工资换成外汇。我一个人一个月花 250 元完全够了。在北京的出版社里一般人的工资是 40 到 65 元不等。（毛泽东的工资据说在中国人中是最多的，也只有 450 元，发工资时有人小声地告诉我——当然毛还有稿费收入。）

那些长期生活在中国的外国人

我仍旧每周去《北京周报》帮忙，但是时间比刚来的时候少了，从维也纳来的一对夫妇，保尔·斯坦和伊丽莎白·斯坦，已经到了北京。现在我又开始在《人民画报》社帮忙，因为魏璐诗目前在中国南方旅行，她从 50 年代开始就负责画报社的工作。她住在出版社内的一栋居民楼的二层，房间比较暗，屋里摆满了书架，沙发和扶手椅都坐得很旧，扶手上面铺着手工钩织的罩。出人意料的是她还有一架很大的钢琴。我中午休息的时候有时去她那里坐一坐，有时是下班后。我们通常坐在窗边的小桌旁聊天。第一次去的时候花瓶里插着鲜花，她说是因为我来特意准备的。晚餐直接有人送到家里，出版社的食堂为住在这里的老年外国人专门安排了小灶。我和魏璐诗聊得很开心，和她说话我从不感觉到我们之间的年龄差异。她说起话来两眼放光，精力充沛。

作为一个新来的外国人，那些在中国生活了很长时间的外国人对我来说很神秘。尤其是那些曾经被打成反革命以至于还为此做过几年牢的人就更是这样了。我一般不敢和他们谈论这些往事。他们都是怎样的人？开始的时候是怎么来中国的？他们到底都经历了什么？

魏璐诗1908年12月11日生于维也纳。她在大学里学的是哲学、德语和英语，1932年她获得博士学位。为了去找她在维也纳认识的一个中国男人，她一年之后坐船去了上海，但是那个男人已经变了心。在上海她很快结识了《法兰克福日报》的著名女作家和记者艾格尼丝·史沫特莱，她们不但成了好朋友，史沫特莱还在政治方面对她影响很大。史沫特莱把她带到一个马列学习小组，里面既有中国人也有外国人。在他们学习的地方墙上挂着红军行动的地图。在小组里魏璐诗又结识了新西兰人路易·艾黎，在他的帮助下，魏璐诗有机会到工厂里去实践。当时路易·艾黎在上海一家工厂做监察。工厂内惨不忍睹的工作条件、童工的问题、黑社会的势力以及在上海的大街上每天都能见到的病痛和死亡让魏璐诗越来越感到触目惊心，“这些都是在大学的社会学系里无法学到的。到处都可以听到苦难的呐喊声”。

魏璐诗和孙中山遗孀宋庆龄的关系很不一般。魏璐诗认识宋庆龄的时候，她住在上海的法租界里，继承了她的先生生前没有完成的事业，为摆脱中国的半殖民地和反对军阀而战斗。在那个时期魏璐诗还结识了鲁迅，在一张照片上他们两个人正在激烈地讨论着什么，手舞足蹈的。鲁迅在当今中国被誉为是最著名也是最具评判精神的作家。

魏璐诗越来越感到她不可以得过且过，必须要选择一个明确的政治立场。作为一个年轻的外国女人、秘书、自由记者，她还没有上警察的黑名单，行动起来比较安全。她的身份很适合给共产党的地下组织通风报信。她很自愿地承担了这个任务。

1937年她离开上海去成都。船刚离开上海不久，日本就开始袭击上海。她在成都一边教英文，一边给《成都新闻快报》写文章，在那里她遇到了后来的中国丈夫。她不顾舆论的反对，不顾什么中国人和外国人不可以在一起的说法，在1943年结婚。在重庆时她还结识了共产党的最高代表周恩来。抗日战争结束后她回到上海，1946年她随丈夫去了纽约并在联合国里任职。

如果谁曾经小瞧过魏璐诗，她永远都不会忘记，哪怕只是开玩笑。1949年时，她怀着第二个孩子回中国来“探亲”（当时她持有中国护照），正是共产党快要在全国夺取政权的时候（在中国叫“解放”）。她回来的主要原因是想了解新的政府是否值得信任，同时看一看在中国有没有合适的工作机会。

魏璐诗，一个年轻的外国女人，选择了明确的政治立场。她还结识了鲁迅。

当时她在联合国的任期已经结束。北京已经在共产党的掌握下，在那里她又一次见到了马海德博士，马海德是一位美籍黎巴嫩医生。马海德曾参加过中国革命，他们俩在上海时就已经认识。马海德问如果她丈夫不想来中国她怎么办，她说如果是那样的话她会考虑自己一个人带着两个孩子回来。马海德当时的反应是："你肯定不敢这么做!"魏璐诗到了今天也没有原谅他。（马海德对这段往事有不同的解释，他认为正是因为他说了这句话才刺激了她，不然她真的做不到。)

我问她，当时是否也考虑过回到奥地利去。她说没有，因为所有的家人和亲戚朋友都死在集中营里。她的父母是在特莱西恩施塔特的集中营被害的。而对以色列她也没有什么兴趣，首先是她对宗教不感兴趣，其次她不理解为什么要厚此薄彼，在以色列居住了两千多年的阿拉伯人的诉求应当和犹太人的诉求同样重要。1951 年底她带着两个儿子回到中国，在外文出版社得到一份工作。1955 年新中国政府邀请她加入中国国籍，她欣然答应了。那一年对于她来说是具有"突破性意义的一年"。

"文革"开始后很多住在中国的外国人成为红卫兵攻击的对象，尤其是那些在单位里身居要职的外国人。我问魏璐诗，她本人是否也受到过红卫兵的攻击？她说没有，至少没有很严重的攻击，因为她从一开始就没有参与造反派的派别斗争，但是有很长一段时间办公室里的同事都对她很冷淡，不理不睬的，使她感到很压抑。她不知如何是好，只好在心里忍着。那一段日子虽然已经过去了，但是孤独的记忆留了下来，她和我聊天时总会时不时地提起那段日子。

1966年夏天，四个外国人在友谊宾馆里贴出了一张大字报，批评外国专家办公室的领导，说他们给外国专家提供了特权，如高工资、好住房，而中国的同志们却生活在很简陋的条件下。大字报的作者要求享受国民待遇，这样他们就不会脱离群众，他们不希望被当做是“资产阶级的专家，而是无产阶级的同志”。此外他们还请求“参加体力劳动和接受意识形态的再教育”，目的是要作为国际战士和中国人民一起为革命做贡献。大字报在外国人中引起很大的反响，9月8日毛对大字报表示了赞许。友谊宾馆里的外国人展开讨论，很快就建立了一个叫“白求恩—延安战斗队”的造反组织，一个只有外国人参加的组织。组织的目标是支持“文化大革命”。来自“五大洲四大洋”的外国人都参加了这个组织，组织的五个领导之一是李敦白。李敦白当时在电台工作，他在40年代作为美国军人来到中国，后来参加了共产党。中国的报刊证实了这个组织的合法性。过了一段时间人们才知道这个组织受到共产党内“文革派”的利用，而且也不排除里面的一些外国人有自己的目的。比较早和这个组织拉开距离的人后来没有受到多大冲击。而其他人则在1968年被打入监狱，李敦白就是其中之一。他在2月21日入狱。后来由在波兰出生的爱泼斯坦取代了他的领导位置，爱泼斯坦从小就在中国生活。3月18日爱泼斯坦也进了监狱。（在那个时期进监狱的人并不都是“白求恩—延安战斗队”的成员。）

到了1973年大部分的外国人都被放了出来。很多人不但自己蹲了监狱，还牵连到他们的配偶，其中有中国人也有外国人，比如说，爱泼斯坦和他的英国夫人邱茉莉，两个人都在《中国建设》杂志社工作；杨宪益和他的英国夫人戴乃迭，两个人都在《中国文学》杂志社工作，和魏璐诗住在同一个楼里；此外还有第一外国语学院的英国老师戴维·柯鲁克，他曾参加过西班牙的反法西斯内战，以及美国共产党党员沙博理，他当时在新华社工作。他们都在监狱里待了四到五年。

1973 年 3 月 8 日周恩来总理邀请所有在中国机构里工作的外国人参加了一个招待会。周带了很多政府官员来参加。在招待会上他代表政府向在过去几年中遭受迫害的同志表示道歉，他说作为总理他应对此负责任。他从一桌走到另一桌，亲自和每一个人握手谈话，向受过迫害的人道歉。他说所有的客人都是中国的客人、朋友和同志，希望他们继续在中国居住和工作。坐过监狱的人中确实没有一个在那之后立刻离开中国的。为什么没有呢？如果离开的话我倒是可以理解。一种解释是：这些人很早就认识到，西方对中国的隔离政策是一个错误，在他们自己国家里他们都是黑名单上的人，他们认为在中国的困难只是暂时的，相信在中国人民的帮助下最后能渡过难关。此外他们还觉得“文革”中的混乱和美苏对中国的战争威胁有关，使他们无辜地成为替罪羊。这解释了为什么很多人在经历了令人无法置信的折磨后仍选择坚持原来的理想，但是人与人之间的信任却发生了不可逆转的变化。当我有机会和这些过来人谈到这段往事时，有的人轻描淡写，有的人竟能不失幽默。没有一个人把自己描述成英雄或者是很可怜的样子。

在那次招待会上周恩来说李敦白的情况比较例外，他的问题很严重，需要继续待在监狱里。在场的外国人好像对他说的这句话感到认同。（另外一个例子是德国摄影师叶华和她的先生萧三。萧三曾是毛的同学。他们夫妇二人在监狱里被关了七年之久，1974 年 10 月释放，但仍然受管制，直到 1979 年才得到平反。1980 年国务院在木樨地分给他们一套很宽敞的住房。）

这些外国人得以释放据说和三个事件有关，都是在我到中国之前的二三年里发生的。第一件是林彪的倒台，据说他想暗杀毛但没有成功，他在 1971 年 9 月 13 日想坐飞机逃到莫斯科，结果在途经蒙古的时候飞机失事。第二件是中国在 1971 年 10 月 25 日重返联合国，取代了台湾以前的位置。最后一件是 1972 年的尼克松访华。在这三个事件的共同影响下“文化大革命”的热潮慢慢冷了下来，中国政府开始寻求和外部世界维持稳定的关系。

经过审批，我看到了一份文件

在出版社的走廊里贴满了大字报。同事们把《批林批孔》（第一册和第二册）一书中的文章都翻译好了，厚厚的一叠稿件摆放在我的桌子上。书里分析了孔子的著作、生活及其政治观点，认为他并不是中国人几千年来公认的圣人，而是一个奴隶主，他反对奴隶起义，反对正在兴起的地主阶级，所以是一个反对进步的修正主义者。林彪在革命战争中是个备受尊敬的将领，也曾是毛最好的战友。后来他成为政治局委员，为了表示对毛的崇拜他组织出版了如同《圣经》一样的“红宝书”，在“文革”的混乱中他巩固了军队对毛的忠诚，后来毛把他选为自己的接班人。《批林批孔》一书的作者把林彪描写成孔子的崇拜者，说他想推翻毛，让历史的车轮倒转。书中在最后写到，“世界上有很多人认为最重要的是克己复礼”，对于孔子来说“克己复礼”就是恢复奴隶制度，而对林彪来说则意味着要破坏社会主义制度。

西方人看了这样的文章后的第一反应是摇头，觉得逻辑不通。首先，为什么毛的接班人想要谋杀毛？难道他不能耐心地等等吗？中国的同事们好像并没有像我这样操心，他们知道在这样的措词后面肯定有难言之隐，有一些话本来就是不可以说的。

我请求出版社的领导给我解释一下林彪的问题。我对他说如果我能多了解一下这个事件的来龙去脉，我就可以更好地完成我的工作。领导说要到上面去问一下，过了一段时间后上面的许可下来了。一天下午领导拿给我一份已经译成英文的文件，有 20 页长，只可以阅览，不可以复印。文件中讲到林彪和他的儿子林立果以及其他几个高级军官计划刺杀毛，但试了几次都没有得手，后来他们又计划对毛乘坐的专列进行军事袭击。但是事情暴露了，火车走了另外一条路线，他们的计划再一次失败。得到消息后林彪立刻决定和他的家人从北戴河机场出发，出发时飞机的机翼撞到了一辆加油车，受到损坏，后来飞机没飞多久就在蒙古国的温都尔汗坠毁。林彪的毁灭对毛来说是一个很大的打击，对由毛发动的“文化大革命”也是一个打击。

在文件中没有讲到林彪为什么要推翻毛。但是我从老一代的外国人那里听到很戏剧化的一些说法。据说最重要的原因是东南亚的战争。由于美国在越南的战争对中国造成间接威胁，军队中有一些人认为美国人之所以去东南亚是为了将来可以打中国。同朝鲜战争时期最大的区别是中国现在已经得不到苏联的强大军事支持，而中国自己的军备老化，国家又处于“文化大革命”的混乱中。虽然林彪是毛泽东思想的拥护者，但是他也看到中国的军事力量每况愈下，认为美国侵略者会利用这个机会。共产党内部关于这个问题的矛盾逐渐升级，直到林彪和他的亲信决定，他们唯一的出路是和苏联联手。他们等不到毛自己下台了。他们觉得必须立刻动手。

正是在这个时期，毛的做法开始 180 度大转弯。他秘密会见基辛格，讨论关于邀请尼克松访华和中美关系正常化的谈判。林彪和他的亲信们无法理解这一变化，认为中国已经危在旦夕。他们紧锣密鼓地计划刺杀毛，据说事先是和苏联商量好的。如果计划成功，按照宪法林彪就会自动成为毛的接班人，他可以立刻宣布紧急状态。如果真走到这一步，苏联就会终于得到他们一直梦寐以求的在中国领土上驻军的目的，以此作为对中国实行核保护的交换。这也是毛一直不答应赫鲁晓夫的地方。

这种解释至少听上去有道理，在时间的间隔上也说得过去：基辛格的秘密访问是 6 月，而林彪的坠机是在 9 月。

圣诞节快到了。北京的冬天天空很蓝，蓝得耀眼，空气干冷。风一刮起来，冷得透骨。中国人穿得越来越多，平时很瘦的人也随着温度的降低变得越来越胖。他们穿的毛衣里三层外三层，有的人竟同时穿五条毛裤，有时鲜艳的红色和紫色从裤脚边露出来。关于穿多少毛衣毛裤是个可以公开讨论的话题，也是人们喜欢讨论的话题。小孩子都穿得像小球儿，好像一推他们就可以滚起来，看了让人更加怜爱。我无法习惯穿毛裤，早在 15 年前我就已经不穿了。在出版社里他们都叫我是外国的“王铁人”，因为来自大庆的王铁人也不怕冷，如果工作需要的话他会立刻跳到雪水里。在王府井的一家商店里我买了一件棉制的绿色军大衣，在当时非常时髦。“文革”中军绿色和深蓝色都非常受欢迎。据说到 1 月时气温会更低，最冷的时候要到摄氏零下 15 度。

饭店里很照顾外国人，暖气也比别处来得早，虽然我们还希望能再早一点儿。在办公室里暖气还没有开始供应，我们有好几个星期都是穿着厚厚的大衣上班，有的人还戴着手套打字，我们互相开玩笑说这些都是“为了革命”。我尽量适应这里的状况，保持乐观的心态，反正冬天也不是一时可以过去的。我早上 8 点到办公室的时候天刚蒙蒙亮，等我离开办公室的时候天已经完全黑了。但是最重要的是每天都阳光明媚，虽然不暖和，但是还是照得很舒服。

少了圣诞节的喧嚣我觉得很好，在德国的时候我总觉得到了年底好像有一种说不出的世界末日的感觉。这种感觉通常要到阳历新年夜才会结束。而北京在这段时间和平时没什么两样。对于中国人来说圣诞不圣诞没有任何关系（虽然 12 月 26 日是毛的生日，很多人在那一天的晚上会吃长寿面），但是外国员工在那一天可以放假。24 日晚上我和普蕾柔丝、鲍勃·弗雷德去了饭店里办的一个圣诞晚会，那里有吃的，还有音乐，可以跳舞，我们高高兴兴地玩了一个晚上，并没有怎么想家。

我开始憧憬在夏天的时候能回德国去度假，但是我的律师还没有得到关于最高法院的消息。我不知道我们的刑期是否可以被取消。

参加翻译四届人大会议文件

全国人民代表大会是中国最高的立法机构。由于“文化大革命”的原因，第四届全国人民代表大会被多次推迟。现在忽然得到消息说大会要在 1975 年的 1 月 13 日到 17 日召开，参加会议的有 2864 名代表，其中四分之三是“工农兵”代表。第三届全国人民代表大会已经是 10 年前的事了。离大会开始还有 10 天的时候我们接到通知，要我们翻译会议文件，但是翻译工作不可以在办公室里进行，而是要去一个秘密的地点，时间是 1 月 10 日到 20 日。在这 10 天时间里我们一直要住在那里，不可以离开，不可以打电话，也不可以见外面的人。这些限制倒不是什么大问题，只是不能带我的收音机有些可惜。收音机是我刚从一个要离开北京的叙利亚外交官那里买来的，每天早上我都用它来听德国的新闻。隔离的原因是我们必须在大会开始之前完成会议文件的翻译，也就是说我们比大会代表先看到文件。

出版社的班车开了差不多三刻钟到了我们的驻地，门口有人站岗。我们所在的楼有五层高，里面有很长的楼道，房间布置得很简单。德语组的人都住在四楼，他们给了我一个单间，既当卧室也是工作室。这里看上去像是一间饭店，吃饭的地方是餐厅里的包间。

工作量很大，我们看了看估计每天只能睡几个小时。中国的同事立刻开始翻译。周恩来将在大会上作政府工作报告。此外中国的新宪法也将在这次大会上公布。政府工作报告的第一句话就讲到“文化大革命”，这也确实是从第三届全国人民代表大会开始到现在在中国发生的最重要的政治事件。在报告中重要的口号一句也不能少，比如说重申“文化大革命”的目的、反对资产阶级的政治立场等等。在1974年刘少奇和林彪这两个代表资本主义和帝国主义的敌人已经被打倒，这些胜利都是无产阶级专政的胜利，是社会主义发展的表现。

没过多久新译完的文件以飞快的速度传到我的桌子上。出版社派来了最能干的翻译，不仅是最好的，也是最快的。大会一结束我们的翻译稿就会立刻刊登在《北京周报》上，之后还会发单行本。

在外交方面周的措词信心十足。他说目前的国际形势是天下大乱，资本主义世界中正在经受二战后最为严重的经济危机，世界矛盾正在加剧，世界上还没有持久的和平。他强调，不论是战争引起革命，还是革命制止战争，世界的发展将最终有利于人民，而未来是光明的。

中午吃饭的时候我和同事们都坐在同一张大桌上，互相不怎么说话。吃完后我们不是出去散散步就是直接回到桌前接着工作。

共产党内最大的分歧在国民经济政策上。周重复了第三届全国人民代表大会已经提出过的观点，也就是经济要分两步走，第一步到1980年，到那时中国要建立一套比较完整的工业和国民经济体系；而第二步，也就是到2000年，中国要实现农业、工业、国防和科学技术的现代化，到那时中国的经济将站在世界前列。第二步在报告中被简称为“四个现代化”，在大会期间没有得到多少关注，但是在会后却引起了很大的争论，尤其是在“文革”派和周恩来邓小平之间。“文革”的造反派认为“四个现代化”会把所有的工作中心都放在经济上，而无产阶级革命将会被忽视。

在大会上张春桥就宪法修改作了报告。张是政治局常委，通常被认为是一位很有学识的马列主义者，他在上海的“文革”宣传中起了很大的作用。人民代表大会推举张春桥做副总理。我们只知道张属于极端左派，而周恩来是造反派要攻击的对象，因为他们认为周是挡在他们和毛之间的障碍。造反派一直强调革命理论和实践的纯洁性。关于两派之间的幕后斗争外界很少知道，但是很明显的是两派的人都在努力争取党内和政府内的广泛支持，希望一旦毛不在了他们可以占上风。

造反派已经在共产党内把持了关键的位置，王洪文是党的副主席，张春桥是政治局常委，江青和姚文元都在政治局里。而另一派的邓小平在政府中是仅次于周恩来的第二号实权人物，同时也是政治局常委和中央委员会的副主席。邓现在的官职高于他在“文革”前的位置。1973 年毛把邓小平叫了回来，希望能在他的帮助下结束“文化大革命”。毛那一年 82 岁。他提出要“安定团结”，这也正是邓和周所希望的。

姚文元和张春桥相继在 1975 年 3 月和 4 月的《红旗》杂志上发表文章，认为在社会主义中仍然“每天、每个小时”都在出现“新的资本主义”，他们想以此来揭开反对周恩来和邓小平的斗争序幕。外文出版社为两篇文章都出了专门的小册子，需要修改的德文稿也传到了我的书桌上。

大会结束后我们在最短的时间里出版了单行本。书的封面用的是红葡萄酒颜色的丝绸，烫金的标题。我向德国投了一份稿，读起来好像是一份政府公告。在文章里我摘录了在这次人民代表大会中发表的最重要的文件。《共产主义人民报》刊登了我的稿件，还配了一张毛在开会时的照片，下面标注着“中国在第四届全国人民代表大会上制定了无产阶级革命的新宪法，是世界人民和国际工人阶级的一个重要事件”。

不可思议的上海“自由行”

中国人没有放假的概念。唯一的例外是两地分居的夫妇，这种情况并不少见，因为工作单位都是由国家决定的。两地分居的夫妇每两年可以放假一个月，在一起团聚，旅行的费用由单位给报销。对于这种分别之苦他们还开玩笑地说是“小别胜新婚”。当然他们都更希望能有机会换到一个城市里。无论是在城里还是在乡村，中国人最重要的节日是一年一度的春节，通常是在 1 月底或 2 月初，庆祝的时间有一周之久。

巴黎来的一对夫妇米歇琳娜·卢齐尼和夏维尔·卢齐尼和我成了朋友，他们说想在春节期间去上海旅行，问我要不要一起去。我当然非常感兴趣。是不是需要先向单位提出正式申请？我们决定干脆绕过单位直接去试一试！夏维尔拿着我们三个人的护照去了趟火车站，还真的买回了三张软卧票。价格比我们在自己国家里坐二等舱还便宜。1975 年 2 月 10 日一早我们上了火车，软卧车厢是四人一间，床上铺着白色的床单。在我们的车厢里还有一个中国人，他看到我们三个外国人之后显得有些紧张。我们对于自己能自力更生地在中国旅行感到非常欣喜。火车上的乘务员大多是女性，她们给我们拿来了一只装满开水的大号暖瓶，这么大的暖瓶我还从来没有见过。每几个小时过道就被打扫得干干净净，车厢里也不例外，每次扫的时候我们都要把脚抬起来。乘务员告诉我们，我们是火车上唯一的几个外国人。车开得不快，中间停了很多站。在车上我开始看薇奇·鲍姆在 1929 年写的小说《饭店里的人》，据说我们要在上海住的锦江饭店就是书中场景的原型。我们晚上 11 点左右到了上海，在车站上费了不少周折才终于找到了一辆出租车。晚上这个时间马路上没有多少车，也没有什么行人。在一些路口可以看到或坐或站的穿着厚重军装的民兵，胳膊上缠着红色的袖标。在北京我还没有见过这样的情况。难道说在上海到处都藏着阶级敌人吗？我们开玩笑地说。市中心里有很多深颜色的石头墙建筑，希腊式的柱子，哥特式或罗马式的大门，高耸的房顶，曲折的围墙……简直就是老式欧洲建筑元素的大融合。城市看上去很大，但是窗户里面的灯大都黑着。鲍姆小说中的上海指的是这里吗？

我们终于到了南京路上的锦江饭店，还以为里面会有一个宽敞的迎宾大厅，但是进去一看只是一间很普通的屋子，装饰和布置都很新，完全没有传统建筑的痕迹。前台后面站着一个年轻人，对于我们的到来颇感吃惊，况且还没有中国人的陪同。他不说英语，我们的中文也不行。我们给他看护照，一遍遍地用英语说“预定了！预定了！”他看了一下客人的名单，我们的名字不在上面。我们又这样互相比划了好一会儿，直到他想出来一个主意。他一边拨电话一边说：“翻译！翻译！”是啊，有个翻译一定会有帮助的。他和电话的另一头说了什么，口音听上去很有意思，和北京话不一样。放下电话后他比划着告诉我们翻译一会儿就会过来。他请我们先坐下，我们就很听话地坐在黑色的塑料沙发上，可等了很长时间也没有人来。我们还以为他叫的是饭店里的翻译，开始有些生气。在中国经常会发生这种让人意想不到的误会，终于让我们等到的翻译竟是国家旅行社里的法语翻译，他是前台服务员的朋友。他接到电话的时候已经在家里睡了，马上骑上自行车赶过来。很明显我们的预定没有奏效，现在深更半夜再去找是哪个环节出了问题已于事无补。

饭店里今天住满了参加一个大型会议的客人，他们只能找到一间客房给法国夫妇。一个饭店的服务员把我领到一条昏暗的楼道里，墙上嵌着深色的木框，地上铺着地毯。那里有一个可以过夜的小角落，没有窗户，没有门……不管怎么说有一张床。

翻译明确地告诉我们，如果没有中国导游的陪同外国人不可以在中国旅游。他还是第一次看到我们这样的情况，但是他说他第二天会帮助我们找到一家饭店，今天实在是太晚了。他说我们是从北京来的“外国专家”，他一定会精心照顾我们。他问我们想在上海看什么，我们说在未来的几天想在城里转转，去看南京路、外滩，还有著名的历史酒店和平饭店。我们告诉他我们最大的兴趣是去了解“文化大革命”在上海的发展。我们希望能有机会去参观一些单位并和他们座谈。我还说我尤其想去参观上海的港口，最近在那里的五号码头上曾贴出了一张大字报，标题是：“我们是码头的主人，不是吨位的奴隶!”上海因在“文革”方面走得最激进而闻名全中国。去游览代表殖民主义异国情调的老上海是一方面，但是我们认为更重要的是去了解上海的现在和未来。

第二天早上细心的导游按我们的要求安排好了一切。我们坐车经过南京路，路上有很多人，机动车的数量和北京的差不多。旅行社为我们选择了和平饭店，正是我们想去参观的地方。和平饭店是上海城里最著名的历史酒店，在 20 年代末曾是亚洲最大的酒店。当时的达官贵人和明星们都经常光顾饭店里的舞厅，当时还叫华懋饭店，位置是在外滩和南京路交汇的地方。和平饭店的建筑很宏伟，窗户和转门具有装饰主义的艺术风格，楼内有宽敞的过道，老式的灯座上镶着黄铜的花纹，窗帘十分厚重，全部的内部装修都保留了原来的样子。我的房间是我在饭店里住过的最大的房间，是一个套间，价格却和普通客房一样。透过窗户我出神地望着下面的南京路，在马路的对面我发现了另一座醒目的历史饭店——汇中饭店，在大门入口处的上方刻着 1906。我不禁想到了曾经是海员的外祖父……我知道他 1912 年曾坐着商船到过上海，那一年他应该是 26 岁……他一定也到过外滩，因为这里是上海最重要的街道，海员肯定不会错过……他一定也看到了我眼前的这个饭店……可能他还在前面停下站了一会儿……我沉浸在深深的遐想中。

我们走到黄浦江畔的临江大道上，左边是一个公园，据说从前在那里曾经有一个牌子，上面写着“华人与狗不得入内”。米歇琳娜想给我在大道上拍一张照片，我们站在那儿的时候周围过来了很多人，开始时有三十来个人，后来很快就到了一百多人，他们很有兴致地看着我们。有不少人还站在米歇琳娜和我之间。我给他们打手势，希望他们能空出一条缝来，这样米歇琳娜可以给我照相。当他们明白的时候表现得非常配合。照片洗出来后可以看到我站在一群人的中间，左右各一排，他们都笑着看着照相机，脸上露出很吃惊的样子。

虽然现在是放假时间，但是旅行社还是给我们安排了一个非常详细的参观计划。计划上写着我们要去参观新的工业区，在那里和革命委员会座谈，和一个工人家庭见面，参观学校和幼儿园。我们还将参观三四十年代的红灯区会乐里，在那里可以见到以前的妓女和在大烟馆里工作过的人。上海第六医院也在我们的行程中，这家医院在断肢再植方面取得了新的突破，在那里我们有机会和病人见面，向他们提问。之后我们将去参观上海工业展、上海机械厂，还有位于郊区的长征公社。去上海港口的参观也安排好了，就是我希望的第五号码头。旅行社说如果我们觉得参观的内容不够的话，他们还可以再为我们安排。从第二天开始他们每天给我们派一辆车，早上 8 点出发，和翻译一起，我们去了行程中安排的每一个地方，认识了不同行业的人，向

在上海被围观。如果没有照片为证，你能相信吗？

他们问了上百个问题。

在五号码头有3200名工人，他们每年装卸600艘轮船。码头上贴满了大字报，内容主要是关于无产阶级专政的讨论。一张题为“我们是码头的主人，不是吨位的奴隶!”的大字报里面讲道，工人们当然应该努力为革命工作，但是码头上的干部不鼓励工人参加政治和意识形态的学习，只顾产量，只想着发奖金……五号码头的领导只关心工人完成了多少吨位，而不关心工人大众的愿望。《人民日报》全文刊登了这张大字报，文章批评的主要是奖金制度的负面作用。

在“文革”之前，码头上就已经实行奖金制度，其中吨位是决定奖金多少的最重要的因素。很多工人工作的目的就是为了挣钱，奖金越多越好，但是造反派们认为他们工作的目的应该是为了社会的总体发展，而不是个人的私利。我觉得很值得注意的是，这个大字报的目的不是要惩罚某个领导，而是要让他们认识到方法上的错误，让他们更接近工人。为了达到这个目的，码头上出台了新的规定，从现在开始干部每年要在生产第一线平均工作120天，连着三个月，每周只能休息一天。一个码头工人对我说：“现在干部们也要和我们一起流汗了。”

三天后我的笔记本已经写满了。空闲的时候我到马路上去散步，希望能碰到什么新鲜的事情。一天一个小女孩走在我的旁边，看上去也就十二三岁，她用英语问我是从哪个国家来的，很快我们就聊了几句。在北京的时候我还从来没有在马路上和陌生人进行过这样轻松的交谈。我还注意到上海有不少年轻的女性喜欢在脖子上围一条彩色的围巾，这种很招人喜欢的装束在北京也是完全不可以想象的。另外一个很资本主义的诱惑是在上海的一些小店里可以买到咖啡、巧克力蛋糕和其他一些可口的小零食，这些在革命的首都里也是没有的。当我回到北京后给同事讲起这些区别时，一个穿着黑面袋模样连衣裙的女同事笑着说，这就是上海人落后的地方，因为他们不住在毛主席和党中央的附近。我不是很清楚她是认真的还是在开玩笑。

“你为什么要私自去北越的大使馆?”

从越南和柬埔寨传来的消息让我越来越坐不住。西贡眼看着就要失守，金边被夺取的日子也不远了。我很想知道比新闻更多的消息。我问出版社里一位来自越南的同事，是否可以帮我联系去拜访北越大使馆，很快大使馆就给我发出了邀请。中国的同事对于我去那里和越南人见面不是很赞同，我估计他们可能认为情况有些复杂，因为越南和莫斯科的关系很好。但是我没有多想，因为越南无疑和中国也有友好关系。正是越南维持的这种双重关系被众人议论纷纷，我也很想借这次会谈的机会更多地了解一下其中的原因。1975 年 3 月 24 日我坐着出租车去了使馆区。北越大使馆的楼看上去年久失修，主人把我带到一间会客室里，里面摆着厚重的桌椅，一位大使馆的高级官员接见了我，在我坐的位置上方悬挂着一幅胡志明的画像。

使馆官员的名字叫元天，他用平静的口气对我说："美国为了屠杀我们的人民，在我们这么小的国家里使用了他们最先进的武器，除了核武器他们什么都用了。美国是人类历史上最残忍的敌人。如果您能亲眼看到受害者您就知道我说的是什么意思了。希特勒肯定要因为一些屠杀而受到良心的谴责，但是美国人在越南犯下的是数不胜数的屠杀。这本身就是他们失败的见证。"到那个时候已经有 340 万越南人在战争中丧生。

在会谈中我们从战争开始谈到北方在战后重建的计划，以及在胜利后南方的情况。过了两天我和这位经验丰富的外交官又见了一次面。这次我向他询问了双重关系的问题，看他的反应似乎触到了敏感的地方。他也认为这是一个很重要的问题，因为中国和苏联都在军事和经济上给越南提供支持。但是他对双重关系的分析和见解我却无法完全认同。

他对我说，在战略上最重要的是要知道并判断谁是最大的敌人。在当今世界中很明显美国是最大的敌人。在找出最大的敌人后就要尽一切努力对抗他。为了达到这个目的需要联合所有的社会主义国家，所有的工人党和共产党，尤其是苏联和中国。

他说他看到在苏联共产党和中国共产党之间存在着重大分歧，"美国利用了中苏之间的分歧，加强对越南和其他国家的侵略。美国的目的是让苏联和中国的分歧加大，让他们互相敌对。我们一直认为苏联和中国都是社会主义国家，两个国家都支持越南，在对越南的立场上他们是统一的"。

他没有提到中国反对苏联把东欧国家当做是自己的卫星国，也没有讲到中国对于苏联势力在越南的担忧。我也特意避开了这些问题。当前的战争加上我对越南人的尊重让我在提问时十分谨慎。

毛和苏联之间的矛盾早已世人皆知。在1964年，也就是在“文革”开始前的两年，毛对当时住在北京的外国人说（据李敦白后来回忆），赫鲁晓夫在那之前不久曾秘密访问中国，赫鲁晓夫对毛表示了要重新加强两国关系的意愿。据说毛当时说，赫鲁晓夫建议中苏共同建造一个太平洋舰队，如果中方同意，苏联会为中国的舰队提供军舰，而中国应允许苏联使用中国的大连港，同时在大连给苏联的海军空出一个区域，由苏联的指挥官来指挥，悬挂苏联国旗。此外中国还应该提供另外两个可以供他们使用的海湾。

毛在那次讲话中还说，苏联希望建造火箭基地，他们希望建在中国，火箭也部署在中国的基地里，目的是为了应对美国在日本的基地。“然后我对他说，”毛的眼睛里闪过一道光，“假设我把中国全部的海岸线和港口都给您开放的话，您觉得怎么样？”说完后毛深吸了一口气稍作停顿，“赫鲁晓夫很吃惊地看着我说，但是您如果这样做了，那您以后做什么？我就对他说，我吗，哦，那我就回延安去，在那里重新组织游击队，打游击战。但是我想提醒您，在中国的历史上中国人总是在最后能把入侵的敌人赶到大海里去，对您我们也不会例外的。”说完后毛放声大笑，“赫鲁晓夫气坏了。他说，他所要求的合作关系是很正常的同志式关系，苏联和东欧国家之间也是这样的关系。我的回答是，正是因为我们看到了这种情况，所以才绝不答应同样的事情发生在中国。”

在我去了北越大使馆两个星期后的一天早上，部门里的一个领导忽然闯到我的办公室里来，态度十分强硬，好像他刚刚听到这个消息似的：“你为什么要私自去北越的大使馆？”那一刻我也被吓坏了。后来大家都不再提这件事情。北越的军队眼看着就要占领西贡了。

在西哈努克亲王的官邸打羽毛球

柬埔寨流亡政府在友谊宾馆内一栋专门的楼里办公，和宾馆的其他部分是隔开的。我结识了西哈努克亲王的两个随从，金川和森重凯。我们经常在饭店的餐厅里一起吃饭，有时也到对方的家里去做客。有一天他们对我说，他们政府里的一位负责人希望能认识我，这样我们之间的政治友谊就可以被合法化下来。很明显我通过了他们的审查，因为没过多久我就收到了西哈努克亲王办公室发来的一份招待会的邀请：在亲王的官邸里打羽毛球。西哈努克的官邸位于北京市中心的东交民巷，看上去像一座王宫，那里从1860年起曾属于法国大使馆。官邸的门口站着一对石狮子，虽然经历了1900年的义和团运动仍然完好无损。在迎宾大厅里西哈努克亲王和夫人莫尼克公主并排站在一起，金川走在我们的前面为我们一一介绍。为了表示对亲王的尊敬，他上身直直地向亲王深鞠一躬，两只手严格地交叉在身前。西哈努克面带笑容，表情极其放松，他让我重复了两遍我的名字，然后说："我们很高兴能欢迎来自联邦德国的朋友。"他尤其强调了"联邦德国"一词。我对他说我非常荣幸有机会来参加这个招待会，我也学着把双手叠在一起向他点头鞠躬。金川一直保持着向前倾的姿势，直到介绍完我们一行的所有人。他带我去了下一个大厅，我们将在那里打球。球网已经支了起来。在墙边摆了一排椅子和小桌子。金川给我指了我应该站的位置，祝我比赛顺利后就走开了。一个女服务员给我们端来饮料。我决定先不喝啤酒，因为一会儿还要打羽毛球，我要了一杯橙汁。换球鞋的时候，我觉得整个活动还是挺有意思的，同时也有些担心自己的球技。在德国的时候我们打羽毛球都不用网，如果风不是很大的话就在外面随便打着玩儿。

所有的客人都坐了下来。主持人通过扩音器介绍了每一位来宾，名字、国籍、职业。大部分的人是第三世界国家的外交官，也有一些是来自欧洲国家的，还有几个外国记者。在我的旁边坐了一对来自英国的夫妇，一个法国人，他们都是外语老师。亲王就坐在我们的正对面，在球场的另一边。比赛开始了，分双人组、三人组和四人组。两个柬埔寨人走过来问我想和谁打团队，我和那个法国人立刻决定我们俩编成一组。我们的对手是谁还不知道。

我注意到一个人，看上去像是柬埔寨政府里的高级官员，也穿着球鞋。他好几次走到西哈努克的身旁，在他的耳边说了些什么，然后每次还给他看一张纸。西哈努克很快看完后会跟他说些什么，然后那个人就走了。

服务员端来了中式和柬埔寨的小吃，中间我还要了一杯意大利的红葡萄酒。背景音乐交替播放中国和柬埔寨的民族音乐，有时又换成著名的法国流行歌曲。这时有人叫我和法国人上场，我脱下外套，穿着白色的背心和黑色的条绒裤上场了。法国人穿的是西装长裤，棕色皮鞋，看上去更像是去跳舞。

但是穿什么不重要，球打得好不好其实也不重要。重要的是，我和一个法国人的组合代表着我们的国家，表示我们和其他很多国家一样站在柬埔寨人民的一边。我们的对手是两个黑皮肤的非洲人。他们可能比我们还紧张，结果我们打得不算太差，得分的时候竟然得到不少掌声。我们的运气不错：我们赢了。

当晚的高潮是亲王的比赛，西哈努克和他家里的三个年轻人跟四个柬埔寨人打对手，在宣布比赛的时候主持人介绍他们四个人是战士。他们的比赛很精彩，速度和力量都是我完全没有想到的，简直不像一场对抗性的比赛，倒更像是一次高水平的体操表演。52岁的亲王几乎比我年长一倍，但是在灵活性和速度上他一点儿都不比我差。比赛结束后主人给我们上了精美的巧克力蛋糕，在北京生活的外国人很长时间之后还对蛋糕的美味难以忘怀。

西哈努克再次出现时头发已经重新吹过，身上也换了西装。他对我们说，他得到了一个好消息，是关于反对朗诺傀儡政府战斗的好消息。他讲到朗诺的一个重要军事位置的名字，说在几个小时之前革命军已经把那里占领了。听众们都激动起来，大声地给他鼓掌。

发奖的时候我们的组合也被叫到。西哈努克向我们表示祝贺，从公主的手里我们接过奖品，是一件用最精美的柬埔寨丝绸做的纪念品。回家的路上，我骑着自行车穿过寂静的北京街道，边骑边对自己说，西哈努克真不愧是一位外交大师，至少在北京是这样的。快4点的时候我到了家。我决定从现在开始定期在友谊宾馆里打羽毛球。

招待会的那一天正是美国大使从金边逃走的一天。四天之后，1975年4月17日金边被红色高棉占领。

4月23日西哈努克接受了我对他的采访。他说话的速度很快，好像不用呼吸似的。我不停地记笔记。“好，”他对我说，“我会告诉你一切，你都可以去写。”

西哈努克是一位爱国的亲王，同时也是一位反帝国主义的革命者。他不需要我的提问，自己开始讲：“我们胜利了，因为我们的人民和国家在反对美帝国主义时团结一致。”美国人把他赶下了台之后又给柬埔寨人民带来了五年之久的战争。“卖国贼必须受到惩罚。我们不需要那些到了今天还和美国站在一起的人和欣赏美国生活方式的人。”

他接着说，西方媒体认为他和红色高棉之间存在严重矛盾是完全没有根据的说法。如果真有这样的矛盾，他说，那美帝国主义也不会被打败。柬埔寨民族统一阵线是柬埔寨的唯一政党，“红色高棉的所有法律我都会闭着眼睛签字，”他说红色高棉是代表人民意愿的，“我们要全面国有化，没有任何的私人和‘混合’的经济形式。一切都属于国家”。他自己作为国家元首将不参与国家的内政管理，他的任务是外交，将“到处旅行”，比如说去纽约的联合国，去给美国“添乱”。在内政方面他说将由乔森潘全权负责。

我想他在后来的一生中都将对自己当时的观点感到后悔。他同红色高棉的联系在那时只限于乔森潘和英萨利，前者曾在他的手下做过部长，后来在红色高棉中任要职；后者则一直负责红色高棉和西哈努克的联络，后来做了副总理。乔森潘和英萨利一起来中国和西哈努克谈判，在那时他并不知道真正的掌权人是波尔布特。1973 年当西哈努克在极其秘密的情况下去红色高棉的驻地时他没有和波尔布特说过一句话，一直以为他欣赏的乔森潘将是最高领导，虽然从当时的照片中可以看到波尔布特在那里。红色高棉非常需要西哈努克这张牌，有了西哈努克的支持也就有了大部分柬埔寨人民和世界的支持。

在以后的几个月里我几次申请去柬埔寨的签证。柬埔寨大使毕姜每次都拒绝了我的申请，他的理由是现在的时机还不成熟。而西哈努克办公室也没有给我回话。只是金川和森重凯给我带来了亲王的礼物，是老挝产的几瓶红葡萄酒。据说是西哈努克从老挝的“红色”王子苏发努冯那里得到的。9 月 9 日西哈努克坐着一架中国飞机回到金边，天安门广场上为了欢送他而张灯结彩。回到柬埔寨后他才意识到自己被骗了，他成了波尔布特政权的阶下囚。

北越的军队和越共在 4 月 30 日占领了西贡。美国战败的一个特殊信号是美国的最后一任外交官在官邸楼顶的照片，在照片上他们正把国旗卷起，机密文件夹在腋下，坐军用直升机准备逃回海上的战舰。5 月 1 日越南驻华大使在北京饭店的大礼堂里举办招待会，越南外交官都无法掩饰他们的喜悦，在座的所有人也都很兴奋。中国副总理李先念在他的讲话中引用毛泽东的话说，中国人民和越南人民是“最亲密的战友，如同一家人”，“互相帮助，互相鼓励，”越南是为了实现“彻底的独立而战”，越南人民现在是“自己国家的主人”，中国会“履行对越南的国际承诺，将不遗余力地支持越南人民的正义斗争”。

律师通知我被判了徒刑

我收到了律师的通知，好像来自一个遥远的世界。卡奥拉巴萨案的刑期在6月23日正式宣布开始。这个消息让我难以置信。卡尔斯鲁厄的最高法院竟然维持了原判。我们的示威游行已经是五年前的事，在过去的五年间葡萄牙在非洲的殖民统治已经被推翻，美国也在东南亚战败。我们在1970年提出的要求是符合历史发展的——当时我们就是这样想的，我们的亲身经验再一次证明了，哪里有压迫哪里就有反抗。我告诉我的同伴们和律师，我不会回国去服刑，而是继续在中国工作，履行我和外文出版社的合约。我把最高法院宣判的消息告诉了单位的领导，他们很心平气和地对我表示同情和支持。

我现在的身份算是什么呢？坐在自己的小房间里我不禁自问。应该算是个流亡人士吗？当然我的生活一时还不会有什么改变，只是我在中国的居留地位有了新的含义。不管怎么样，我还是很高兴也很自豪自己在中国，在为进步而工作，并按照自己认为正确的方式生活。当我把我的最新情况告诉邻居尼泊尔人格温时，他很严肃地说："这就是革命，我的朋友。"我觉得他好像故意要把这件事渲染得很浪漫，但是我转念一想，也许我们两国的监狱还是太不同了，如果是在尼泊尔蹲监狱，估计没有一点儿革命乐观主义是不行的。

1975—1976

第三章

门的背后很多人在哭

唐山地震后，我们在友谊宾馆的家搬到了院子里

1. 在韶山毛泽东故居
2. 在门头沟煤矿准备下井
3. 练“兵”场上

1

2 3

旁听离婚案

在中国生活随时都可能遇到意想不到的事情。中国的单位对外国员工很上心，只要在政治上允许，他们总是找机会让我们去参加不同的活动，了解社会的方方面面，比如说当我正在校对一本关于煤矿工人的书时，单位安排我去了一次门头沟，在那里和工人一起下井；为了真正地了解城里干部下乡劳动的意义，我拿起镰刀参加了夏收；在翻译《北京猿人的故乡》一书时我受到邀请去周口店参观猿人遗址。

第三届全国运动会在北京工人体育场隆重开幕，一共有一万多名运动员参加了那次比赛，并打破了多项世界记录。我的父母正好到北京来看我，我带着他们一起观看了比赛。中央电视台的摄像机特意把我们摄入镜头，估计他们是不想错过一个反帝战士和他的家人来给全运会捧场的画面吧。

我问出版社是否可以让我去旁听一次法院审理，没想到几天之后就得到了批准。我去旁听的是一桩离婚案，让我有些吃惊的是，审理不是在法院，而是在位于海淀区的钢铁学院，因为原告在那里工作。原告是妻子，徐淑敏做我的翻译，我很有兴致地旁听了全部的审理过程，让我对当时的中国社会有了更多的了解。

原告叫张×，她在钢铁学院的一个实验室工作，40岁，她的丈夫叫王××，48岁，是电视器材厂的一个部门经理。两人都是高中毕业，丈夫的工资比妻子高。他们两个人于1957年结婚，有三个孩子，分别是17岁、13岁和5岁。3月的时候妻子张×向海淀中级法院提出离婚申请。在过去的几年中他们经常吵架，群众代表和党代表及单位的领导都多次出面调解，但是问题没有得到解决，而且很明显问题主要是出在丈夫身上。

三位后来参加案件审理的法官（其中一位是首席法官，另外两位是业余法官）也曾多次参加调解工作。业余法官是由人民代表推选的，他们的任务是了解情况，找出吵架的原因，并帮助有错误的一方改正。

审理从早上9点开始，在一间布置得很简单的屋子里，看上去和学校里的教室差不多大。除了法官及原告、被告外，还有七位群众代表和大约四十多个同事、邻居参加了审理。我坐在屋子的边上，好像是在看一场戏。审理开始后首先由张女士陈述她的离婚起诉，她说她的丈夫经常打她和孩子，说他把家里人当做是自己的私人财产，此外他对她还有不忠行为。她说她丈夫嫌她挣钱少，看不起她，她实在是没法再和这个人一起生活了，所以决定提出离婚。

对于张女士的所有指控王先生都一一承认："我一直想在家里做一家之主，如果他们不听我的话我就打他们，骂他们。我深受儒家思想的影响，觉得儿子就应该听老子的，妻子要听丈夫的。这是我的第一个错误。我觉得我的工资是我的资本，如果我的妻子挣得比我少，我就觉得她要听我的。我违反了法律，我下定决心要改正。我的错误说明了资产阶级世界观和儒家思想在我头脑中作怪，对此我很后悔。"他还接着说，"我的妻子提出离婚，她的要求是合理的，但是我还是希望法庭能给我一次改正的机会。"他的表情看上去很沮丧和压抑。

一位群众代表发言，她说中华人民共和国成立之后妇女在政治和经济上同男人是平等的，"社会制度变了，男人和女人之间的关系也发生了变化。在家庭中男人和女人不仅是丈夫和妻子的关系，也是同事和同志之间的关系。儒家思想仍然有很深的影响。总是有一些男人把妻子和家里人当做是自己的私有财产，王同志就是这样一个例子。他自己是在穷苦人家长大的，后来成了党员。他没有积极参加政治学习……家庭就是一个小集体，有问题要互相讨论，共同找到解决的办法。"群众代表还讲到，有一次张女士没有事先和丈夫打招呼就一个人去了内蒙古老家探亲，虽然也有不对的地方，但是她的丈夫没有理由因此而打她。

王的一个同事批评他对妻子疑神疑鬼："一次他们两个人去饭馆吃饭，张女士看了另外一个男的一眼，王同志立刻怀疑他们之间有不轨行为；还有一次一个同事从张女士那里借了个东西，后来在晚上还了回来，王又开始怀疑他们之间有问题。王的问题在于他平时学习不够，没有转变错误的观念。”

邻居们注意到他们经常在家里吵架。一个邻居在发言的时候说王的行为是封建主义的体现：“王一直反对他的妻子和别的男人接触。张同志乐于助人，有时还会帮助没有结婚的同事缝缝补补，王总是怀疑他们之间有不正常的关系。他自己经常出差，回来后就要妻子把家里花的每一分钱都向他汇报。这简直是强人所难。他们之间的问题主要是在丈夫的身上。但是妻子也有做得不对的地方。她不积极参加政治学习，晚上喜欢和别人聊天。两个人都有好的方面。他来自一个穷人家庭，工作成绩很优秀，他现在认识到了自己的错误，也知道要改正，我们希望他们的婚姻能有所改善。吵架是非常不好的，有时还闹一整夜，这样第二天怎么可以去工作呢？对身体也不好。张越来越瘦，王的血压也高了，孩子们都没法按时吃饭，作为邻居我们都看不下去了。没有解决不了的矛盾。他们夫妻之间的问题也是可以解决的……你们两个人都应该做自我批评。”

王的一个党员同事说：“以我的观察，王同志的自我批评是好的。”他希望对王的错误要“一分为二”地对待，“他只要想改就是好的！如果他改正，我们应该帮助他。他的工作成绩是好的，但是作为组织我们没有尽到教育的责任。”

电视器材厂的一个领导说王的行为是“违法的”，他还说：“你打人说明你脱离群众，破坏共产主义，群众是反对这种行为的。领导也批评过你。现在你的爱人要和你离婚，孩子也不想再见到你。你怎么能继续这样下去呢？同志们的批评都是正确的，他们是想帮助你。”

首席法官在总结词中说：“王同志虽然犯了错误，但是他是受到了儒家思想的毒害。在领导和群众的帮助下他会改好的。我们希望，张同志能决定不离婚。”一个业余法官说张应该也要“认识到自己的不足。应该多看到对方的优点和自己的缺点。只有这样家庭才可以团结”。

法庭休息一段时间之后张女士说她很高兴她的丈夫愿意改正，在所有人的掌声中她撤回了起诉，王满头大汗，他感谢群众代表及法庭的帮助和批评，然后很坚决地说他一定要改正自己的世界观，和家人处好关系。法院接受了撤诉，王分别和群众代表及三位法官握手。

我一边看一边对自己说实在是太不可思议啦。出来后我问徐淑敏她怎么看这个案子。她的观点很有意思，尤其是她说这个案子让她看到并不是所有的党员都是好的，他们和普通人没有什么区别。当然王的错误会受到党内批评，但是在党内犯的错误和法院是没有关系的，党对党员的错误可以作出警告、严重警告、撤销党内职务、停职审查或开除出党的决定。对于王，最重要的是接受党的再教育。

那时我到中国正好 10 个月。对于中国人平时都想什么我不是很清楚，我们也知道中国人可能会做戏给我们看。问题是，我们怎么才能看出来哪些是真的，哪些是故意让我们看的呢？这种看不透的感觉有时也带来隐隐的不满和很多的疑问。我们总是安慰自己说，中国是个有理想的国家，中国人希望让外国人看到他们的国家正在接近这个理想。在我旁听的离婚案中我看到了外国人很少有机会接触到的私人生活场景，让我对中国的社会有了新一层的了解。在社会主义社会中离婚好像不但是很不正常的事情，而且很不必要，如果婚姻出现问题，那就是传统社会的遗毒在作怪。整个过程总是让我感到是在看戏，“有导演吗？”我禁不住自言自语道。通过不断的再教育新社会真的可以改变旧社会吗？

令人费解的“评《水浒》”运动

9 月初，来自罗马尼亚的一个党政代表团去医院探望了周恩来总理，我们都知道周在那次会谈中说：“我已经收到了马克思的邀请……没有人可以违背自然规律。”从那之后周就再也没有会见过外国使团。在毛泽东的直接指示下政府工作由邓小平来主持。9 月 30 日庆祝建国 26 年的宴会在人民大会堂举行，邓小平作为宴会的主人致辞，他就站在一年前周恩来曾经站过的位子上。邓小平看上去精力充沛，他有着丰富的从政经验，他对未来的工作充满了信心。周围人们对邓的评论好像都很正面，不仅是对他的工作，也对他在政府和党内的职务感到满意。可事实上邓小平那时已经知道有人很想在背后把他赶下台。

一个月之前一场新的政治运动开始了，名字起得有些怪，叫做“评《水浒》”运动。历史小说《水浒》讲的是北宋末年的一场农民起义，小说写于 14 世纪。那场农民起义在历史上确实发生过，小说中的主要人物也都有历史原型，农民起义的地点是在梁山。据说毛泽东最近又看了一遍这本小说，然后说：“《水浒》这部书，好就好在投降。做反面教材，使人民都知道投降派。”

大家一时议论纷纷，首先是对一本非常著名的历史小说进行批判让很多人感到不解，虽然毛的寥寥几句话看上去挺有道理的，可是需要进行一场群众大批判吗？党组织马上着手召集会议，听报告，开讨论会，人们开始重读这本在几百年来备受欢迎的小说。很快从工厂到乡村，从军队到学校，各地的人们都热烈参与讨论，写大字报，分析小说中各个人物的优劣，尤其注意到他们的阶级出身，并从中找出对新社会的教育意义。我也禁不住找来了小说的德文版一览为快。

这场评《水浒》的运动到底是怎么搞起来的呢？7 月 23 日毛做了一个眼科手术，手术后必须戴眼镜才能看书。大家都知道毛泽东很爱读中国古典文学著作，由于眼睛不方便他就请在北京大学工作的老师芦荻定期来给他朗读《水浒》，听完之后毛发表了他的观点。他说："《水浒》只反贪官，不反皇帝。摒晁盖于一百零八人之外。宋江投降，搞修正主义，把晁的聚义厅改为忠义堂，让人招安了。宋江同高俅的斗争，是地主阶级内部这一派反对那一派的斗争。宋江投降了，就去打方腊。"

毛发表过的所有观点都会被认真地记录下来并编辑成册，芦荻也不例外，她把毛对《水浒》的观点忠实地记录了下来，因为毛的话就是"最高指示"。姚文元看了毛的观点后给毛写了一份报告，说毛的观点"对于中国共产党人、中国无产阶级、贫下中农和一切革命群众在现在和将来，在本世纪和下世纪坚持马克思主义，反对修正主义，把毛主席的革命路线坚持下去，都有重大的深刻的意义。应该充分发挥这部'反面教材'的作用"。同时他建议把毛的文章和他的信转发给政治局委员供他们学习，并在报刊中发表批判文章。

毛在姚文元的报告上签了"同意"两个字，由此姚的话也成了非常重要的指示，在党内被广泛传送。1975 年 8 月 28 日《红旗》杂志发表了社论文章，随后 9 月 4 日的《人民日报》也对此事发表了社论。一场"意识形态领域的新战役"由此诞生。善于揣摩毛的本意的"文革"人士知道毛是想把矛头指向周恩来和邓小平，影射他们搞资本主义和修正主义，到 1975 年底的时候毛虽然没有对他们"明批"，但却发动了一场声势浩大的"暗批"运动，幕后无论是敌是友都知道毛所说的那个"宋江"是谁。（邓小平的女儿邓榕在 20 年之后才有机会看到党内的相关档案，第一次知道上述的细节。）

在宾馆里我结识了从马来西亚来的阿里。他年过古稀，腿脚已经不太灵活了。他的夫人性格温和，由于有心脏病走路的时候很小心。他们有两个很漂亮的女儿，一个18岁，一个21岁，有时我和他们一起在食堂里吃饭。一次他的一个女儿笑着对我说，毛说过第二世界和第三世界之间可以和谐共处(西德是第二世界，而马来西亚是第三世界)。和阿里在一起的时候我们喜欢谈革命，谈中国，谈马克思、列宁、毛泽东，还有英国的殖民统治以及工会运动。我还不知道是什么原因让他和他的家人在很多年前流亡到中国来，据说他们还有第三个女儿，但是不知为什么留在了马来西亚。阿里说话的口气和样子都非常柔弱，但是有一天屋子里只剩下我们两个人的时候他忽然开口说："你知道吗……我过去杀过很多人。我在丛林里作战……打了很多年……我们杀了很多人……"他的眼睛睁得很大。后来没过多久阿里就成了新闻人物。(见本书第六章第175页)

在阿里住的楼里还住着一对从柬埔寨来的夫妇，他们在波尔布特当政之前就到中国来了。他们悄悄地告诉我，现在柬埔寨政府要他们回去，但是他们不愿意，他们请我不要把这件事透露出去。他们对未来忧心忡忡，不知道柬埔寨会变成什么样子。他们当时无法得到另外一个国家的签证，后来我和他们失去了联系。

西哈努克亲王的两位随行人员金川和森重凯的情况就不一样了。一天金川抱着一本厚厚的影集来找我，里面是柬埔寨古建筑内的雕塑图片，他想把影集卖给我换外汇。他让我务必要替他保密，说他计划坐西伯利亚火车离开中国，如果不离开的话他肯定会被当做是新政府的"叛徒"而被抓起来。他走后不久我先是收到了来自莫斯科的一张明信片，然后是从法国尼斯来的一封信。他告诉我他在尼斯找到了工作，成了所谓的"叛徒"，但是他说："我过去没有出卖过我的人民，将来也不会……我信奉佛祖，请佛祖来对我作出判决吧。"

参加过安源罢工的老工人

出版社每年都请外国员工去农村看一看，每次大约两个星期时间，通常有几个不同的地方供我们选择。1975年10月我参加了一次去湖南的旅行。我们一行人坐了六天的汽车穿过崎岖的井冈山，那里曾经是中国工农革命军的发祥地，我们的目的地是位于湖南和江西交界处的安源。在城外的山谷里能看到大型的煤矿废石厂，那里的矿工用十分好奇的目光看着我们几个外国人。工人们背着巨大的装满煤的背篓，年轻女人和其他地方的妇女不一样，她们让黑色的长发直接披落在肩上。老人脸上深深的皱纹也让人很难忘。

听了介绍后我们知道这个矿山已经存在半个多世纪了，最开始的时候是由德国人来管理的，由德国人贷款和置办挖掘机械，直到后来日本人取代了他们的位置。当时在城里驻扎着军队和警察，矿工进出矿井都要受到警察的盘查，矿山里还设有自己的法院和监狱。无数的矿工因为生病得不到治疗或是因为事故而丧生。矿工的居住条件也非常不人道，在矿井上曾经发生过七次大型的自发性罢工。第一次成功的罢工是在1922年的9月。

中国共产党1921年在上海建立。来自湖南韶山的毛泽东是建党时的一员，他曾经领导过湖南的共产主义小组。从1921年秋天起他多次来到安源进行调查并在矿工中开展政治活动。那一年他还不到30岁。名义上他是一个教师，但是他和矿工们一起讨论政治，还让党组织把党的文件寄过去。1922年毛领导建立了“安源工人俱乐部”，在那里他给工人上课，教他们读书写字算术和政治理论。9月14日的罢工非常成功，当时一共有1.7万人参加，五天之后企业主们被迫答应了工人提出的所有13条要求。

在安源的时候我有机会认识了一位参加过当年罢工的工人，他对毛泽东还记忆犹新。老人姓金，已经82岁了，但是和我握手时很有力量，一点儿都不显老。他给我们详细地回忆了当时的情况：

“毛同志还和我说了话……当时我在锅炉房里工作，他来的时候我们正在干活儿。锅炉房里有一条运煤的铁轨，他进来后直接到了煤堆前。我们没有主动和他搭话，觉得他像是个读书人，可能不想和我们这些粗人说话……工人们在一起说湖南话，毛同志听到后就过来问我们是不是湖南人，我们都说，是。”

然后他说：“我也是湖南人。”

我们说：“先生，您也是湖南人，那我们就是老乡了！”

我们一起坐下来，一个工人找来一块板子，让毛同志坐在上面。板子很脏，另外一个工人想先擦一擦，但是毛同志说不用，他说我们能坐的地方他也可以坐，他不在乎脏不脏。

我们问他：“您叫什么，先生？”

他回答道："我姓毛，是个教师，但是你们不要叫我'先生'。"

他问我们在安源工作了多久，我说："我从1914年开始就在这里了。"

毛同志说："哦，那时间可不短了。"

锅炉工的工作是不可以停下来的，我们站起来接着干活儿，他也陪着我们站了起来。我打开锅炉门，火苗一下子就冲了出来。

我对毛同志说："我们的皮肤经常起泡，都是火烧的。"

他说："工作很辛苦，也很危险。"

我用铁锹铲煤的时候毛同志问我一锹有多沉，我说："15到20公斤。"

他说："哦，这么沉。"

他还问我一天要烧多少煤，我说："每个工人一天必须要烧7吨煤。"

毛同志继续问我："你们一天工作多长时间？"

我说："我们两班倒，有时要工作12个小时以上。"

他说："啊，你们要工作这么长时间。非常辛苦。"

我告诉他："下井的工人每天挣2毛钱，我们在锅炉房里每天是1毛6分。"

他说："这些钱够买多少粮食的？"

我说："买不了多少。价格一天一变，有时候能买三四斤大米，有时候连两斤都买不到。"

我还说："这里的工人大多没有成家，因为我们没钱娶媳妇。"

毛同志说："哦，你还没有结婚。但是你的父母还健在吧？"

我说："是，他们还都健在，但是我没有钱给他们养老。"

他接着问我："那你的父母靠什么过活？"

我说："我的父亲给地主做长工，我的母亲给同一个地主做老妈子，做饭看孩子。"

他问："如果有一天地主说他不需要他们了，没有地方干活了，那他们怎么办？"

我说："那他们就得去别处找事儿做，或者要饭。"

他等了一会儿对我说："来，你坐下！"

他自己没有坐，继续问我们问题。我们的回答他听得很仔细。

他说："你们工作的时间很长，中间有休息的时间吗？"

我对他说："毛先生，您说到休息，我的眼泪都要流出来了。有一次我太累了，就靠墙上歇了一会儿，结果监工看见了，立刻训斥我，还拿铁钳子来打我，我的胳膊后来伤了很长时间，一个月的时间都抬不起来。”

毛同志说：“是，这世道没有公平。你们不但给资本家工作，还要被他们打。哪里有公平？资本家自己不工作，但是吃得好，穿得暖，住得舒服。他们出门的时候还让人抬着坐轿子。”

我说：“对，他们出门的时候我们还要抬着他们。资本家的命太好了，我们的命太苦了。”

毛同志说：“这个和命没有关系。原因只是我们的国家被三座大山压在脚下。”

我问他是哪三座大山，他的回答是：“中国工人身上的三座大山是帝国主义、封建主义和官僚资本主义。”

然后他给我们详细地解释了这三座大山的意思，然后又问我们：“这里有多少工人？”

我说：“有几千个。”

毛同志说：“那我们可以一起做点儿什么嘛！对，让我们一起来做点儿什么！”

我们问他：“我们能做什么呢？”

这时毛同志对我说：“你们可以做点儿什么！你们是工人！”

我说：“我们既不会读，也不会写。我们什么都没有学过。”

他又说了一遍：“你们可以做点儿什么！”

我问他：“我到底能做什么呢？”

毛同志说：“一个人当然做不了什么，但是如果你们团结起来，你们的力量是无限的。”

他问我们：“如果我说你们应该团结起来，你们怕吗？”

我说：“当然不怕。”

他继续问：“你们有勇气吗？”

我说：“当然有勇气！我们一无所有，我们怕什么？所有的都是资本家的。”

毛同志说：“今天我们先说到这里，我必须回湖南几天，我会再来的，到时我们再接着说。”

我们想送他出去，他拒绝了：“你们不用送。我对你们充满了信心，你们会团结在一起的。”

他走了之后我们一直谈论他说过的话，一个工人说：“这个人说得很有道理。毛先生是个好人。”另一个工人说：“他说他会再来的。但是谁知道他什么时候回来?”一些人答道：“他一定会回来的。”

1921年的冬天他真的回来了。金老人说他现在实在是太老了，后来发生的很多事情他都记不清楚了。

“我必须要相信一个人……我相信毛主席。”

1976年1月1日，报纸上醒目地刊登了毛泽东著名的《水调歌头·重上井冈山》，这首词写于1965年，当时他一定想到了自己在井冈山的岁月。词的最后两句“世上无难事，只要肯登攀”尤其意气风发，表现了大无畏的精神，在我读过的文章中被广泛引用。这首词和《人民日报》的社论文章同时被发表出来，据说是反对右倾的信号。当然我们都怕右倾，但是我们并没有注意到哪里有右倾！作为新来的人我对眼前这个令人激动但又琢磨不透的国家有很多问题，我做好准备要学习很多新的东西。

三个星期后我有机会在霍勇的陪同下去参观北京最著名的学府北京大学和清华大学，那里的学生是反右的先锋。在校园里我们看了很多大字报，在北大最重要的一张大字报叫做“最大最反动的资本主义权威邓小平”，里面摘录了过去几个月中邓小平在非公开场合发表的讲话内容。

大字报中说邓在前一年的5月开始实行反对社会主义的政策，他忽略了阶级斗争，把经济发展放到比阶级斗争更重要的位置上。一个清华大学的负责人对我们说：“发展中国的经济现代化有三种方式，一种是美国方式，一种是苏联方式，还有一种是社会主义方式。我们希望看到的是社会主义方式，而邓坚持要搞苏联方式……他是打着红旗反红旗。”负责人还讲到了对《水浒》的批判，他说邓小平觉得毛不过是看了这本书发表了一些私人的看法，觉得中央委员会里有一些人想借此机会搞运动，是个阴谋，此外邓还不承认他搞修正主义和资本主义。

霍勇帮我翻译了很多大字报中引用的邓的讲话，对他来说这些观点也是第一次看到。回来的时候我们聊了一路。我不知道这些写大字报的学生或者老师是如何知道邓在非公开场合都说了什么，至少我们在出版社里都不知道。我觉得挺遗憾的是我们只能看到一些摘录出来的句子，而不是完整的讲话稿。霍勇对此的看法很简单：

“在那些摘录的话里我没看出来有什么反革命的地方。”这是我们两个人私下里说的话，在出版社里对邓的批判正进行得如火如荼。

我说：“问题是，邓说那些话的用意是什么？……是因为毛主席要发动对他的批判吗？”

霍顿了顿说：“是的。”

我说：“有一段引用的话说得很清楚，就是毛主席认为阶级斗争很必要，而邓不这么认为。”

我们两个人试着统一观点。霍告诉我，在“文革”开始的头几年里他经常骑很长时间自行车去天安门广场，就是为了看那里的大字报，了解形势，有时会连着看好几个小时，“但是现在，斗了这么多年以后我们都累了。”

那天下午我去看望傅莱，带上了在友谊商店里买的鱼子酱、白面包、洋葱和巧克力。我们在一起无所不谈，从他那里我学到了很多东西。傅莱是中国共产党党员，我对他很信任，他的话让我觉得比其他很多人的都更可靠。那时邓小平刚刚恢复官职两年时间，他看上去好像是中国最有活力的政治家，可现在毛又突然批评他是“走资本主义道路的当权派”。傅莱没有直说，但是我感到他觉得邓现在遇到的新问题是一种对希望的破坏，他能直说的又无法回答我的疑问。那天晚上他说的最有分量的一句话是：“我必须要相信一个人……我相信毛主席。”也就是说傅莱对这件事也是被蒙在鼓里的。

中国让世界看到了悼念是什么含义

一天早上，我被外面的大喇叭吵醒，喇叭里正在播放一曲很沉重的音乐，而且全城都在播放同样的音乐。1 月 8 日的早上周恩来总理去世了，终年 78 岁。消息等到了第二天早上才被宣布。虽然很长时间以来人们都知道周的病情很重，但是他去世的消息还是让全国人民感到震惊。在马路上、办公室里、公共汽车上，到处都能看到悲痛的人们，有的人低头抽泣，有的人号啕大哭，《北京周报》的同事们在翻译稿件时眼泪打湿了稿纸，电台和电视的播音员经常是哽咽着说不下去。人们团结得如同是一家人。中国人经常叫周总理是“我们的总理”、“我们的好总理”、“我们最敬爱的总理”，好像是在说他们最亲近的人，陪伴了他们几十年的保护者，他们最知心的朋友。很多人去了天安门广场，到处都是献白色花圈的队伍（白色在中国是悼念的颜色），花圈上用红色、黄色、金色、蓝色的花边点缀，上面有镰刀斧头的装饰。人们还在英雄纪念碑的栏杆上别上白色的纸花，几天之后纪念碑看上去好像被白雪覆盖。广场上悼念的人越来越多，多得让人无法置信。没有周恩来的北京变得很孤独，没有人笑也没有人玩耍。中国人让世界看到了悼念是什么含义。

悼念并不只是悼念，在悼念中隐含着抗议。周的一生始终站在毛的一边，支持他在政治局中的所有决议，但是对于老百姓来说周代表着一种平易近人的态度和对人的关心。在“文革”的混乱中，当法律法规都失效的时候，是周帮助无数人走出了困境。七天之后政府宣布悼念活动是封建遗毒，戴黑纱献花圈、在单位内设灵堂和在家里摆放周的灵像是不合时宜的，这个消息和禁止令没有什么两样，但是没有人遵守。在出版社里人们照常表现出他们的悲伤，大会议室里仍旧摆满了鲜花和花圈。唯一改变的是他们不再把黑纱明显地戴在外套上而是戴在里面。

1 月 11 日那天很冷，寒风凛冽，天空乌云密布。报纸上没有报道周总理的遗体什么时候会被运到八宝山去，但是一百多万市民紧靠着挤在长安街的道路两旁，沉默地等待着灵车的经过。

那些日子里人们的真情流露让我们难得地看到了藏在薄纱后面的中国人，平时我们还时而抱怨说有些会议和活动我们不可以参加，现在我们可以每天都亲身经历到人们的悼念活动。出版社的人还让我在官方的吊唁仪式上作为代表之一献花圈，对我来说无疑是一种荣誉。

吊唁仪式的地点选在了劳动人民文化宫。吊唁队伍抬着巨大的花圈走在古色古香的皇宫里。到了举行吊唁活动的大厅里我们把花圈放下，在大厅里已经站了一排党和国家的领导人，一共有八位。站在第一位的是华国锋，他穿一件绿色的军大衣。外交部的一位英文翻译把我介绍给他。我对他说我们外国的同志也和中国人民一样感到很悲痛，我们要把悲痛化为力量，这样才能和中国的同志和朋友们在这个困难的时期团结一致。华听完后对我表示感谢，他的面孔很严肃，但是说话的时候还是露出了微笑。我注意到在所有领导人中他是唯一一个露出笑容的人，其他人都低着头。我吃惊地发现在他的身边站着毛主席的侄女王海容，她名气很大，还是做学生的时候她就发表过多篇关于她和毛之间的对话，现在她是外交部副部长。我和每一位领导一一握手，仪式结束我和同事们回到出版社继续上班。

两天之后，1 月 15 日，邓小平在人民大会堂主持了追悼会，这是他的最后一次公开露面。邓是位置最高的一个右派，在对“文革”的评价问题上他和党内的观点有分歧。

翻译毛泽东诗词

一天，马节问我愿意不愿意把我在友谊宾馆的房间当做是一个长期的办公室，原因是我们接到任务，要把毛泽东从 1925 年到 1965 年写的 39 首诗词翻译成德文，在我家里工作的好处是可以不受任何外界的影响，提高工作效率。我怎么可以说不呢？工作小组里有三四个中国同事，此外还有在《北京周报》工作的奥地利人保罗·斯坦和我。我们从 3 月上旬开始翻译。

这是一项很艰巨的工作，有的时候简直可以说是强人所难。我们大家试图两条腿走路，寻找平衡，一方面要做到行间对译，另一方面也要让译文看上去像诗歌。我们最后的决定是坚持行间对译的原则，不改变原作的结构，但是译文要有诗的韵律。在翻译的时候我们在一定程度上放弃了中文原文中的一些表语、助词、代词和词形变化，但是行间对译的原则是不可改变的，即便译文看上去有时颇令人费解。我们试图避免德语中的圆润修饰，保持并模仿原文中的简洁风格。

我们遇到的最大问题是在翻译中不可以加注释，但是毛的诗词里包含了很多历史典故、人名、地名。作为一个外国读者没有注释怎么能看懂呢？这个附加条件完全没有道理，但这是由上面决定的。毛在 1957 年写的《蝶恋花·答李淑一》中提到了 1930 年去世的前妻杨开慧，所以毛的现任妻子江青命令我们不可以加注释，不但是针对这一首，而是所有的诗词都不可以加。

诗词集的出版定在当年的 8 月，目的是要赶上秋天在法兰克福举行的国际书展。在我的房间我们和在办公室里上班一样，从早 8 点到晚 6 点。七个星期后我们在 5 月 9 日完成了所有的任务。住在海德堡的德国文学专家迪特里希·黑德布朗德给了我们不少语言方面的建议，他当时因为卡奥拉巴萨案还在服刑，我把书稿给他寄到了监狱里。

我们把书稿交给了中国的专家和学者，最后还请外交部长乔冠华审阅，他早年在德国读过大学，他的德语和英语一样精通。他没有给我们提出修改意见，只是问了几个问题，我们都给了他答复。

新华社在4月30日发表了文章称赞译者的成绩：在党的领导下，《毛泽东诗词》的译者们以阶级斗争为纲，坚持党的路线，认真学习了毛主席的重要指示，积极参加了对邓小平的批判和反右倾的斗争，对文化大革命有正确的认识。他们走的是群众路线……中国和外国的专家本着团结和合作的精神，征求教师学生以及工农兵的意见，并参考12所大学西语系和中文系专家的修改意见。所有这些再一次说明了伟大的无产阶级文化大革命的成就。

我和同事们开玩笑说，我怎么找不到我们几个人在文章中的位置啊。诗词集没有按计划出版——因为江青进了监狱，而乔冠华也不是外交部长了——不过那都是后话了。1977年的时候我们最终还是得到了可以加注释的许可，第一版德文版《毛泽东诗词》在1978年初才得以出版。

在我们几个人埋头翻译的时候，悼念周恩来的人们开始在天安门广场上摆放纸花和花圈，开始是孩子们，后来人越来越多，成群结队。清明节快到了，这是中国人纪念死者的节日，那一年的清明节是4月4日，天安门广场变成了一片白色的海洋。很快在花圈上人们开始贴上一些手写的诗歌，有的还是用血写的，内容有纪念周恩来，也有对某些领导的攻击，尤其是对江青、王洪文、张春桥、姚文元的攻击。有的悼念队伍在游行的时候唱《国际歌》，有的人很公开地称赞邓小平。

中央委员会发出声明说在清明节悼念死者是封建传统，尽管这样，在清明节那天还是有两百多万人走上了天安门广场。在同一天政治局召开由华国锋召集的会议，会后发表了决议，称天安门广场上的行动是“反革命”的，是邓小平蓄谋已久的阴谋。那天夜里200辆大客车把广场上的鲜花和花圈都运走了，从4月5日晚6点1刻开始，北京市委书记吴德让大家离开广场的讲话每隔一段时间就用大喇叭播放一次。三个小时后军队和警察冲进广场，用暴力手段抓获了38个人。

毛泽东和邓小平是很多年的亲密战友，据说毛认为邓是党内最能干的领导干部，但是两个人性格迥异，而且都很倔强。据说他们之间最大的矛盾是对“文化大革命”的看法。毛希望这场由他发动的革命能终于结束，但是他又不想否定“文革”的意义。后来在文献中人们看到，在1975年11月20日的一次会议中毛曾建议，邓应该起草一个决议宣布“文革”是70%成功，只有30%是错误的。这本来是一个可以把造反派赶走的好机会，但是邓却不愿意让步。他没有直接对“文革”发表意见，说他在“文革”的九年中有六年时间是在下放，他对“文革”的了解不够，所以没法写这个决议。但是邓其实知道（他的女儿邓榕后来告诉我们），如果他当时灵活一点儿，毛肯定就会让他做接班人了。

4月7日，天安门广场游行事件两天后，收音机里播报了两条中共中央政治局的决议，一是任命华国锋为中共中央第一副主席和国务院总理，二是撤销邓小平党内外一切职务，但是允许他保留党籍，以观后效。

第二天全国的报纸都刊登了这条消息，中国同事在翻译诗歌的休息时间里不停地看报纸。他们说任命华国锋是好的，因为他不属于任何一个集团，而且很明显不是造反派的人——虽然同事们没有这么直接地说。此外，华有很丰富的基层经验，不是一步登天的。华不是很有名，也许和他从不参加集团之间的斗争有关。

在交谈中同事们认为对邓的免职非常遗憾，他们说这是邓的失败，从1973年毛把邓请回来之后人们把他当做是国家的希望。但是他们也不无调侃地说，很多毛的最亲密战友后来都成了错误路线的代表。

下午我和一个朋友骑车去天安门，和两周前的拥挤相比广场上空空荡荡的。长安街上人也不多，我们看到远处有一个游行队伍，手里举着红色的标语，队伍有两百多米长，当他们走近时我们听到口号声：“打倒邓小平！”空荡的街道和广场让游行队伍看上去很小，队伍中有男有女，他们的声音激昂，但样子看上去有些疲惫。

5月初的时候我无意中发现，我的护照到8月18日就到期了。6月下旬我想参加出版社组织的去东北的一次旅行，然后再去一趟法国，一是去见我的老朋友、《共产主义人民报》的总编辑波尔卡特·布朗贝亨斯，他已经服完了刑期，此外我还想借机和父母去法国南部度假两周。我向出版社提出了延长工作合同的申请，但还不知道护照延期需要多长时间，尤其是因为我的特殊情况就更说不好了。不久前海德堡警察局的人去找过我母亲，吓了她一跳，他们想知道我现在住在哪里。我觉得我必须尽快把护照的事情办好，就去了一趟在三里屯的大使馆。那里的一个中年男子接待了我，他看了我的护照，说费用是 3 元 2 角，我可以现在就付钱，一个星期后取新护照。拿到新的护照时我深深地松了一口气，新护照 1981 年到期。

5 月 12 日我在电视里看到毛泽东会见新加坡总理李光耀的画面,15 天后他又会见了巴基斯坦的阿里·布托。在屏幕上毛很少动,脸上也看不出什么表情。看到他虚弱的样子很让人难受,没过多久政府就宣布毛主席不再参加外事活动了。

一个回德国的朋友帮我把信亲自交给了波尔卡特，在信里我告诉他，我7月 6 日到巴黎，然后从那里坐火车去斯特拉斯堡，我建议我们两个人到时候在克莱堡的咖啡馆里见面，下午的任何时候都可以。如果他同意的话就给我发一封写着“同意”的电报。

难忘的东北之行

毛主席号召的“备战备荒为人民”、“深挖洞、广积粮、不称霸”到底是什么意思呢？有可能在美丽的海滨城市大连我会找到答案。去参观地道的时候外国来的客人都非常兴奋，不论参观的地点是在大城市里，还是在农村。到了地下我们好像是进入了另外一个世界，地道的通道里有水泥加固，高低宽窄不一，有的地方竟能过大卡车，运送军人。地道里面还建造了各式各样的功能区，包括商店、食堂、学校、幼儿园、诊所、药店、邮局、理发室、卫生间。如果发生战争或灾难，在地道里可以上学，进行工业生产，存储物资，治病救人。德国《世界报》记者曾说地道是中国人创造的“世界上最完美的威慑系统”。

大连饭店位于大连的市中心，在一位人民解放军军官的带领下，我们从饭店一层穿过一扇门后下楼梯到了地道里，我们所在的那一段地道全长一公里，有很多岔路口，地道最窄的地方是 1.3 米，最宽的地方 8 米。全部的地下设施距离地面 10—20 米。地道里的照明很好，环境整洁。我们参观的那个区域有100个入口，连着城里的170多家商店、学校和企业。

我们坐在指挥部的屋子里，军官继续给我们讲解，他说如果发生空袭的话地道就会开放，在这里有通风系统，输气管道，还有防备化学战的设施。在市中心共有20公里长的地道，可以最多容纳6万人。城里的地道还连着其他的地道，所以如果需要的话城里的人可从地下撤到城外。在地道里还设置了可以生产武器和食物的地方。参加地道建设的有工人、学生、售货员、职员、干部，其实在这个地区住的所有居民都参加了建设。他还介绍说这里的人们进行过空袭演习，并接受了初级医护和修理设备的训练。在参观结束前军官对我们说只有一个问题还没有得到很好的解决，那就是地道里比较潮湿。

在北京我们曾亲眼见过挖地道的过程，参加劳动的主要是战士和民兵，地道建好后的维护据说由民兵负责。工人、学生和居民也定期参加挖掘和加固工作。工厂、学校等单位通常会自行生产水泥，很少需要国家的资金。在北京一家很大的吊车设备厂里，据说所有的员工只需要三五分钟就都可以下到地道里去。

“如果原子弹爆炸的位置在市中心，在地道附近的话，地道将会怎么样?”我问。

“如果原子弹是在空中爆炸的，那地道就是安全的，里面没有问题。”这是我听到的答案，“如果是在地面爆炸的，对地面会造成很大的损坏，但是地道只会受到轻微的损坏，只是离爆炸近的那一部分。”我对技术问题不是很了解，当然很希望听到的答案是对的。

我们穿过宽阔的台阶走回到地面，没有经过任何关闭的大门，而是直接进到了大连最大的百货商店“日出”里面，四周的顾客对于我们的突然出现好像一点儿都不奇怪，他们都知道入口在哪里。

我们还坐着公共汽车进到山下的一个用做仓库的地道里参观。地道很宽敞，墙壁呈弧形，两边摆放了很多架子，上面是鞋、衣物、自行车、药品、糖果、灯具等各式各样的商品，和人们在其他地方见过的仓库没什么两样，只是更大一些。地道里温度适宜，比外面要暖一些。地道很长，慢慢走估计要半个小时，我们一行人走着走着没想到进到一间大厅里，宽敞得像个操场。大厅里灯光辉煌，有一排排桌椅，在前面还有一个舞台。我们坐下来很激动地环视四周，地下仓库的领导走过来一板一眼地给我们讲，由于现在战争的危险正在增加，建地道和地下仓库是备战的重要举措。

抚顺煤矿的废石厂看上去像是一座黑色的大山，前面站着的人显得很小。在鞍山，烧得通红的钢管和昏暗的厂房融合在一起，如同是一幅原始的创世画面。作为参观者我们感到自己很渺小无助，而在那里工作的工人都是巨人。

我们坐很长时间的汽车穿过东北的牧区到了大庆油田，那里冬天很长，冰天雪地，但是在6月那里很安静，田野上到处都是绿色，其中零星地夹杂着钻机和现代的石化综合设备。所谓的工农居民区环绕油田而建，在那里工业和农业之间没有地域上的界限，我们在那里谈论最多的话题就是减少工农之间、城乡之间、脑力劳动者和体力劳动者之间的差距。

哈尔滨城里有俄罗斯沙皇时期建造的楼房和街道，在工厂里我们看到不少苏联的机器还在运转，黑龙江省的代表给我们介绍了在中苏边境乌苏里江上发生的冲突，从1960年开始那里就冲突不断，最近的一次就在三个星期前，也就是在6月1日的时候曾发生过激烈的交火。代表对我们说："苏联人摆出了战争的架势，他们的武力威胁是一种极端挑衅。"

辽宁首府沈阳是个工业城市，机械电子学院的大学生因为几张大字报而引起人们的关注。第一张大字报的标题很有挑战性："我们不想只做普通的劳动人民!"文章中说："工农兵大学生和普通的工农兵是不一样的"，事实上工农兵大学生需要比普通老百姓更多地为社会主义做贡献。针对这个观点有人贴出了一张新的大字报，说"普通工农兵的经验比大学生的要多"，如果不认识到这一点，就会造成大学生的"贵族意识"，把知识看做是私人财产，而为人民服务才是正确的态度。在讨论的最后总共有19个大字报的作者达成共识，他们在一起又写出了第三张大字报。

我越来越被她所吸引

在我们一行人中有一个姓郭的年轻女子，在出版社里我就注意到她了，当我知道她也和我们一起去东北时我高兴极了。在北京我和她曾经短暂地说过两次话，一次是和很多人在一起吃饭的时候，第二次是在宾馆周五晚上定期放电影的时候。她把长发梳成大辫子，说自己是在北京学的外语，是从农村来的。她24岁，人长得非常漂亮。她的法语说得自然流利，好像每个词都从她的嘴唇上滑过。她去东北的任务是给旅行团中一位上了年纪的法国人戴妮丝做翻译。从北京去哈尔滨的飞机上她坐在我的后面，我们两个人的位置都临窗。我一直找机会和她说话，聊得很开心。每次她说话的时候都会探过头来，声音就在我的耳边，我觉得我们的脸离得很近。我越来越被她吸引，虽然知道对于外国人来说这样的感情是不允许的，但是我没有就此却步。又能怎么样呢？

我们在大连参观了船厂，还去美丽的海滨郊游，最后回到舒适的饭店里。我试图找机会和郭单独在一起，第一天我找到的借口是需要和她讨论一下关于一次谈话的翻译，我想知道我的德语翻译是否都理解对了。因为戴妮丝一直都在郭的附近，没有人可以说三道四。在抚顺的时候郭送给我一块人工制作的煤作为纪念品，那块煤大得和小女孩的拳头一样，没过多久她又找机会送给我一个护身符，是一条镀银的小鱼，她嘱咐我一定不要让别人看见。其实她不说我也知道，就是在公开场合交谈的时候我们也很注意保持安全的距离。随着我们两个人之间的秘密越来越多，被别人发现的紧张感也与日俱增。

旅行的最后一天我们吃完晚饭就没有活动了。在饭后我问她是不是可以去她的房间，或者，我笑着说，她也可以到我的房间来。对于我的问题她没有表现出吃惊，倒是觉得很好玩儿，她说我应该去她那里，但是在楼道里要小心，不要敲门。去之前的几个小时里我非常紧张，她给我开了门之后说她也害怕死了，因为之前一个女同事刚刚离开她的房间，那个人一直不想走。我们坐下来聊天，我慢慢地靠近她，当我的嘴唇碰到她的嘴唇时她微笑着没有反抗。后来我看着她的床，用很西方人的方式说：

“来，让我们一起躺在床上吧。”

她笑了笑：“如果有人进来怎么办？”

“那我们就把帘子拉上。”我是和她开玩笑，因为那张床是中国传统式样的，在四周挂了帘子。最终我们没有离开坐着的椅子，但商量好等回到北京后让一个她很亲密的女朋友帮我们传信。那我们还能再见面吗？她说她要好好考虑考虑。

重回欧洲，竟然有些无所适从

回到北京后我立刻动身去了法国。还在东北的时候我已经收到了两封电报，一封是出版社发来的，一封是波尔卡特发来的。两个上面都写着“同意”。7月6日我飞回了阔别两年之久的欧洲，感觉非常兴奋。

在巴黎奥利机场，西方社会的繁华对我来说是个打击，大幅的彩色广告随处可见，人们说话的表情和手势都很夸张，四目相对时目光很直接，人们流露出来的自信是那么的有进攻性，毫无收敛。我向一个人问在哪里可以坐去城里的车，他很详细地告诉我，先向前，然后左转，最后向右……他很友好，但是我还是禁不住问自己，为什么他说话那么快？难道不是指一条很普通的路吗？在去斯特拉斯堡的火车上我和一个女士分享一间很大的车厢，我其实很想和她聊天但又不知从何开始，只好打开《现代时报》看，里面有一篇关于中国的文章《今日中国小生产之资本主义倾向》。

在克莱堡的咖啡馆里我见到了波尔卡特，我给他带来了一篇我写的关于沈阳的报道，我很想知道德国的一切，同时也很想告诉他我在中国两年来的生活。波尔卡特对我的文章发表了意见，他批评我的有些文章看上去像是在打官腔，我试着给他解释中国复杂的路线斗争，为了不犯错误有时只能这么写。因为怕有人跟踪我们，前后换了两个不同的地方。

我的父母到北京来看我已经是9个月前的事了，再次见面我们都无比的喜悦。他们专门跑到法国来让我很感动，我母亲在一年半前终于考下了驾照，她很自豪地告诉我这次是她开的车。我们短暂地谈了一会儿就又上路了。我迫不及待地坐到了驾驶的位子上。很长时间没有碰过汽车了，我必须非常小心，尤其是在车多的城里，到了城外的乡村小路上情况好多了，我们开了200公里后在一家饭店里过了一夜。第二天我们继续向南到了普罗旺斯，在那里我们租了一栋小房子。一家人有太多的话要说，和他们在一起的每一分钟都很让人享受，周围的人也非常友好。两周过后我们在斯特拉斯堡分手告别，从巴黎我给家里打了电话，他们已经安全到达。

唐山大地震的余波

刚到北京机场的时候我还什么都不知道，在去友谊宾馆的路上司机忽然告诉我，我不可以在宾馆里住了，今天晚上所有人都住在露天地里，因为今天凌晨4点左右（也就是我还在飞机里的时候）发生了一场大地震，很多房子都塌了。震中不在北京，而是在离北京150公里远的唐山。那里受到的破坏应该非常严重，但是具体情况我们还不知道。天津也受到了很大的破坏，在北京据说楼房晃得很厉害，人们都是从家里冲出来的。我听说现在还有余震，根据地震局的预测可能还会有很大的余震。饭店里的人请我们原谅，说今天晚上还没有帐篷，因为解放军和民兵都在城里，在那些灾情严重的地方忙着救援。他们说我可以在院子里的一张毯子上睡觉，离楼足够远，我还可以很快地去房间里取我的被褥和枕头。我的房间看上去没有受到太大的破坏，只有一些物件散落在地上，墙上没有裂痕。据说其他人的房间里有些书架倒了。关于出版社里的工作如何继续还没有具体的说法，但是我们都知道《北京周报》《人民画报》和出版社里所有的杂志无论如何要定期出版。

7月的北京很热，夜里室外的温度倒是很舒适。我们成群结队地坐在大树下面，每个人都在回忆他们凌晨3点42分的时候是怎么从摇晃的床上爬起来，来不及穿上什么衣服就从楼梯上冲下来的情景。我们都相信在救援方面中国人有足够的组织能力和装备。说着说着有些人开始躺下睡觉，我们的被子都胡乱地摊在一起。

第二天解放军给我们带来了帐篷和行军床，警察帮我们把帐篷支起来。我必须承认搬进帐篷的时候很有一种要过节的兴奋。北京城里开始有人撤离，使馆里的大部分外国人都离开了北京，那些有家有孩子的外国专家也被撤离到中国其他地方或者干脆让他们先回国一段时间。有人把出版社里的打字机给我带到了宾馆里，我继续工作，好像帐篷里或者帐篷前的空地就是我的办公室一样。食堂正常营业，为了让我们放心，外交部的一位副部长还专门来探望我们。他问我们有什么困难并代表政府对我们表现出来的团结表示感谢。

我们不知道要在帐篷里待多久，中国人的猜测是可能要两个星期甚至几个月。五天之后我去了出版社，楼上的办公室都不能用了，除非是去处理紧急的事情。重新看到同事们我非常激动，打招呼的声音都比平时高了八度。我看到了魏璐诗，她现在住在出版社院子的帐篷里。地震的时候她先是听到一声巨响，出门一看，一截烟囱横在门前。很多员工都睡在公共汽车里，我没有看到郭，也不知道可以找谁去打听她的下落。

每天都有余震，伴随着警报，看迹象可能还会有更大的余震，我觉得自己好像是生活在火山口上。关于地震的报道越来越具体，7月28日新闻里说这次 7.5 级的大地震是 400 年来在中国发生的最严重的地震，也是 20 世纪全世界死亡人数最多的地震。工业城市唐山完全被摧毁了。

有空儿的时候我骑车去城里，整个城市看上去像是一座难民营。让我最为感动的是人们的镇静、秩序井然和充满信心，尤其是在老城一带，房子被破坏得很厉害。人们把倒塌的砖头瓦砾扫到路边，房屋的重建和加固似乎还没有开始。所有人都住在外面，院子里，马路上，公园里。他们把床和椅子都摆了出来，有的人还把家具也放在了外面。负责维持秩序的是街道上的居民委员会，他们在城区的不同地方设了指挥部，帮助民兵把医院、餐馆、商店、学校重新组织起来。医生们在马路上给病人进行初级诊治，并且定期巡视，大部分的药品都是免费的。老师亲自去学生的家里探望学生，给他们留作业，辅导功课。晚上人们在空地上看电影，居民和民兵一起自发地守卫楼房，保护里面的财产。在那一段时间里，我们没有听到任何犯罪率上升的消息。如果同样的灾难发生在西方，所有的市民都必须在一夜之间搬到马路上去住，情况将会怎样呢?

北京房山的一个官员说："我看到了外电的很多报道，都称赞中国人保持了冷静。其实我们一直都知道，必须要对大的灾难或者战争做好准备。我们都看过关于地震的纪录片和教育片，对于这场灾难我们不是没有准备的。"

一个民兵说："开始的时候当然有些紧张，但是当我们组织好之后，一切都按照计划进行，大家就都放心了。老年人帮助照顾各家的孩子，大家互相帮助，吃饭都在一起，不分你我。作为民兵我们有很多工作要做，但人民的信任和冷静是非常重要的。"

到了 9 月初我们又都可以回家去住了，但是为了安全起见，外面的帐篷没有撤掉。

吉斯琳和郭是一对儿很要好的女朋友，吉斯琳是个中外混血儿，大约三十四五岁，从小就生活在中国。有一天她悄悄地给了我一张纸条，是郭让她给我的。从那以后我们开始给对方写信，信写得很长。偶尔我们也会在路上遇到，每一次她的目光都让我无法抵御。如果正好有其他同事在旁边，我们就简单地说一声"你好"。我们已经在单位里单独见过两次面，都是在很晚的时候，等其他同事都回家之后。第一次我们坐在楼梯下面的一间小储藏室里，每个人坐在一摞书的上面，她告诉我她小时候的名字叫“小春”，到了60年代大家都要起革命的名字，她就把名字改了。从那以后我就叫她“小春”或“春”。有时我们听到外面有脚步声，就赶忙屏住呼吸，从里面把门轻轻拉住。在一起的时候我们有说不完的话，她给我讲她的故事，我也和她分享自己的过去。我们之间的长信充满了爱意，但也不失对未来生活的深思熟虑和冷静。看完她的信后我实在不想销毁，只好仔细地把她的名字、日期和其他任何可以和她有联系的地方都一一剪掉。第二次见面是在她的办公室里，在下班时间之后很久。我们一直担心有人会忽然进来，因为除了她别人也有办公室的钥匙。我们坐在一张宽大而柔软的沙发上，过了一会儿楼突然开始摇晃，我们立刻明白了是一次很强烈的余震。我们一起开心地笑了出来，觉得地震真的没什么可怕的!

也许毛永远不会去世的

9月9日气温很高，明显超过30度，中午的时候收音机里说下午4点将会宣布一个重要的消息。快到4点的时候楼道里嘈杂一片，人们跑来跑去，我办公室里的同事一个个都出去了，他们是去有收音机的大会议室。一个低沉的男声从收音机的喇叭里传出来，我走到门口去听，旁边办公室的门都关着。通常4点到4点1刻是下午休息时间，但是现在只有收音机里沉重的声音在楼道里回响。我听到好几次说毛主席，然后听到在关上的门背后很多人在哭泣。我穿过走廊，站在会议室的门前，旁边一个办公室的门打开了，一个年轻的女同事抱着她的小孩子出来。她一边抽泣一边把孩子紧紧地搂在怀里，她无助地靠在墙上，全身抖动。后来又出来了一个男的，他把孩子从她的怀里接了过去。女同事哭得更厉害了，她把手扶在墙上，好像如果不这样她就站不住了。收音机里的讲话结束了，我愣愣地站在那里。同事们一个个地从会议室里走出来，最开始出来的那个人向我走过来，想张口对我说什么，我对他点头，他却一转身走开了。

毛泽东在0时10分的时候去世了，终年83岁。听到消息后人们都呆住了，毛对他们的生活来说实在是太重要了。毛的思想、毛的决策、毛的战略、毛的哲学还有毛整个人就是他们生活的核心。毛泽东带领中国人打赢了解放战争，阻止了国家的崩溃和分裂，给穷人带来了粮食、衣物、住房、医疗保障和教育。人们不仅敬佩他也很理解他，就是在他犯错误的时候还是继续敬重他。不管情况有多困难，毛总是知道道路在哪里，现在他去世了，一切都变得很不确定，中国将会成为什么样子呢？人们还可以信任谁？最近一段时间里我已经问过一些认识的人，如果毛去世了国家将会怎样。他们的回答似乎很统一，说也许毛永远不会去世的。听了几次以后我也不再大惊小怪了。这样的回答很安全，保证不会说错什么。

当天晚上我和几个朋友约好去城里，很多人都自发地来到了天安门广场。几乎没有人说话，每个人都穿着黑色的布鞋，这也是毛平时喜欢穿的样式。天安门城楼上的毛泽东画像被聚光灯照得很亮，一排排年轻人站在画像的下面三鞠躬。

9 月 14 日，出版社的人排成长队去人民大会堂里吊唁，大厅的墙边摆满了花圈，喇叭里的播音员几度哽咽，所有的人都泪流满面。后来我被同事们带到吊唁簿前，我拿起毛笔很仔细地把我的名字签上。离我 30 步远的地方站着一排党和国家的最高领导人，照相机不停地对着他们闪光。我向党的第一副主席华国锋（55 岁）表达了我的哀悼，他的目光里充满了信心，握手很有力；然后我来到政治局常委和党中央副主席王洪文（41 岁）的身边，他的目光空洞，手上也柔弱无力（王洪文三周后作为“四人帮”的成员被捕）；下一位是副总理和政治局常委张春桥（59 岁），他看上去好像要拒人于千里之外，握着他瘦弱的手我可以清楚地感觉到上面的骨节（张春桥三周后作为“四人帮”的成员被捕）；站在张春桥后面的是政治局委员姚文元（44 岁），他的上身向前倾着，目光很直接地审视着我（姚文元三周后作为“四人帮”的成员被捕）；站在队尾的依次是政治局委员汪东兴（60 岁）（他在后来逮捕“四人帮”的行动中起到了重要作用），政治局委员纪登奎（53 岁）和政治局委员吴桂贤（38 岁）。

在吊唁大厅的后墙上悬挂着一幅毛泽东的画像，前面摆放着毛泽东的遗体，遗体上面覆盖着一面党旗，四周用鲜花点缀。江青送的花圈被摆在最重要的位置上，在缎带上她把自己称为死者的“学生和战友”。

两天前在出版社里我们完成了一本做工精美的大型毛泽东画册，里面收录了关于他的两百多幅照片。据说书很快就要出版了。在众多的照片中我发现毛和别人的合影不多，曾试着对同事发表过我的意见："这样会不会让他看上去很孤独呢？好像他一生中只交过错误的朋友。这本画册的目的是想说明我们不可以相信其他任何人吗？"我的建议没有得到任何响应，因为照片都是上面选好的。在跟随毛的众多干部中存在着令外人无法想象的重重矛盾，让他们的意见得到统一肯定不是一件容易的事。

9月18日是全国追悼日，一早就有一百多万人步行到了天安门广场，那天的活动外国人不能参加。在电视里我们看到天安门广场降了半旗。下午3点的时候党和国家领导人走到了天安门城楼上，他们给我的第一印象是都在各想各的心事，好像互相不认识似的，气氛看上去很紧张。当然也可能完全是我的误解，可能领导们都希望让自己看上去很谦虚谨慎吧？摄像机主要对着四位政治局常委：华国锋，叶剑英，王洪文，张春桥。江青用头巾很严实地围住下巴和脖子的样子很少见，她的脸上没有悲伤的表情，没有任何表情。

谁将成为毛泽东的接班人呢？是现在站在话筒前发言的王洪文吗？他让全国人民一起默哀三分钟。在那一刻全中国的人都放下了手中的工作，车辆都停了下来，没有一个人说话。还是站在王身边的张春桥？虽然有厚厚的眼镜片挡着，他的双眼被阳光晃得很厉害。默哀之后党中央第一副主席华国锋发言。他会不会有更大的机会成为党中央主席呢？他至少可以给别人看毛在4月30日给他写的三句话，第一句是"慢慢来，不要着急"，第二句是"按既定方针办"，最后一句是"你办事，我放心"。虽然这些句子并没有特指他就是毛的接班人，而是针对当时的政治任务而写的，但对华国锋来说意义非常重大。旁边有人在议论江青，说她整个下午都一直望着远方，这说明她很有野心，想自己来做党主席。这也许解释了她自信的神态，但是没有人希望她会成功。

华国锋的讲话没有出人意料的地方，他既没有对未来的变化发出任何信号也没有改变对邓小平的批判。他的讲话严格地遵循了毛制定的原则，也就是以阶级斗争为纲和不在党内搞分裂。华国锋讲完话后，王洪文又回到话筒前，他大声地说："一鞠躬！"天安门广场上的所有人和城楼上的领导人一起鞠躬，无数收听、收看实况转播的人也同时鞠躬。三鞠躬后哀乐响起，持续了半个小时。悼念的人群陆续离开广场回家，军乐队一直在演奏《东方红》的旋律。

空气中弥漫着激动的气氛

三个星期后的一天，我注意到同事们都在低声谈论着什么，在每一个办公室里，在每一张办公桌旁。他们谈论的内容一定比工作更重要，空气中弥漫着激动的气氛。我继续做我的工作，有问题的时候就去问同事。他们见到我就会停下正在进行的讨论，带着微笑很快地回答我的问题，等我一走他们就继续低声讨论。我听到他们说了一些高级官员的名字，一定是个很重要的事件。第二天每个人都像要宣布什么新闻似的，让我很吃惊的是出版社没有让我们开会。

晚上在友谊宾馆里我终于听到了这个令人无比震惊的传言，说毛的遗孀江青和王洪文、张春桥、姚文元一起被抓了起来。而且，华国锋要做党中央主席和军委主席。

第二天一早我马上去问徐淑敏，我对她的政治观点和她这个人都很信任。她说她真的没什么可说的。然后我告诉她我听到了这个令人难以置信的传言，她说这可真是个传言啊。她既没有表现出不相信也没有露出吃惊的表情。我请她告诉我消息是不是真的，她只是很简单地说她什么也不知道，说话的口气和往常一样彬彬有礼。

两个小时后当天的《人民日报》来了，头版上刊登了令人尊敬的副总理李先念在会见巴布亚新几内亚总统时的照片。徐淑敏对我说："你看，我们的李先念副总理！他看上去是不是气色很好？你看他笑得有多高兴！李先念真是个好同志，你看！"她的表情里充满了希望，李先念在报纸上的露面让她感到很镇静。

这其实就是徐淑敏给我的答复，虽然她当时无法直接回答我的问题。她想对我说的应该是：你不需要担心，情况都在控制之下。权力掌握在正确的人手中，也就是说掌握在那些从一开始就和毛泽东、周恩来一起搞革命的人的手中，我们是可以相信他们的。

五天后我们从新闻里得知政府从10月6日就开始逮捕"四人帮"，此外华国锋被任命为党中央主席和军委主席。我周围的人们个个都情绪高涨，为了表示庆祝，很多人去菜市场买了绑在一起的螃蟹，一定要三只公的和一只母的，和"四人帮"里的男女比例一致。商店里的白酒很快就断货了。

1976—1978

第四章

一个新的时代正在开启

1976年10月21日，参加庆祝粉碎“四人帮”的游行

1. 参观大寨
2. 霍勇和我母亲翩翩起舞
3. 杨宪益“腐蚀青年人”

1	2
3	

飘忽不定的意识形态大环境

在中国单位里工作的大多数外国人都希望能保持冷静的头脑，不盲目地紧跟最新形势。毕竟有很多问题让我们想不清楚，也没有人给我们做出合理的解释或者和我们开诚布公地讨论。估计中国的老百姓对眼前发生的种种变化也会同我们一样时常感到困惑和不解。

到了 1976 年的秋天人们脸上露出的喜悦越来越明显了。10 月 21 日同事们叫我和他们一起去参加游行，不仅是出版社倾巢出动，整个北京城里至少有二三百万市民走上了街道。那一天阳光明媚，天很蓝。游行的大部队喜气洋洋地穿过北京的市中心到了长安街，又经过了天安门广场。到处都是彩旗飘扬，从人们举着的标语横幅中可以看出来参加游行的有工厂、商店、机关、军队、学校还有民兵组织。人们一边走一边载歌载舞，有的在路边燃放鞭炮，有的握着拳头喊口号。每个人的脸上都洋溢着笑容，庆祝活动直到深夜才慢慢结束。

媒体开始天天揭露“四人帮”的阴谋罪行，尤其是江青作为主谋在其中的作用。报道中说“四人帮”作为一个小团伙，有问题时不在政治局里讨论，而是单独去找毛主席，比如说他们曾暗地里发起过对周恩来的攻击。他们很希望自己来当总理，如果能把周搞掉，他们就可以把毛孤立起来。而事实上毛经常批评“四人帮”，把他们叫做小集团，说他们是在搞分裂。他也说“四人帮”的问题早晚有一天会解决的，如果不是这半年就是下半年，如果不是今年就是明年。从毛的这句如同绕口令一样的预言中可以看出，他觉得最晚等他过世后“四人帮”也就没有势力了。

对“四人帮”的各种批判有时看上去前后矛盾，让人不免又产生新的疑问。社会的意识形态无疑发生了变化，但对过去10年的错误似乎又一时很难做出清楚的解释。在那一段时间里我没有听到任何一个中国人说过他们在“文革”一开始就认识到了问题的严重性，只是在当时的一些外交官和初来乍到的外国人中有一些明眼人。

马海德是一位美籍黎巴嫩医生，地震之后他一直住在友谊宾馆里，他原来住的地方还没有维修好。我和印尼的作家瑞加考塔有时一起去他那里聊天。他用医学概念解释了“四人帮”是如何形成和发展的：“如果一个病人到我这儿来看病，说身上一个地方疼痛难忍，我切开后一看发现有一个很大的肿瘤（说到这里他打开双手，示意抓着一个很大的东西）。这个肿瘤可不是一天两天长成这么大的，而是在很多年时间里逐渐形成的，但是病人并没有注意到。等到发现的时候就已经晚了，必须彻底切除。”

每次和霍勇长谈后他都会慨叹一句：“乌苇，你设想一下，如果历史完全反过来，现在是造反派上了台，我们现在可能每天还会像从前那样，安心地坐在这里做上面派来的工作。”他停了一停，“你肯定也一样像从前那样对这个制度充满信心，踏踏实实地工作。”

小春有一次悄悄地给我讲了她听到的关于江青的一个秘密。她说别看江青开口闭口都是政治口号，在私下里却一直偷偷地看西方的电影，尤其是那些好莱坞的电影。

一天夜里我梦到列宁在表演杂技，他身手敏捷，动作十分专业，我禁不住在梦里笑了起来，后来笑得太厉害把自己都笑醒了。第二天上班时我把我的梦告诉了所有同事。到了10月底我又开始在家里听音乐了。

在飘忽不定的意识形态大环境中，人们到底应该相信什么成了问题。位于东北的大庆油田从1964年开始，也就是在毛主席号召“工业学大庆”的时候就是中国工业的榜样。在“文革”中大庆受到攻击，批评他们的人说大庆只把生产当做是首位的，忽略了阶级斗争和政治学习。这在当时是非常严重的问题。如果谁只讲产量和经济发展谁就是走资本主义道路。在造反派倒台之前的几个月里，北京人连周恩来的名字都不敢在公开场合说，但是在大庆到处都悬挂着周的大幅画像。我正好在那段时间去过一趟大庆。

另外一个全国性榜样是位于山西省的大寨。我在 1975 年的秋天曾去过一次大寨。当时那里有 470 户人家，但只有 165 个劳动力。60 年代之前那里的人都住在泥土和石头搭的破房子里，后来他们在自力更生口号的感召下经过极其艰苦的努力战胜了贫困，从根本上改善了当地的农业条件。陈永贵是大寨的领导，他 1973 年成为政治局委员，1975 年 1 月当上了国务院副总理，分管农业。大寨是中国几亿农民的榜样，但江青发出指示，命令不可以发表任何关于大寨和大庆的宣传文章。如果实在无法避免的话，她要求文章不能放在报纸的首要位置。在“四人帮”被打倒之前江青曾两次去大寨，不仅把当地的人们折腾得够呛，也给整个国家带来了很多混乱，尤其值得一提的是她和年轻的大寨支部委书记郭凤莲之间的关系搞得很僵。我再一次申请去大寨看一看，尤其希望能再次采访到郭凤莲本人。

到目前为止中国人对外国来的专家都很尊重和敬仰。他们把我们当做是中国通向世界的大门，和外交官相比，他们觉得和我们谈话可以更直接一些。中国很希望和我们交流，所以我们经常收到各界的邀请，请我们到工厂、公社、学校、医院、幼儿园、新闻机构或者高校去参观，听报告，在那些场合我们还可以有机会提问。能够邀请我们的单位通常没有受到太多“四人帮”的直接影响。

一天，出版社的领导孙同志在出版社的大礼堂里给我们作报告。她说“四人帮”曾试图阴谋破坏马列主义，他们的目的其实就是要夺权。孙自问自答地说，为什么一定要极左或者极右呢？关于路线问题的讨论总是让人感到不解也有些不安，作为听众我们感觉孙同志的意思好像是极右集团被抓了起来，而在西方的媒体中却把他们称作“文革中的极左派”，孙同志说她认为西方的叫法是不对的。我们问她，为什么这个反动集团没有早一点儿被发现。孙的回答是，要发现他们的真实目的需要时间，当时毛正在重病中，毛曾经很具体地说过“四人帮”的问题最晚会在两年之内解决。“四人帮”最终被打倒是在毛说了这句话之后一年半发生的。孙同志在报告的最后说，如果现在是“四人帮”上了台的话，老一代的革命家们估计就都保不住了。

中国国家副主席李先念是现任政府里的第二号人物，1976 年 12 月 31 日他在北京饭店宴请外国专家。李那一年 67 岁，他穿了一件黑色的中山装，在致词中他说："过去的一年对于我们的党和人民是很不寻常的一年。"他讲到在毛去世后国家"阴云密布"，在这种情况下华国锋保持了"无产阶级革命家的冷静"，推翻了"四人帮"的罪恶阴谋。李先念对世界形势的分析和以往的政策没有什么区别，核心观点仍旧是关于超级大国之间的对抗以及非超级大国之间如何团结共同对抗超级大国。他说10亿中国人民正热情高涨地"把革命推向前方，发展生产，为可能发生的战争做准备"，此外他还说中国人民对实现"农业、工业、国防和科技的现代化"充满信心。

我知道没有希望了

春节是中国人最重要的节日，一连要庆祝好几天，如果和周末连上，几乎整整一个星期都不用上班。过节前的最后一天中午我刚好把《纪念周恩来总理》一书的稿子校对完，下午所有人都可以回家了。下楼的时候我碰到了吉斯琳，她偷偷地递给我一张小纸条。我很高兴又能收到小春的消息。吉斯琳像往常一样有些紧张，她小声但有些激动地对我说，你没有希望了。小春让她告诉我，我们之间没有希望了。她今天就回东北老家去结婚。她让吉斯琳对我说请我不用为她担心，她的妈妈会去车站接她。

我："什么？你说什么？"

吉斯琳："小点儿声……请你……更多的我也不知道了，她走得很急，也没说几句话，只说了去东北结婚。别伤心……请你别……我得先走了……"

"但是她根本就不想结婚！"

"我知道……请别……"

"那她还回来吗？！"

"回来，结完婚就回来。再见，乌苇。"

"……再见……"

我一个人慢慢地走在昏暗的过道里，好像看不到尽头。在出版社的大门口聚集了很多人，他们看上去都很开心，有说有笑，互相道别，每个人都憧憬着即将到来的长假。在他们中间我好像是一个陌生人。一个越南同事叫住我，他说北越大使馆的一位外交官送给了我一份礼物。他把礼物递给我，乍一看以为是一把雕了花的匕首。"这是一个开信器，是用美军投放的炸弹壳做的。”他给我介绍。我向他表示感谢，很想立刻走开，但是他似乎完全没有察觉到我的脸色。他很兴奋地继续和我聊天，没有要停下来的意思。等了很久他终于说完了，我独自一人走到班车站，上了车，默默地站在司机旁边，两眼直盯着车的前方。司机叫我坐下，说车后面还有不少空位子。我没有动，手里还拿着那张小纸条。纸条不是小春写的，而是吉斯琳在匆忙中写的："都结束了。她去东北结婚。她说，她爱你，你不要难过。"下面她还加了一句："看完后务必销毁！"一路上我都站着不动，像是一块僵硬的木头。

我百思不得其解。到底发生了什么事情？她是被迫回老家的吗？如果是的话，她为什么不反抗？她为什么不坚持自己的观点？到底是谁的错？是她的父母，是单位还是她自己？还是一切都是我的错？在中国，如果一个女人喜欢上一个外国人，总是会引起流言蜚语的。难道我也必须服从这样的观念吗？我找不到一个可以谈心的人。白天我把自己困在家里，愤怒不解、孤独悲伤包围着我。晚上我照样和朋友们出去，都是放假前就约好的。在餐馆方面我们最近有新的发现，是位于长安街南侧一个四合院里的四川饭店，据说是邓小平在北京最喜欢的一个餐馆。我坐在一群朋友中面对着眼前的一桌美食，感觉自己并不真的在那里。我没有心情吃东西，我只想有一个希望！虽然我知道已经不可能了，但我还是希望小春能很快就回到我的身边来。夜里我辗转反侧无法入睡。我开始担心同事们是否已经知道了我们之间的事，他们是不是一直都在暗地里观察我的举止？假期结束后我没有发现他们的态度有什么变化，是不是他们故意这样做给我看的？很有可能。

"铁姑娘"不但能说也能干——她还挺精神的

春节之后没多久我去大寨考察的申请就批了下来。这次考察的内容很多，我们准备回来后出一本关于大寨的书。全国各地成千上万的农民每年如潮水一般涌向这个小村子，向他们请教和学习，希望和他们一样先进。周恩来有一次讲到大寨时说，大寨是一个许多人能够达到的榜样。如果别人做不到一样的，那这个榜样就没有意义。好的榜样需要宣传和推广，但是宣传工作要灵活，要考虑到不同地区和不同条件……我们绝对不要机械地学习，世间没有完美的榜样和范例。没有一个地方能做到完美……

大寨的党支部书记陈永贵喜欢把一条白毛巾围在头上，这成了他的经典形象。周恩来在大寨的时候曾问过当时在场的女农民郭凤莲，是人强大还是自然强大，年轻的郭凤莲脱口而出："当然是人强大！总理，您看，所有这些山都被我们大寨人改造成了梯田……都是我们用自己的双手创造的。我们为什么要在大自然面前示弱？"

正是在这次对话后周决定把郭凤莲定为陈永贵的接班人。那一年郭凤莲只有26岁，她不但能演讲也能下地干苦活儿，而且人长得也精神。从那之后报纸上大量刊登了郭凤莲的照片，没过多久她就成了城里年轻女人心目中的明星，在我们的出版社里有不少年轻的女同事很努力地模仿她的样子。我当然也非常希望在大寨能再次采访到她。

1977年3月20日，我和小麦一起坐火车到太原，在那里过了一夜之后，第二天一早6点搭上了大寨派来的一辆汽车。车子开过贫瘠荒凉的太行山区，公路两边可以清楚地看到成片的梯田。在大寨招待所的房间里摆了插着鲜花的花瓶，据说江青上次来就住在我现在的房间里。

从招待所出来我们沿着山坡向上走了一段路到了村里的广场。正赶上是中午，气温升高了不少，孩子们坐在花花绿绿的木制大门前吃饭。在房子的墙上挂着一串串红色和绿色的辣椒、白色的大蒜。在广场的两边有一些高大的房屋沿山而建，乍一看上去像是一排城堡。一边的房屋是在1963年自然灾害后建成的，另一边的像是刚刚新建不久的。广场边的道路上铺了沥青。村里有一间规模不小的商店，一个信贷合作社，一家餐馆，一个书店，还有一家邮局。郭凤莲的家就在广场的边上。

郭凤莲把我们带到村里的一块高地上，她不无自豪地对我们说："你们看，在过去的一年半里这里的改变有多大。"她穿一件蓝色的外套，头发很整齐地向后梳着，编成两根小辫子。她的目光明亮，透着真诚，这就是在全中国闻名的"铁姑娘"，很多中国人是在招贴画上认识她的。幼年时不幸丧父丧母的郭凤莲从小就养成了自信和坚强的性格，这也是她今天的魅力之所在。她从小和祖母生活在一起，条件极为艰苦。一年半之前我第一次来大寨，正如郭所说的，现在我可以清楚地看到这一年半来大寨发生的变化。又有好几座山头被削平，种上了作物，还有一些已有的梯田被连成一片，此外村子里

和郭凤莲在大寨虎头山上。

还盖了一些新的住宅。

我问起她对江青的看法，她很直接地回答了我："1975 年之前我们对她很不了解，只是在电视和报纸上见到过她……所以她刚来时我们都很激动，觉得她能亲自来视察我们的工作对我们是一种鼓舞，但是和她见了第一面之后我们就对她有了完全不一样的看法。"

大寨人发现江青很会摆谱。郭凤莲说："我们听说她去地方上参观时要求受到夹道欢迎，但是在大寨我们没有满足她的要求。我们只是派了一位年轻的妇女去火车站接她，但是她来晚了，接车的人等了很长时间没等到就回来了。后来江青半夜里才到。"据说她来晚的原因是她只坐专列，中途会心血来潮地想停在哪儿就停在哪儿（经常给正常的铁路运输带来混乱），所以她的到达时间通常也说不准。

郭接着说："其他的大人物来大寨我们通常派一辆车去接就够了，但是江青却要求我们务必要派好几辆最大的轿车去。开始我们还以为她可能给我们带了什么大的东西，后来才知道她带了四匹马，很多电影，还有无数的私人用品。她的随行人员也多得令人无法置信，他们一行人把平时可以住 150

人的大寨招待所都给占满了。其他的同志都没有地方可以住。此外她还要求在房间里挂黑色的窗帘，喷香水，但是在我们的村子里根本就没有香水，我们只好在她住的房间里点了香。为此她还狠狠地骂了我们一通。”

早上江青起得很晚，起来后先打牌，然后和几个陪同人员一起看电影。她用的东西和吃的食物都是专门从北京运来的，连她用的“带有坐垫的马桶”也是专门带来的。招待所的服务员觉得他们好像是在为一个地主工作。服务员们不可以用正常的声音说话，走路要缓慢，开门关门都要没有声音，而且几乎每天晚上江青都要换一间新的房间。在她来访的那几天里她还要求在附近15公里内不可以爆破，对于需要开山造田的大寨人，爆破是很常有的事。江青好像对噪音无比敏感，她命令在大寨村里不可以开拖拉机，也不可以开车，厨房里的厨师不可以用鼓风机。她去田里劳动时，是坐着汽车上去的，其他随行人员都步行，和她的马一起跟在汽车后面。江青兴致上来时就从车里出来，骑骑马。

郭凤莲说江青还有一个新的主意：“江青认为挖防空洞很重要，她一直对我们说。但她自己很少参加劳动，都是乡里的干部在不停地挖，等到照相的时候她就会出现在工地上。她一走我们就把那个没用的洞给填上了，在上面养了猪。”

江青给大寨的村民作了报告。当时毛刚刚发表了对《水浒》的批判，江青在报告中重复了毛的观点，指出中共中央和梁山之间的共性，她讲话的核心是：“宋江夺了晁盖的权，现在在中央里也有人想夺毛主席的权！”郭凤莲听了她的讲话后觉得江青实际上是想分裂党中央，把她自己树立为毛的坚强卫士和未来的党中央主席。郭觉得农民们并没有听懂江青的意思，但都隐隐地感觉到她话里有话。他们无法把讲话记录下来，后来在大寨的党组织里也禁止讨论江青的讲话内容。

1976年9月江青忽然通知说她要再来一次。大寨下午两点钟接到电话，说江青会在同一天到达。村民已经预感到这次肯定要和江青发生冲突，因为他们把上次挖的防空洞给填上了。江青又是在深夜里才到。她说的第一句话是：“你们知道我要在这里做什么吗？我要在这里进行斗争！”这句话让很多人彻夜难眠。

江青发现防空洞不见时对着郭凤莲大喊了起来：“我的防空洞在哪里？

和黄永玉，上图是他给我画的猫头鹰

1

2

3

1. 采访陈永贵副总理
2. 结识王光美女士
3. 和曹禺、老舍夫人胡絜青及德国大使修德

1

2

3

1. 拍摄《我的北京艺术家朋友》，在黄宗江家的四合院里
2. 与席利部长：他曾为我辩护
3. 和德国绿党前主席布迪科夫及夫人

1
2
3

1.《东方舞台上的奇迹》出版，和两位译者史燕生（左）、胡世光（中）

2. 和中外友人在北影厂的家中欢聚

3. 又见郭凤莲——当年铁姑娘，今日女强人

是谁批准你们拆的？你们这是走修正主义道路，不听领导的话。这是一个政治事件！为什么没有事先通知我？你们竟然还在上面盖了猪圈。是不是邓小平指使你们这么做的？”

她接着质问：“你们盖猪圈的时候陈永贵同志在场吗？”郭凤莲说他在。江变得更加激动了：“是，我明白了，你就是不愿意为自己的错误承担责任！”郭无法忘记当时江青的愤怒表情：“江青的样子很吓人，我立刻想到今天有可能回不了家了。”

“回不了家了？……”我不解地看着她。

“是啊，江青惯于使用恶毒的手段对付她看不惯的人……”

郭凤莲当时对江青说：“如果我们是在工作上犯了错误，您完全可以批评我们，但是如果您说我们走修正主义道路，我们不答应。我们一直都是在走毛主席指引的革命路线！”

在大寨待了三天后江青和北京通了电话，得知毛病重。走之前她还揪着大寨的很多“罪行”不放，之后没有几个星期她自己就被抓了起来。

在和村民道别的时候，我问他们我是否有可能在北京见到陈永贵副总理，他们都亲切地称他是“老陈同志”。村民们觉得肯定没问题，说只要告诉他我曾经来过大寨，和村民们都谈过话，陈永贵一定会答应见我的，他们请我向他问好。他们还告诉我说陈一直很惦记着大寨的发展，对于长年待在北京不是很满意，他觉得地方上的工作和中央政府的工作同等重要。我对能在北京拜访到陈永贵充满了期待。

一个小秘密的结束

4月的一个早上我无意中看到了小春。我穿过出版社的走廊，路过法语组的办公室，门是打开的。小春就坐在里面……她背对着我，正在和一个同事说话。她回来了！我忽然感到身上很热。我强迫自己继续向前走，边走边把厚重的军大衣脱了下来搭在肩上，三步并做两步地上了楼。一进办公室我就把大衣扔到了柜子里，“现在不需要了，”我说，“春天到了！”然后我没头没脑地和同事们瞎扯了一会儿。

几天之后，我刚在饭店里吃完午饭准备锁门去上班，电话铃响了。我赶忙跑过去抄起话筒：“喂？”

一个女人低声用法语说：“我回来了……”

“……我知道。”

“你怎么知道？”

“我看到你了。”

“啊……”

“你还好吗？”

沉默。

“你结婚了？”

“……是……”

沉默。

她：“我想见你。”

我坐下来：“我也想见你。”

她：“你什么时候有时间？”

我：“你什么时候有时间，我就有时间……随时。”

她说会到时通知我，然后就把电话挂了。

过了几天吉斯琳给我打电话，问我当天晚上是否有时间去小春的办公室，时间和以前一样。当然……当然有时间。晚饭后我骑着自行车到了办公室，终于又和她见面了。像从前一样我们一起坐在大沙发上，相互轻柔地倾诉憋了很久的心里话。我们都很清楚如果那一刻被人发现将会有什么样的后果。春节前她告诉母亲她不想结婚，春节也不想回家，她母亲一听就气坏了。她没有在她的父母面前隐瞒对我的感情，这让她的母亲和其他的家人更加震惊。后来是她的父母和单位共同对她施压，单位还专门派了吉普车直接到她的家门口去接她回老家。她没有办法再抵抗。她的父母和单位都认为发生这样的事是因为对她的教育不够，小春本人只感到无助和悲伤。

我们一同决定这是我们之间的最后一次单独见面。后来我们偶尔会在路上碰到。这件事对我的伤害很深，我不知道应该如何重新开始。虽然出版社领导的干预让我很伤心，但是我不觉得他们是要专门和我作对，让我很吃惊的是，在那之后他们见到我时还会投来同情的目光。

小春成了我和中国之间的一个小秘密。我永远也忘不了第一次看到她的那一幕：她站在出版社的院子里，金色的阳光洒在她的身上，她穿着一条乳白色的长裤，白色的上衣，黑色的布鞋，像鲜花一样的身体在微风中轻轻摇曳。她知道我正在看着她。

几年之后小春离婚了。

画家黄永玉的猫头鹰

在出版社里我们刚刚把第十一届党代会的文件翻译完，一天，在饭店的班车上我看到一位新来的同事。她从来不选单个的位置，总是和其他人并排坐在一起。她好像有说不完的话，说话的时候露出漂亮的牙齿。她身材瘦小，有一张很智慧的面孔，深色长发，通常穿蓝色的中式连衣裙。我很好奇她都在聊什么，后来听别人说她来自苏格兰，看来苏格兰的女人果然与众不同。我没有急着和她认识的冲动，我相信早晚有一天她也会凑巧坐在我的身边。并不是说我对周围发生的事情完全不闻不问，只是我的心里还有小春的位置，一时忘不了。

我猜得没错儿，白霞（她的英文名字是 Patricia）第一次和我搭话还真是发生在班车上，我们谈得很投机，车到了饭店后我们又约好了一起去食堂吃饭，吃饭的时候她邀请我过几天和她一起去拜访戴乃迭和她的先生杨宪益。戴乃迭和杨宪益在《中国文学》杂志社里工作，他们两个人都是著名的翻译家，以翻译中国古典文学而闻名于世。那一年他们正在合译《红楼梦》。我欣然答应了白霞的邀请。戴乃迭在“文革”中曾蹲过监狱，其中从 1968 年到 1972 年的四年间她被关在单人牢房里，完全和外界失去联系。虽然她的先生被关在同一座监狱里，但是他们之间没有任何联系。在监狱里她唯一得到的消息是她母亲去世的消息，唯一可以看的书是毛泽东著作。杨宪益后来倒一直认为监狱里的日子没有糟糕到无法忍受，他说他很快就和看守们成了朋友，而且他“才被关了四年”。

戴乃迭和杨宪益夫妇是魏璐诗的邻居。白霞和我到的时候是他们的保姆给开的门。杨宪益坐在一张沙发上，紧挨着书架；戴乃迭坐在墙边的一张椅子上看报纸，旁边是一盏落地灯。屋子里光线有些暗，灯都打开了。夫妇两人不仅健谈，也很好客。他们很喜欢学术上的讨论，很快我们就定期去拜访他们，每次去我们不是带上一两瓶白酒，就是蛋糕或者是一条烟。有时我们是那里唯一的客人，有时那里坐满了艺术家和文人学者，大家在烟雾缭绕的氛围里畅谈，这时戴乃迭喜欢用“文革”时的话说杨宪益是在“腐蚀青年人”。如果想和这对夫妇谈得来，首先要对中国的革命和“文革”的悲剧有深入的了解。如果不了解或者以西方的发展历史作为衡量标准，戴乃迭和杨宪益夫妇就会在告别的时候笑着把对方拉到怀里，安慰地说：“其实我不是一个斯大林主义者！”

戴乃迭的父亲是传教士，母亲是教师，她生在中国，童年的时候回到英国。杨宪益来自一个富裕的银行世家，大学是在牛津读的，他们两个人也是在那里认识的。戴乃迭深受杨宪益的影响，改变了原来的学业，成为了牛津第一位中国文学专业的毕业生。1940 年他们坐船来到中国，第二年结婚，那一年他 25 岁，她 21 岁。在中国，杨宪益首先把《奥德赛》从古希腊语翻译成中文，然后又翻译了萧伯纳的剧作《卖花女》。从 1952 年开始夫妻二人在外文出版社工作。他们虽然很欣赏西方，欣赏那里的科技、民主、文学、戏剧、音乐，但也很珍重中国，对中国的发展充满信心。他们在中国生了两个女儿、一个儿子，一家人从来没有想到过要离开中国。在谈话中他们很少主动提起自己在“文革”中受的苦，但如果有人问起他们那一段日子是怎么过的，他们也从不遮遮掩掩，能讲出很多细节来，其实他们一点儿都没有忘记。

1977 年对于很多中国的艺术家来说是很不平常的一年。在社交活动中，在宴会上，在媒体中，忽然涌现出了很多艺术家的身影，其中有演员、导演、画家、音乐家、书法家、作家。他们终于从被遗忘的角落里走了出来。一听到他们的名字，人们都会感到眼前一亮。在整整 10 年的“文化大革命”中，大部分的中国文化精英不是被禁止就是被冷落，现在他们一个接一个都回来了。人们再一次用惊讶的目光去审视他们的作品，不仅看他们在五六十年代的创作，也看他们解放前的创作。有些作品表现出令人无法想象的现代性，在绘画方面，无论是中国画法还是西洋画法，人们都不得不为一些早期作品所体现出的多元化而惊叹。在北京生活的外国人好像忽然发现了一个全新的世界。有小道消息说在北京很快要举办一场贝多芬音乐会，一时间这个消息成了外国人圈子里最热的一个话题。

白霞和我有时陪杨宪益夫妇去黄永玉的家里做客。

黄永玉在中国被公认为是一代奇才。在毛主席纪念堂里有一幅黄永玉创作的巨幅中国山水画，高 7 米，长 24 米。他的妻子张梅溪是一位作家，专写儿童书。黄永玉住在离北京火车站不远的两间很矮小的平房里，在他们家里我们不是坐在小板凳上就是直接坐在地板的垫子上。他们的女儿黑妮和儿子黑蛮有时也和我们坐在一起。讲到自己曾受到过的迫害，黄永玉充满愤怒，说到他的过去和对未来的计划，他神采飞扬又不失幽默。

“四人帮”在“文革”中一直把黄永玉当做攻击对象。他曾给朋友画了一幅猫头鹰，睁一只眼，闭一只眼。画后来不知怎么落到了造反派的手里，结果被造反派的人诬蔑为“黑色艺术”，理由是闭一只眼表示了画家对毛主席倡导的社会主义革命理论的蔑视。没有人有勇气去置疑如此荒谬的说法，1973 年在北京饭店举办的一次“黑色艺术展览”中，这幅画成为众矢之的。黄永玉的猫头鹰不但在全国出了名，后来竟成为了代表反抗的符号。全国各地很多人给黄永玉寄来以猫头鹰为主题的绘画、摄影、雕塑，作品数量繁多，形式各异，其中还有人寄来了猫头鹰的标本，更有甚者表示要给他寄一头活的猫头鹰来。“四人帮”之所以和黄永玉过不去，是因为周恩来亲自点名让他来给新装修的北京饭店作画，“四人帮”无法对周直接表示不满，所以就在他选出来的艺术家中找替罪羊。黄后来说如果他事先知道这只猫头鹰会带来如此大的影响，他一定会画出最美的一只猫头鹰，而且在下面签名的时候也会更加仔细一些！

黄永玉说话的时候目光咄咄逼人，手舞足蹈。那一年他 53 岁，但是看上去顶多 30 岁。从 1971 年到 1973 年，黄曾和其他美术学院的教师一起被下放到农村干校里劳动，在那里他种过水稻，采集过中药，也养过鸡。回到北京后没多久“猫头鹰”就出了问题。对他最大的指责是给社会主义抹黑，为此他做了很多次自我批评，但是批评他的人认为不够。讲到那段往事时黄没有把自己描述成一个英雄，他说他并没有直接和造反派抗争，而是选择了随波逐流。在美术学院里他被批得很厉害，对于批过他的人，黄觉得其中 90%的人其实是好人，只是没有勇气替他反抗。有的人很善良，在没有旁人的时候悄悄地鼓励他要坚持下去。有的人不敢直接和他说话，就给他打手势表示同情。所有这些都让他觉得人们并不都是冷漠的，内心里还是有反抗的。在批斗中有两个同事给他留下了很深刻的印象，他们虽然和黄永玉不是很熟，但却公开表示不同意对黄的批斗。其中一个年轻的画家在“黑色艺术展览”期间大声地叫他的名字，还走过去和他热情地握手，他说那是让他终生难忘的一幕。据说姚文元曾经命令《人民日报》把黄永玉描写成最危险的阶级敌人之一，但是文章在最后关头被毛泽东亲自制止了。

批斗结束后黄永玉很长一段时间被困在家里，在那样的气氛中他对自己的生死没有把握。在我们面前他很严肃地说，其实中国人并不是怕死，就是在他最困难的时候也从来没有感到过绝望。他思考过如何逃走，也计划好如果真能逃走会去哪里。那时她的太太让家人出门的时候都穿得很朴素，警告他们一定不要挺胸抬头。在他受难的那些日子里是她的太太一直在勇敢地支持他，当年嫁给他的那个柔弱羞涩的小女子早已在困难中变得坚强镇定。

困在家里的时候黄永玉顶着压力坚持作画和听音乐。家里的桌子太小了，他干脆直接在墙上画。有的画大得一面墙都不够，他就把画纸折叠很多次。如果听到院子里有陌生的脚步声，他会很警觉地把画卷起来，就是在这样十分艰难的时期他画出了一些最美的作品。黄永玉的画很明显地受到西方绘画的影响，他以画花草、山水和飞禽见长。荷花是纯洁的象征，也是他最喜欢的绘画主题之一。他经常回忆起湖南老家凤凰的荷塘，小的时候他经常坐在那里画荷花。

“不要再问他关于猫头鹰的事了，”我们告辞时他的小女儿黄黑妮对我们表示抗议，态度十分认真，“猫头鹰死了！”我们都禁不住笑了出来，黄永玉笑的声音最大。

三个星期之后圣诞节到了，我们一群人又都聚在一起，这次是在杨宪益的家里。让我完全没有想到的是黄永玉竟然给我带来了一幅画，一只睁一只眼闭一只眼的猫头鹰！这只漂亮的猫头鹰有金色的眼睑，穿一件金红色的袍子，留着一撇小胡子，悠闲在站在一根树枝上。画的下面写着：“此鸟每夏捕鼠一千二百只，合节约粮食一吨，实除四害之大大英雄。”

画还没有裱过，节后我决定到著名的荣宝斋把画给裱上。等我 10 天后去取的时候，画已经被挂在店里十分显著的位置，有的人好奇地询问：“啊，黄永玉又开始画猫头鹰啦？怎么看上去像是个外国人？”当我把这些话告诉黄永玉时他大笑起来，他说第一张猫头鹰就是在荣宝斋被造反派看到的。

“你的错误在于没有认清阶级的不同”

希望雇用“外国专家”的中国单位经常请我帮他们物色西德的同志，请他们到中国来工作两年。我给很多朋友写了信向他们询问，但是他们都有各种各样的理由脱不开身。后来我就决定写信给西德共产联盟（KBW）总部，请他们帮忙，他们还确实动员了不少同志到中国来工作。新来的同志和我一样都住在友谊宾馆里。他们到了之后我们定期见面，一起学习中国媒体中的理论文章，还有毛泽东、马克思和列宁的著作，学完之后我们会一起唱德国的工人歌曲。1977 年年初西德共产联盟总部通知我，要我申请加入西德共产联盟。我照办了，主要的原因是我认同联盟的目标，也就是为了“在西德和全世界的工人阶级的解放及建设社会主义和共产主义社会”而做出贡献。我还提出希望每个月交纳 50 元人民币作为党费。很快我就收到了总部的确认文件：“U.K.同志现在是党员。”证明上的签字是“C.S.”，是汉斯–格尔哈特·史密尔名字的简写，他是西德共产联盟的最高领导。在同一封信中我收到了党章，其中的第一句讲到，党员应该在任何地方都如同“一个基层组织”那样工作，这句话让我感到有些别扭。后来在友谊宾馆的西德共产联盟成员把自己叫做“西德共产联盟北京基层组织”，我觉得自己更加不适应了。

“西德共产联盟基层组织”的同志们对我和中国艺术家的交往表示很担忧。他们觉得我太资产阶级化了，这样下去会减弱组织的革命热情。沃尔夫冈·穆勒是一位刚从西德来的新同志，他尤其看不惯我的做法。他在北京电台工作，是西德共产联盟总部派到北京基层组织的特派员，也就是说他是基层组织的领导。听说我要去见斯诺的太太洛伊斯·惠勒·斯诺时，穆勒对我说：“你的社会活动是不是有点儿太丰富了？”口气好像是说我生活得太资产阶级似的。他很快就给基层组织的成员发了一份文字指示，说每一个基层组织里的同志都要“为阶级斗争做贡献”，说我们应该有组织纪律性，有责任去“给住在这里的西德人宣传马列思想”，同时他还说“基层组织里的右派正在反抗革命任务……”。“基层组织里的右派”？我们的基层组织里只有五个人！很快每个人都知道了那个右派指的就是我。

1978 年 1 月 17 日沃尔夫冈·穆勒交给我一份他签了字的文章，题目是“对乌苇的批评意见”，在里面他写道：“你的错误在于没有认清阶级的不同、不同阶级之间的矛盾以及解决矛盾的办法，也就是说你没有认清什么是重要的，可以为革命服务，什么是不重要的，是对革命有害的……到目前为止你没有和基层组织里的同志认真地讨论过你的错误，只是一味地为自己辩解……你的革命热情正在减弱，你不关心集体，自以为是。很明显这是错误的……只有和组织在一起你才有可能避免犯错误并得到组织的帮助。”他的结论是：“你的问题非常严重，必须尽快进行严肃的自我批评。”

我认为穆勒始终是从海德堡或西德的角度来观察这个世界，我也曾设身处地地去理解他们对我的批评，耐心地向他们解释为什么我认为他们的观点有局限性，为什么他们的看法是带有西方人的优越感的。我一直都希望能赢得他们的理解，不想对他们失去信心，毕竟他们都是我的同志。在一次次漫长无味的会议上我每次都按照组织的要求做了自我批评，但我可以明显地感觉到自己离被除名的日子不远了。会议确实是很痛苦难熬，他们简直是把我当做了敌人来对待，而我又不想失去和他们讨论的机会。气氛每况愈下，他们对我的攻击也越来越出格，我只能继续坚守与人为善的准则。

终于，西德共产联盟北京基层组织在一次聚会中讨论了让我退党的议案，讨论的结果是全票通过。那次聚会的组织者是特派员沃尔夫冈·穆勒，聚会的地点在穆勒的家里。听到消息后我心里有些不舒服，但是白霞在那天晚上用上好的苏格兰威士忌热情地款待了我，让我很感动。

26 年之后的一天，也就是在 2004 年 12 月，我认识的一个记者朋友吴亚尼告诉我他最近遇到了一个人，也曾在 70 年代末住在友谊宾馆里。吴亚尼当时问那个人是否认识我，那个人说认识，但没有再说什么。那个人就是沃尔夫冈·穆勒，我很高兴他现在做到了西门子公司的监事会成员的位子，而且还是德国金属业工会的发言人。

一天中午我回宾馆吃午饭，饭店里的服务员告诉我，早上 9 点的时候一个中国银行的职员曾来饭店找过我，等了很久之后就走了。他是骑自行车来的。他给我留话说下午两点他还会再来。我四天前曾去过中国银行在天安门附近的总行取香港《远东瞭望》给我寄来的一笔稿费，除此之外我不认识中国银行的任何人。下午两点的时候一个年轻人站在我的门前，他对我说我几天前去银行的时候取了60.94元，但是因为他当时把港币的汇率换算错了，少给了我两分钱，他专门来就是要把那两分钱给我！我感动得简直说不出话来。他骑自行车30公里就是为了给我两分钱！我一遍遍地说“太感谢了！太感谢了！”他向我很礼貌地告别然后骑上车就走了，好像本来就应该是这样的。我的中国朋友建议我把这件事写成一篇文章，文章后来在朋友的帮助下被刊登在2月14日的《人民日报》上。故事见报的第二天新华社也报道了这个故事，而且以多种语言发到了世界各国。我后来听说那个年轻人在银行里一下子成了英雄，他的生活在一天之间发生了彻底的变化！

我继续和柬埔寨大使馆保持联系，希望能有机会作为一名记者去柬埔寨采访。最近我又去了一次询问这件事，并表示了采访大使毕姜的愿望。毕姜曾经做过游击队队长，后来任柬埔寨国家银行的行长，从1975开始在北京做大使。1978年2月底我终于有幸见到了这位大使。西方的媒体充满了对柬埔寨的负面报道，其中有关于难民的，有关于城市人口大规模遣散的，内容都十分恐怖，惨不忍睹。我们不了解那里的真实情况，但是从我们相信的立场上——从书本知识中——我们认为这些不过是帝国主义的宣传而已。我们觉得朗诺政府长达五年的恐怖统治才是人们被迫造反的根源。我们更愿意相信红色高棉的解释，也就是撤退是因为要防止美国在柬埔寨的轰炸，同时我们也觉得在农业中搞集中管理和重建是非常必要的，尤其是在金边。中国政府在国际上一直支持柬埔寨政府，为柬埔寨的经济建设提供援助，同时反对越南增加军备。我想我们之所以相信红色高棉主要是因为相信中国政府，毕竟中国在柬埔寨有代表，他们应该很了解当地的具体情况。

1975年6月，也就是金边被占领两个月后，波尔布特曾秘密地来过北京。6月21日他在中南海见到了毛主席，那是一次很值得关注的会谈。从会议的记录中分析家们认为波尔布特在毛的面前畏首畏尾，没有说出个所以然来。毛在那次会谈中却发表了不少观点，他对柬埔寨的革命表示了强烈的兴趣，也许他感到柬埔寨的革命可能比中国的革命进行得要更快吧。

毛没有直接批评波尔布特：“你们做的大部分工作是对的。但是你们犯了错误吗？我不知道。当然你们会犯错误，如果犯了改了就好，要改正错误!”毛继续说：“道路是曲折的……我们的情况（在中国）目前也是这样，就像列宁说过的，一个没有资本家的资本主义国家。”毛虽然讲的是中国，但批评的对象却是柬埔寨的极端政治手段，“工资做不到完全平等……我们找到了创造平等的答案，可是我们没有实行。需要多少年才能实行呢？需要多少年才能实现共产主义呢？就是实现了共产主义以后还是要有斗争的，那将是在进步势力和落后势力之间的斗争。所以情况并不明朗。”

对于一个中国的共产主义者来说，这样和外国同志说话是很少见的，毛在谈话中还很意外地穿插了几句英文。为什么他会作出这样的举动？从菲利普·肖特那本资料翔实、引人入胜的传记《波尔布特——历史的噩梦》可以看出，毛很希望他的看法能被对方听懂。毛还把波尔布特称作“柬埔寨的殿堂”，在谈话中引用了赫胥黎和康德的话，还说要送给波尔布特“30本马恩列斯的著作”供他们学习。毛希望柬埔寨摆脱孤立状态，在世界的范畴内搞革命。

1978年5月30日我又去了一次柬埔寨大使馆，再一次向毕姜大使提出我想去柬埔寨采访的愿望。很让我吃惊的是他建议西德共产联盟的总部给大使馆写一封信，申请派一个代表团去柬埔寨参观，参观的目的是了解当地情况并和柬埔寨政府进行交流。我们的代表团在越南开始入侵柬埔寨（1978年12月25日）之前的两个星期到了金边，波尔布特接见了代表团。西德共产联盟主席汉斯-格尔哈特·史密尔在很多年之后回忆起那次会谈时还在说红色高棉给他留下了“光明和充满希望”的印象，说他们看上去“正在尽一切努力保护柬埔寨的乌托邦”，他完全不知道这正是红色高棉在西方人面前惯用的障眼法。

我的心一下子提到了嗓子眼儿……

一天半夜里，我在熟睡中忽然被电话声吵醒，在黑暗中我慌乱地抓到话筒。“如果你还想再见到你母亲最后一面，你必须在三天之内回到德国来!”说话的是我的继父。

“什么?!”

他又重复了一遍，我的心一下子提到了嗓子眼儿……镇静，一定要镇静……不要慌……母亲到底怎么了？

过了好一会儿我才明白，我母亲查出了癌症，是在最近一次去达姆施达特的医院时发现的。手术定在三天之后，她的病情十分严重，继父告诉我她很有可能不会活着从手术室里出来了。我母亲只有58岁，她怎么可能只能再活三天？我能及时飞回去吗？这么短的时间能订到机票吗？如果我到了德国，警察会把我抓起来吗？如果被抓了起来我还能再见到我的母亲吗？

第二天一早我给母亲写了一封很长的电报，电报里充满了对母亲的思念之情，也说出了我以前从来没有跟她说过的知心话。我真心期待能带给她希望，让她感到我有多么爱她，让她知道所有的家人朋友多么希望她尽快康复。

我和出版社的领导谈了母亲的情况，负责人孙同志说出版社会立刻给我订机票。我问他们如果我在德国被抓起来，出版社会怎么办？孙同志很坚定地说如果是那样的话，他们会想尽一切办法来帮助我。我请他们给我订最早的一个航班，但是我需要在德国到了上班时间后再去询问一下我的德国律师，之后我就会决定走还是不走。

办公室里只剩下霍勇和我的时候，他给我讲了一个故事，说的是毛主席有一次去医院看望一位重病的朋友，那个朋友刚刚做完一个大手术。毛对病人说：已经发生了的事就要接受，而且要有耐心，你的身体会慢慢地接受手术的痛苦，最终会战胜疾病……一定要有耐心，没有耐心的话就会影响治疗。面对疾病要有坚强的战斗意志，一定不可以失去耐心。这就是我对疾病的看法。

我接通了律师艾伯哈特·肯姆普的电话，他说过几个小时一定给我回话。两个小时后他打回来，告诉我如果我去德国的话警察将会在法兰克福机场等我，我一落地他们就会把我抓起来。两个警察会带我去达姆施达特的医院看望我的母亲，在进到我母亲的病房前我的手铐会被拿下来，我可以单独和我母亲坐一会儿，见面之后他们会直接把我带到监狱里去。

我尽量让自己保持镇静。我母亲不可能不知道我要进监狱的事实，这对于她目前需要面对的疾病一定没有什么帮助，可能正相反。

我跟继父通了电话，告诉他我决定在目前的情况下不回德国。我又向他详细地询问了病情，有些问题他答不上来，他说要先去问一下医生。后来我们再次通话的时候我才知道，医生认为母亲的手术并没有继父说的那么绝望，继父第一次告诉我这个消息的时候一定是太激动了。医生说我母亲不会因为手术而去世，但她的癌细胞已经扩散到了全身，已经没有完全治愈的可能性。她现在住在重症病房里,周围的病人都在那里等死。医生还说她将要接受多次手术,然后可以回家修养一段时间,要等几个月之后才能判断她的手术情况如何,对于下一步的具体治疗方案现在还不好说。我和医生讨论了是否可以让母亲尝试使用中药,后来我们一致决定让母亲在手术后到中国来治疗。

在那段焦急苦闷的日子里我迷上了黄永玉的画。我向他借来了两幅很大的画挂在家里。一幅是红色的荷花，画的中间是张开的花瓣和强健的花梗，四周是愤怒的黑色阴影，在阴影的衬托下荷花显得更加艳丽。第二张画比第一张还大，从天花板一直挂到地面。这幅画画的是诗人屈原，穿红绿色的长袍，袍子在风中摇摆；他裸露的胳膊向上伸出，瘦骨嶙峋的手完全张开，几乎触到了天上的云彩。他好像在向天空发问，怒发冲冠。我还向画家借了更多的画，他都一一答应。一时间我的屋子里挂满了他的画，我把自己包围在一片颜色的海洋里。有的时候整个晚上我什么都不做，只盯着那支荷花看，一次我还特意请来了格温和伊安这两个朋友到家里来一起看。我对自己的行为都感到有些吃惊。

1978 年 7 月 1 日中国共产党庆祝建党 57 周年的时候，毛在 1962 年发表的一篇讲话再一次被刊登出来。人们对此议论纷纷，因为这个讲话的发表意味着共产党的领导层要把政治推回到 60 年代初的情况。毛的那次讲话很长，几乎占了半本的《北京周报》，我们用了整整一个星期的时间来翻译，为了不受外界的打扰，翻译的地点选在了我的家里。（很多年之后我在德国的家里发现了出版社在那段时间里给我父母写的一封感谢信，信里他们对我的工作成果、工作态度和我对中国的了解都大加赞赏。）

大寨的文章也快完稿了，唯一缺的就是对陈永贵的采访。我给外文出版社的负责人写了一封信，请他们转给国务院办公厅，在信里我表达了想去采访陈永贵的愿望并详细地介绍了采访的内容。两周后我去问领导信是否已经被转了上去，我得到的答复是信并没有转给他，因为副总理本人太忙了，不可能照顾到这么多事情。我很吃惊，不明白为什么会是这样。我去大寨的采访可是出版社给我安排的，而且大寨的农民也很明确地告诉过我，他们的老陈会“非常愿意”接受我的采访。

8月4日我决定自己直接给副总理陈永贵写一封信。在信里我写了自己在大寨的见闻，并且明确地告诉他，有人自作主张地把我写给国务院他本人的信给挡住了。霍勇帮我把信翻译成中文。我在信封上贴了邮票，从友谊宾馆的邮局寄了出去。

“四棵向日葵代表在中国的四年时间！”

我的生日和黄永玉的生日都在8月上旬，离得很近，我们决定找个星期六一起庆祝一下，地点在我的家里，白霞和我把杨宪益一家也请来了。我们在友谊宾馆里订了一个很大的巧克力蛋糕。

白霞听别人说黄永玉最近在家里疯狂地画荷花！当我去他家里一看立刻呆住了。那幅画有1.5米高，画面中荷花恣意绽放，充满了野性美。黄说他要在这张画里表现他目前对生活的感受。我禁不住想到了自己第一次看到荷花的情景。那是在颐和园的进口处，一个小女孩正在卖荷花，花还没有开，花苞大得和拳头一样。在那之前我从来没有给自己买过花，但是那一次我忍不住一口气买了三个。第二天早上醒来时三个大花苞都绽开了，每一朵都大得

在中国的第四年，我收到黄永玉送的生日大礼。

雄纠纠气昂昂，翻过四座山——和黑蛮在漫画前。

像是张开的两只手，实在是太漂亮了！

生日晚会的那个晚上很热，我们不停地扇扇子。黄永玉出人意料地拿出一张小画，画上是一个金发男子，中国农民的打扮，站在四棵巨大的向日葵下面，两腿交叉很悠闲的样子。黄说："四棵向日葵代表在中国的四年时间！"他的儿子黑蛮也给我画了一张画，是一幅漫画，画的是一个人翻过了四座大山，手里举着一面红旗，旗子上用中文写着：外文出版社。不是每个人都觉得这幅画好玩儿。有一次出版社的领导到我家里来做客，他们对屋里挂的每一幅画都评头论足，只有在这幅漫画面前他们什么都没说。

采访副总理陈永贵

8月29日我迎来了一位尊贵的客人。出版社的女领导孙激动地告诉我，陈永贵副总理让人带话来，等他结束在几个省市的视察后会给我安排一个采访的机会！我听到了——但惊得一时说不出话来。女领导还说，出版社对此也感到非常振奋，因为还从来没有任何一个外国员工得到过这样的荣誉。

1978年10月17日，上午10点。

我们坐着出版社的小轿车经长安街到了人民大会堂，我的心情非常激动。德语组的组长马节坐在我的身边。前排坐在副驾驶位置上的是出版社的领导孙同志。我穿了一件蓝色的中山装，最上面的扣子打开，和当时其他人的穿法一样。马节提醒我说今天的场合必须要把扣子扣好，我马上照办。我们从西边的入口进入大会堂，被工作人员领到了新疆厅。我们到的时候陈永贵已经站在大厅的门口。他上身是一件很普通的农家人的夹袄，脚上是黑色的布鞋。我们在一起合影留念，然后并排坐在宽大而舒服的座椅上。陈的目光炯炯有神。我送给他一份德国农民制作的手工艺品，他饶有兴趣地用双手拿着看了一会儿，还问了几个问题。

陈永贵那一年 65 岁，在政府中是个很有传奇色彩的干部。他既是一个普通的农民，也是一个党政要人，他始终都没有忘记他的家乡和自己的农民身份。在中国陈永贵代表着一个活着的愚公。这次交谈的深层意义我在当时并不是十分清楚，毕竟在那个时期发生了太多的变化。我向他提的问题主要是关于农业和农业学大寨的情况。他回答得很详细，很坦诚，也很有见地。“打倒了‘四人帮’以后，”他用坚定的口气说，“我们又可以畅所欲言了。”他递给我一支烟，不像是开玩笑地说，“否则和你说话就可能被扣上‘里通外国’的帽子了。”

他没有回避“文革”所带来的负面问题，而且也讲到了一些在农村里发生的武力冲突事件。我向他询问关于最近发生在北京郊县里干部强行罚粮罚款还动手打人的事件：“为什么农民要忍受这样的待遇？难道他们不会反抗吗？”

陈的回答是：“正是因为公社里的人看不惯干部的行为，干部才开始打人的。干部的命令是完全无理的，当然最终会和村民发生冲突。”他还说，“从现在开始不能让所有行业再向农业伸手了，他们都应该支持农业”，他觉得条件已经成熟了，“工业应该支持农业，城市也应该给农村提供更多的资本”。

中国共产党号召人们在“当前的时代”要努力实现农业、工业、国防和科技的现代化，陈永贵认为在农村普及科学技术教育是非常重要的。在过去的很多年里科学家被无情地遗忘，农村的机械化程度普遍非常低，大寨也不例外。他还告诉我们，最近政府派农村代表团去美国和其他一些国家参观，人们终于认识到了向国外学习先进经验的重要性，也不用再担心“崇洋媚外”的指责了。

2005 年重访大寨时和陈永贵的儿子在一起。

我们的谈话进行了将近两个小时，涉及了广泛的话题，我对这次的经历感到非常自豪。在事后整理采访内容时我又仔细地看了一遍他说的每一个观点，我更加清楚地感受到，一个旧的政治时期已经结束，一个新的时代正在开启。大寨是自力更生的代表，是农村合作制的代表，同时也是政治挂帅的代表，是封闭的中国的一个理想。就像陈永贵说的那样，中央希望大寨在现代化的新时期里也要走在最前面。陈讲到了科技教育、机械化、进口外国设备，还有对国外的开放。当时的我们，不管是中国人还是外国人都无法对这些新的社会变化有具体的认识。陈永贵说郭凤莲最近被派到一些西方国家参观，现在又被派去上大学，这些新闻对我来说意味着非常令人吃惊的变化。

直到 1980 年陈永贵都在副总理的位子上，到 1982 年他还是政治局委员。后来共产党在党内开始对他进行调查，有人说他曾搞过政治阴谋并且还有贪污政府款项的问题。陈永贵在 1986 年 3 月 26 日因肺癌去世，终年 72 岁。在他临终之时胡耀邦曾派了一位党内的高级官员去看望他，对他当年为国家做出的贡献表示感谢并宣布他是清白的。

1978—1979

第五章

为留在中国而给胡耀邦书记写信

英若诚把我带进了北京人民艺术剧院的世界

1. 高朋满座——在英若诚家
2. 结识北京人艺院长曹禺
3. 和袁文殊、英若诚在一起
4. 曹禺称我“无畏同志”

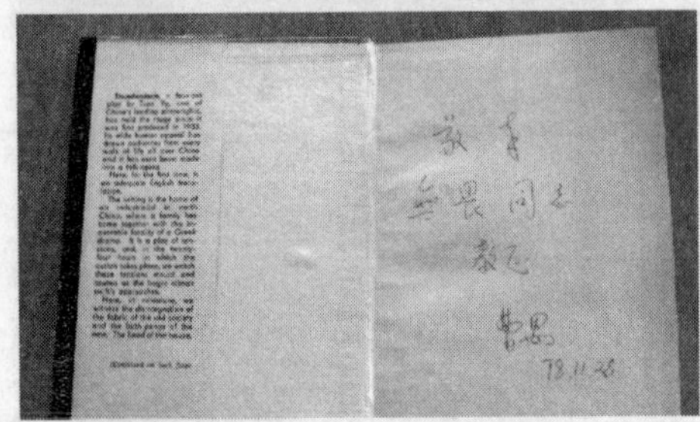

一个朋友的朋友向我借牛仔裤

1978年中共中央作出决定，把1976年4月在天安门广场上因悼念周恩来总理而引发的抗议“四人帮”的游行定性为一次革命行动。这一具有历史意义的“平反”让人们清楚地看到了邓小平在党内实力的上升。很多老百姓本来也觉得他应该是周恩来总理的接班人。在过去的几个月里人们纷纷给政府写信，有的对时政表示不满，有的希望政府能还他们清白，还有的希望得到政府的帮助。很多人把信直接发到了邓小平的办公室。人们普遍对邓小平有信心，认为他有魄力，可以把“文革”留下的烂摊子整顿好。邓不仅本人在“文革”中受到过迫害，而且在党内和军内都有过丰富的领导经验。上到高级官员下到平民百姓都开始亲切地称他是“小平同志”，但是对于邓小平的政策并不是没有争议。在1978—1979年间知识分子最喜欢讨论的一个问题就是：邓小平到底想做什么？他真正的目的是什么？从邓的一句很有名的话“摸着石头过河”，其实不难看出就连他本人对未来也不是很有把握。

在1978年12月召开的第十一届三中全会上邓小平站到了党的最高领导位置上。十一届三中全会以后党中央把全力发展经济当做新时期的首要任务，对于人们广泛关注的如何评价“文化大革命”的问题，会议认为先不要操之过急。理由是在当时的环境下要处理好所有这些错综复杂的历史遗留问题势必需要很多时间和精力，而如果每个人都把精力放在评价“文革”上，那中国就没法向前发展了。那人们应该怎么办呢？很简单，在1978年12月22日发表的第十一届三中全会公报中这样写道：

“全会认为，对于文化大革命，也应当历史地、科学地、实事求是地去看待它。毛泽东同志发动这样一场大革命，主要是鉴于苏联变修，从反修防修出发的，是完全正确的。至于实际过程中发生的缺点，适当的时候作为经验教训加以总结，统一全党和全国人民的认识，是必要的，但是不应匆忙地进行。这既不影响我们实事求是地解决历史上的一切遗留问题，更不影响我们集中力量加快实现四个现代化这一当前最伟大的历史任务。”

公报一出立刻引起了全社会的格外关注，无论在单位还是在家里人们都不停地讨论。有人对此感到愤怒，有人觉得忍无可忍，但也有人感到欢欣鼓舞。很明显，“文革”的伤痕还远远没有愈合。伤痕实在是太深了。随着时间的流逝人们开始适应新的环境，越来越多的人感觉到在生活中少谈一点儿政治其实挺好的。毕竟在过去的10年中政治占据了太大的位置。

老百姓的日常生活也开始发生变化，虽然是在细微之处，但意义可不小，尤其是有些变化被一些人认为是资产阶级腐朽思想的再现。在街上偶尔可以看到穿西式衣着的女人，还有人竟穿起了旗袍。旗袍在解放前是中国妇女的传统服饰，它的突出特点是合身的裁剪、立领和裙摆的大开衩。旗袍让苗条的中国女人看上去更加楚楚动人。当然这时人们看到的旗袍还很保守，并没有什么大开衩。烫发开始变得很普及，很多年轻的小伙子蓄起了小胡子。有一次我听说可能要举办一场时装表演，但是最后是不是真的办了就不得而知了。我的一个朋友的朋友有一次向我借了条牛仔裤，说是要去参加一个什么活动。

人们不仅在外观上变，在言谈中也忽然出现了很多新内容和新观点，这在几年前是完全无法想象。在过去的一年中我经常有机会和艺术家、文人、知识分子在一起聚会。这些人曾经是社会中少数敢于发表“异端邪说”的人，由此在“文革”中受了不少苦，很多年都抬不起头，但是长期的“洗脑”并没有堵住他们的嘴。“文革”一结束，他们又开始毫无顾忌地发表自己的观点。有的观点十分尖锐，富有挑战性，在当时的舆论中还不普及，需要几年的时间才可能被社会认同。人们最喜欢讨论的话题之一是毛的功过，毕竟毛的功过影响了每一个中国人的生活。在讨论中毛已经不再是神，他变回了人。有一天晚上很多朋友在一起吃饭的时候杨宪益说，他觉得毛一直到1956年都是好的，但是从那之后他在内政方面犯了很多错误，他其实早就应该在1956年退位。其他争论的焦点还包括毛发动的“文化大革命”到底是对还是错。

“你可以介绍我认识曹禺吗?”

“文革”结束时英若诚在《中国建设》杂志社工作，和我算是属于同一家上级单位的同事。他们的编辑部和翻译组和我们在同一座楼里。“文革”之前英若诚曾经是北京人民艺术剧院的演员。他小时候在教会学校里学了英语，再加上后天的勤奋，他的英文水平很高。在北京人艺工作的时候他一直负责接待外国客人，和他们保持了密切的联络。“文革”一开始他就被打成间谍，而且还是所谓的“文化间谍”。我曾经很想知道文化间谍是什么意思，可惜至今没有找到答案。我们两个人曾经有过一段密切的交往。英若诚说他的名字若诚是“如果——诚实”的意思。那时候他的交通工具是一辆用自行车改造的摩托车，有一次他在数九寒天里骑着“摩托车”到友谊宾馆来找我们，为了保暖穿得里三层外三层，下车后他做的第一件事不是和我们打招呼，而是先一件一件地把外面的大衣、围脖、帽子、手套一一脱下，当时那一幕到现在我都记忆犹新。在英若诚的影响下，白霞和我进入了一个全新的世界，那就是北京人民艺术剧院的世界。英若诚好像很高兴他又可以自由地同外国人交往了，他是不是得到了什么特许我们就不得而知了。那年他 49 岁。后来他在出版社没待多久就走了，北京人艺一恢复正常他很快就回去了，并在那里工作了很多年，直到被任命为文化部副部长才离开。

那一段时间我正着手把曹禺的剧本《雷雨》从英文翻译成德文。曹禺当时被誉为还在世的最伟大的中国剧作家。1933 年他写《雷雨》的时候只有 23 岁，一年之后他又写出了《日出》。他的这两部代表作我都看了，我可以感觉到曹禺的作品受到了西方戏剧的影响。曹禺的话剧从一诞生起就一直活跃在中国的话剧舞台上，对中国的话剧发展起到了举足轻重的作用。很可惜的是在“文革”十年中话剧和所有其他传统戏剧都被禁演。我最欣赏曹禺话剧的地方是他从多个层次刻画了不同的女性形象。我一直希望能有机会认识他。

“你可以介绍我认识曹禺吗?”我问英若诚。曹禺是当时北京人艺的院长。1978 年 11 月 28 日，在英若诚的陪同下我在北京人艺的办公室里第一次见到了曹禺，在见面之前我遵照曹禺的嘱咐正式向单位提出了申请。曹禺满面红光，一看见我就站起来，拄着拐棍先用德语背诵了歌德和格哈特·霍普特曼的作品片断。他为自己的行动不便表示道歉，说那是在农村生活了好多年之后落下的毛病，他的夫人在农村不幸过世了。曹禺行动迟缓的样子只是一个错觉。几个月之后我再一次见到他时他不但能自己走路，而且看上去年轻多了。那年他70岁。后来我们经常在一起办晚会，有时在友谊宾馆我的房间里，有时在英若诚的家里或者是曹禺的家里。每次晚会上只要音乐一起曹禺总是第一个站起来跳舞！没过多久他又成家了。

第一次见到曹禺之前我曾经看过一篇介绍他的文章，文章中说他通常不会对自己的作品发表任何分析和评论，当时我还有些担心，但是见了他以后我的担心很快就消失了。见面结束的时候他送给我一本英文版的《雷雨》，还在上面为我写了赠言。在写我的名字之前他想了几秒钟，然后写上了“无畏”两个字。英若诚面无表情地把它的意思翻译给我听，我一下就笑了出来，然后英若诚也跟着笑了起来，最后曹禺也加入了我们的笑声中。我向他们二位表示感谢并邀请他们有时间到家里来做客，他们都痛快地答应了。

中国医生认为我母亲的生命可以被延长

从5月底开始，我母亲在达姆施达特一共做了三次手术。由于癌细胞已经扩散到全身，医生认为没有治愈的希望了，也不准备再给她制订新的治疗方案。我开始在北京的医院里为她打听治疗的可能性。我对看病住院实在是没有经验，好在白霞在这方面比我强多了。中国的医生让我们先提供德国医生的诊断和已经开过的药方，达姆施达特的医院很配合，很快我们就收到了所有需要的材料。虽然母亲的癌症已经到了晚期，但是中国的医院表示欢迎她前来就医，而且表示一定会派医院里有名的医生来负责。在和中国医生接触的过程中我慢慢地认识到，作为病人的家属我必须亲自了解疾病的细节并熟悉相关的治疗方法，我不能简单地把病人交给医生就撒手不管了，在治疗过程中我需要积极参与治疗意见的讨论并为病人作出治疗决定。这对我来说都是新的要求。白霞给我母亲写了一封感人的信，鼓励她来中国治病：“中国人对于疾病的态度非常值得我们借鉴。疾病不是一个人的事，而是大家的事。在家人和亲朋好友的帮助下，病人有更多的勇气去战胜疾病。在中国，人们不仅在家里互相帮助，而且整个社会也是这样的。在西方生病从来都是

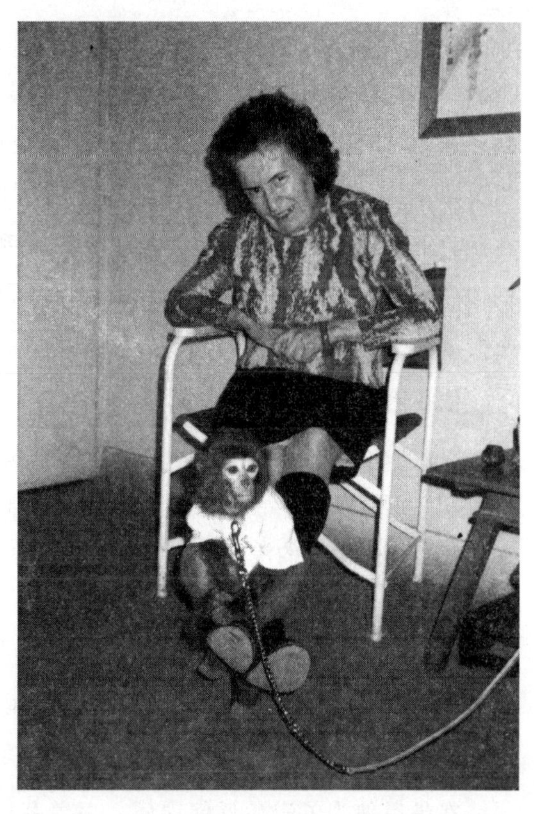

黄永玉的宠物给病中的母亲带来快乐。

个人的事，病人只要是进了病房就没人管了，但是在中国不一样，就是您进了病房之后，您的病也还是我们大家的事。在这里您会得到很多帮助。我曾经去过世界各地的不少医院，在中国的医院里我觉得是最幸福的。”

12 月底我母亲伊丽（她一辈子都气自己的名字不是伊丽莎白，而是伊丽）来到了北京。她带来了最新的一期《明镜》周刊，标题文章是《中国—美国：一个历史转折点》。1979 年 1 月 1 日中美两国宣布恢复外交关系，这一举动被媒体比喻为“本午度的政变”。《明镜》中写道：“这是在过去 20 年中完全无法想象的事件，在尼克松 1972 年访华后等了 7 年的时间才得以实现。”

在出版社的委托下友谊宾馆在我的房间里加了一张床和一个衣柜。元旦的下午很多朋友亲自到家里来问候我母亲，场面很热闹，好像来了一个欢迎团。他们中间有曹禺、英若诚和导演凌子风，还有中国电影家协会副主席袁文殊。他们都非常体贴，不但带了鲜花和水果，还详细地询问了我们的情况。

我和出版社派来的翻译徐淑敏一起去医院见吴教授。我们的一个朋友和吴教授有私交，没有那个朋友的帮助据说很难约到吴教授。吴教授不仅是癌症领域里“最有名的大夫”，而且很了解西方。吴教授大约60岁，他从小在美国长大，在美国读的医学并工作了几年以后才决定回中国定居。吴教授很胖（在当时的中国非常少见），戴一副宽边儿大号眼镜，脸上泛着红光。我们用英语交流。他先看了德国寄来的所有病例，然后又看了最新的透视照片。在照片上可以看出癌细胞已经扩散到肝脏和其他不少器官里。他一边看一边把他的想法大声地说给我听，同时在一个笔记本上做记录。他看上去像是一个激动的生意人。

他在笔记本上写道：

(1) 病情诊断：肠癌，在其他器官已经扩散

(2) 扩散情况：确诊已经扩散的器官有（a）……（b）

(3) 已经做过的治疗……

(4) 下一步治疗方案：（a）不能再做手术（b）不能再放射治疗（c）在有可能的地方尽量实施化学治疗

(5) （字迹看不清楚）受到破坏的组织面积太大

(6) （字迹看不清楚）

在最后他为了避免任何误解，对着我们大声地说了一句，而且还把这句话重重地写在笔记本上：

(7) 为——最——坏——的——结——果——做——准——备！

为——最——坏——的——结——果——做——准——备！他重复这句话时不但语气激动，而且好像很愤怒。他把写满了的两页纸撕下来递给我：“这个你可以带走。”

我是在电影里吗？

虽然我被他搞得焦头烂额，还是鼓起勇气问了他一句：“但是其他的医生说我母亲还没有到山穷水尽的地步，也许可以借助中医……”

我还没说完他就打断了我：“是，我知道，我们这里有一些傻瓜，我再说一遍，傻瓜，他们觉得可以不顾科学知识……德国的医生已经做了他们能做的一切。我没什么可说的了……我现在很忙，明天一早就要去德国出差……我要在那里作报告。”

徐翻译和我都感到很无助，尤其是他说的关于傻瓜的那句话一直纠缠着我。难道只有傻瓜才相信我母亲的病会有好转吗？后来我没有再见过吴教授，

我也一直不明白为什么他当时对我们那么粗暴。是不是因为他要去德国讲学所以他应该为西医说好话？是不是他觉得我们把西医治不好的病拿到中国来治本身就是不可思议？还是他希望或者他觉得他应该把我们吓跑，这样病人就可以赶快回到德国？我唯一可以想到的解释是他怕外国病人在中国去世，怕给中国的声誉造成负面影响。

日坛肿瘤医院的女院长李冰教授在接待我们的时候先给我们看了最新制作的“癌症地图”，在上面可以清楚地看到北京的肝癌发病率比中国其他地方要高很多。李冰告诉我们，和其他地方的医生相比，他们医院里的医生有更加丰富的临床经验。肿瘤科的大夫孙燕博士和放射科的大夫顾教授也在场，他们一起看了达姆施达特的病例。两位大夫都懂英文。会诊的结果是：他们一致认为病人的生命绝对可以延长。他们建议我母亲在肿瘤医院里接受治疗，同时定期去设备更好的首都医院（1971 年北京协和医院改名首都医院，1985 年恢复旧称）做器械检查。首先是六个星期的化疗，从 2 月开始到 3 月结束，然后接着做放疗，从 4 月中开始到 5 月中结束。为了增强免疫力，医生会给她开口服的中药和维生素。按照他们的治疗计划我母亲到 5 月底就可以完成这一疗程，到时她可以回德国休息一段时间，然后再决定是否回来继续治疗。

我看了很多遍《茶馆》

《茶馆》是老舍在 1956 年创作的一部三幕话剧，该剧用三个小时的时间讲述了中国半个世纪的社会变迁，剧中的主要人物是一群逛茶馆的人和茶馆里的掌柜。在第一幕的时候他们还都只有二十出头，到了第二幕就四十多岁了，而在第三幕他们已经年逾古稀。有的人没能活到最后一幕就死了或者被杀了。在第三幕中死去的人的后代又回到茶馆，但是他们的命运比自己的父辈更加悲惨。曾经扮演父亲的演员在第三幕中继续扮演他们的儿子。剧作家老舍凭借精彩的构思把几代人不同的命运有机地联系在一起，浓缩在一个晚上。不管是东方人还是西方人，中国人还是外国人，没有一位观众不被剧中的人物所深深打动。我看了很多遍《茶馆》，一是因为我和北京人艺的演员们越来越熟，二是因为《茶馆》里体现出来的人生哲理让我禁不住设身处地想到自己。我从没有想到过有一天自己会和病重的母亲朝夕相处，也没有想到现在就要面对人生中的第一次生离死别，而这一切还都发生在异国他乡。童年的记忆不断地在我的脑海中浮现，我知道我已经不再是一个无忧无虑的年轻人了。

英若诚在《茶馆》中扮演人口贩子“刘麻子”，于是之扮演茶馆的掌柜王利发，在公演之前他们两个人给我们详细介绍了《茶馆》的剧情。1979 年 2 月 3 日我和白霞在王府井的首都剧场里和朋友们第一次观看了《茶馆》的第一幕，我们立刻被它深深地吸引了。这是《茶馆》停演超过 10 年之后的第一次公演，时间是星期天的上午。所有演员不仅演技精湛，而且充满自信。大幕一拉开，一间清朝末年的北京大茶馆就活灵活现地出现在观众的眼前。那里人来人往，熙熙攘攘，热闹非凡，直到两个政府派来的秘密警察打破了这一派“繁荣”景象。在茶馆的醒目位置上贴着一个大条幅“莫谈国事”。

观众从一开始就禁不住长时间地鼓掌，演员们也都热情高涨。无论是演员还是观众都等了不止 10 年。这一次的演出连演员都没有换，他们几乎保持了 21 年前《茶馆》首次公演的原班人马。在“文革”中《茶馆》受到批判，说它讨好小财主和小商人。

在西方，人们更多的是通过小说《骆驼祥子》来认识老舍的。“文革”开始不久老舍就遭到恶毒的攻击以致含冤而死。《茶馆》在 1979 年的重新上演象征着老舍作为一代文学大师的再一次胜利。“像舞台上这么大的茶馆在北京已经没有了，”老舍在给导演和演员的脚本里写道，“但是 10 年前在每一座城市里都至少有一家这样的茶馆。在那里不仅有茶喝，还能吃到便宜的点心和饭菜。遛鸟的人带着他们的鸟笼子来这里坐一坐，喝杯茶，比比看谁家的鸟唱得好。有的人到这儿是来办事的，比如给人说媒的，倒卖妇女的。茶馆里随时都会发生争吵，但是通常闹一闹也就散了。太平的时候，每天都得有四五十人到茶馆来喝茶，有的还叫上一碗可口的‘烂肉面’，大家都和和气气的。总的来说，无论是对于做生意的还是游手好闲的人，茶馆都是个很重要的场所。”

老舍就是看中了茶馆的这一特点。在茶馆里永远都聚集着社会上各个阶层的人物，一间茶馆就好像是一个社会的缩影。老舍出生于北京的一个贫苦家庭，他知道什么样的人常去逛茶馆。他选择了茶馆这一独特视角，让不同的人在不同的时代在那里共同上演一场他们的人生大戏。纵观全剧不难看出来，作者巧妙地把他的政治观点糅进了角色之中。

第一幕重演之后不久我们就在舞台上看到了全剧，从发生在 19 世纪末的第一幕，到 1918 年的第二幕和 1948 年的最后一幕都被完整地呈现在舞台上。全剧一共出现了六十多个角色，所有的故事都发生在一个叫裕泰的茶馆里。在第一幕时那里还生意兴隆，到了第三幕就已经凋零破败了，最后挂在墙上的是一幅美国女影星丽塔·海华斯的招贴画。“莫谈国事”的条幅自始至终贴在茶馆的醒目位置。

《茶馆》在北京城里风靡一时，一个多月的时间里北京人都沉浸在“茶馆热”中。剧场每晚都爆满，报刊上的戏剧评论也有了永恒的主题。有时我们连着几个晚上去看。演出前我们通常和演员或者导演夏淳聚在一起，不是去附近的餐馆就是去某个人的家里一起吃饭。我很少在观众席上看，大部分时间是坐在幕后，而且经常是坐在音响师冯钦的旁边。冯钦简直是神通广大，他一个人在幕后一会儿配音，一会儿演奏各式各样的乐器，还包括要让一部老掉牙的德国留声机发出声音来。有时候他要模仿街上做小买卖的凄惨的吆喝声，有时候还要放哀乐甚至模仿吉普车的声音。演员在上下台的时候都要从我们身边经过，有的人抽空儿会和我们聊几句。我也时不时地跑到化装间去看演员们化装，他们一个个并排坐在镜子前，自顾自地涂脂抹粉。

大幕拉开……多么生动传神的场景！《茶馆》剧照。

感受不到战争的影响

很长时间以来中国一直对越南在整个东南亚的势力扩张表示不满，而且也看不惯河内政府成为了莫斯科的海外喉舌。中国认为这才是柬埔寨和越南关系恶化的真正原因，即苏联试图要控制整个东南亚地区。中国认为这不仅是地方性的摩擦，而是要改变世界权力格局的重大问题。

我在出版社时常看到持这种观点的文章，我可以理解文章中的逻辑，但是很多事情我们不了解内情。不只我一个人不了解，其他同事也一样，我们都缺乏对历史的了解。越南和柬埔寨互相承认对方为“革命的团结”，我们没有觉察到柬埔寨一直对于强大的邻国越南和泰国怀有很深的恐惧，我们也不知道这种由来已久的恐惧已经在历史上导致了很多相互之间的偏见、傲慢、猜疑和过激行为。每隔一段时间我们就能听到从越柬边境传来的互相残杀的消息，双方都指责说责任在对方。在越柬和中越边境的军事冲突愈演愈烈，每天都有侨居在越南的华人逃到中国（有的消息说难民人数高达 13 万人之多）。中国中止了对越南的经济援助并把所有的技术人员和顾问都调了回来。

早在 1978 年夏天，中越两国好像就已经对最终要发生正面冲突而心照不宣，双方同时在边境增兵。越南一方面和苏联一起指责中国有霸权的野心，另一方面加入了以苏联为核心的经济联盟——经互会，还在 10 月的时候和苏联签订了友好协议，由此获得了苏联的军事保护。苏联的武器和军事顾问大量涌入越南，越南进入柬埔寨好像只是一个时间的问题了，红色高棉希望如果越南入侵柬埔寨的话能得到中国人民解放军的支持，但是中国回绝了这个请求。

9 月，邓小平在北京秘密会见了红色高棉的领袖波尔布特，柬埔寨驻华大使毕姜当时也在场。他事后提起那次会见时说，邓很高兴看到波尔布特对越南的强硬态度，但是邓很清楚地告诉波尔布特，红色高棉也要对目前出现的问题负一定责任，原因有三：一，过分的极端主义；二，红色高棉军队在越南边境上引发的“暴动和无政府状态”；三，没有把国内的人民团结起来。

波尔布特听完后只是笑了笑，没有说话。

越南人在圣诞节的时候开始发起进攻，两个星期后，也就是在 1 月 7 日越南占领了金边。

中国的报纸没有报这个消息，但是到了2月初人们已经开始议论纷纷。我听到的消息说邓小平认为如果中国和越南开战的话，莫斯科的做法有三种可能性：一，口头抨击中国；二，在中苏边境小范围地进攻中国；三，大举入侵中国。据说他认为第三种可能性很小，最有可能的是第一种，但是他也为第三种可能性做好了准备。

从那时起我感到中国打越南的时间离得不远了，但是苏联将如何反应就说不好了。苏联人会不会在北京上空扔炸弹？一天我在同事李希贤的家里吃晚饭，他忽然从饭桌旁站了起来大声地说："如果苏联社会帝国主义胆敢来打我们，那（他边说边向前伸出双手），我们就把我们的地震送给他们！"在场的几个人加上他自己都大笑了起来。

2月17日中国进攻越南，官方把这一行动叫做有时间限制的"惩罚措施"。我们在首都的生活照旧，没有感受到任何战争的影响，这对于来自一个欧洲小国的我来说简直不可思议。偶尔我们能听到去过战场的人讲那里的战斗有多激烈，很多中国战士都丧生了。这应该是一场惨烈的战争，但是好像大家对它并不怎么关注。我也觉得没有必要和我母亲讲，免得她过多地担心。3月5日，也就是在两个多星期后，中国撤军了。

孙大夫

一天，医院里的一位女大夫忽然通知我们说我母亲的病太重了，只能再活一到三个月，她让我们尽快安排她回国，这样她可以在德国度过最后的日子。我告诉她医院里其他的大夫有不同的看法，觉得我母亲还可以在北京继续治疗一段时间。第二天这个女大夫又把同样的话告诉了我的继父卡尔-乔治。卡尔-乔治刚到中国不久，他准备在这里待三个星期陪我母亲。女大夫的话让卡尔-乔治立刻感到很绝望。第二天一早我和这位女大夫非常严肃地谈了一次话。我告诉她我在北京工作，而且我们从一开始就和肿瘤医院约定好让我母亲留在北京治疗。这位女大夫看上去有三十四五岁的样子，当我口气强硬地把话说完后她开始全身发抖，激动得说不出话来。在那一刻我不知为什么觉得有些对不起她，我可以想象她和这件事可能没有直接关系，想让我母亲马上离开中国的人应该不是她本人。后来还是肿瘤科的孙燕大夫给了我们很大的安慰："你们别着急，治疗的责任在我们这一边。如果我们能改善病人的情况，别人也就不会拿我们怎么样了。总之，现在还没有必要太担心。”

孙燕大夫的性格很随和，我们很快就成了熟人。除了在医院里见面外我们有时候也去他的家里坐一坐。他的夫人也是一位医生。我主动把自己的朋友介绍给孙大夫一家。“钱对我们来说并不重要，”他跟我说，“最重要的是人品。”他每月工资 80 元，相当于普通工人的两倍。在那时人们从来不忌讳谈论工资。

孙燕的老家在河北农村，他的父亲是个普通的银行职员，他的小学是在老家上的。在农村他见过不少饿肚子的人，也见过病死在路上的人。长大之后他知道了其实很多疾病并不难治。“很多人根本就不应该死。”他后来对我说。1943 年他到北京来上中学，五年后考上了燕京大学。1951 年他开始在协和医科大学学习直到 1956 年毕业。他总共学了八年西医，在学医的同时也学会了英语。“我很想帮助别人，”他说，“最好的办法就是成为一名医生。我的父母从小就教育我要与人为善，虽然他们自己没有多少钱，但是总是想到村上还有很多比他们更穷的人。”孙燕在农村行医了很长时间，不但给人治病还参加药物的研发。他所在的单位从 1960 年开始研究提高化疗病人免疫力的药物。在“文革”开始的前几年研究被迫停了下来，但是孙燕没有停止工作，虽然他当时多次在开会时被点名批评。“打倒修正主义权威孙燕！”批判他的大字报随处可见。就在他自己被批的时候他仍然有勇气给其他的“右派”看

孙燕大夫给了我母亲很大的安慰。

病，这在当时并不是每个医生都能做到的。他回忆那一段经历时说："其实病人的热情对我帮助很大。我当时觉得很幸福。"在"文革"后期曾有一些外国的同行想和他见面，他出于谨慎的考虑没有答应。1970年他和他的夫人被下放到甘肃两年。"你完全无法想象那里的人们有多穷。"他告诉我，"他们什么都没有，连阿司匹林也没有。在农村很多人都有慢性病，而且病得很厉害。我一直都告诫自己，学医的目的是为了帮助别人。"在过去几年中孙燕一直和云南一个锡矿里的工人保持联系，那里的工人由于长期受到辐射，癌症的发病率比别处高很多。孙燕希望能通过他的医疗和科研来改善他们的健康。他说他喜欢和普通人交往，觉得在他们中间不乏"有识之士"，很多人后来都成了他的朋友。在云南他还协助当地部门建立了一个癌症门诊和一个研究所。

孙大夫的家在医院旁边的宿舍楼里，是单位分的一套很朴素的小公寓，房间很小，书桌非常窄。他和他的夫人在那里已经生活了六年。我去他家里做客时他给我看了他的科学论文目录，目录很长，此外他还给我介绍了他写的几本书。孙大夫那一年50岁，在医院里他尽量亲自为病人问诊。"我通常会告诉病人他们的真实病情，除非是完全没有希望，我们才会考虑隐瞒。告诉病人真相的好处是病人可以和我们一起战胜病魔。在他们最困难的时候去帮助他们是我的工作，我很希望他们也把我当做朋友。"

4月26日孙大夫给我写了一封信："我非常高兴，您母亲对放疗的反应很好，她的整体状况都已经有所好转。"他希望病人"在完成全部疗程后状况能有更多的改善"，到时她就可以回德国去修养一段时间。

"你这是在做梦！"

我利用业余时间和霍勇一起把《茶馆》的剧本翻成了德语，与此同时我也怀着试试看的心情和曼海姆民族剧院取得了联系，我想知道他们是否有兴趣把这部精彩的中国话剧介绍给德国观众。当我把这个想法告诉北京人艺时，他们都觉得我是在闹着玩儿。到目前为止，还从来没有任何一部中国话剧在国外上演过。外国对他们来说是完全陌生的一个世界，一个无法到达的世界。我和英若诚一起去见北京人艺的院长曹禺，他在家里接待了我们。"你这是在做梦，"他语气很重地对我说，"肯定不可能的！你知道这个剧有多少演职人员吗？80！80个人！谁来付钱？而且德国人怎么能看懂中文的话剧？我再说一遍：你这是在做梦！”

英若诚不紧不慢地说了一句话，直到今天我还记得：“曹禺，你别忘了：任何新发明新事物都离不开敢于做梦的人。最初的时候也许只是梦想，但是总有一天梦想会变成现实。”

1782年席勒的著名话剧《强盗》在曼海姆民族剧院首演，从那以后曼海姆民族剧院也被称为“席勒剧场”。我把《茶馆》的故事梗概寄给了这家在德国享有盛誉的剧院，同时也提供给他们德语文献中有关《茶馆》的评论文章。所有文献都对《茶馆》赞许有加，有的甚至把它和布莱希特的作品相提并论。我对《茶馆》也充满了信心，在信中我写道，《茶馆》在德国和欧洲的巡演将无疑成为一次“很成功的举动”，此外还把卡尔-乔治拍的黑白剧照也一同寄了过去。很快曼海姆民族剧院的负责人就“勇敢地”答复了我们，他们表示对《茶馆》非常感兴趣，愿意邀请《茶馆》去德国演出。为什么说他们勇敢呢？曼海姆民族剧院的院长阿诺德·佩特森在后来很开诚布公地给我讲了他们当时的思考过程。曼海姆民族剧院也曾经想到过邀请中国的京剧团去德国演出，但是话剧他们从来没有想过，他们的第一反应是：“中国话剧？中国有西方意义上的话剧吗？除了著名的京剧，中国还有其他的戏剧形式吗？当时我们感到很惭愧，因为我们对中国太不了解了。”曼海姆民族剧院在答应邀请北京人艺去演出的同时也提出了希望到中国来回访演出的要求。

北京人艺听到这个消息后上下都非常激动。从那时起我们就开始一同认真地计划每一步，大家都希望能把这次交流办得很圆满。我给当时的文化部负责舞台演出的副部长周巍峙写了一封信，详细地介绍了我们的计划并邀请他共进晚餐。同时北京人艺也给文化部提交了一份正式的申请报告。由于北京人艺和胡耀邦的办公室有直线联系，他们给胡寄了一份报告的副本。

他们说我的合同不能延期

当时的生活确实很令人激动，到处都有很多灵感，到处都有很多悬念，我感到一扇未知的大门正在向我徐徐打开。令我完全没有想到的是一场很突然的变故也在同时等着我。

我母亲在中国待了差不多有半年了，她决定回德国去休养一段时间。临走时她给出版社写了一封信，对出版社“无微不至的关怀”表示了“非常诚挚的感谢”。她说如果没有出版社的帮助，她肯定不可能得到“及时的治疗”，她说在这里“好像是在自己家里一样”。在信的最后我母亲还特意提到了“乌苇在出版社里的领导和同事们”，感谢他们不仅来看望她、安慰她，还给她写信让她鼓起勇气，有的人还热情地请她去家里做客。

5 月 16 日上午我在办公室里迎来了两位不速之客：德语翻译组的组长马节和外文局外国专家办公室的主任孙同志。他们正式通知我，我的合同将于 7 月 19 日到期，不会再延长了。

这个消息一下子把我打蒙了。一个多月之前我向出版社的领导提出了延长合同的申请，之后我还找领导谈了几次话，其中特意提到了这个申请。我的合同到目前为止已经被延长过两次，每次都很顺利，我从来没有想到这次会有什么问题。我只好问他们为什么不延长我的合同，是不是因为单位对我有什么不满意的地方。不是，不是，没有不满意的地方，他们立刻回答我。他们说对我的工作和对我这个人都很满意，不延长的原因只是因为合同到期了。不管我怎么问，得到的答案都是非常礼貌的拒绝。我感到气氛有些不对头。

按理说出版社当然有权利不延长我的合同，但在另一方面，如果我没有犯什么错误，合同应该是可以延长的。问题是我到底犯了什么错误？是不是因为曾经和小春谈恋爱？还是我给陈永贵写的那封措词尖锐的信？是不是和谁发生了什么误会？还是有人在背后使坏？出版社的同事们一直都对我很好，出版社以外的人们也是一样。上一次延长合同还是出版社主动向我提出来的，因为他们说很欣赏我的工作。那现在又是怎么回事？听到这个消息后我的同事们也很震惊，但都说不出是什么原因。他们一致建议我去和外文局的新局长罗俊同志谈一谈。

不知不觉中我已经在中国生活了很多年。在这里我一直活得很充实，和德国相比我对这里的社会和这里的人都更有信心。如果现在必须离开中国，意味着我将不得不在德国认罪服刑，而且如果保不住现在的工作，在中国的档案里就会留下一个永久的污点，这将影响到我将来是否能再回来。一想到我有可能再也无法回到中国，无法回到自己热爱的地方，再也不能和我的朋友们聚在一起，我感到心急如焚。我必须马上和罗俊局长见一面，我的同事们都认为他是一位德高望重的领导。

在徐淑敏的陪同下我把母亲送上了飞机。走之前我们和医院说好了，等到年底她再回北京来继续接受治疗。徐淑敏很体贴，到最后我母亲都没有看出来我的工作出了问题。送完她之后我忽然感到精疲力竭，一动不动地在床上躺了很久。我觉得整个人都被掏空了。我母亲总算是坚持了下来，现在该轮到我解决自己的问题了。我必须好好地考虑一下目前的处境。到底是什么人对我不满意？为什么不满意？和我母亲来北京治病有关吗？还是和我在德国被判刑的事情有关？希望不会是因为我在新年晚会上曾和小春一起跳过舞吧？在晚会上我们的举动确实引来了不少人的关注。也可能是在“文革”期间我无意中和什么人有过私人交往，结果得罪了和他势不两立的另一个派别的人？或者真的是像好几个同事私下里告诉我说的那样，某些领导认为我在“外边”交往太多，出版社觉得我这个人很“不好管”？在中国生活，单位比什么都重要，有时甚至超过父母。等我终于从床上坐起来时，我深深地吸了一口气。我相信我可以为自己辩护，我并不是一个孤立无助的人。

我向出版社的领导提出了很多次申请，希望能有机会和局长谈一次话，但是相当于副部级的罗俊一直没有时间。我不知道他的办公室在大楼的什么位置。一天我请一位女同事带我去了他的办公室，在门口我自己敲了门。他的女秘书会说英文，告诉我领导第二天有时间见我。第二天我坐在一间宽大的会议室里，里面的10张椅子摆成了半圆形。我和我的翻译《北京周报》的小田坐在10张椅子的中间。我们的座次好像预示着这次谈话可能会不顺利，事实证明了我的预感没有错。在谈话中罗局长希望我能够理解出版社目前的状况，不延长合同的决定是出版社上下各级领导的统一意见，之后他还跟我说不给外国专家延长合同是一件很正常的事情，但是他向我保证，如果我母亲需要继续在中国接受治疗，我可以在中国待一段时间，但是无法继续在出版社里上班。我向他解释，我从来都没有被单位批评过，也不知道自己在什么地方做了错事。我表示完全不能理解为什么忽然没有工作了，也不能接受合同到期的决定。罗局长没有再说什么，会谈就这样不欢而散。

白霞给出版社的领导写了一封信，说乌苇是中国的朋友，他愿意接受单位的任何批评，作为一个外国人她不理解出版社对我的做法。我很欣赏白霞，我也知道她很喜欢我。白霞真的是一位很不错的女人，在我们共同活动的圈子里我们两个人一直很受人欢迎。对于中国人来说，如果一个男的总是和一个女的出双入对，他们就觉得这两个人早晚是要结婚的，所以我们在一起的时候，中国的朋友们总是不停地追问我到底什么时候娶白霞，而白霞好像也很喜欢别人问这个问题。黄永玉有一次很认真地跟我们说，在他的家乡如果一个男人对不起一个女人，人们就会把他塞到一个袋子里去。我一听就笑了起来，然后故意做了一个鬼脸，无助地望着天空说，白霞这个女人太能说会道了，她一点儿都不温柔，如果我们结了婚她一定会处处管着我。

就在我整天为工作而担心的时候，于是之和英若诚带来了令人振奋的好消息。胡耀邦在北京人艺申请去西德演出的报告上签上了大大的“同意”二字。

没过多久我收到了写在“中华人民共和国文化部”信纸上的一封信，信是文化部副部长周巍峙写的，在信里他对我在“促进中国和西德之间的文化交流方面所做的努力”表示感谢。北京人艺的院长曹禺也给我寄了一封信，说中国方面“非常感兴趣”能有机会和西德的话剧界进行交流，他还说北京人艺认为这样的演出“是可行的”。关于这次交流的具体安排，“文化部已经授权北京人艺”和曼海姆民族剧院进行直接洽谈。我把这封信转发到曼海姆，当地的德国报纸全文刊登了这封信。1979 年 7 月 11 日的《曼海姆晨报》说这次文化交流“将会是一件盛事，虽然协议的细节还有待确定。从目前的情况看，曼海姆民族剧院只有为数不多的几个演出空档期，但是剧院方面认为他们和中国的剧院在具体日期上达成共识应该不会有很大问题，毕竟致力于对外开放的中国政府也希望能促成这次文化交流”。

德语组的同事们也开始陆续去找领导帮我说好话，他们觉得不延长我的合同对我是“不公平的”。《中国建设》杂志社的社长刘珙向他的领导表达了同样的意见。就在 7 月的时候我和另一位作者还刚刚给他负责的杂志写了“电影在中国”的系列文章，是《中国建设》8 月号的封面文章。在文章里我们介绍了电影业在新中国的起步，封面图片用的是著名电影演员赵丹和于蓝在黑白电影《烈火中永生》的剧照。《烈火中永生》根据小说《红岩》改编，在剧照中赵丹和于蓝扮演的两位革命者正昂首挺胸地走向刑场。刘珙和外文局的领导说他可以把我调到《中国建设》工作。《人民画报》杂志社的德语组组长韩耀成也表示愿意接收我去他那里工作。

慢慢地组里的同事们和我有了隔阂，我可以感觉到他们和我说话时变得越来越谨慎，以前的开诚布公不见了。过了一段时间几乎没有人再和我说话了，除非是有工作上的需要必须和我交代，办公室里一下子变得很冷清。尽管这样我还是能看出来谁对我有好感。有的同事看到我后会微笑，有的会点头，或者偷偷地冲我挤挤眼。在私下里一些知心的同事们继续来帮助我翻译信件，这样我才能够继续维持那些“不好管的外部关系”。为了寻求各方的帮助，我写了很多信和电报，好心的同事们帮我翻成中文。每次见面我们都要偷偷摸摸地，生怕被别人看见。私下里来帮我的人不仅有德语组里的同事，还有在《中国建设》工作的朋友（比如说许世敏夫妇）和在《中国文学》工作的朋友（比如说著名的中国诗歌翻译家胡世光)。后来还发生了一件让我十分感动的事。我的同事李希贤刚从西德回来，他在那里出差了很长一段时间(在当时还很少见)。他完全不理解为什么我突然变成了单位里最不受欢迎的一个人。李希贤主动跑到我空空荡荡的办公室里来，毫无顾忌地和我聊天，一聊就是一个半小时，有说有笑的，外面路过的人都可以听得一清二楚，时不时还有人会探头进来看一眼。我们特意没有把门关上。

我的求救信开始有了一些结果。越来越多有头有脸的人为我抱不平，他们不仅给外文局的领导写了信，还有人给负责宣传的胡耀邦也写了信，在信里他们认为没有对我进行批评就结束工作合同是一种不友好的表现，他们还说这个外国人很明显已经做好了接受单位批评的准备。他们建议领导给我延长合同或者在其他单位给我找一份合适的工作。写信的人包括曹禺、文化部副部长及小说家周而复、中国电影家协会副主席袁文殊，还有中国最有名的男演员赵丹。有一次我们在八一电影制片厂的编剧黄宗江家里聚会，他们家的四合院简直像是个迷宫。黄对我说所有文化和艺术家圈子里的人都会支持我，我应该回去把这句话转告给外文局的领导。在《茶馆》的演出后台，英若诚经常还穿着刘麻子的戏装就跟我和白霞一起讨论下一步该怎么办。文化部电影局副局长张俊祥和一些知名的导演也表示了对我的支持。赵丹和他的夫人黄宗英当时住在北京的一家饭店里，当他们知道我的困难后立刻用房间里的电话打到上海，希望能找到一些关系帮他们和政治局常委叶剑英说上话。他们都把我的事当做是自己的事。当时我就对自己说，不管最后结果如何，我不会忘记他们每一个人在那一段时间里对我的关心和帮助。相比之下，有些和我共事五年之久的同事对我的态度也很难让人忘记。“文革”十年在人们的心中留下了很多阴影，对于一些人来说团结互助的精神似乎已经不复存在。我的朋友们继续给我打气，已经64岁的赵丹有一次很气愤地说：“如果我们真的做不到把乌苇留下来，如果他不得不离开中国的话，这件事不能算完。”

魏璐诗也申请和外文局的领导见面，罗局长亲自去了她家里拜访。她对领导说她很确信有人在背后搞我。罗告诉她他最近被联邦德国的大使馆请去会谈，在1979年这样的见面已经越来越普遍了。大使馆的人并没有向他问起乌苇的事情，但是罗局长说乌苇同志早晚是要回西德去坐牢的，“我又能做什么？如果他们向我问乌苇的情况，我该怎么和他们说？”魏璐诗没有立刻回答他，而是在脑子里思考这个新出现的问题，忽然罗又加了一句：“如果乌苇同志想申请避难的话，我们随时可以让他避难。”

在外国专家办公室里有一个办事员很喜欢大声说话。有一天下午我听到他在隔壁的会议室里说了一些有关我的话。第二天我听别人说他提到一张大字报，说是我和其他几个外国人一起在友谊宾馆里贴的。那一段时间几乎没有人再写大字报了。我倒是见过他说的那张大字报，但是根本不知道是谁写的，也不知道在上面写了什么。听到这个消息后我忽然火冒三丈，立刻在打字机上写了起来。我没有写大字报，但是我特意用了德文的大写字母：

“最近有人说我在友谊宾馆里和其他几个外国人一起贴了一张大字报！我严正抗议这样的诽谤！我和那张大字报没有任何关系，既不认识大字报的作者，也没有在大字报上签字！请有关部门的负责人在德语组澄清这件事！”

写完后我在上面签了名注上日期。我拿着这份“大字报”走进坐满了人的会议室，用四个图钉把它钉在墙上，然后一声不吭地走了出来。出来后我听到一个女同事大声地宣读了我的大字报。午休之后我把那张纸又取了下来。两天之后那个长舌的年轻人向我道了歉。

我写了六页半，几天后胡耀邦有了回复

尽管有内外各方的多重干预，罗局长好像无动于衷。他坚持下属单位已

经作出的决定，他觉得应该尊重他们的决定。合同到期的日子越来越近了，好几次有同事来提醒我，说我很快就没有地方住了，也没有医疗保险了。我应该尽快着手准备告别晚宴还有预订回程机票。情况确实到了迫不得已的地步，我决定亲自给胡耀邦写一封信。胡耀邦不仅是政治局委员，他还是中国所有宣传机构的领导。以前曾经也有人建议我这样做，但是我一直拖到了今天。坐在打字机前我洋洋洒洒地给胡书记写了六页半，然后用电报的形式发了出去。在信里我事无巨细地讲述了我目前的困境和我对这件事情前前后后的看法，把我知道的所有情况都写了进去。这是一封满怀信心和真诚的信，从头到尾都洋溢着一个年轻人的理想主义精神。

一个星期以后7月19日到了，这一天是合同规定的最后一个工作日，出版社的领导通知我第二天去开会。会议室和上次是同一间，连座次也和上次一模一样。这一次我的翻译是图书部的严同志。一位参加会谈的局领导说胡耀邦收到了我的电报而且已经回复了外文局。回复上写的日期就是昨天。这可是个天大的消息！党的高级领导在管我的事！他们给我念了胡的答复：

乌苇·克劳特专家的来信来电表示对我友好，做了不少工作，可代致意。外文局因工作调整，按原合同规定到期解聘是正常的。专家提出的要求暂时留华工作和他个人困难问题，请外专局、外文局与他商量处理。

胡耀邦

1979年7月19日

接下来我们讨论了这封信的含义和下一步该怎么做。从信的内容上看双方都可以说自己是有道理的。我个人觉得这封信的目的很明确：胡书记希望我们双方能达成和解。但是他在信里最后说的“处理”一词具体是什么意思呢？我们对此有不同的解释。外文局仍然坚持他们已经作出的决定，但是说我可以在这里等我的母亲回来，等的时候他们愿意继续付我正常工资。我没有接受这个建议。我不想做“人民的寄生虫”，就连合同中规定的每五年可以享受的第13个月工资我也不要。但是此时此刻，除了去收拾书桌，我别无选择。

1979—1983

第六章

东方舞台上的奇迹

《茶馆》在欧洲巡演时做同声传译，旁边陪我的是老舍先生的女儿舒雨

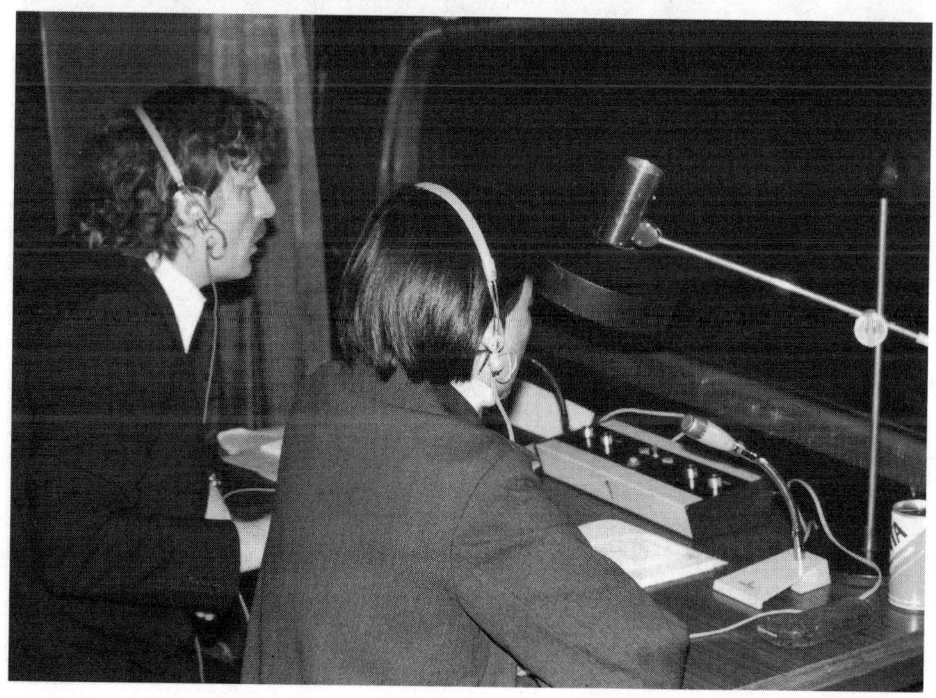

1. 赵丹，一个性情中人（摄于我在友谊宾馆的家中）
2. 和舞蹈家赵青搭档主持晚会
3.《茶馆》在欧洲巡演取得巨大成功

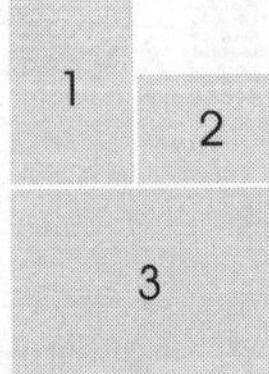

患难之中见真情

除了不去出版社上班外我的生活在表面上没有什么变化，但是精神上的压力越来越大。有一些朋友公开表示对我的同情让我很感动，比如说电影演员黄宗英和孙道临，他们有一次在谢幕的时候特意把我和白霞从观众席喊到舞台上，我就即兴给大家唱了布莱希特的《三毛钱歌剧》里的一个选段，唱得实在是马马虎虎，但是听众们却拼命地给我鼓掌，让我非常不好意思。出版社的一个组去郊游的时候把我带上了，另外一个组的组长在外文局的一次大会上公开说他觉得不给我延长合同是错误的。曹禺邀请我去参加新剧《王昭君》的开幕式。我继续为《茶馆》去欧洲巡演的事情做准备，一方面和德中双方的剧场交涉，一方面和周巍峙副部长保持联络，修改德文版的剧本，编写关于北京人艺的宣传材料。除此之外我还继续和医院保持联系，申请和外文局领导再次会谈，在外文局外国专家办公室和国家外国专家局寻求帮助。孙燕申请到去美国进修的机会，他希望在中途可以有机会去德国进行交流，为此我和德国的医学界联系给他寻找访问的机会。我母亲恢复得很好，已经可以在花园里做一些简单的活儿，孙大夫听到后很高兴。8 月 30 日我给中国医生写的感谢信被刊登在《人民日报》上，新华社、香港的《南华早报》和《大公报》都转载了这条消息。从那之后日坛肿瘤医院每天都收到来自世界各地的信件，很多有同样症状的病人向医院询问来北京治疗的情况，孙大夫经常到深夜还在忙着写回信。

在漫长的等待后北京人艺终于得到了在 1980 年 9—10 月去德国 14 个城市巡演《茶馆》的许可。北京人艺请我和西德大使馆的人联系，请使馆文化处的负责人来观看《茶馆》的演出。文化处的处长铁奥多女士接受了邀请，她对这个剧非常喜欢。散场后我们和北京人艺的负责人、导演及主要演员坐在一起，她开口说的第一句话竟充满了火药味：“在德国的报纸里连着好几天都在报道《茶馆》去德国巡演的消息！我们在大使馆里却一无所知！太可恶了！”对她的愤怒我觉得很可笑。我也不知道她应该抱怨的是我，是曼海姆民族剧院或者是在波恩的德国外交部还是中国的文化部。坐在旁边的中国人看到我们两个人的脸色不对都有些担心。在他们的眼中如此肆无忌惮地爆发是很没有礼貌和修养的表现，他们都觉得铁奥多要和我吵起来，但是听完翻译后他们稍稍放松了一些。从那之后，北京人艺的人开始在背后叫她“老铁”。

几天后的一个晚上，我和白霞在友谊宾馆的食堂里一起吃晚饭，英国女朋友爱丽森也和我们坐在一起，她在怡和洋行里工作。她说有一个非常重要的消息要告诉我，说话的口气十分严肃。她有一个美国朋友在美国大使馆里工作，前几天忽然问她是否认识我。她说认识，那个朋友就说他从德国大使馆的人那里听到，大使馆的人正在认真地考虑如何把我抓起来。他们想到的办法是如果下一次我请文化处的人出来，他们可以让我坐在大使馆的车里然后把我带进去，据说大使馆里的一个相关人员在听到这个主意时兴奋得从椅子上跳了起来：“太棒了，第一次可以在北京抓人！”那个美国人请爱丽森告诉我务必要当心，一定不要去德国大使馆，而且一定不要把护照带在身上！

我给外文局的领导写了三封信，告诉他们我感到很“绝望”，因为“单位没有公开对我进行批评，而是在背后诬陷我”。很多中国同事认为出版社对我的做法是“不符合党的路线的，任何时候都不应该这样对待朋友”。在幕后到底都发生了什么我无法知道。9 月 30 日我收到了去人民大会堂参加国庆 30 周年庆祝晚宴的邀请，心情稍微平静了一些。华国锋是晚宴的主人。

在那段时间里还发生了一件让我很感动的事，是事后魏璐诗和李敦白告诉我的。国庆节那天上午，在中国工作了很久的老一代外国专家按照惯例被请到人民大会堂去参加庆祝活动，魏璐诗和李敦白那一天都在场。邀请人是副总理王震，他致完开幕词后问参加庆祝活动的二十多位老外国专家们是否有什么观点想发表或者有什么批评意见，他希望大家能开诚布公地说出来。人们纷纷发言，等他们都说完后魏璐诗说她也想就“乌苇同志的事情”讲两句。然后她把我的事情前前后后讲了一遍，结论是作为一个中国的朋友，她认为我受到了不公平的待遇。李敦白坐在离她很远的一个角落里，在魏璐诗说话的时候，他忽然站起来穿过大厅走到魏璐诗身边，在她的耳朵边小声说："把一个面临刑罚的外国同志送回国去是违反中国法律的！"魏璐诗听完后大声地重复了这句话。等魏璐诗讲完后，国家外专局的负责人说王震同志已经知道了这件事并希望能协助解决这个问题，他还说外专局的人也在努力解决这个问题。

他们给我讲完这一幕时我简直说不出话来了。那一天我们正好一起去英若诚的家里做客，当时在场的还有赵丹黄宗英夫妇、黄宗英的兄弟黄宗江和黄宗洛、导演凌子风。周恩来的遗孀邓颖超是政治局委员，在中国享有极高的声誉。后来我才知道是我的这些艺术家朋友们想方设法让邓颖超知道了我的情况。然后还有李敦白的那出戏！李敦白在"文革"中被关了几乎 10 年，两年前才从监狱里放出来，最近刚刚平反。在北京的外国人圈子里对他的看法存在很大分歧，我从自身的经历中已经深刻地感受到什么叫做人言可畏。我对李敦白在中国的经历很感兴趣（他 1945 年来到中国，很快就去延安参加了毛泽东的队伍），也很希望能结识他，也许他能给我提一些有用的建议。我把他请到家里来做客，当时他和家人也住在友谊宾馆里。一见面他先询问了我的生活情况，然后告诉我在那次国庆活动结束时王震对他说："难道你非要再次卷入一个与己无关的案子吗？不怕自己也惹上麻烦吗？"李敦白笑着答道："我做不到袖手旁观。"

1980 年 2 月 12 日，我在失业整整七个月之后迎来了一位高贵的不速之客。罗俊局长亲自到友谊宾馆来找我，和他同行的还有外文局外办新上任的女主任张进同志。客人们很高兴地通知我，在多方努力下我可以从下个月开始在《北京周报》上班。他们还对我在出版社里的工作表示了肯定，说我对工作和对同事的态度都很好，也没有像其他一些外国专家那样要求涨工资，不但没有，还拒绝了出版社给我的钱。罗俊最后说我对没有受到公开批评却在背后受到诬陷的不满是有道理的，《北京周报》的同事都很高兴我能很快加入他们的队伍。

我的事情得到平反，我决定不再生局长的气了。事情发展到这个地步并不是他的错。后来我听说胡耀邦在背后又干涉了一次，因为胡在 2 月要离开管宣传的位子专心去做总书记，他希望在离开之前把没有解决的问题都解决掉。很多人都为了我的事情去找过胡耀邦，这可能让他对我的事情更加关注，也促成外文局最终解决了我的问题。在罗俊来我家的同一天，三位做出突出贡献的外国专家——美国医生马海德、德国人汉斯·穆勒和奥地利人傅莱——也得到政府的嘉奖，他们的事迹在媒体中被广泛报道。

很多年之后傅莱对我说他曾经和胡耀邦长谈过一次，在那次谈话中他请求胡耀邦帮助解决我的问题。我想这应该是我最终重新找回工作的原因吧。

英若诚在做了文化部副部长之后有一次说，我的事情是个“先被整个官僚系统作出决定，然后又不得不完全改正过来的例子”。

我母亲在1979年11月再次回到北京。等工作的事都解决了之后马节到饭店里来看望我们，走的时候我和他一起穿过饭店的绿地走到大门口。

“过去这段日子一定很不好过吧？”他忽然开口，口气中带着同情。

“怎么讲？”我问他。

“我是说你和外文局之间的矛盾。”

“哦，是的。”

“和我想的一样。”他停了一下，“但是在这样的事情发生之后你就会变得坚强……如果以后再发生同样的事情，你就有心理准备了。”

“是的。”我说，但是心里却在想，我宁愿没有变得坚强，也不希望这样的事再次发生。

我母亲在中国的治疗很顺利，尽管孙大夫去美国做访问学者一时回不来让她有些伤感。孙大夫在走之前安排了他的同事顾教授来照顾我母亲，我母亲对他也非常满意。《北京周报》的领导和同事对我都很好，方富跃一直对我说如果有什么需要帮助的地方不要客气，一定要告诉他们。

刑罚过期

我的生活仍旧是丰富多彩。我们收到了卡拉扬音乐会的赠票。在北京饭店的一次招待会上我认识了著名的荷兰纪录片大师尤里斯·伊文思和他的夫人玛瑟琳·罗瑞丹。我和白霞把黄永玉介绍给他们，为此黄创作了一张尤里斯·伊文思的版画像送给他。在凌子风的电影《李四光》里我第一次尝试了做演员的滋味。在凌子风、黄永玉和英若诚的家里经常有聚会，每次聚会主人都准备了精美的食品，常来的客人有指挥家李德伦、住在上海的演员赵丹黄宗英夫妇、舞蹈家戴爱莲、剧作家黄宗江。在电影局新副局长丁峤的帮助下我去了一趟上海，在那里采访了上海电影制片厂的老一代明星，其中包括导演沈浮，演员白杨、张瑞芳。在北京的时候我已经开始采访赵丹，在上海我又见到了他。这些老电影艺术家大多从40年代开始，有的甚至从30年代开始就活跃在电影舞台上。江青也曾在上海演过电影，但和这些人相比她实在不入流。可能正是因为这个原因，在“文革”中她对过去的老同行们变本加厉地迫害。白杨自己没有说，但是赵丹告诉我，白杨曾在“文革”中受到很多非人的折磨。在上海的时候我还有机会采访了新一代的电影明星，比如《苦恼人的笑》里的李志舆和红透全中国的女演员陈冲。陈冲对我说她正在申请去美国的长期签证，这在当时还很少见。

回到北京后我接到法兰克福苏尔坎普出版社的一个电话。出版社的编辑波尔卡特·施利赫亭希望在《茶馆》上演之前出版《茶馆》的剧本。施利赫亭在电话上讲了很长时间，电话结束的时候我们达成了出版的协议。1980年3月我收到了他们寄来的出版合同，很自豪地在苏尔坎普出版社社长西格弗里德·乌泽德博士的签名旁边签上了我的名字。

傅莱结识了一位西德的检察官朋友。他们两个人在奥地利度假的时候就认识了，当时谈得很投缘，后来那位检察官朋友决定到北京来拜访傅莱。我听到这个消息时还在心里打鼓，不知道一个共产主义者和一个德国检察官怎么能聚到一起……检察官是克劳斯·艾伯灵博士，他凑巧在曼海姆的法庭里工作，还从傅莱那里听说了我的案子。傅莱请我们两个人和他一起共进晚餐。艾伯灵从一开始就对我很友好，很善解人意。罗世镇的警察曾偷偷地告诉我母亲，法院要在3月下旬开庭，按照规定法院在对我作出判决五年后必须决定到什么时候诉讼时效过期，从3月算起不能超过两年半。这可是个非常关键的消息，我还从来没有想到过这个问题！艾伯灵对我说他可以帮忙让我的诉讼时效早一点儿到期，比如说他可以向法庭提出我在德中文化交流方面所做的努力，他在德国的报纸上看到了有关《茶馆》的报道，曼海姆民族剧院可以给法院提供相关的资料。1979年10月中国国家主席华国锋在访德期间把《茶馆》的巡演称作德中两国之间一个重要的文化交流项目，明确地记录在双方签署的文化合作意向书中，双方政府都对此予以全力支持。艾伯灵说既然我已经亲自和大使馆的文化处就此事取得了直接联系，他们也可以在法庭上为我作证。最后一条对我有利的因素是出于人道主义的考虑，也就是说我需要照顾病重的母亲。艾伯灵回到德国后不久我就接到消息，虽然还不是正式的通知，我的刑事诉讼时效在 1980 年 3 月 18 日将会过期。

“中国从来都是一个可以寄托生死的地方”

母亲的身体越来越虚弱，疗程结束后各项指标都不尽如人意。大夫们想尽一切办法挽救，同时一直和在美国的孙大夫保持热线联系。我当然把诉讼时效将要过期的好消息告诉了母亲，她为此激动不已。但是好消息并没有让她的病情有所好转，5 月，她又住进了重症病房，当我们用轮椅把她送进肿瘤医院的时候，我已经预感到她可能不会再回到友谊宾馆的家里了。

在中国的医院里家人来陪床是很普遍的事，目的是在夜里可以给病人最好的看护。我通常是夜里在医院，中午吃饭的时候白霞来，直到我晚上下班来换她。为此她所在的单位《中国文学》杂志社还给了她特批。卡尔–乔治也到了北京。很多德国的朋友都给我们写信、打电话问候我母亲，在北京的朋友们给她带来了鲜花，有的还给她作诗，祝她健康。6 月 7 日母亲离开了我们。她在最后的日子里一直被包围在亲人和朋友们的关爱中，她没有遗憾。我走出医院大门的那一刻天蓝得晃眼，我的世界已经不再是原来的那个世界了。

中国人通常会亲自给死去的亲人洗身、换新衣服和整理遗容。卡尔–乔治和我都不知道该怎么办，我们请医院里的人帮我们完成了这一系列步骤。在母亲去世后的第四天我们坐着殡仪馆的车把母亲的遗体送到八宝山墓地。殡仪馆的车很长，前方悬挂着黑色和黄色的绸带。还没进到八宝山就可以从很远的地方看到那里高大的火化烟囱。办完手续后火化场的人把尸体从车里推了出来，我们跟着他们走进一个大厅，火化炉就在那里。过了一会儿我们看着母亲的尸体被慢慢地推进火化炉里，我始终没有闭上眼睛，看着火苗把她身上的衣服点燃。不，那一幕并不可怕。正相反，我获得了平静。

等一切都结束后我们被带到一座小楼里，在那里我们可以从不同的骨灰盒中挑选一款，全部都是木制的。我们选了一个用带有香气的樟木做的，侧面刻着精致的花朵和枝叶。买完骨灰盒后我们又到了另一座小楼里，把一张

曹禺、英若诚在我母亲的追悼会上。

写了号码的纸条交给那里的工作人员，等了好一会儿工作人员拿来了一只很旧的金属桶。桶里是母亲的骨灰和没有烧尽的残余。他从桌子下拿出一把生了锈的铲子，递给我们一个用红绸子做的袋子，让我们把骨灰铲到袋子里。我给他打手势请他来帮我们做，但是他拒绝了。没有办法，卡尔-乔治撑着袋子，我把骨灰一铲一铲地装到了袋子里。骨灰盒的上面可以推开，从那里我们把装满了骨灰的袋子放了进去。在骨灰盒的前面有一个框，是放照片的地方，我们也把母亲的 张小照片放了进去。

在一间办公室里工作人员问我们希望把骨灰盒存放多长时间。卡尔-乔治和我已经决定把母亲的骨灰一分为二，一半放在中国，另一半带回德国去。那一年是 1980 年，我们把八宝山的租期定到了无限远的 2000 年。我们坐公墓的车到了存放骨灰盒的楼前，楼里面是一排排昏暗的走廊，左右两边都摆满了骨灰盒，从地面一直到房顶。每个骨灰盒前都有一个带锁的玻璃小门，我们穿过走廊，时而左拐时而右转，好像走在一座死人的迷宫里，我禁不住屏住呼吸。我们可以从五个不同的位置里选择一个，其中一个是在窗边，透过窗户可以看到院子里的树木。我们选了那个位置。因为在开追悼会的时候需要把骨灰盒摆出来，我们暂时没有把它放上去。

出版社的领导开始并不同意给我母亲开追悼会，他们不知道在这种场合应该说什么。如果去世的是个中国人他们知道如何去悼念，可这次不但是个外国人，而且还是短期来中国治病的外国人，并没有在中国的单位里工作过。他们觉得最好是同事和朋友们以私人的身份到我的家里来悼念。后来很多人强烈要求举办一场正式的公开的追悼会，出版社的领导也就没有再反对。追悼会的大厅里站满了人，人们排起长队，一个接一个地在吊唁簿上签名。每个人的胸前都佩戴了白花。参加追悼会的人分别来自外文局、出版社、友谊宾馆、医院、北京人艺、北影厂、文化部、卫生部、德国大使馆，还有在北京工作的外国人如魏璐诗和傅莱。很多文化和艺术界的朋友也前来悼念，如曹禺、汪洋、凌子风、谢铁骊、于蓝、张平、陈强、英若诚、胡宗温、童超、蓝天野、杨宪益和戴乃迭、胡絜青、戴爱莲、黄宗江、阮若山、黄宗洛。外文局的领导罗俊站在最前排，他旁边的是《北京周报》的领导。送来花圈的有周巍峙、丁峤、袁文殊、赵丹和黄宗英、孙道临和王文娟、白杨、秦怡、张瑞芳、张俊祥、沈浮和陶金。

曹禺是在场的客人中职位最高的（他当时是全国人大常委会委员），他在追悼会上首先发言，随后《北京周报》的负责人和傅莱也分别发了言。诗人白桦特意从武汉打来电话，他给我母亲写了一首诗。白桦在人民解放军里任职，当时他因为写了电影剧本《苦恋》而受到宣传部门的严厉批评。

白桦的诗是这样写的：

写给一位日耳曼母亲

您把您的儿子，留在我们身边，
甚至还留下您恋恋不舍的梦魂。
妈妈，谢谢您，
谢谢您对中国人民的无限信任。
中国从来都是一个可以寄托生死的地方，
我们从来都把真诚的朋友当做亲人。

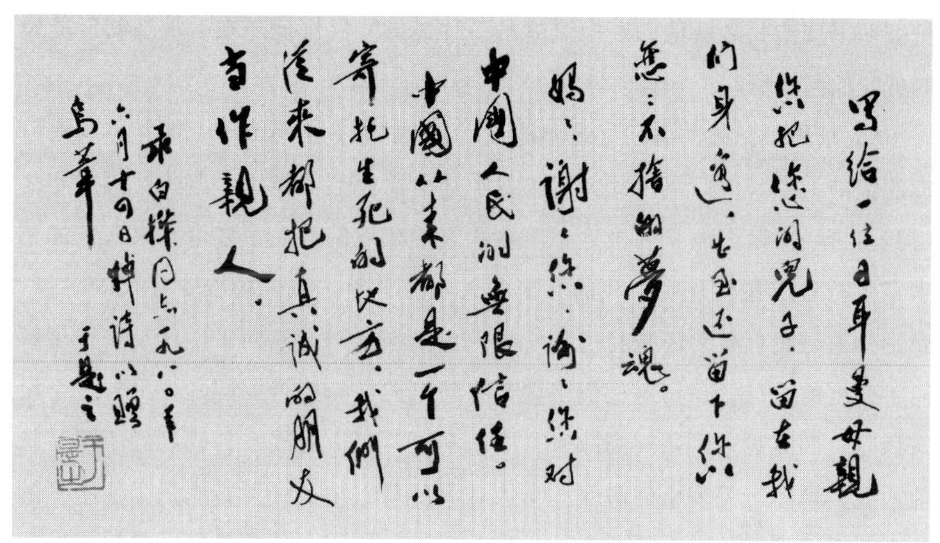
写给一位日耳曼母亲
您把您的儿子，留在我
们身边，也[illegible]还留下您
悠悠不[illegible]幽梦魂。
妈妈，谢谢您，谢谢您对
中国人民的无限信任。
中国从来都是一个可以
寄托生死的地方，我们
从来都把真诚的朋友
当作亲人。
录白桦同志一九八〇年
六月十四日悼诗以赠
乌苇
于是之

白桦诗，于是之手书。

黄宗江当众朗诵了白桦的诗，于是之用毛笔字把诗写在一条横幅上，英若诚把它翻译成英文。这是一次令人终生难忘的、充满了深情厚谊的追悼会，让我再一次深深地感受到人与人之间的关爱是没有国界的。

梦想成真：《茶馆》在欧洲

在友谊宾馆的商店里我碰到了正在购物的铁奥多女士，她知道我要陪《茶馆》去欧洲巡演，而且还会承担全部演出的同声翻译工作。她请我在出发之前去一次大使馆，我需要取一份证明信，证明我的刑期诉讼时效已经过期。“这样您在德国就不会有任何麻烦了！”她故意用好像是很幽默的口气跟我说。我知道这个消息已经有半年了，而她却在我去欧洲的前三天才想起来要告诉我。她接着说：“这是您一生中的一次教训啊！可不能再犯同样的错误了。”我很礼貌地对她说：“不，不会……但是我做的事情不是一个错误！”说完后我先笑了起来。

9 月 24 日我去了一趟大使馆，找铁奥多女士说过的那个官员。据说就是他曾经无比激动地想把我抓起来。他请我坐下，“很高兴在这里见到您！”他穿一件灰色西装，身手灵活，一看就是训练有素。他从书架上取下一个档案夹，从里面拿出一张纸，是海德堡检察院发来的“诉讼时效过期”证明书。

把证明书交给我之后他的眼中流露出一种遗憾，大概他还在后悔当初没能及时把我抓起来吧。

《北京周报》的同事们很诧异地在《北京晚报》上看到了《茶馆》要去欧洲巡演的消息，他们也由此知道了我在这里面起到的作用。离开德国六年之后我将再一次踏上故乡的土地，陪着我重返故地的是七十多位北京人艺的艺术家。行程定在9月底，我的心情久久不能平静。在机场准备登机的时候，我不知道是我更激动还是身边的中国人更激动。对于他们来说这是一次了解陌生国度的旅行，一切对他们来说都是新鲜的，新鲜得如同是去另外一个星球做客，而对我来说是回到故乡，一个我离开很久的故乡，我已经不再是从前的我。填写出关表格的时候一个人在我的肩上拍了一下，原来是邓小平的小女儿邓楠，我的一个好朋友。她的先生正在德国卡尔斯鲁厄大学读半导体专业，她请我给他带一些好吃的东西过去。

我们本来应该在德国时间下午到达法兰克福，但是飞机晚点了。因为两伊战争的爆发，我们被迫在卡拉奇机场等了30个小时，等飞机再次起飞到了迪拜时又出现了技术故障，一个轮胎坏了，为等一只新的轮胎我们又耽误了好几个小时。德国的报纸从曼海姆民族剧院那里得到消息后发表了文章，标题是《中国人尚未进茶馆，还在卡拉奇》。我们可能赶不上首场演出的时间了，于是之很着急，他一本正经地说："哪怕我们是深夜到达剧场，只要那里还有一个观众，我们都要为他演出，而且让他享受到我们毕生最精彩的演出！"后来飞机在开罗机场不得不再次停靠，等我们终于到达法兰克福时已是夜里3点，比预计的到达时间晚了整整62个小时。民族剧院的工作人员在机场为我们举行了热烈的欢迎仪式，还给每一个团员送了红玫瑰。剧院经理汉斯·迈尔和院长阿诺德·佩特森都很通情达理，从一开始就让我们感到很安慰。早在1月的时候我就在北京认识了他们两位，他们的理解和支持一直对我都是很大的帮助。

车子开在我曾经无比熟悉的高速公路上，经过了罗世镇，估计卡尔-乔治还在熟睡中。穿越了半个地球终于回到了德国，我有些不敢相信自己的眼睛。星期日清晨的曼海姆空空如也，四周的中国人有的困得闭上了眼睛，有的还在兴奋地指着窗外的街道议论个不停。下午我和英若诚在市中心一起散步。他对我说："这里怎么一个人也没有？"在中国的城市里到处都挤满了人，尤其是在星期日。过路口的时候他一定要等到绿灯才敢过，说车速太快了，他还不适应。我们后来一起去参观剧场，剧场的规模、精良的内部设施和外部造型都给他留下了深刻的印象。

剧场内座无虚席。这是中国现代话剧在国外的第一次亮相。虽然事先做了充分的准备，但是开场前大家还是很紧张。我们心里实在是没底，不知道观众是否能接受这个剧，是否能欣赏演员的表演，还有中文的问题。我们怎么可以心里有底呢？在北京的外国观众和这里的可完全不一样。我们不知道这里的观众是否能理解剧情及人物所反映的思想，他们能把不同的人物分开吗？由于话剧来自遥远的中国，人们自然对它充满了好奇，但是演出效果会不会只流于对异国情调的好奇，还是能引起人们更深层次的思考？只有后一个目标达到了，我们的演出才算是成功。我们给观众分发了由我编辑的德语剧本，但我还是很担心观众是否能听懂我的同声翻译，毕竟我一个人要给六十多个人物做同声翻译啊！

大幕徐徐拉开。一间1898年的热闹嘈杂的茶馆出现在人们的面前，同时……简直难以置信……和在北京的首都剧场里一样，我们听到了观众雷鸣般的掌声！我当时的感觉是，我们已经成功了一半。当我们听到演出中第一次即兴掌声和第一次会心的笑声后，所有的演员都找回了在家的感觉。直到终场我们都完全沉浸在剧情中，演得十分投入！

首场演出无疑在德国引起了轰动，后来我们在德国12个城市的巡演也是站站告捷，观众从头到尾都被剧中人物所深深感染，谢幕时不仅掌声经久不息，还伴随着激动的大喊、挥手和跺脚。在第一幕的时候观众开始适应茶馆里的环境，到了第二幕他们已经熟悉了人物和他们的处境，到了第三幕他们完全忘了这是一部陌生的中国话剧，他们已经开始用剧中人的思维去考虑。《法兰克福汇报》的评论文章说这次演出“是一个具有历史意义的里程碑”，《时代报》说这个剧是旧北京的真实写照，《南德国日报》说剧中的人物反映了“生活在北京的可怜人”，《萨尔布吕肯报》评论文章的标题是《来自中国的“大胆爸爸”》，而《巴登日报》的观点是“中国近在咫尺”。《莱茵-内卡报》把《茶馆》称为“东方舞台上的奇迹”，演员们的表演“精湛，完全可以和世界水平媲美，虽然内容对我们来说十分陌生，但是故事中体现出来的人类共性却又那么熟悉：人们在战争、动荡、暴力和普遍的愚昧自欺中经受的苦难是相同的”。汉诺威剧院的总经理在谢幕后激动地冲到后台，头上还戴着耳机：“你们全是主角！没有一个是配角！你们的戏是世界水平的，你们可以把它带到全世界任何地方上演！”媒体评论人和专家学者纷纷对这个剧的演出做了详细的分析，话题涉及导演、表演技巧、布景、服装和灯光等方方面面。一个评论家盛赞已故导演焦菊隐（1975年去世）和夏淳的技艺“完美、精湛、无出其右，超出了诗歌的境界”，王文冲和宋垠设计的布景“烘托了恰如其分的气氛”、“真实可信”，于是之的表演是“整场的高潮”，童超演的庞太监惟妙惟肖，“成功地反映了他古怪、女里女气的变态心理，实在令人惊叹”，扮演父子两代角色的英若诚也备受关注，被称为是“了不起的英若诚”。

关于语言的问题我们确实费了不少脑筋。开始的时候曾经讨论过在每一幕开始之前做一个简短的内容简介，同时发给观众详细的文字资料，但是这个主意很快就被否定了。观众必须在耳机里能听到同声翻译，但是由中国人还是外国人来做同声翻译并没有决定。曼海姆民族剧院希望由一个德国人来做翻译，看过《茶馆》不下20次的我一下子成了最合适的人选。英若诚的夫人吴世良是一位翻译，她曾经多次给外宾做过《茶馆》的英语同声翻译，她建议我不必逐字逐句地译，而是在某些地方加上适当的讲解。最后一次的彩排是在我们启程的前六天。

每场演出开始前由我在舞台上致开场白，介绍老舍和北京人艺，然后我向观众示范如何使用同声传译耳机，并建议大家只用一只耳朵听翻译，另一只耳朵欣赏舞台上演员们的对白，这样才能尽可能地感受到原著的味道。很多人都接受了我的建议，事后他们都很高兴地告诉我，他们确实从舞台上听出了中文并不像他们想象的那样陌生，那么混为一团，而是可以清楚地听出单词和句子的结构。

开场白之后我需要穿过整个剧场很快地走到观众席后面的小屋里去翻译。从那里我可以透过窗户看到舞台上的表演，舞台上的声音通过耳机传到我的耳朵里，在我的面前是一个话筒。老舍的女儿舒雨是德语老师，在演出期间她一直坐在我的旁边陪着我。我的翻译必须要和中文原文同步进行，绝对不能早也不能晚。翻译的时候也必须要带着感情，但是又不能太多，不可以超过舞台上演员的感情，不可以和舞台去争戏。此外我还要十分留意不要说的太多也不要太少，在幽默的地方我要格外留意让观众听明白。有些句子我必须很努力地“演”出来，尤其是在幽默的地方更要拿准那个调。很快剧团里的人就开始把我叫做是他们的“外国演员”。

有时观众的笑声让人摸不着头脑。在萨尔布吕肯演出的时候，有一次观众忽然热烈地鼓掌，于是之感到很诧异，在其他地方（包括在中国）都没有这个反应。那是在第二幕里，王利发正在给便衣警察解释为什么他让很多学生租他的房子。王利发说：“这年月，做官的今天上任，明天撤职，做买卖的今天开市，明天关门，都不可靠！只有学生有钱，能够按月交房租，没钱的就上不了大学啊！您看，是这么一笔账不是？”正巧那天在场的观众大部分是大学生！

赵　丹

我收到从中国发来的一封电报。来欧洲之前我和白霞曾专门去看望过病重的赵丹，告诉他我们一回来就去看他，他当时很乐观地说没问题，但是他的病情没有好转。赵丹对我来说是个英雄。他坦诚的笑容不知感染了多少人，那是饱经沧桑的笑容，在死亡面前他没有恐惧。赵丹曾经两次被打入监狱，第一次是在抗日战争时期，他在新疆坐了五年的监狱，那一年才 26 岁。在监狱里他受到一位狱友的启发，试着把外面的世界忘掉，把监牢里的生活当做是“唯一而且存在”的生活来接受，结果他在监狱里竟然得到了一定的满足感。（当时我的判决还没有过期，听赵丹讲完后我对他说：“如果我也走到了这一步，我会向你学习的。”）第二次入狱是在“文化大革命”中，时间长达五年半之久。赵丹是中国电影界的一面旗帜，但是在“文革”之后没有人再来找他演戏。对此在社会上有不少议论，其中还有人在传播关于赵丹的无端谣言。政治上最严重的一条谣言是说他在 30 年代的上海曾跟同台表演过的江青有过一段情人关系。“那又怎么样？”我们听到这样的谣言后问。当时江青不过是个小有名气的女演员而已，即使他们两个人真的曾有过那种关系又有什么政治问题呢？直到他病重住院后才终于有机会参加中日合拍的电影《一盘没有下完的棋》的拍摄。

我从汉诺威给北京的医院拨了电话，接电话的是他的夫人黄宗英，她在电话上哭了，情况看来十分绝望。两天之后，10 月 10 日我收到白霞的电报，赵丹在那一天的凌晨去世了，终年 65 岁。1980 年 11 月 3 日的《中国日报》发表了我的悼念文章（之前在《人民日报》也发表了），陪同我们在欧洲巡演的新华社记者翁振葆还就此对我进行了采访。“像他这样的演员，”我对记者说，“一百年才能遇到一个。”伦敦正在举办中国电影回顾展，在参展的最具有代表性的三十部电影中有六部是由赵丹做主角。白霞在《中国日报》上撰文写道，赵丹是中国的“骄傲”，在伦敦的影评家们称赵丹是“世界上最伟大的演员之一”。

我的世界从此不同

在德国巡演结束后剧团又去了法国的巴黎和里昂，最后我们重聚在瑞士的苏黎世，表演了这次欧洲之旅的最后一场。演出任务完成后我一个人坐上火车回到法兰克福，从那里转车到本斯海姆，然后又坐了一段车回到老家罗世镇。在激动人心的几个星期里我从来没有单独一个人待过，现在我又回到了老家，周围是我的老乡，他们像往常一样各顾各地过日子，走在路上大家不怎么打招呼。我坐在车里看着久违了的一排排精致的小房子。在火车站上我没有等到出租车，只好拖着行李步行。路上人很少，比我记忆中的小镇还要压抑。卡尔-乔治给我打开门，我们在曼海姆演出的时候已经见过一面，后来我还把剧团的成员都请到家里来喝下午茶吃蛋糕，大约待了两个小时。中国人很感兴趣来看一看普通德国家庭的样子。我在家里还认识了父母的一位老朋友莱恩哈特·布迪科夫。布迪科夫是个年轻人，正在从事和中国有关的工作。他给我写了一封热情洋溢的信，在信里他说我母亲就是他的第二个母亲。（多年之后，2002年，布迪科夫担任了德国绿党主席。）

我把行李抬到二楼，阳光透过窗帘射进来，窗外的树都长高了，我的屋子里却一点儿变化都没有，只是看上去好像比记忆中的要小一些。卧室里还摆着我母亲专门为我的书买的书架，书都是我在离开德国之前从海德堡特意背回来的。母亲不在了，外祖母也不在了，整栋房子里很安静，连小狗沃尔夫也不知跑到哪里去了。

我去了几次海德堡，对我来说那里才有真正的生活气息。上大学的时候我在城里认识了很多人，现在他们也慢慢地想起了我。有的人在路上和我打招呼，也有的人却视而不见，希望我没有把他们给认出来。城里的道路和从前一模一样，但是走在路上的人变了。有的人明确地告诉我他们不想再和过去发生任何联系，我的中学同学乌尔多见到我之后第一反应是想打我一拳，他说我要对在苏联发生的事情负责任。过去的女友爱娃打来电话，一天她忽然站到了我的面前："我认出了你的背影！"我们一边笑着一边把对方拥在怀里。

在苏黎世演完最后一场后，中国文化部为剧组租了一架包机，这样就不会再发生来欧洲时的麻烦了。中国人对这次巡演的成功感到无比自豪。剧团离开瑞士的时候天开始下雪，在北京等待他们的是空前热烈的欢迎仪式，据说场面十分感人，团员们被无数的人簇拥着，他们成了人们心目中的英雄！《参考消息》转载了大量外国媒体对这次巡演的报道，还有演员们在欧洲舞台上的大幅照片。无论是参加巡演的团员还是来庆祝的人，大家都一致感到中国和西方在文化交流上走近了一大步，对我来说我的世界也因此发生了变化。

《人民日报》的编辑姜德明请我就巡演的经历写一篇报道，我一口气写了一个系列！从 1981 年 1 月 8 日开始一直连载了两个半星期，系列文章的题目是《〈茶馆〉在西欧》，据说这是《人民日报》第一次刊登由一个外国人写的系列文章。文化部副部长周而复用优雅的毛笔字给我写了一封感谢信，对我在促进中欧文化交流方面做出的贡献表示感谢，同时还送给我他的小说《上海的早晨》的前三卷。在北京的文化艺术出版社问我是否愿意把这次的经历编成一本书，我当然愿意，而且我已经找到了合适的书名，那就是《莱茵-内卡报》为《茶馆》写的评论文章的标题：《东方舞台上的奇迹》。

北京人艺邀请西德大使馆的官员和家属去首都剧场观看《茶馆》，大使馆的人问我是否可以像在德国时那样给他们做同声翻译。修德大使寄给我一封亲笔邀请信，并附带了一瓶名贵的酒作为礼物。演出过后不久，大使在使馆里为所有参加欧洲巡演的艺术家们举办了一场隆重的招待会，客人中还包括老舍的家人、北京人艺的领导、文化部的官员和中国戏剧协会的代表，一共有一百多人。这次招待会一时成为北京城里的议论焦点，因为还从来没有哪个西方国家的大使馆一次请过这么多的艺术家和文化人士。

我的邻居格温给我带来了 1981 年 1 月 9 日和 16 日的《远东经济参考》，里面报道了马来西亚发生的一起"政变"！文章的标题是《马来西亚的一位共产党人投降——很可能是在中共的配合下》，事件也被称为"慕沙阿末事件"。慕沙阿末是马来西亚共产党的主席，他在中国流亡了 25 年，去年 11 月忽然回到了吉隆坡。照片上的人就是我们在友谊宾馆里认识的阿里，曾经给我们讲述过马来西亚工会情况和反对英国殖民主义斗争的阿里。照片上他和他的夫人在一起。在一幅漫画中他从北京开始挖了一条地道，一直连到吉隆坡，在吉隆坡那边他手里拿着一把锄头露出地面。电视播出了对他长达一个小时的专访。一篇评论文章说，“估计只有著名侦探小说作家伊恩·佛莱明和约翰·勒卡雷才能说得清楚慕沙阿末到底是如何神奇地回到吉隆坡的”。报道中说他那一年 60 岁，在我的印象中他要老得多。报道的作者认为“中国一定为他的逃亡提供了帮助”，很明显中国在东南亚邻国的要求下，开始停止为那些国家的共产党反叛组织提供活动据点。我觉得从这一事件上可以看出来中国正在有意识地改变对外政策。

两年之后的一天早上我接到一个女人的电话，她先问我是不是乌苇，说找了我很久，她就是阿里的两个女儿之一，曾经跟我开玩笑说第二世界和第三世界的人民需要团结的那一位。在电话上我们聊了很长时间，她给我讲了当时他们回到吉隆坡的情况。他们先在那里住了一段时间，然后一家人搬到了乡下的一个很普通的房子里。她的妹妹很快就适应了新生活并建立了幸福的家庭。家里还有一个当时留在马来西亚的姐姐，是她的父母在丛林战中不得以丢下的，虽然全家人最终团圆了，但是她的父母和那个姐姐的关系一直都不好。

老舍夫人给我面子

老舍的遗孀胡絜青是一位著名画家，一天她请白霞和我去她在王府井附近的家里吃饭，同时被请到的客人还有英若诚和杨宪益夫妇。饭菜是由一个厨艺精湛的京剧演员先在家里做好后带来的，在我们吃饭的时候他还给唱了《红灯记》里的一个选段为我们助兴。杨宪益的酒量很好，他坐在我的旁边不断地给我倒酒，酒很烈，52 度，吃完饭后我们接着喝，每次聚会都是这样。这一晚我实在是喝高了，可能和我的感冒有关，来之前我吃了不少中药加西药。后来杨宪益告诉我，我喝得醉醺醺的时候曾说过我看到老舍正坐在院子里一边抽烟一边抬头望着天空作诗，然后我问四周的人要不要一起过去坐在老舍的旁边陪陪他。没有人应和，我就自己一个人站了起来……我感到一阵天旋地转，好像从来都没有这么晕过……那之后的 10 个小时我完全没有记忆，但是从别人的

和老舍夫人在一起。

描述中我大概知道都发生了什么，据说当时我瘫坐在椅子上，完全动不得，有人把地上扫干净，几个人一起把我抬上一辆小汽车，结果我又一次感到恶心，在饭店里杨宪益和白霞十分艰难地爬楼梯把我抬到三楼上。半夜里我醒来，床边有一张白霞留下的纸条：“你喝多了。如果需要帮助，可以打我的电话。”

我用了整整一个周末才恢复过来。过了几天我在戴乃迭的陪同下带着一块特意挑选的刺绣桌布和一大束鲜花去拜访胡絜青，我实在是非常不好意思！我们三个人坐在桌边，我刚要开口道歉，胡絜青开始了她的长篇大论，戴乃迭一句一句地帮着翻译，一直没让我插上话。胡絜青谈到了以前在她家里办的晚会，在晚会上大家都谈过什么，她还讲到老舍的著作《月牙》，讲到北京人艺，讲到她的私人绘画老师齐白石大师等等。每次她刚停顿下来、我准备开口向她道歉时，她就又开始说一个新的话题，结果我只好一直坐在那里听，完全没有插话的机会。她是故意这样的吗？总之她一口气说了至少三刻钟后终于给了我一个说话的机会。听完我的道歉后她的反应既没有微笑，也没有挥挥手说没关系，而是接着她刚才的话题继续回忆过去的聚会，讲老舍还在世的时候都有谁来过这里做客，不仅有艺术家还有科学家和政治家，都有谁曾坐在同一张桌边聊天，她还说曹禺每次想站起来告辞的时候，总是有人马上给他满上酒，这样他就走不成了。听着她的回忆我越来越觉得自豪，因为我现在也成了这个令人佩服的圈子里的一员。最后胡絜青对我说："如果客人在我们这里过得高兴，像在家里一样轻松愉快，我们也很开心！"啊，我终于明白了为什么她不愿意听我道歉，她真是很懂得给客人面子，让客人感到宾至如归。我不再感到歉疚了。

很长时间以来白霞和我如影随形，在我最困难的时候她也不离左右。"乌苇，我知道，我不够温柔，太厉害，"一天白霞对我说，"但是如果就是因为这些你不想和我结婚的话，我可以改，如果你答应和我结婚，我一定会改。"她站在我的面前，好像在恳求我。那天她穿着一件深蓝色的条绒夹克，蓝色的布裤子。我们认识已经四年了，在我的一生中那是充满了跌宕起伏的四年……我说好吧，那我们结婚吧……到了晚上我开始后悔，但是全城的人都已经知道我答应了她，都来向我们贺喜，我必须坚持我的承诺。我想也许有一天我们还是会分开的。按照英国的规定我需要在德国的老家办一份未婚证明。办证明需要一段时间，我们决定先把婚礼办了。不管是在城里还是在农村，办了婚礼后我们就算是一家人了，在北京也不例外。婚礼在北京人艺的一个小礼堂里举行，好像整个北京城的人都来了。北京人艺的演员们建议我们按照中国的传统办婚礼，穿中式服装，新娘子的头上要盖着红布。参加婚礼的五百多位来宾对我们那天的表现很满意，英若诚和他的两个同事做司仪，把我们两个人摆弄得团团转。幸好后来一些客人想发言，我们才放松了一会儿。西德大使修德也发了言。结婚后我和白霞的生活照旧，各住各的房间。

精彩的德国文学音乐晚会

1974 年我刚来中国的时候正赶上批贝多芬运动，贝多芬的音乐被认为是资产阶级的，是小市民的，对于喜欢西方古典音乐的中国人来说这是个不小的打击。但是就是在那样困难的时期还是有人有勇气公开说他们喜欢听这样的音乐，我也尽我所能把自己带来的磁带借给他们。"文革"过后人们不仅可以公开地表示对西方音乐和西方文学的欣赏，这些话题还成了议论的热点。1977 年贝多芬的《第五交响曲》在李德伦的指挥下再一次公演，令很多古典音乐爱好者激动不已。我也开始在家里更多地听古典音乐，每次还把音量开得很大。

1981 年，我产生了要组织一场德国文学音乐晚会的想法，自己都有些吃惊。如果能找来中国最优秀的艺术家一起演绎德国文化就太棒了！这个主意很新，我还不知道会发展成什么样子，不知道会遇到什么样的问题和阻碍，但是这个想法让我很着迷。

我把想法告诉了《人民画报》德文组的组长韩耀成，我知道他在“文革”前曾翻译过不少德国文学作品。他说他可以准备这次晚会需要的诗歌、歌词和文学作品的选段，有解放前翻译的，也有 50 年代翻译的。我还去找了最著名的歌德中译者冯至教授，他除了歌德还翻译过海涅、里尔克和尼采的作品，他早年曾在海德堡和莱比锡留学。冯至教授是外国文学学会的会长，他对这个项目十分感兴趣，还说他一直都在等着有人来组织这样的活动呢！在当时的政治环境中由一个外国人来发起这样的活动比中国人要方便得多。他说如果我还能说服中国音乐家协会一起来主办的话，外国文学学会愿意参加。我专门去拜访了中国音乐家协会的副书记、中国音乐学院的领导赵寻教授，他的反应也非常积极，很快我们就定下来由这两个专业艺术家团体来做主办方，他们共同承担活动的费用及印发宣传材料和邀请信。赵寻负责联系合唱团、独唱演员和乐队。我的任务是邀请中国的大明星们和艺术家来参加演出。

我很快就找到了朗读海涅、席勒、歌德、布莱希特的合适人选。除了有的人在时间上有冲突，所有我联系到的名角们都痛快地答应了，他们很高兴能参加这次“同世界接轨”的活动！演出的出场费其实少得可怜，但是艺术家们都无所谓，最后我们定下来的演员名单中有著名的朗诵艺术家朱琳，电影艺术家孙道临，电影新星刘晓庆、斯琴高娃，著名话剧演员董行佶，导演凌子风和谢添等。谢添将在晚会上朗诵海涅的诗歌《西里西亚的纺织工人》，凌子风朗诵的是海涅的《颂歌》。海涅在中国非常受欢迎，可能是跟他诗歌中表现的爱国主义有关吧。

晚会由我和舞蹈演员赵青一起主持，我有一次问她会不会在台上紧张，她的丈夫很严肃地告诉我：“赵青什么都不怕！”只有经常演反派人物的电影演员陈强担心自己不会朗诵，但是两杯白酒下肚后他也痛快地答应了，他在晚会上将朗诵席勒剧作《威廉·退尔》的片断。那天晚上他的朗诵把所有人都打动了。

演出前出了不少问题。于是之的脚突然受伤，情况很严重，没法按照计划朗诵歌德的诗歌《普罗米修斯》，只好由演员周正代替他。演出前三天北京青年剧院的演员杜澎忽然接到通知，要他在同一天晚上参加青年剧院的演出，在我们的晚会安排中杜澎的节目是朗诵布莱希特的剧作《伽利略》中的一段很长的独白。我专门去了一次青年剧院和他的导演商量解决办法，我们的立场很明确："德国文学音乐晚会不能没有布莱希特，所以也不能没有杜澎。"最后杜澎自己有了办法，他说在青年剧院的两幕之间应该有 30 分钟的空隙……在 30 分钟里他可以坐车到我们这边来，表演完独白后再赶快坐车回青年剧院！但是时间可能会非常紧……导演想了想开始慢慢地点头，我们都站了起来，握手，互相拥抱……在演出那天杜澎神态自若地塑造了伽利略这个人物形象，只是他的化装和发型却是另外一个戏里的。他的表演结束时观众彻底沸腾了，掌声经久不息。

那是 7 月里一个很热的夜晚，首都剧场的门口早早地就排起了长队。北京人艺对演出给予了大力支持，有人说这是一次"空前的"的文化活动，剧场内座无虚席。天实在是太热了，剧场里所有的电扇都大开着，人们不停地扇着手里的纸扇。德国和奥地利大使馆的官员们在听贝多芬第九交响曲的时候也没停下手里的扇子。曾经听过这部伟大作品的观众中不少人的眼睛湿润了。

三家中国的电视台派来了摄像师进行全程录像。演出开始前，翻译过众多德国诗歌和歌曲的著名翻译家冯至致辞，他在讲话中以舒曼和勃拉姆斯经常为海涅和歌德的诗作谱曲为例，介绍了在德语国家中诗歌和音乐之间由来已久的密切关联。董行佶朗诵了席勒的作品《手套》，好像一下子把观众带回到了古老的欧洲。在席勒的话剧《强盗》的选段中金乃千扮演卡尔·穆尔一角，他在剧中大喊"我的精神要做一番事业，我的呼吸要追求自由！"著名电影演员孙道临演唱了舒伯特的歌曲《春之梦》，没有人想到他曾是一位受过专业训练的歌唱演员，他的德语水平也让我们所有人大吃一惊。修德大使在演出后激动地对孙道临说："您唱得实在是太好了！您说的德语非常标准！简直难以置信！"

周而复也在观众席中，为了这个具有特殊意义的晚会他特意吟诗一首：

凝望遥天扶酒杯，莱茵扬子共萦怀。
马恩故里春光照，巨匠家门画卷开。
海涅激情随雨过，歌德烦恼逐云来。
天涯纵远人相近，友谊青松万手栽。

孙道临的德语水平令修德大使非常激动。

大使馆里的聚会

我和西德大使修德成了好朋友，在我的介绍下他结识了很多中国的艺术家。当时德中两国的经贸关系还不太重要，作为大使他有充裕的时间和艺术家们交朋友。中国的艺术家们也很希望有机会和西方接触和交流，而西德的文化事业在西方国家中举足轻重。可以为他们双方牵线搭桥我感到很欣慰。我把很多著名的艺术家介绍给大使，比如说黄永玉。大使和他的夫人也回请艺术家们去官邸做客。大使十分欣赏黄永玉的作品，很快就为他联系了在德国进办个人展览的机会。我们还开始在大使馆里举办文化晚会，有时一次会请来电影、话剧、文学、音乐和京剧等领域的一百到两百个客人。在大使馆里办晚会在当时还很新鲜，中国的官员们开始还不适应，有的客人其实很想来但又不得不缺席。在庆祝《茶馆》演出成功的宴会上我们就遇到过类似的问题，后来我们发现如果把艺术家所在单位的领导一同请来通常就没有问题了。大使馆里的晚会成了人们热衷议论的话题，在晚会上艺术家们各个献技献艺，场面总是十分活跃。

在德国文学音乐晚会上朗诵席勒作品《手套》的董行佶是一位优秀的话

剧演员，他在莫里哀的话剧《悭吝人》中扮演的放高利贷的老鳏夫阿巴贡同样令人难忘。在北京上演《悭吝人》的时候，观众席里坐了很多的法国人、西德人、奥地利人和瑞士人。莫里哀的这部话剧1949年之前就在中国很受欢迎，曾经被多次上演。在中国版的《悭吝人》中，剧中人物都穿中式服装，布景也好像是在中国。看完演出后修德大使非常激动，他让我务必把董行佶请到他家里去做客。

去修德大使家赴宴的除了董行佶之外还有夏淳、于是之、英若诚、李源以及漂亮的女演员吕中。那是一个满天繁星的夜晚，宴会开到很晚的时候大家仍然兴致很高。在夜里两点时六十多岁的大使忽然站到了游泳池的边上，他把鞋子脱了下来，穿着袜子，自言自语地大声说："我敢不敢?"然后又更大声地说了一遍："我敢不敢?"这时在场的所有人都把目光投向他，他的太太吓得声音都走了样："哦！我的上帝……不！"但是他纵身一跃跳进水里。爬上来时所有观众对他报以热烈的掌声，一杯烈酒下肚后他欢快地环望四周问："谁是下一个?"我们觉得应该给他点儿"面子"，但是一定要先换上游泳裤才行。我和于是之在大使的盛情邀请下在游泳池里游了一圈。

一年后董行佶自杀身亡，在北京的艺术家圈子里引起很大的震动。关于他为什么要自杀，至今也没有明确的说法。

用特殊手段把《屠夫》带到中国

汉斯·迈尔很生气，他简直是气死了。让他生气的是在波恩的西德外交部、在北京的西德大使馆和在慕尼黑的歌德学院。汉斯·迈尔是曼海姆民族剧院的经理，外交部刚刚把他们来中国回访演出的剧目给否掉了。对此他完全无法理解，为了找出原因，他准备在1981年11月11日那一天亲自去一趟波恩。

曼海姆民族剧院在邀请北京人艺演《茶馆》的时候就宣布了他们计划在中国上演一部自己的话剧。在北京人艺成功地完成了在德国、法国和瑞士的巡演后，曼海姆民族剧院来中国回访演出的事情也排上了日程，中方对他们表示非常欢迎，德国外交部也确认了他们的行程。人艺还在德国的时候，曼海姆民族剧院就已经开始考虑在中国上演由奥地利剧作家乌尔里希·贝歇尔和德国剧作家彼得·普雷泽斯创作的话剧《屠夫》，这是曼海姆民族剧院在200

年历史中最成功的作品之一。乌尔里希·贝歇尔生于1910年，他是受到1933年纳粹焚书迫害的最年轻的作者。外交部文化处的官员认为上演《屠夫》不妥，他们更希望看到歌德、席勒、克莱斯特或者是莱辛的作品。德国大使馆和中国戏剧家协会也持这个观点。北京人艺看了《屠夫》的剧本后很喜欢，他们更倾向于选这部戏，觉得这部描写肉铺老板伯克勒和盖世太保头子的剧作不仅有精彩而幽默的对白，而且具有强大的舞台感染力，比那些著名的德国古典文学作品更能抓住现代观众的心。《屠夫》是一部反思德国纳粹历史的作品，在中国一定能激起人们对“文革”的联想，而在当时中国的舞台上人们还不可能直接地表现“文革”题材。

曼海姆民族剧院认为德国古典作品已经脱离了现代人的生活，而《屠夫》却有很多现实意义，迈尔觉得通过这部话剧可以增进两国人民之间的了解。外交部和大使馆选出的作品是克莱斯特的话剧《破罐记》，很明显和曼海姆民族剧院选的《屠夫》有很大的分歧。《屠夫》带给观众的是对当代历史在“内容和形式”上的思考，而《破罐记》不过是一部语言上“有些诙谐”的剧作。在和波恩的多次交涉中，曼海姆民族剧院十分吃惊地发现德国外交部之所以强烈反对《屠夫》，竟是因为《屠夫》一剧对德国法西斯进行了犀利的抨击。

当迈尔和我非常确信这就是阻碍《屠夫》来中国的原因后，我们决定应该灵活行事。我们两个人一直保持着电话联系。1981年11月11日迈尔再一次造访波恩的外交部，他特意带上了曼海姆市长曼弗雷德·大卫，他希望大卫能帮助他一起说服外交部和歌德学院的负责人。歌德学院的人对《屠夫》也非常反感，学院里负责戏剧的官员称这个话剧“没有资格出口!”这样的话从他们的口中说出来简直令人难以置信。在会谈中大使馆的一等秘书舒特博士说既然中方已经拒绝了《破罐记》，曼海姆民族剧院现在应该着手准备《科佩尼克上尉》或《夜半鼓声》，但是迈尔继续坚持《屠夫》，说其他的剧他们暂时不想考虑。迈尔的观点是中方的接收单位包括文化部现在都表示希望能看到《屠夫》，既然中方是主人，应该由他们来决定。大使馆和歌德学院的人不得不重新考虑。

最后德国驻华大使馆给德国方面发了一封信，“中方对《屠夫》一剧表示了强烈的兴趣，大使修德被他们说服了。大使馆同意这个剧在中国上演”。

迈尔再次去波恩会谈时遇到了曾在北京大使馆工作过的“铁娘子”铁奥多女士，她说：“你们赢了，迈尔先生，而且我知道为什么你们赢了，因为

两个“大腕”——洋“屠夫”（左一）和于是之先生。

曹禺是你的叔叔，乌苇·克劳特是你的女婿！”她想用这句话说明我们之所以胜利，是因为我们在中国有很好的私人关系——她说的其实不无道理。

1982年夏天，《屠夫》在北京和上海的舞台上掀起了一阵风暴！所有的门票都在几个小时内卖光了。观众们都表现出空前的热情，热烈的场面简直可以和《强盗》在曼海姆首演时媲美。评论家们称《屠夫》的成功是外国剧团在中国演出的成功之最！应观众的要求电视台多次重播演出的录像，估计在中国看过这部话剧的人数比西德的总人口还要多。在北京和上海我做了一次个人问卷调查，受访人中有老有小，有工人、职员，也有知识分子、艺术家。他们的评论既新颖又透彻，可以看出来观众非常欣赏这个剧。在所有的评论中，最核心的一点是这个剧提供给观众一种政治意义上的比较，也就是在希特勒的法西斯统治下和在“文革”时期普通老百姓的体会。“文革”的发动据说是为了增进民主，但是在现实中“文革”变成了一个以共产党内权力阶层为主导的运动。大多数的人在“文革”中受了苦，很多人受到迫害，或者被迫去迫害别人，国家机器陷入瘫痪，长年累月的斗争最终把中国推到了深渊的边缘……在《屠夫》一剧中观众看到了类似的恐怖画面，找到了同感。

《屠夫》中的很多场景让中国的观众联想到了自己的遭遇。在第一幕中伯

朱旭与佩特森（左三）、德国大使（左二）和奥地利大使（左一）。

克勒的太太需要证明她是雅利安人，就如同在“文革”中中国人要证明他们的“阶级出身”一样。还有一个场景是三个犹太人被迫跪在地上，像狗一样受到凌辱，如同很多知识分子在“文革”中被当做是“修正主义权威”受到批斗时的场景。剧中一个儿子说：“我不需要父亲！领袖就是我父亲！”这样的话对经历过“文革”的中国观众来说也不陌生。

曼海姆民族剧院院长阿诺德·佩特森后来在《曼海姆民族剧院在中国》一书中分析了为什么《屠夫》在中国引起如此巨大的反响：“《屠夫》对于中国的观众来说具有很强的现实意义，剧中的故事和人物都让人们想起自己刚刚经历过的时期，他们可以看懂纳粹使用的高压恐怖政策，对持不同政见者的侮辱和迫害，对创造力的摧残，对家庭的迫害，以及由此而造成的对领袖和旗帜的崇拜，人们从剧中找到了德国的过去和几年前的‘文革’之间的共性。最让中国观众激动的是，他们自己还无法从‘文革’的阴影中走出来，而通过这部话剧他们可以在舞台上清楚而直接面对自己的过去。在欣赏话剧表演之余他们也有了深入探讨的机会。”

中国戏剧家协会副主席赵寻是个见多识广的艺术家，他对这个剧的评价可以代表很多中国人的观点。他说曼海姆民族剧院的演出不仅是“艺术的成功，也是德国政治的成功。所有让这次演出得以实现的机构包括西德大使馆，都应该得到嘉奖。他们给中国的观众带来了一场精彩的反法西斯剧作，对于德国来说政治上的成功更胜于艺术上的成功”。

1983年,北京人艺把这部有“日耳曼式《茶馆》”之称的剧作搬上舞台,洋“屠夫”有了北京味儿,主演朱旭被誉为“东方的伯克勒”,“因为他把机敏的诙谐和聪颖的智慧巧妙地结合在了一起”(佩特森语)。演出再次获得巨大成功。

新的麻烦

中国共产党的党代会将于9月召开，我们用了一个月的时间翻译会议的文件，其中包括邓小平的开幕致辞，胡耀邦的报告和党的章程。和在其他重要会议之前一样，我们需要在一个隐蔽的地点日夜连续作战，有时一口气工作36个小时。等文件都译好后所有的外国员工被请到人民大会堂参加庆祝晚宴。那一天我有幸和共产党的“新星”胡启立坐在同一张桌子上，他是党内第一位有大学学历的高级领导人，据说胡耀邦对他一直很扶持，人们在私下议论时说他可能会成为新的接班人。我们在一起谈了共青团组织，有时他也穿插说几句英文。胡启立和胡耀邦都是从共青团里升上来的。在谈话中胡启立对中共的共青团组织和德国社会民主党的青年组织进行了对比，是我没有想到的。

晚宴中坐在我旁边的段连城小声地和我说了几句话，让我感到十分担心。段连城是外文局新来的局长。他说我的一位上级领导向外文局反映，说我“在《北京周报》的工作不尽如人意”，但是段局长本人和文化部的领导了解我的工作成绩，也知道我一向很努力，但是对那个领导提出的意见他们不可以置之不理。段说我的工作合同这次可能没法再延长了。第二天和段局长通电话时我表示了自己对此事的愤怒，我希望能和那个在背后说我坏话的领导直接对质。段局长劝我要冷静，他说他会和《北京周报》的人去谈这件事。事后我听说段确实帮我把问题摆平了，但是我很清楚，问题并没有彻底解决，只不过是暂时被压了下去。

在那天的宴会上我还有幸认识了曾经是中国第一夫人的王光美女士。我回来后给她寄了一本刚出版的《中国建设》，那里有一篇关于她的报道。我问她是否有时间接受我的采访，她很快就写了回信，说她最近从社会科学院被调到政协去工作，正赶上连着几天的会议。她说等忙过这一阵子后她很愿意和我见面聊聊天。后来我在政协大楼里见到了王光美，谈话中她说中文，《中国文学》杂志社的胡世光做我们的翻译。她很谨慎，表示很遗憾无法接受我的采访，请我予以谅解。我知道她在“文革”中经历过很多苦难，我完全理解她的谨慎和敏感。

德国和中国之间的文化交流越来越频繁。巴伐利亚国家剧院的总经理奥古斯特·艾维尔丁教授是德国戏剧界一颗耀眼的明星，他最近到中国来，为1984年秋天将要上演的歌剧《魔笛》和《费加罗的婚礼》做准备。我把艾维尔丁介绍给北京人艺的领导（当时北京人艺正在排练中文版的《屠夫》），在交谈的过程中艾维尔丁介绍了德国戏剧和欧洲戏剧的发展现状，听众立刻被他的精彩演讲给吸引住了，双方自然而然地谈到了合作的事宜，并定下了两个项目，一个是艾维尔丁在未来的两年中在中国作一个关于欧洲戏剧和戏剧管理的系列报告，第二个是和北京人艺一起排演楚克迈尔的话剧《科佩尼克上尉》。两个项目都由我来做中间协调人，为此我在北京和慕尼黑之间奔波，并组织了这部话剧的翻译工作。

在出版社工作的外国员工对日常的对外宣传工作越来越感到不满，这也是外国员工之间和外国员工同中国员工之间的一个永久话题。中国员工经常对我们的批评意见表示同意，但是他们能说的也只有：没有办法。很多文章写得不清不楚，翻成外文后让人实在摸不着头脑。造成这种现象有很多原因。除了政治的原因外，文章的作者通常不知道国外的读者是谁，不知道他们可以看懂什么，看不懂什么，因为大部分作者从来没有机会出国，不懂外文，也没有勇气把文章写清楚，通常是中文的报纸里怎么说他们就怎么写，就是在“文革”结束很多年之后还是这样。我不想就这样得过且过，在出版社开会的时候我经常把我的观点和批评意见说出来，在私下里我也和一些负责同志如林戊荪讨论。虽然领导和同事们听懂了我的建议，也对我表示同情，但是他们感到无能为力。

外文局的段连城局长是个例外。他在美国生活过，说一口流利的英语，他非常理解外国员工的批评意见。在他帮助我“保住”了工作后我们之间的关系更加密切了。有一次他专门请我去谈我对外文局出版任务的看法，我很直接地发表了自己的观点。当时他还把他的上司高梁同志也请来一起听，高梁是中共和政府内的一位高级官员（时任中宣部外宣局局长）。他们很清楚中国将要在世界上起到举足轻重的作用，他们也认识到中国在自我宣传方面有待改善。他们的话估计上层是可以听到的。我们在一起谈了四个小时，他们始终都抱着坦诚的态度倾听。后来我听说段局长在一份内部文件中提到了一些我说过的建议和想法，他还在实践中实施了我的一些具体建议。

白霞和我仍然分开住。她怀孕了，对这个小生命的诞生充满了期待和喜悦，但是我们两个人之间的关系却每况愈下。官方意义上我们并没有正式结婚，因为婚礼之后我们没有去登记。眼看着孩子快要出生了我们决定去登记结婚。在走出这一步的时候我们也约定好，在孩子出生后，任何一方在另一方的同意下都可以提出离婚。我们之间感情的破裂对我打击很大，两个人都不知道未来将会是怎样。我们的工作和同朋友们之间的交往倒是和从前一样，没有发生什么改变。

在中国出一本书有时需要几年的时间，我实在不明白为什么要拖这么久。《东方舞台上的奇迹》一书看来也面临着同样的命运。稿子已经交上去很长时间了。书的前言是由文化部副部长周巍峙写的，书虽然没出，但是他写的前言已经被刊登在《人民日报》上。到了1983年的夏天这本小册子终于面世，媒体对它进行了热烈的报道。《茶馆》的成功巡演和《屠夫》的上演在北京仍旧是一个引人注目的话题。当我们在出版社翻译全国人民代表大会的会议文件时我得到了和杨尚昆谈话的机会。杨尚昆是人民解放军的将军和军委副主席。在谈话中他对这两次成功的演出表示赞许，让我既吃惊又感动。西德大使修德借这本书出版的机会再一次宴请了北京人艺的艺术家们。

不用害怕从中国来的艺术家

几乎每一次文化交流活动都是具有开创意义的，在中国和世界隔离了几十年之后中国开始小心谨慎地和西方接触。修德及德国的艺术家托马斯·格罗荷维克博士一起为黄永玉筹备了他在德国的个人艺术展，时间定在年底，地点是奥伯豪森宫的画廊。同一时间我在曼海姆国际电影节上组织了第一次中国电影展，内容从30年代的默片一直到“文革”之后。中国电影代表团的团长是导演凌子风。凌子风年轻的时候为了求学曾做过苦力，后来拍出了著名的电影《中华儿女》（1949年）和《骆驼祥子》（1982年，根据老舍原著改编）。在德国他不但以他的电影作品赢得了观众的心，还展现了他在书法和绘画方面的精湛技艺。他特意带上了自己的印章，在德国的观众面前他大笔一挥，连写带画，还顺手把作品当众送给观众，真是不愧于他的外号“疯子”（把“子风”反过来的谐音）。他对德国观众说“不用害怕从中国来的艺术家”，一时成了众人瞩目的焦点。

一天晚上，我和凌子风临时决定不回曼海姆的饭店，我们开车25公里到了罗世镇的老家，我希望借这个机会让他来看看德国人的家庭是什么样子的。那一晚我们聊得很开心，只睡了几个小时，早上吃完了丰盛的德式早餐后马上赶回了电影节的会场。当中国代表团的团员看到他时都沸腾起来了——简直难以置信——他们还以为凌子风逃跑了呢！

我很感兴趣原来的德国朋友都在做什么，想知道他们的生活都发生了什么变化。我想知道他们的生活和我的生活有什么不同，也想对我自己从前的生活和现在的生活做出比较。我一有空儿就去找老朋友们聊天，经常一聊就到后半夜。在过去几年中我的经历很不寻常，连我自己有时都不敢相信。我给朋友们看照片和报纸上的评论文章，还有我负责编辑出版的书。开始的时候朋友们都听得很入迷，但是慢慢地我感到他们的距离感，好像是在听一个远方来的童话故事，我的经历和他们的生活离得太远了，他们也不觉得我生活的世界会对他们的生活产生任何影响。我可以听懂他们的话，毕竟我在德国生活了很长时间，但是他们经常听不懂我在说什么。由于经验和背景的不同我们使用的词汇也有很大分歧，有时候解释起来要费不少口舌。这样的对话总是让我感到隐隐的寂寞感。

也许照片和画面比文字更易于交流？我开始问自己这个问题，由此产生了想拍一部电影的念头。

中国真是一个让人着迷的地方，虽然它很官僚，但也很有革命性，既保守，但又充满活力，既古老落后，但又不断改革和创新，新的主意在中国总是能找到听众，无论是在普通老百姓中还是在高层领导中。对于新的主意人

和老朋友们——黑德布朗德（左一）、布朗贝亨斯（右二）。

们反应很快，成与不成都能有答复。外国人在中国拍电影还很少见。我的拍摄动机主要是认为外国人对中国人的生活太不了解，我希望通过这部电影打破他们对中国的一些固有而怪异的偏见，比如说“中国人从早到晚都在做非人的苦工，受到上级的残酷剥削，没有文化生活，不苟言笑”等等。我想拍一部叫做《我的北京艺术家朋友》的电影，由我的艺术家朋友们自己来演，就演他们自己的生活和他们的艺术创作，所有我认识的艺术家们都表示很愿意参与。

在众多朋友的支持下我去见了文化部电影司的司长石方羽，其实我们两个人已经认识很长时间了，我们约好了在友谊宾馆的餐厅里共进午餐。认识一个人很长时间是个很关键的因素，因为我们已经互相建立了信任。我给石司长看了我在《中国建设》上发表的《关于中国的新老偏见》一文（1983 年 11 月第 11 期），文章中对两位美国记者对中国的偏见报道提出了批评。他觉得电影的主意不错，他让我给文化部的副部长丁峤写一封信，把我的具体想法都写进去，然后给他寄一份副本。我一一照办，几天之后丁峤请我到他在东单的办公室里会谈，在会谈中我说我会尝试在欧洲筹集拍摄资金，拍一部 90 分钟长的 35 毫米电影。我问他中方是否也有投资的意向，他说是有可能的，他的答复让我感到很兴奋。

她的笑容一下子迷住了我

1983年9月23日白霞生下了罗瑞，一个可爱的蓝眼睛小男孩。孩子的父母对他都爱不释手，但是他们两人之间的矛盾却越来越无法弥合。在孩子出生后的两个月里我和白霞都试图挽救这个婚姻，但是没有成功。如果孩子还没有到一岁，按照中国的法律丈夫不可以提出离婚。我们约定好由白霞提出离婚申请，我们在一起拟定了离婚协议。两个外国人的离婚在北京引起了不少人的关注。我们的朋友对此各有说辞,有的站在白霞一边,有的站在我的一边。黄宗江喜欢我们两个人，他很为难，他在听到这个消息后不失幽默地对白霞说："乌苇跟我说你太能说会道了，在这一点上我同意他的看法，你确实是太能说了。"西方人在中国找到合适伴侣的机会通常很小，但是我的机会好像并不是太差。

一天白霞和我接到法院的通知，要我们各自带一个翻译去那里。法院的议事厅里幸好没有多少人，白霞和她的翻译吴琳坐在第一排的左边，我和我的翻译大史坐在第三排的右边。法院来了四个人，都坐在前面，法官依次问了我们的姓名，我们一一回答。他在我们面前宣读了白霞递上去的离婚申请，然后问白霞为什么是她提出这个申请，在她回答的中间法官还问了一些问题。随后他问我对离婚的态度是什么，我说我同意，而且我也同意由白霞来做罗瑞的监护人。我们两个人都确认离婚后将没有任何争执，比如说在财产上。一个小时之后，议事结束。过了一段时间我们又去了一次法院，他们告诉我们再等两到三个星期结果才能出来。由于我们两个人都是外国人，我们觉得法院肯定会判我们离婚的，但是百分之百的确定谁也说不好。

凌子风经常到友谊宾馆来找我，我们一起在餐厅里吃饭，一起坐在家里的地毯上聊天。如果知道他要来我总是事先准备好一瓶白酒。我们在一起聊艺术、电影、女人、政治，直到他酒意大发开始画画。有时我把饭店里的其他外国人叫来一起聚会，有时也请北京电影厂、八一电影厂或者总政歌舞团的年轻人过来。这样的聚会通常会持续很长时间，热闹非凡，大家又唱又跳，音乐的声音震耳欲聋。

有一次我给凌子风打电话，半开玩笑地问他下次来的时候是否可以带上一

凌子风可以算是我的“月下老人”吧?

个年轻的女孩子。两个小时后他已经来敲我的门，身边还真的有两个年轻女子。他故意很大声地给我介绍：“刘丰！她是我们电影厂期刊的编辑。”对于第二位他是这样介绍的：“沈丹萍，我们厂里最有名的电影演员之一！”他的口气既有趣又让两个年轻女子感到很受用，他很会给别人面子的。我从来没有听到过沈丹萍这个名字，穿着军大衣的她看上去非常年轻，怎么可能是最有名的电影演员之一？我充满赞许地向他们点头，接过他们的外套，倒茶上小点心。为了活跃气氛，凌子风不停地给我们讲笑话，看来两个年轻女子还从来没有这么近地和外国人接触过。刘丰看上去二十五六岁的样子，身材苗条，比一般中国女人要高挑一些，有一张很漂亮的面孔，表情中透着顽皮；沈丹萍身材娇小，有些拘谨，没怎么说话。她的笑容一下子迷住了我。她梳着一条长辫子，鹅蛋形的脸庞，深颜色的眼睛，娇嫩的嘴唇，下巴尤其有女人味，很招人疼爱。两个年轻女子都住在电影厂的宿舍里，还是同屋，关系好得如同一对亲姐妹。凌子风认识刘丰，刘丰不想一个人来，她决定把沈丹萍一起带上。开始的时候沈丹萍并不想来，说她怕见外国人——刘丰讲到这里时沈丹萍很腼腆地笑了出来。我对沈丹萍说她不用怕我，我可以帮助她摆脱对外国人的恐惧。那一晚我们四个人聊得很开心，他们走的时候我们又约好了过几天再见面。

1983—1987

第七章

“爱情就是爱情，不需要问为什么！”

“爱是不能自主的，她永远是那样诚恳……”

1. 我是没有画上精神吗?
2. 谈恋爱（在北影厂17号宿舍楼）
3. 爱的结晶——丹丹和珊珊

1
2
3

“你其实没有画上那么精神!”

我去参加了一个有三十多人的晚会，我是那里唯一的外国人。年轻的诗人杨炼在那时还没有什么名气，沈丹萍很喜欢他的诗。晚会上杨炼向我问起了赫伯特·马尔库塞，旁边有三个人一直在听我们两个人的谈话。杨炼是我认识的中国人里面第一个知道赫伯特·马尔库塞的。我尽量回答他的问题，但是用中文表达还有些吃力。晚会上有一个小型的自助餐，我们在一起喝啤酒、白酒，还有中国产的葡萄酒。天黑后房间里变得很暗，跳舞的时间到了。我一心只想接近沈丹萍，又不能表现得太明显，以免被别人看出来。我轮流和沈丹萍、刘丰或者其他人跳舞。和沈丹萍跳的时候我会把她搂得更近一些，在黑暗中估计没有人能看出来。

沈丹萍的矜持让我更加着迷，我很想去发现藏在她身后的另一个世界。当她低下眼帘时她的脸上会流露出一丝伤感，但举手投足中又不失一位著名女演员的大家风范。她很少主动说话，一直是我在向她提问。我有意给她讲了七年前我和小春的那段往事，尤其没有隐瞒自己当时经历过的痛苦。我希望她听了之后不再把我当做是一个陌生的外国人。

天亮之前晚会上的客人谁都不走，这可是关乎荣誉的问题。谁困了就去隔壁屋里睡一会儿，两个小时之后再给别人腾地方。到了清晨只有凌子风和我完全没有睡，结果我们俩成了英雄。在周日的晨光中我们一行人坐着公共汽车穿过安静的北京城，换两次车回到我在友谊宾馆的家里，在那里我给大家准备了小点心、茶水和苹果。当阳光透过窗户射进屋里的那一刻，八一电影制片厂的画家谭根雄（他现在已经是上海华东师大艺术系油画硕士研究生导师）忽然像触了电似的喊了起来：“乌苇，我要给你画张像！就像现在这样，阳光正好照在你的金发上，必须现在就画！你有时间吗？”当然我有时间。

后来我们又见了两次面后他完成了一幅100×75厘米的画像。谭根雄画画的时候，在《中国文学》杂志社工作的胡世光也在场，我们几个人喜欢在一起喝茶聊天，无所不谈。一次我们谈到了中国的“出路”问题，谭根雄忽然冒出一句话，吓得我差点儿没从椅子上跳起来。

“我们需要一场战争，我赞成打仗！”

我没有听错。

“你想和谁打仗？”我很吃惊地问他，他目光专注地盯着画布。

“随便……和谁打都行。我们就是需要战争。”

“为什么？”我还是不明白。

“我们中国人需要刺激，需要很可怕的刺激，需要很多痛苦，只有战争能做到这一点。只有战争才能让中国人觉醒，摆脱后退。”

谭根雄把画送给我，提出的唯一要求只是给他的画配个画框。当然没有问题，我选了一个金色的宽边画框。他的画真是不错，我越看越喜欢，而且感到有些自豪，我的德国邻居安吉丽卡看了以后禁不住说：“你其实没有画上画得那么精神……没有画上那么精神。”

谭根雄真是个够意思的好朋友！后来有一段时间里我曾经在工作上遇到困难，手头拮据，他对我说过：“乌苇，我很愿意帮你，但你也知道我没有多少钱！我只有我的画，我考虑过了，你可以把我的画都拿去卖钱。我是认真的，卖完的钱都归你。”

四个星期后法院通知白霞和我再去一次，在同一间大厅里，我们坐的位置也和上次的一模一样。这一次我们只见到了法官一个人，他板着脸，态度很严肃。他宣布我们的离婚申请已经被批准了，然后宣读了判决书，我们两个人对判决书的内容都表示同意。法庭费用由申请离婚的一方来承担，金额是8元5角。

我故作严肃地对白霞说（虽然已经离婚了，但是我们双方还没有失去原有的幽默感）：“等等，让我来付一半！”

她听了以后很生气地说：“我才不要你的钱！”

“好，好，”我说，“那就都让我来付吧！”

“我说了，我不要你的钱!”她又喊了一遍，声音更大了，两秒钟后她扑哧一笑，“但是你要在北京饭店里请我喝一杯酒!”

我们叫了两辆出租车分别和我们的翻译一起去了北京饭店。我们四个人在饭店大堂的咖啡厅里坐下后，白霞说她要出去一下，一会儿就回来，她让我给她点一杯威士忌，我给自己也点了同样的。五分钟后她抱着一大束鲜花回来了，我接过花之后两个人紧紧地拥抱在一起。

“现在我们离婚了，”她一边微笑着一边看着我，“也就是说我还可以再和你结一次婚……我想和你结六次婚。”

翻译大史简直不敢相信他的耳朵：“哎呀……你们这哪像是离婚啊，简直就是订婚!”

离开饭店后大史请我去他家里和他的家人一起吃饭，对于他的帮助和理解我始终非常感激。我曾在一本书里看过一句话，说离婚就如同是做了一次大手术，其伤害程度至少可以和失去一只胳膊相比。

工作合同的事可能会有麻烦，对此我早有预感。按照合同中的条款我及时向单位提出了延长申请，等了七周之后部门经理告诉我说合同到 1984 年 3 月 24 日到期，不能再延长了。在中国住了整整十年后我现在只有五个星期的时间收拾行李，然后回国开始新的生活。

和四年前一样我又一次得到了很多人的同情，同事们无法理解为什么我的合同不可以再延长。有人告诉我在隔壁办公室里的一次会议中，一位领导请大家对这个由上面作出的决定给予“意识形态”上的支持。四年前单位对我的批评是我有太多的无法控制的“外部交往”，这次我的问题中还多加了一条，那就是我认识太多重要人物，而且都是我“不应该认识的人”。据说正是因为这些大人物的原因我的申请才被讨论了七个星期之久，因为在这七个星期中我有足够的时间去请这些大人物来帮忙。在我得知合同无法延长后没有几分钟，我的所有同事们也收到了同样的通知，通知的内容很短，措词生硬，给人的感觉好像是我犯了什么大错误，但具体是什么错误无法在通知里写出来。

去年帮助过我的段局长正在生病疗养，我没有机会和他说上话。我对自己说，不管是因为什么原因，如果这次真的保不住在出版社的工作了，我只能服从这个决定，但是另一方面我又不想就这样无缘无故地背上黑锅，而且我也不愿随随便便就和我的女朋友分开。我劝自己要保持冷静，认清自己的强项，要有理有节地处理这件事情，可内心的愤怒和失望无法平息。出版社里的好朋友李希贤又一次把我从低谷中拉了上来，他对我说："你的问题已经不是第一次啦，也就是说，我们不是没有准备的。我觉得，你必须要讲究策略，认真对待。"他说的话让我想起了《孙子兵法》，我感觉心里平静了许多。

在充满活力和叛逆的气氛中

我的女朋友沈丹萍住在北影厂的 17 号宿舍楼里，我不可以随便进去找她。想进到北影厂的大院需要先在门口登记，一个外国人当然不能说他去找一位年轻的女演员。门卫都知道沈丹萍是谁，直接说去找她就更不行了。为了掩人耳目，我们约会的时候总是带上一群人，通常是她的几个女朋友，她们几个人坐在屋子的一角，我和沈丹萍坐在另一角，就这样我们才能悄悄地说上心里话。有的时候一坐就是几个小时，有说不完的话，遇到不会的词我们就在纸上画。有时候我们在一起的时间太长了，陪着我们的女朋友们都没话可说了，我就过去和她们搭一会儿话，然后再回到沈丹萍这边来。

当时见面的气氛既让人感动又有那么一点儿反叛的味道。如果忽然有人进来的话，看到我们一大帮人估计也说不出个所以然来。没有女朋友们的保护情况一定会很危险。如果被人发现我们两个人单独在一起，沈丹萍有可能会丢掉当演员的工作，而且还可能被遣送到某个偏远的地方去。和外国人谈恋爱即使不是最糟糕的事情，也是一件很丢面子的事情。

沈丹萍的生日快到了，我们约好了周日一整天都在我的家里为她庆祝，我把刘丰、凌子风和他的儿子凌飞也一起请来了。生日前一天的晚上我坐在书桌前突发奇想，决定用不同的布料做成一个手工拼图当做礼物送给她。我还从来没有做过这样的手工，结果一直到凌晨 4 点半才终于完成。拼图再现了沈丹萍宿舍里的样子，上面有她的床，床的四条腿站在四块砖的上面；有地上的电热器，她的新自行车，因为怕放在外面被人偷走特意放在屋里；还有她的彩电，是用在香港拍电影时挣到的钱买来的。早上 10 点钟的时候客人们都来了，我们一起度过了非常开心的一天。给我印象最深的是沈丹萍很详细地给我讲了她演过的一部叫《被爱情遗忘的角落》的电影。故事发生在一个非常贫困的村庄里，由于太贫困了以至于没有女孩儿想嫁到那里去。她说得越详细我越隐隐地感觉到好像在哪里听过这个故事，而且在一期《大众电影》的封面上见过电影中的那个姑娘，梳着一条大辫子，站在乱石密布的山坡上，肩上背着一个竹篓。我订了《大众电影》，很长时间我都特意把那一期放在一摞杂志的最上面，因为我觉得那个姑娘是最漂亮的。一边听她说，我一边开始在书架上找那本杂志，当我找到时我的眼睛一下睁大了，封面上那个梳着大辫子的女孩就是正在我的家里庆祝生日的人！

沈丹萍告诉我她是在北京电影学院里学的表演，那可是中国的年轻人梦寐以求的地方，不但如此她还属于著名的“78级”，是北京电影学院在“文革”后第一次招收的学生。在近20万名的南方籍考生中沈丹萍是那一年唯一一个考上表演系的学生。20万，我特意把这个数字写了下来，免得听错了。

下午的时候沈丹萍不得不离开，作为北影厂的代表之一她要去参加法国大使馆文化处举办的一个活动，当时文化处的负责人是马腾，他后来先后做了法国驻北京和柏林的大使。沈丹萍走了以后其他的客人也都陆续离开了，我们约好了在法国使馆的晚宴结束后大家再回到我这里来继续庆祝。到了晚上真正回来的只有沈丹萍一个人，她从法国大使馆叫了一辆出租车直接到了我的家。进饭店大门的时候还没有什么问题，但是后来门卫看到了车里的她，负责保安的人一路骑着自行车追到我住的楼门口才追上了出租车。他们问沈丹萍为什么没有在前台登记，说她没有权利擅自进到饭店里来。保安认出了她，直接叫她的名字。沈丹萍很紧张，门卫允许她到我的门前来打声招呼，她当时语无伦次。如果她不是一个人过来问题可能还不会这么严重。我和沈丹萍一起坐上出租车，在出门的时候我很严肃地对保安说我是“外国专家”，希望他能通融一下。他一直盯着我们的车开出了友谊宾馆。

在路上沈丹萍对我说，虽然我们什么都没有做但是差点儿出了大事，她说她再也不到饭店来找我了。后来两次见面是在城里，但又怕被路人认出来，我们在马路上走路的时候特意拉开五到十米的距离。这个办法不是很好，后来她想出了一个好办法，又能到宾馆里来找我了。每次来的时候她都带上她以前的一个男同学，英俊潇洒的电影演员贾东朔，“老贾”在进门的时候故意把手搭在沈丹萍的腰上。老贾把沈丹萍带进来后就坐在一间屋子里听音乐、看书，而我和沈丹萍在另外一间屋子里聊天。她说她很快要回老家南京一趟，去看她的家人，已经很久没有回去过了。我问她什么时候才能回来，她说可能要两个月之后，我一听就急了："我可以等你两个星期或者三个星期，但是我没法等你六个星期。"

在出版社里我一次次就我的合同问题提出抗议，我的行动最后终于惊动了出版社的最高领导。我说话的口气也不再客气，对于我受到的不公我开始直接地质问领导："我知道，有人说我认识了不该认识的大人物，这是谁说的？是谁觉得我没有资格去认识这些人？"中国已经进入了改革开放的时期，但是很多的道理人们在很多年之后才明白。我不知道是谁如此反感我和中国名人的接触，为什么他们有这么多的恐惧，为什么有人想限制别人的交往自由。我请领导告诉我，我到底违犯了什么法律法规或者文件，同时我让他们清楚地告诉我，作为一个外国专家我到底可以和什么样的人交往。我很坚定地说，如果没有明文规定或者是事先明确告诉我这些问题的答案，出版社没有理由拒绝我的合同延长申请。

出版社的副社长刘德友决定在我的合同到期之日起再给我延长三个月的时间，他说这样我就不用着急了，可以有条不紊地计划下一步的生活。他还说出版社会灵活处理我的请求。我请他一共给我延长 12 个月，虽然很清楚这是没有先例的。刘社长没有答应我的请求，但是也没有立刻拒绝。他当时正准备去文化部接一个副部长的位子，可以看出来他很努力让各个方面都对他满意。

情况虽然比开始的时候好了一些，但是未来仍然很不明朗，我告诉沈丹萍，这是为什么我不可以等她六个星期的原因。我第一次跟她讲了我的合同问题，也就是说在合同到期后我不可以继续在中国工作，也不可以在这里住，我们之间的关系到那时可能不得不结束，因为我必须离开中国，再也没有机会和她见面了，而沈丹萍也不可能出国，不可能到德国来看我。听我说完后她不知该说什么好，她还从来没有遇到过这样的问题。虽然她也出过国，比如去日本拍过《一盘没有下完的棋》，还在香港拍过《夜上海》，但她不需要自己去办签证。我的问题对她来说太突然了，我可以清楚地看出来她很痛苦，但是她没有说什么。无论如何她要先回南京去探亲，她给我留了南京家里的电话，说如果需要的话我可以给她打电话。

沈丹萍走之前我们又见了一次面，这一次是和刘丰、凌飞在一起。刘丰和凌飞坐在一间屋里，我和沈丹萍在另一间屋里。我说我们才认识两个月，就已经有了这么多的问题，而且每次见面对她来说也不是没有危险的，我们担惊受怕，连打电话都很紧张。我问她是否有勇气和我结婚，虽然不知道"上面的人"会做出什么反应。如果她有这个勇气，我们至少在外人面前就不用再害怕什么了，因为相爱的人是有权在一起的。沈丹萍电影明星的身份可能会让我们的情况更加复杂，而我也可能背上有问题的外国人的恶名。我对她说，我们两个人必须互相信任，无论发生什么事情，哪怕是我们的关系被禁止，我们也要对对方保持信心。在心里我们都知道我们已经再也分不开了。

沈丹萍很害怕，她没有想到和我交往会有这么多的后果。和她相比，我考虑了很多而且也做好了准备，我要想尽一切办法保护这份感情，世界上任何的力量都无法阻挡我。而另一方面我也知道，如果我失败了，我可能会毁了自己心上人的前程，我会一辈子都无法原谅自己。

"我还不想和你结婚!"这是沈丹萍的第一反应，她的表情纯真得让我心动，"也许两年以后……但是不是现在!"

她觉得我的问题太突然了。我试着说服她："我可以理解你的想法，我也同意。但是如果要等两年的话，那我们最好现在就分手，而且最好是在陌生人来敲门之前。"

她站起来，我也站起来。我们走到另外两个朋友的身边。

"我要回去了。"沈丹萍对刘丰说。

"怎么了?"刘丰吃惊地望着我们。

沈丹萍很委屈地说了原因，我也接着讲了我的看法。刘丰和凌飞听完后都笑了，我们四个人又在一起聊了二十多分钟，最后的结果是刘丰和凌飞都觉得我说的有道理，而沈丹萍不应该离开我。

"姐姐，你怎么会变成这个样子!"

沈丹萍的家人住在南京市中心的百子町，她给我的电话号码是那里居委会的电话，接电话的是一些老太太。我每隔三天就给那里打一次电话，心里总是忐忑不安，老太太接到电话后总是先说等一等，然后就会到沈丹萍的家里去叫人。那些老太太都是看着沈丹萍长大的。有一天，一个老太太告诉沈丹萍的母亲说沈丹萍总是定期接到一个外国人从北京打来的电话。沈丹萍的母亲并没有问那个人和沈丹萍之间是什么关系，当别人在背后议论时她的母亲刘美玲就说："那是个记者！……采访！"最后她的家人还是知道了女儿有个外国男朋友——"你一点儿都不怕吗？不怕天也不怕地?!"听到家人的质问沈丹萍吓坏了。

从那一天开始，在沈丹萍的家里天天开家庭会议，有时是她一个人面对她的父母，有时她的哥哥和妹妹也参加，还有的时候只有她和她的父亲两个人。他们问她，中国有成千上万的好男人，为什么她非要和一个外国人在一起？外国人过去在中国做了很多坏事，直到今天外国人仍然在找机会欺负中国。他们还说外国人到中国来不是做间谍的，就是来犯罪的，有时候还杀人放火，尤其是德国人，全世界的人都知道他们会杀人。中国的电视里刚刚播放了一部南斯拉夫的电影，其中有不少德国人开枪杀人的镜头。在那些家庭会议中，沈丹萍的家人还说德国人和日本人是最最糟糕的，不可以相信外国人；外国人有钱，他们是骗子；女人对他们来说就是玩物，他们随时都会把他们的女人给卖掉……

在当时的中国，很多老百姓对外国人的看法就是这样，外国人在他们眼里简直就是外星人。她父亲故意把话说得很严重，说明他非常担心自己的女儿，其实他们最担心还不是我是外国人或者我是个坏人，而是我们这种所谓的非法关系会给沈丹萍的未来带来什么样的严重后果。他们都经历过"文革"，知道人心难测，他们不知道女儿的行为是否会给一家人带来灾难。

沈丹萍的母亲很同意沈丹萍父亲沈开生的说法。尽管她的父亲不停地批评她，沈丹萍并没有觉得自己做错了什么，她觉得和外国人谈恋爱没有什么不妥。她无法说服父母，也不想再争辩下去了，这是第一次她决定不听父母的话。到最后她的父亲说，如果你不和这个外国人分开的话就不要再回家了，他们不认这个女儿啦。

比沈丹萍小两岁的妹妹丹华也不理解她的决定，痛心地对她说："姐姐，你看看你自己，怎么会变成这个样子！"

在家庭会议结束的时候所有的人都哭了，只有沈丹萍没哭。第二天一早她收拾好行李离开了家，在南京她只待了两个星期。比她大两岁的哥哥丹枫把她送到了火车站。平时沉默寡言的他在临别的时候说："妹妹，不管将来发生什么事，如果你需要我的帮助，一定要告诉我。"

回到北京后她的决心更加坚定了。从那时起我也开始一个人到她的房间去找她，我们都想好了，一旦被人发现的话我们就说我们要结婚。每次进电影厂的大门我都要在看门的几个老头那里登记，而且每次都得找个借口才能蒙混过关。一天我进门的时候他们正好在打麻将，谁都不愿停下来，其中一个就自言自语地说："他是来录音的！"然后对我喊了一句："进去吧！"从那之后我就不用再登记了。

我和沈丹萍坐在她屋里的小凳上，她用一个小电热器做饭，每次都做得很丰盛，很可口。做饭的时候她喜欢把长长的黑发别到一个黄色的帽子里，一边做饭一边和我聊天。我们之间好像有无数的问题要问，有无数的经历要讲。我们不知道如果她告诉单位她要和我结婚，电影厂里的人会如何反应；如果她的父亲不同意我们的婚事，将来和她的家人该怎么相处；我们也不知道我的单位会对我们的婚事说什么，如果想结婚的话必须要先得到双方单位的认可。我们的谈话似乎每次都是这样的句式：如果……怎么办……爱情给了我们强大的力量，我们一致决定不在任何人面前隐瞒我们的关系。

我们之间并不是完全没有矛盾，语言上的不通是个障碍，而不同的文化背景也让我们很容易产生误解，有时还会在无意中伤害对方。一天晚上我们发生了一场争执，她离开后我一夜都没有睡好，总算熬到了第二天早上，我7点钟就去了沈丹萍那里，她和刘丰还在睡觉。"是谁?""我，乌苇。""哦！哦！"刘丰起来开了门。我一眼看到自己送给沈丹萍的生日礼物拼图被反着挂在了墙上……背面朝前！几秒钟之后我把沈丹萍紧紧地抱在怀里，她委屈地哭了，坐在床边的刘丰也禁不住抽着鼻子说："哦，我也要哭了……我也要哭了！"她真的哭了出来。

沈丹萍的妈妈刘美玲忽然来了北京，自从沈丹萍被赶出家门后他们还没有联系过，她的父亲让她的母亲到北京来看看情况，据说她的态度很平静。在电话上我问是否可以去见见她的母亲，她说可以，她的母亲也不反对，还特意给我做了午饭。第一次见面时她的母亲看上去有些紧张，她还从来没有见过外国人。我和她说话的时候她虽然朝着我的方向看，但是不是把目光转向我的左边就是右边，一直避免和我四目相视。一天晚上，凌子风把我们都请到了他的家里，沈丹萍的母亲终于有机会找人倾诉她的心里话。凌子风对她说他已经认识我很多年了，说我是个好人，而且两个人的恋爱和结婚应该是他们两个人自己的事，其他人不应该干预的。带着这样的说法沈丹萍的母亲回到了南京。

重要的日子

1984年6月7日对我们来说是个十分重要的日子。我们决定在这一天各自去和单位提出结婚申请。我一早到了电影厂，沈丹萍那边已经来了好几位她最要好的朋友，都在给她打气。大伙儿在一起有说有笑，气氛不错，沈丹萍也面带微笑。一个朋友带来了红葡萄酒，在8点半的时候沈丹萍喝了一大口，然后我们一起出发去北影厂领导的办公室。她带上了事先准备好的申请书，上面写着她要和外文出版社的德国籍专家乌苇·克劳特结婚。在她进去之前我吻了她，然后看着她穿过长长的走廊，上了楼梯。领导的办公室在大楼的二层。

沈丹萍对我说她前一天晚上失眠了，心情一直无法平静。其实她心里还有另外一件事，但是她当时没有告诉我，后来我还是知道了。原来在前一天晚上沈丹萍和刘丰共同认识的一个老朋友对刘丰说，他从可靠的地方听到消息，说乌苇正在受到某个部门的密切观察，因为他很可能是个间谍。这个人请刘丰把消息转告给沈丹萍，请她务必要好好考虑一下自己的决定，最好不要操之过急。沈丹萍在睡前听到了这个消息后一夜都在担心，如果消息是真的，她的生活将来会怎么样呢？

沈丹萍思考了一夜，到了清晨她作出了最后的决定。她的决定非常冷静，冷静得让我感动。她说没有人知道这个消息是否是真的，她自己也不知道，她不过是个演员，每个人都有自己的职业。谁说间谍就不可以娶老婆啦？如果乌苇真是个间谍的话，她就会努力把他教育过来，让他为中国做事。不管怎么说，她已经下定决心要嫁给我！

她从领导办公室里出来时一下跳到了我的怀里。“我跟他们说了！”她笑着对我说，深深地喘了一口气，“我跟他们说了！”

我坐车去出版社。我把我的东西放在办公桌上，和坐在对面的大史笑了笑，他知道我是什么意思，他已经请过我和沈丹萍去他们家做客。我径直走到部门领导的办公室里，负责政治和业务的两位领导都在。我对他们说我想结婚。“哦？那……恭喜啦！啊……和谁？”我把准备好的书面申请书递给他们，请求他们给予批准。

两天之后沈丹萍去长沙参加电影《银幕后面》的拍摄。

李希贤把他从德国带回来的凯特勒牌自行车借给了我，他说那辆自行车太显眼了。我骑着车在城里四处乱逛，好像看这个城市的眼光都和从前不一样了。

“亲爱的，我不会离开你。”

很多人听到一位著名的中国女演员要和一个外国人结婚时都感到很震惊，不管这个外国人是好是坏。我们的事成了大家议论的焦点，开始还是在北京电影制片厂里，后来好像全国人民都知道了。有些人说沈丹萍“不要脸”，是个“坏女人”，她一定是想离开中国，到国外去过贵夫人的生活，她不会再演电影了；而我是从德国逃出来的恐怖分子，一个抢银行的暴徒，在德国已经有了两个老婆，此外我已经六十多岁，秃顶，还有一个啤酒肚。一家南京的报纸说，因为我的父亲曾经在军队里当过兵，我一定和法西斯有关系。并不是所有人都对我们的关系下如此武断的结论，一个女记者对我说：“我们并不了解你，只知道有你这个人，我们觉得，你应该是个王子。全国的人都在看着你们俩。我们对这件事的感觉很复杂……一方面……很新鲜……但是另一方面我们又有些害怕……我们不知道这样的事情对未来意味着什么。”

中国的婚姻法是允许中国人和外国人通婚的，但是单位仍然拥有自己的决定权，如果他们不批准我们还是结不了婚。出版社的某些领导觉得他们务必要按照老的规定行事，他们专门给北京电影制片厂打了电话，和他们一起商讨我们的申请。我也由此终于知道自己这么多年来被人指责的缺点都是些什么，可以说我的缺点还真不少：德语水平不够好，工作中纪律性不强，工作之外的活动都是为了提高自己的名声和为自己挣钱，对待婚姻和生活持不负责任的态度。对我的批评措词很严厉。电影制片厂里负责人事的吴女士把这些批评意见都写在一封信里发给了正在长沙拍片的沈丹萍，她要沈丹萍好好看一看我的单位“对我的评价”。估计这是吴女士的责任吧，她必须要这么做。我最大的担心是，可能有人在想方设法阻止我们的婚姻，避免让我们成为人们谈论的焦点。北影厂的人们开始做自我批评，说他们在教育上有疏忽。沈丹萍是北影厂厂长汪洋当年专门从电影学院招来的，结果偏偏是她现在要和外国人结婚。凌子风因为给我们牵线搭桥而在开会的时候被点名批评，但是他坚持自己的主见，不承认做错了什么。（虽然受到了内部批评，凌子风在那一年仍旧获得了“1984年最佳导演”的殊荣。）

沈丹萍需要单位给她出具一张盖了章的介绍信才能去民政局申请结婚，但是这封信迟迟没有下来，这让我们很担心。我去北影厂找他们的领导谈话，还找了负责人事的领导陈强。陈强不仅是北影厂的领导，也是一个著名演员，“文革”中他曾受到过不少迫害。在我组织的德国文学音乐晚会上陈强朗读了《威廉·退尔》的片断，他也参加了我母亲的追悼会。沈丹萍和我见到他之后他给我们每个人倒了一杯白酒，说不用担心，事情会有进展的。“事情会有进展的”是一句很笼统的话，可以有很多解释。他是想说北影厂已经作出了决定吗？还是要我们继续耐心等待？我们真希望事情已经有了进展。

给在长沙的沈丹萍打电话不是很容易，她住的地方离电话隔着好几条马路。有时我要花几个小时时间才能和她通上话。友谊宾馆里的接线员们都非常帮忙，让我很感动，他们都知道我登记长途是为了和沈丹萍说话，我等的时候她们就在线上向我问候，好奇地询问我们将来是想生男孩儿还是生女孩儿，还问沈丹萍在长沙拍什么电影。电话接通后她们都很认真地听我们对话，有时还在我们说话的时候插进几句友好的评语，当沈丹萍给我唱歌时他们也安静下来。沈丹萍给我寄来了她自己画的画，不但画了电影拍摄的现场，还画了很多和尚尼姑，她自己是尼姑而我是画里的和尚。在让我怦然心动的一幅画上她画了一个正在梳头的女农民，上衣的一边从肩上滑落下来露出一侧的乳房。平时很少写诗的我用英文给沈丹萍写了一首诗，内容是她讲过的长沙的雨。在《中国文学》工作的胡世光帮我把它翻译成中文。胡世光在各个方面都给过我很多支持，我对他十分信任，就连给他看我最私密的爱情诗也没有顾虑。我和沈丹萍用汉语拼音写信，效果还不错；有时我也寄给她磁带，是我在夜里录的只属于我们两个人的悄悄话。

在长沙的两家地方报纸采访了沈丹萍，他们对她和一个外国人之间的爱情故事表示了浓厚的兴趣，但是沈丹萍不想回答这方面的问题，她只说了一句话："爱情就是爱情，不需要问为什么！"这句话成了第二天报纸上的标题，在长沙到处都能看到："沈丹萍说：爱情就是爱情，不需要问为什么！"

沈丹萍给北影厂人事处的吴女士回了信，说她已经看了出版社对我的评价，但是她没有改主意，她知道我和出版社之间的矛盾；此外她还强调了结婚是她个人的决定。沈丹萍给她的父亲也写了一封很友好的信，希望她的家人可以理解她，并请他们给北京的民政局写一封不反对她的婚事的证明信。她的父亲很快就回了信，答应了她的请求，表示不再干预她的婚事。

北影厂的一群老先生们（在中国当官儿的当时还都是老头子）通知沈丹萍去开会，在会上他们轮番劝她不要和我结婚，让她把申请撤回来。他们对沈丹萍的工作大加赞赏，说她是中国的希望，是党的希望，她的事业发展离不开党和国家的培养，也离不开北影厂的支持，她如果坚持和外国人结婚会让所有人都很失望，等等。领导们放下身架用这种苦口婆心的方式来说服一个下属，这在中国并不少见，通常一个年轻人是很难在这种情况下说不的。没有人可以帮助沈丹萍，在众人的包围下她只有她自己和她认为是正确的信念。她能顶得住压力吗？我在电话上问她，她笑了笑说："亲爱的，别怕，我已经作出了决定，我不会离开你。"这是我最希望听到的答案。

在我们向单位提出结婚之后的第三周，我的部门领导通知我，工作合同到9月底彻底到期，我对他说出版社的领导不是这个意见，那位领导曾对我说过对我的情况可以灵活处理。

一天晚上在出版社的门外我偶然碰到了小春。以前我们在路上遇到时会互相微笑一下，算是打个招呼，然后各走各的。这次她站到了我的身边，没有要走的意思。她说她知道我要结婚了，我说是的，问她是从谁那儿听说的。她说其实人人都知道了，只是她比别人知道得更早，是某个领导在两个月前告诉她的，当时他们发现了一个女演员到第二天早上还留在我的房间里。

什么？

她说是饭店里的员工早上发现后告诉出版社的。

“饭店里的人说如果再发生类似的情况，他们就会出面干预的。”这是小春听到的。

我忽然感到背上一凉。我还记得那个夜晚，本来沈丹萍说要离开，但是后来又决定留了下来。实在是感谢上帝，就是在那一天夜里我们决定以后再也不在饭店里见面了，因为感觉在饭店里实在是太危险了。我没有问小春为什么她没有早一点儿来警告我。

小春也有新消息要告诉我，她说她要再婚了，我们两个人都笑了。我很为她高兴，也直接告诉了她。她很神秘地对我说，我应该认识她未来的先生，她扭扭捏捏地等了一会儿才说出了他的名字，原来是一位著名的剧作家。我以前在首都剧场里见过他很多次，还有在大使馆的一些宴会上。人艺曾经上演过他创作的先锋话剧，据说受到了布莱希特和贝克特的影响。他的作品在国外刚刚开始引起关注。他们获得了一笔很丰厚的奖学金，他们计划先去柏林住一段时间，然后再去巴黎。小春后来在巴黎的法国国际电台里工作。遗憾的是他们后来还是离婚了。2000 年小春的这位前夫获得了诺贝尔文学奖。

我给她买了那家店里最贵的戒指

剧组中有一个人要回北京，沈丹萍让他给我捎来了满满一桶的松花蛋，放在一只红色的塑料桶里。我其实一点儿都不喜欢吃松花蛋，但是我每天都坚持吃一个，有时甚至两个，而且我也不会调汁，就这么干着吃，没想到吃了一段时间后我竟然开始喜欢松花蛋的味道。桶里的松花蛋还没有吃完，我们已经收到了好消息，北影厂终于批准了我们的结婚申请，也就是说我们可以去登记了。沈丹萍借着拍摄中的一段休息时间回了趟北京，我和很多朋友去火车站接她。看到我们一群人在那里等她，沈丹萍觉得有些不好意思，尤其是因为她的头发，为了电影中的需要她的一头长发被剪得很短。民政局给了我们一个清单，是我们需要准备的文件，其中还包括体检表格。

我们用了整整五天的时间才把所有的文件都准备好。在登记的时候民政局里的一男一女两个官员仔细地查看了我们的文件。那个男的我看着很眼熟，原来是上次我来这里结婚时见过的，我一下感到非常尴尬。沈丹萍父亲写的证明信在一张很大的纸上，每个字都写得很大，面前的两个人在看那封信的时候露出吃惊的表情。女官员很严肃地给我们讲了结婚的含义，她说这是一个严肃的决定，不可以现在决定了过几天又后悔。说完后她来问我的想法，虽然她也问了沈丹萍同样的问题，但是我心里很紧张，觉得她的这个问题肯定是针对我一个人的。我还没有回答完我的问题，那个男的已经从抽屉里拿出了两本红绸封面的小本子，是中国的结婚证！他开始贴我们两个人的照片！我禁不住问了一句："都决定了？今天我们就可以领结婚证吗?!"女官员说如果我们在宗教或者是文化方面出现矛盾，比如说在饮食方面，我们需要理解和支持对方。她还说互相理解是维系婚姻的最重要的基础，然后又告诉我们如何把表格中没有填的地方补全，随后在文件上盖了章。两位官员同时站了起来，我们也跟着站了起来。他们把结婚证交给我们，态度真诚地向我们表示祝贺。结婚证里是这样写的："……自愿结婚，经审查合于中华人民共和国婚姻法关于结婚的规定"。那一天是 1984 年 7 月 21 日。

那是阳光明媚的一天，沈丹萍穿了一条轻盈的白底碎花连衣裙。离开民政局后我们一起走在王府井大街上，不，我们不是走而是飘在王府井大街上。有时我们把手扣在一起，很长时间一句话都不说，对路人好奇的目光我们视而不见。在第一家店里我给沈丹萍买了一只那里最贵的戒指，价格相当于给欧洲发一封信的邮票钱。在首都剧场的门口站着一些我认识的演员，看到我们两个人大摇大摆地从他们面前走过，他们简直不敢相信自己的眼睛。我们想在北京饭店里吃点儿东西，门卫拦着我们说中国人没有特殊的证件不可以进去。我搂着沈丹萍的肩，说她是我的太太，然后把结婚证拿出来让他看。门卫睁大了眼睛看了一下，没有再说什么。吃完饭后我们坐着出租车回到北影厂，在大门口我们也很自豪地给门卫看了我们的结婚证。在 17 号楼里沈丹萍把她需要的东西放在一个包里，我们继续坐车回到友谊宾馆。我们都努力让自己镇定下来，好像这一天和平常的每一天都一样似的。第二天的晚上我们和几位朋友一起庆祝了婚礼，第三天一早 5 点钟沈丹萍就坐上了回长沙的火车。

故乡在召唤

"我们是留在这里，还是去德国?"沈丹萍问我，还没等我回答她又说，"我还很想再演两部电影。"她的理由是："我已经取得了这么多的成绩，而且我还很年轻，我还很想再演两部电影。”我了解沈丹萍，知道她很热爱表演，而且母语是中文，她需要她的故乡。如果她和我一起去德国在家里做个家庭主妇的话，她对德国这个陌生国度的美好憧憬很快就会消失。婚后的第二天我收到汉斯·迈尔的一封来信，他帮我找到了一份工作，是在著名的海德堡出版社里（大使本人的帮助也起了作用），他说如果我感兴趣可以把简历直接发给他们。汉斯说有了这份工作我“就可以再一次在西德立足了”。对于是否接受这份工作我思考了很久，工作的内容很具体，出版社的大楼我也见过，上大学的时候我经常从那里经过。如果我接受了德国的工作，生活将发生很大的变化。难道我真的愿意就这样结束在中国的生活吗？我可以接受这个事实吗？几个月前我在德国访问的时候，一座大城市的市长曾问过我是否愿意在他那里做事，负责文化事业，他觉得我的资历很合适。为此我特意去了一次他说的那个部门，见了当时的部门负责人。那个人看上去很不开心，情绪低落，整个办公室里的气氛也死气沉沉的。我婉言拒绝了那份工作，很高兴自己又回到了中国。我想如果我真的接受了那份工作，大概过不了多久自己也会变得和那些人一样萎靡不振。

有人可能会说，我在中国的单位里遇到了那么多的问题，为什么我不找机会马上离开中国呢？这样想的人可能只看到了生活中的一面。在中国生活让我有机会亲身参与这里的发展，享受发展带给我的种种机遇，这些都是在世界上任何其他地方没有的也无法想象的，对于我来说，这些机会比我在工作中遇到的问题更加重要。我要好好地思考一下下一步将如何走。

出版社里的情况出现了一些好转。我的问题会不会最终还是牵扯到上面某个人的“面子问题”？我不得而知。我只知道是出版社的领导和我所在部门的直接领导之间对我意见不一。我还没有被完全孤立可能是有道理的。我给单位领导证明了自己从来没有怠慢过工作，比如说“在过去的三年半时间里我从来没有请过一次病假，也没有拒绝过任何一份交给我的工作任务；我处理过的所有文章都内容正确，按时交稿，而且在过去的两年中我是部门里唯一的一个外国人，我的工作量之大有目共睹”。在我的据理力争下，我的工作和签证至少在一段时间内算是有保证了。

如果沈丹萍和我最终决定不离开中国我们会怎么样？我们很希望能在没有外部压力的情况自己拿这个主意。外面仍然有不少关于我们的流言蜚语，但是情况没有刚开始时那么糟糕了。《大众电影》10月版的封面上刊登了沈丹萍在长城上拍的照片，这是一本在中国最受欢迎的电影杂志，我们都觉得这是一个情况有所好转的信号。

在沈丹萍拍片结束回北京之前，我把家从友谊宾馆东南区的楼里搬到了另一座楼里，在那里我们将开始新的生活，过属于我们两个人的安静的小日子。友谊宾馆离北影厂和我上班的出版社距离差不多，只是方向不同。在宾馆的马路对面有一个自由市场，我们经常去那里买菜，付钱的时候我要走开，免得他们让我们付外国人的价钱，连农民都知道外国人有钱。沈丹萍很会做饭，她最拿手的是牛肉锅贴，类似一种意大利饺子。怎么可以说是意大利的饺子呢？中国人和意大利人似乎永远也争不清楚到底是谁先开始吃饺子。意大利人说是马可·波罗把饺子带给了中国人，而中国人则认为是马可·波罗在中国学到了如何做饺子并把做法带回了意大利。据说有足够的证据证明，中国人在马可·波罗来中国前的几百年前就已经在吃饺子了。

一天晚上我们和大使夫妇及黄永玉夫妇在一起聚会，我给他们讲了沈丹萍的父母曾经有过的担心，比如说外国人会把他们的女儿给卖掉。我还没把故事讲完，大使夫人爱丽卡已经开始用商人看货的眼光打量着沈丹萍，然后慢慢地一边点头一边说："不错，不错……可以卖个好价钱。"她一句话把我们大家都逗笑了。

沈丹萍的父母到北京来了。从我们第一次在火车站上见面的那一瞬间起，他们的担心就全都消失了。他们计划到北京来住三个星期，所以带了好几件行李，大包小包的，每一件都很重，除了自己的衣物外他们还给我们带了各式各样的食品，比如说两只南京板鸭。我把他们的行李通通拿了过来，先把肩上背满，然后手里再提两只大箱子和两个口袋，大踏步地走在前面。沈丹萍开玩笑地说，火车站上的几千个人一定认为我是他们雇来的俄罗斯苦力，沈丹萍的父母禁不住用充满赞许的目光看着我。谁能想到一个外国人会给他们这么多的"面子"呢？沈丹萍的母亲在她的耳朵边小声说："他至少不比中国丈夫差。"沈丹萍的父亲很满意我在家里有一书架的外文书，当他知道我们决定把大床让给他们睡时，他也完全倒向了我的一边，他觉得女儿嫁对了人。在那三个星期的时间里我的岳父岳母给予了我无微不至的关心，我们之间的了解也与日俱增。我们都感到在一起谈话很开心，话题有时严肃有时轻松，我可以听出来他们对我已经完全没有成见和惧怕了。

我的岳父在南京有一个亲戚，她对我和沈丹萍的婚姻从一开始就非常反感。她本人在一家大型工厂里做厂长，听到我们结婚的消息时她曾对我的岳父岳母说："你们为什么没有早点儿告诉我！沈丹萍和一个德国人结婚？一个法西斯分子？一个希特勒？你们应该早点儿告诉我才对！我有路子可以让他们分开的！"我的岳父岳母说他们回到南京后要好好地开导开导这个姐姐，我倒是很希望有机会能认识这个姑姑。

农民们要和我一起拍电影

我没有放弃拍电影的打算，虽然从德国方面还没有获得必需的资金，丁峤部长那边也没有什么新的消息。一个看过剧本的电影界朋友对我说不用着急，他说本子写得很好，钱应该不是问题，上面也许会批的。

我开始和年轻人、电影人、生意人谈这个项目，所有我接触过的人都觉得中国人和外国人一起合作应该没有什么问题。过了一段时间后我开始收到反馈意见，竟然是来自我完全没有想到的地方。一个星期天的下午电话铃响了，门卫说有一个由八位农民组成的代表团正在门口想进来见我，他们要我到前台亲自去接他们。"他们是我的客人！"我说完后马上跑了出去。农民代表团的人被拦在门外，只有我出去接他们才可以进来，对此农民们感到很不解！他们给我带来了三个大口袋，里面装满了自己种的苹果、梨和花生。看着三个沉甸甸的大口袋我感到很不好意思。

他们都是来自龙城县的农民，在石家庄附近，离北京有四个小时的火车车程。县里的党支书是代表团的团长，他进到我的屋里后还没等坐下就说："我们农民现在富裕了，除了农用之外还有一些闲钱。我们考虑了一下，首先，为什么我们农民不可以参加电影制作；第二，为什么我们不可以投资拍一部介绍中国伟大艺术家的电影；第三，我们为什么不可以和一个外国朋友合作！"他们对我说，他们的目的并不是要赚一大笔钱，而是能把本钱收回来就满意了。他们更希望的是通过参与，让公众知道农民也可以投资拍电影，同样可以为国家的文化事业做出贡献。

那次会面给我留下了很深的印象，完全出乎我的意料。他们的热情深深地感染了我。把我们联系在一起的是原来在北影厂的一位技术员，他在看完我的剧本后突发奇想，竟然说服了这些农民和他一起去开办一间农民影视公司。我和农民们第一次会面的时候影视公司的筹建工作已经基本完成，他们向我承诺在公司注册后立刻聘我做他们的正式顾问。我们还谈了制作《我的北京艺术家朋友们》一片的条件，新的公司会和我一起去向相关的部委申请拍摄许可。影片将有两个制作人，我们的合作伙伴是北京电影学院下属的青年电影制片厂。龙城县里的500个家庭一共在这部电影中投资40万元，相当于40万马克，是一笔相当大的数目。有了这笔钱我们完全可以制作出一部适合在电影院里放映的电影。

没有社会地位，没有工作，没有房子，也没有签证

一个电影演员的地位和受欢迎程度取决于她是否能定期收到电影厂和导演的片约，婚后的沈丹萍没有再接到重要的角色，这让她感到有些沮丧；此外所有国家单位的职工在结婚后都可以分到一套房子，但是沈丹萍没有，而且也不知道她是否能分到。婚姻似乎让她无家可归，沈丹萍对未来越来越担心。我这边也没有好的消息，我的外国专家身份到1985年3月30日将要彻底到期，在那之后我既没有身份，也没有工作和签证，我们俩既没有地方住，也不可能到外面去租房子，因为外国人是不可以随便租房子的。

我们一起考虑下一步该怎么办。对于目前的困境我们都觉得很不公平，如果我们现在不得不离开中国，那就等于是默认了我们受到的一切不公待遇，好像我们真的犯过什么错误似的。我们的名声也会因此受到影响，即使沈丹萍在国外生活，我知道她的内心也不会平静，等她将来回国时也不会摆脱这一段负面的记忆。那些一心想把我们赶走的人在我们的眼里是代表落后的一些人，他们对中国目前的变革和未来的发展还没有看清楚。

目前最紧迫也最实际的问题是我的签证，我不得不再一次给上级领导写信。可能是政府对于外国人越来越重视，我的签证再一次被批准延长了。虽然没有工作，但是签证到12月31日才到期，友谊宾馆的房子也可以继续住下去。有关部门还对我说他们会去帮我问问在出版社之外是否还能给我找到

一份合适的工作，从那之后我就一直在忙找工作的事。中国的政府里有层层机构，每个机构的职能都有所不同，通常一个机构开完会作出的决定到了另一个机构里就又不算数了，他们通常会说：“好吧，我们再研究研究。”我的事情就是这样被一而再再而三地拖了下来。

有时连我自己都不明白为什么我能做到如此的泰然自若。我的勇气是从哪里来的？还有我的精力和狂热？为什么在重重困难下我还在计划新的项目？我想原因应该是我一直都没有对中国失去信心，而我对中国的信心也始终没有让我失望。很多人不理解我，他们无法想象一个外国人在既没有律师也没有某个组织的支持下如何一次次地去说服管理部门的层层官僚。

万里副总理说：“你们的电影是用心来拍的。”

农民影视公司和青年电影制版厂签订了书面的合作协议，公司还请来了纪录片厂里的一些著名专家做顾问。公司聘我作为剧本的作者和项目的主持人，我和导演兼摄影韩健文共同负责影片的内容，韩健文是北京电影学院的老师。我的酬金不多，但是这个不重要，重要的是工作给我带来了很大的乐趣！关于在影片中要介绍哪些艺术家在公司内存在分歧，有的人认为我们应该介绍一些“伟大”的中国艺术家，但是谁能来定义谁是伟大的艺术家呢？谁有权利来做这个选择呢？后来我决定还是由我自己来选，也就是说，我只选我认识的朋友们，这样在拍摄过程中我可以去拍他们的工作，也可以去他们的家里或者在业余生活中采访他们。

除了三个特殊情况外，影片的绝大部分将在北京拍摄。特殊情况之一是曹禺，他和他的夫人李玉茹住在上海，李玉茹是一位著名的京剧艺术家。我采访他们的时候曹禺的话剧《日出》正在上海被改编成电影。第二个特殊情况是画家黄永玉，他当时正在老家凤凰。最后一个是正在内蒙古草原上拍片的女演员斯琴高娃，她扮演的角色是成吉思汗的母亲，对于我们的影片来说，能在她自己的故乡拍摄到她的工作情况实在是再合适不过了。

影片中介绍了中央乐团的指挥家李德伦，这个面色铁青的指挥家经历过多次政治运动，但他始终都顽强地浮在水面上。从上海到延安时他曾带着全套的管弦乐器，在延安，他在理想主义精神的鼓舞下组建了一支令人难忘的农民交响乐团，那些农民都从来没有碰过西洋乐器！在“文革”中，造反派，尤其是江青，很想利用李德伦来达到他们的目的。为了不让古典音乐完全被遗忘，李德伦将计就计，反过来也利用他们。

在影片中我还介绍了以下的一些艺术家：女高音梁宁，这位才艺双全的歌唱家被誉为是中国的卡门；剧作家吴祖光，在“文革”中曾受到过长期迫害；舞蹈家戴爱莲，中国最著名的古典芭蕾舞蹈艺术家；吴祖光的夫人、富有传奇色彩的评剧演员新凤霞。在影片中当然也有沈丹萍的一席之地。她从小在大城市里长大，当角色需要她扮演农村妇女时，她经常去农村体验生活好几个星期。在农村她穿农民的衣服，和农民同吃同住同劳动。在影片中我们跟随她在农村拍摄了体验生活的情况。我们本想在影片中穿插一些电影《夜上海》的片断，但是由于片中女主角周璇唱的一首歌让一位政府的高级官员很不满，这部电影最终没有得到公映。就在影片拍摄的过程中友谊宾馆里正在举办一个大型的中国电影会议，参会者有一百多人。他们中的大部分我都认识，白天的时候我们经常坐在一起聊天，有的人还专门抽空儿到我们的家里来做客。我听参会的朋友们说大会宣布了一个法规，内容是要禁止集体企业制作电影，按照新的法规电影制作只可以由国营企业来完成。

我们的电影制作人——东风影视公司——恰恰就是一家集体企业！听到这个消息后影视公司里的人倒没有像我这样受到打击，至少在表面上他们让我觉得好像没事儿似的：“这样的法规今天出，明天就又忘了，我们不用管它。”从法规的颁布中可以看出来，这是电影监管机构对于近来电影制作方面有些失控的一个反应。想拍电影的人似乎只要是能搞到一台摄像机就一定能找到日本人、台湾人或者香港人来做投资，然后在中国非法制作的胶片就会被走私到海外去。东风影视公司是一家正规注册的公司，公司里的人安慰我说，我们的电影内容深受各界的欢迎，这个新的法规应该和我们的公司没有关系。（不知他们是专门说给我听的还是说给自己听的，是不是只是为了给自己打气?）为了给这个电影做宣传，公司安排了记者采访，由我来给记者们具体介绍项目的内容。《光明日报》在6月23日就我们的项目和我在其中扮演的角色发表了一篇短文，结果在同一天我们就听到了来自上面的批评意见，而且主要是针对我个人的，说我是个“有问题的外国人”。至于为什么这么说就没有人可以解释了。情况看上去实在很糟糕。《中国日报》的记者听到这

我的艺术家朋友们

1. 和黄宗江兄妹及家人
2. 和白杨
3. 和张瑞芳
4. 和谢添、陈冲
5. 和沈浮

1	
2	3
4	5

1. 和司徒慧敏
2. 和周而复
3. 和吴祖光
4. 和新凤霞、戴爱莲
5. 和斯琴高娃等在内蒙古草原

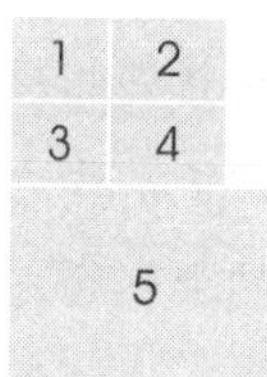

个消息后感到很震惊，其他报纸的记者们也表示了同感，迫于上面的要求，他们纷纷把将要发表的文章撤了下来。

影视公司总经理的观点是：“我可以对和乌苇的合作负责几个月的时间，但是他在出版社里工作了10年，那些人可要对他负责10年！”影视公司里的农民股东们继续对我表示支持，影片的准备工作并没有因此受到影响。上级单位的干预和检查成了家常便饭，我们每天都要做好接受突击检查的准备。尽管如此我也从来没有想过要放弃。在一个社会发生巨大变革的时期总是会发生一些意想不到的事情或者遇到困难。一个全新的项目和新的合作方式自然会引起人们的争议或遇到一些阻碍，我没有太多地考虑这些困难，我只想专心地做我应该做的事情。

拍摄开始之前农民们请摄制组的人员和片中的艺术家去龙城做客。我们一行人坐火车到了石家庄，从那里又搭长途汽车到了龙城县城。县城里挤满了人，我们在大道上走了500米到了一家旅店，路的两旁点缀着彩带，锣鼓喧天。后来我们听说县里一共来了三万多人给我们夹道欢迎，警察都需要出来维持秩序了。一个舞龙的队伍在我们一行人中穿插，鞭炮在路边爆响……这就是农民朋友们为我们开机而举办的庆祝仪式！

在拍摄过程中问题和风险始终伴随着我们，想躲都躲不开。我们处处谨慎行事，但在日常工作中也不乏幽默。黄宗江做事从来都很有气魄，有一次他说：“如果上面的领导认为乌苇是个间谍，那把他放在我们这儿就对了。在我们的手里领导同志们大可不必担心！”他的话虽然是开玩笑，但是他说的“间谍”一词可是有来历的。关于我是“文化间谍”的说法已经被传得满城风雨，但是一直没有人能告诉我“文化间谍”到底是什么意思。

沈丹萍怀孕了，我一直瞒着她不想让她知道我们在拍摄中遇到的种种困难，但是后来她还是知道了。她几乎每天晚上都在哭，情绪激动地问我：“为什么我们不离开中国？”每次我都耐心地对她说，我们随时可以离开这里，但是为了我们的未来，我们必须挺过这一段“困难的过渡期”，否则她可能将来就没有机会再在中国演电影了。

在和中央新闻纪录电影制片厂的段顾问的一次谈话中，我得知他是李敏的一个熟人。李敏是毛泽东和贺子珍的女儿，她和江青及江青的女儿李讷曾在一起生活过很长时间。我当然很想有机会认识李敏。没过多久段顾问告诉我，李敏和她在部队里工作的先生很高兴能认识我这个西德朋友。一天晚上段顾问、沈丹萍、李希贤和我约好 6 点钟在李敏住的军队大院门口见面。我特意买了一束很大的鲜花，沈丹萍禁不住笑着抱怨我，说我还从来没有给她送过这么漂亮的花。门口的年轻战士不知道拿我这个外国人怎么办，结果我们和李敏家通了好几次电话，前后用了半个小时的时间门卫才让我们进去。

李敏的丈夫孔先生穿着军装接待了我们。他态度和蔼，把我们直接请到了起居室的餐桌旁。寒暄过后他对我们说，他的爱人今天犯了头痛，是她经常犯的一个毛病，目前正在旁边的卧室里休息，可能要晚一点儿才能出来见我们，他请我们先吃饭。我们一边用餐一边聊了中国和德国的情况，也讲了我和沈丹萍是怎么认识的，孔先生也说了一些自己的情况。在谈话中我们很少提到毛主席，也很少提到贺子珍，对江青则只字未提。我不希望表现得太莽撞或者是太好奇，所以也不知道应该提什么样的问题。

时间过去了差不多快三个小时，我们表示应该告辞了。主人表示同意，走之前他带我们去隔壁的一间屋子，在门前的时候他的面孔忽然变得严肃了许多。他打开门让我们进去，我们都一同屏住了呼吸，倒不是因为扑面而来的一股浓郁的花香，而是屋内的景象：如同是一片花的海洋。屋子里摆满各式各样的鲜花和盆景，争奇斗艳；屋子的中央是一盆很独特的盆景，高得快要碰到房顶；墙上悬挂着一幅毛主席的画像，画像的下面摆着蜡烛、正在燃着的香和一盘水果。毛去世已经九年了。我站在门口，几乎不敢动地方，其他的人也都站在原地，为了表示尊敬我们向屋内走了几步。我们和主人小声地道了别，临走时我和沈丹萍都没有忘记祝愿主人的爱人早日康复。

到了外面，沈丹萍又忍不住提起了鲜花的事儿，她说李敏没有出来见我们是对我的惩罚，因为我还从来没有给她送过这么美的花。大家都笑了起来，整个晚上紧张的气氛就放松一些了。

我和沈丹萍是否能在中国待下去的问题成了很多人谈论的话题，后来连“新华社内参”的人也听说了。我当时还不知道新华社内参是新华社内部的一份出版物，里面刊登的大多是关于国家发展的一些特殊文章、报道和资讯，是专门为政府和党内的高级干部准备的，通常副部级以上的干部才可以阅读。我们接到新华社内参部一个记者的电话，他说想采访我们，我们答应了他的请求。记者是个年轻人，在饭店里他和我们谈了整整一个下午。他不但是个聪明人，善解人意，英语说得也想当流利。我们和他开诚布公地讲了我们的困境和我们的想法。我们遇到的问题包括我的签证，单位曾经极力阻碍我们的婚姻，诬陷我是个“有问题的外国人”，还有我们到了年底就不得不离开中国的事实，因为我将没有工作，而沈丹萍又分不到房子住。

这篇关于我们的报道发表在 1985 年 8 月 6 日的新华社内参上，虽然我们没有资格看到这份报纸，但是我们听说一些政府和党内的领导对我们的情况表示了同情，至于他们都具体说了什么我们就不得而知了。

电影一直拍到 8 月底才结束，我们随时都做好了被迫停工的心理准备。停工的情况最终没有发生，我们自己也不知道为什么能顺利完成拍摄任务。外界的压力导致了制作方在内容和方式上都非常谨慎，我们希望电影无论如何也要得到审查机构的认可。韩健文把我们拍摄的共七个小时的胶片严格按照这个目标剪成了一个电影版。交给审查部门后我们等了好几个月，但是批准迟迟没有下来，原因是我们的电影公司不是国营的，只是个集体单位。尽管还不知道怎么解决这个问题，事情至少有了好的发展，也就是我的名字已经不再是一个障碍了。

我们坐在简陋的塑料椅子上，中间隔着一张低矮的桌子，上面摆了一只烟灰缸。窗户对着里院，偶尔会有一个穿制服的人走过。坐在我对面的是一个身材魁梧的中年警官，他没有穿制服，而是穿了一件蓝色夹克和一条墨绿色长裤。我正在公安局里办签证，是我自己主动找上门来的，时间是 10 月，还有两个月我的“外国专家”签证就要到期了。我想申请一个新的签证。找到一份新的工作好像完全没有希望了。没有工作单位在中国意味着很多麻烦，工作单位比自己的母亲都重要，一份工作可以为你铺平生活道路也可以一下把你打倒。保住一份工作实在是太重要了，没有工作就意味着没有保护。一个人和他的工作单位之间的关系是密不可分的，很难想象如果没有工作单位生活该怎么过！我的特殊情况是，不论我去哪里，不论开始的时候对方有多客气，最多见过几次面之后他们对我的态度就会发生改变。他们也不对我隐瞒原因，说他们收到过通知，有时是口头的，有时是书面的，明确地要求他们不要和我合作。我把我的情况和困难一一和对面负责签证的警官说了，从他的口气中我能听出来，他也觉得我是个“有问题的外国人”，估计他也看过了我的资料。警官向我提了很多问题，我都一一认真作答，后来我问他为什么没有穿制服，问他真的是一个警察吗，因为他没有告诉我他的名字。他的回答是，他今天凑巧没有穿制服，他是负责给外国人发签证的警察之一，姓刘。谈话结束的时候他对我说等我现在的签证到期后我将失去外国专家的身份，必须离开中国。到时我可以在德国再重新申请一个新的签证，他说这是规定。我对他说我不会为了一个签证专门飞去欧洲，而且就是到了那里我也不确切自己是否能得到签证；此外我的太太将要在 12 月生孩子，对我来说 12 月离开中国是个非常不合适的时间，而让我的太太怀着孩子跑到异国他乡去也不是一个解决办法。我们又谈了很长时间，但是没有任何结果。

我又给党中央总书记胡耀邦写了一封信，我写到，我从来没有违反过中华人民共和国的法律，但是总是有人“想方设法不让我在中国待下去”。我认为这种对我的做法是“极其违法的”，在信里我还说如果我没有新的工作，警察在 12 月 31 日之后不准备再给我延长签证。“我请求您，”我写到，“在所有我工作过的单位，保护我的权利和我的名誉，洗清对我的指责。”我的口气很坚决，对胡总书记我充满了信任，“我向您声明：一天我的名誉不被恢复，我就一天不离开中国，不论他们给我施加多大的压力！”

同一时间沈丹萍也给妇联的领导邓颖超和康克清写信请求她们帮助，她们两人都在共产党内拥有很高的职位。当我看到信的开头时禁不住笑了出来，沈丹萍把她们称作“亲爱的邓妈妈”和“亲爱的康妈妈”。

农民影视公司的领导找到了很受欢迎的副总理万里，在万里的推荐下《我的北京艺术家朋友》一片将在中南海里放映，时间定在 10 月 13 日。影片还没有出来已经引起了各方的关注及不少的传言，万里说他自己也会去看的。我们激动地等待着那一天的到来，事实证明我们没有白等。电影放完后，万里在大家面前带头鼓了掌，表情看上去很满意。他对导演和制片人讲了一句十分令人鼓舞的话：“这部电影没有问题！”他微笑着继续说，“你们的电影是用心来拍的。”

不久以后,12 月 3 日,电影审查机构批准了这部电影在全中国范围内发行。

我们每天都收到来自全国各地的感人信件

12 月 5 日，编辑部设在广州的《中外影剧》杂志和另外两家大型的全国性期刊刊登了一篇六页长的文章，介绍沈丹萍和我的浪漫爱情故事。在文章的标题前还特别引用了罗曼·罗兰的一句名言：“爱是不能自主的，她永远是那样的诚恳。”作者李琼把我们的故事描述得栩栩如生，充满感情，中国的读者都被我们的跨国恋感动了——我看的时候自己都有些不好意思了。在文章的结尾处李琼很具体地把我们的困难说了出来，这是我们没有料到的。实在是太感谢他了，李琼是我们的英雄。

那一天是周六，我们快到中午才起床。我把空暖瓶放到门口，开门的时候我吓了一跳，一个男的正坐在台阶上，看上去四十来岁。他看到我之后马上站了起来自我介绍。他说他是从广州来的，我们事先通过电话。他从别人那里听说了我们的困难，想对我们进行一次采访，他叫李琼。是的，我们打过电话，当时我还比较犹豫，因为我们已经给在北京的一些领导写了信，我们不希望媒体给他们施加压力。现在这个人坐了飞机专门来到北京，就站在我们的门前。他说他已经在外面等了两个多小时，没敢敲门，怕把我们吵醒了。

沈丹萍和我跟李琼说了整整一天的话，到了第二天我们又继续聊了一整天。我们和他分享了很多自己的经历，最后我们达成协议，在他的文章中只提我们两个人是如何认识的、我们的爱情以及我们相互之间的真诚感受，并不提我的签证问题和分房子的事，尤其不要提我们给领导写信的事。因为如果我们给他们“面子”，事情应该会慢慢地得到解决；如果把这些都写到文章里，可能我们的所有努力都会白费了。

李琼在写文章的时候遵守了我们达成的协议，至少开始的时候是这样的，但是在文章结束的时候他还是忍不住把我们面临的种种困难都列了出来。这篇文章一发表就造成了不小的震动！我们每天都收到很多读者信件，内容非常感人，有些人直接在地址栏上写“北京电影制片厂沈丹萍收”。信件来自全国各地，各个行业的人都有。在信中人们表达了对我们的同情、关心和体贴，看了这些信我们久久不能平静，简直像是在做梦！很多人，很多家庭，还有一些单位，不论是在大城市里还是在小地方的，都提出要请我们到他们那里去住，有的还说是免费的，此外还有人给我提供工作机会（“我们这里正好需要和德国建立关系！”），有的人说要提供给我们带司机的汽车，照顾孩子的保姆，如果需要的话还可以同时请两个保姆！我们好像可以在全中国找到住的地方。这些信实在是太感人了，到处流露出真情，有的时候我们一边读一边掉眼泪。在海滨城市大连住的一位姓吴的人写道：“我在报纸上看到了你们的困难，对此我感到很伤心和失望。我只是个大学生，目前在大连大学里学社会学和政治学。你们目前没有住房，没有工作，也没有钱，我自己的钱也不多，但是我决定每个月给你们寄 10 元钱，在这个信封里是这个月的 10 元。”

只有很少的几封信口气有些不友好，其数量用两只手都可以数得过来。其中一封信在开始的地方看上去还不错：“我们是河南省的五个年轻农民，我们从电影《被爱情遗忘的角落》里认识了沈丹萍。影片里的爱情故事很感人，看完后我们都觉得中国的农民还是有希望的。”写信的人认为沈丹萍自己的感情生活和电影里很不一样，“听说你和一个外国人结婚了，我们觉得非常失望。”在信的结尾他们写道：“你没有资格再喝中国的水！”

女儿给我们带来了新生活

在《中外影剧》发表文章之后的第二天我把沈丹萍送进了北医三院，那里是北影厂的定点医院。我们的第一个孩子快要出生了。沈丹萍的妈妈刘美玲专门从南京过来照顾她，她很希望这个孩子是个男孩，而沈丹萍则希望是个女儿。妇产科的主任医生在很多孕妇面前夸奖沈丹萍是个好榜样，说她在阵痛到来之后没有哭叫，而是咬着牙强忍着。我后来听到这件事时也很为沈丹萍自豪。12 月 6 日上午，我和其他孕妇的家属一起坐在产房旁的一间小屋子里等待，大家时不时地起身走几步，沈丹萍的母亲大部分的时候在和其他人聊天。不，我一点儿都不紧张。可能我已经经历过了太多事情，知道无论在任何情况下都需要保持平静和放松。当然这是一个方面，另一方面我也对医院充满了信心，我想一切都会很顺利的。在中国的医院里每年都有几百万个新生儿出生，医生们肯定很有经验。过了不知多久，主任医生站到了门口，脸上红通通的，好像出了不少汗，她一边把白帽子摘下来一边说：“是个女孩儿!”她的口气非常和善，“大人、孩子一切正常。”

沈丹萍被推了出来，她躺着看了我们一眼，然后闭上了眼睛，眼泪慢慢地从她的眼角流了出来。她的母亲赶忙弯身去看她，“是不是因为不是儿子不高兴啦?”她很同情地问沈丹萍。“瞎说!”沈丹萍生气地答道。

三天之后沈丹萍和我们的女儿离开了医院。我们给她起名叫苇丹·伊丽莎白，苇是我的中文名字“乌苇”中的苇，丹来自沈丹萍，而第二个名字伊丽莎白则是为了纪念我的母亲伊丽，她一生都为自己不叫伊丽莎白而感到遗憾。

我们刚刚回到友谊宾馆的家里电话铃就响了。是北影厂打来的，我把话筒递给沈丹萍。我能听出来有人在电话的那一边祝贺我们女儿的出生，然后我注意到沈丹萍按捺不住激动的心情，边在话筒里说“是，是”“很好”“一定”，一边瞪着大眼睛对我点头，放下电话后她的眼睛还是瞪得圆圆的，好像触了电似的。她说从“非常高”的领导那里下来了“特别指示”，让我们住进电影厂的新宿舍楼里去，钥匙已经为我们准备好了，沈丹萍只要去取就行了！……简直是太好了，接到这个消息的时候我们还没有来得及把小婴儿从包着的被子里抱出来，她躺在那里放声哭了起来。

我给负责外国人的警察打了电话，接电话的正是刘警官。他问我孩子是否已经出生了，然后他向我表示祝贺。他的态度十分友好。他问我这几天是否有时间到他那里去一趟，带上护照、两张照片和一份延长签证的申请信。他说他已经知道我们分到了房子，而且也拿到了居留许可。

两天后我去了位于紫禁城东边的签证处，这一次刘警官穿上了绿色的制服。我把准备好的资料递给他，填写了签证申请表，他说一周之后我就可以拿到签证了。刘的口气始终友善而体贴，气氛和上一次见面时完全不同了。他告诉我他看到了那篇关于我们的文章，说是一篇好文章，他还想问我几个问题：

“那个作者是怎么知道你们给邓小平写信的?”

“当然是我告诉他的。”

“那你是怎么把信寄出去的，在邮局里吗?”

“这个我不能告诉你。”

“那我就不问了。”

“好。”

我接着说：“作者李琼对我说他现在在单位里遇到很大的麻烦。”

“真的吗？为什么？”

“有人到杂志社去告状，说李琼写的文章与事实不符，李琼的自我辩解是：‘你们怎么可以这样说？你们根本不认识沈丹萍和乌苇，我专门去了他们的家，向他们详细地了解过情况。我写的东西都是事实！……’现在他很可能要被杂志社解雇了。”

我还给刘警官讲了我在找工作过程中遇到的困难，他对此好像一点儿都不吃惊，他说他要去调查一下关于李琼的情况，去和有关单位和人员交流，希望能找出一些答案。我当然很高兴他能这样做。

刘警官说作为一个外国人，搬家一定很不容易，他问我是否需要帮助，如果需要的话，他可以派六到八个同事来帮我们搬家！我激动得有点儿说不出话来了，我说不用，我们可以自己解决的，对他的好意我表示非常感谢。

告别之前他对我说了一句很重要的话，很明显是经过了深思熟虑的：“作为负责外国人的警察，我们要保护中国人的利益不受外国人的侵犯，同时也要保护外国人的利益不受到中国人的错误侵犯。”从他的话中我明白了，我和我的上级单位在过去这几年中一直存在的问题终于有了了结。

我们的新家在宿舍楼里的五楼，是最高的一层，面积有 39 平方米，带阳台，虽然比在宾馆里的房间要小一些，但是我们都无所谓。按照中国人的标准这是个不错的房子，达到了“中层干部”的住房标准。房租每个月 4.5 元，每年一交或者三年一交都可以。买家具和搬家一天就完成了。1986 年 1 月 10 日，我们一家三口搬进了新家，和孩子的外婆一起。由于我们的住房是特批的，其他人还都没有搬进来，楼前的马路和人行道还都没有铺好沥青。过了几个星期后其他的住户才都陆续搬进来，他们中间有电影演员、导演、音响师、剪辑师、灯光师、剧作家等。在楼的南边是一座老楼，那里很热闹，每天都人来人往的，有骑自行车的，有步行的，偶尔还有骑摩托车的，从我们的阳台上都可以看得一清二楚。对新家周围的环境我们很满意，终于没有了饭店里的服务员和门口站岗的门卫，我们感到格外自由。家里还没有电话，什么时候能装上也不知道，如果需要打电话我们就去厂里的招待所。

在北影厂里我们开始了新生活。沈丹萍经常下厨，变着花样给我做饭。我们也开始自己洗衣服，还为此添置了一台性能很简单的洗衣机。浴缸很小，但是总比没有好。出去办事的时候我们骑自行车，如果沈丹萍没有兴趣骑车我就让她坐在自行车的后座上。一天我骑着车带着她在街上被一个警察看到了，他给我们打手势让我们停下来，我们对他笑了笑继续向前骑。后来警察开着车追上了我们，我忙对沈丹萍说："快跑，到商店里去躲一躲！"她马上跳了下来跑进了商店。有些发福的警察从车里冲了出来，喘着粗气对我说，骑车带人是违章的，他说的时候周围立刻围上了一群人。我对他耸耸肩说我是外国人，我不懂他说的话。围观的人中有一个人很费力地把警察说的话给我翻成了英文，我听完后随口说了几句德语，有的人就说我是俄罗斯人。我继续用我的母语和他们交谈，但是警察好像没有要离开的意思。过了一会儿沈丹萍出来了，她觉得时间太长了。因为当时是冬天，她戴着一个大口罩。"你至少能听懂中文吧?"警察对她说，"你在哪里工作，叫什么名字?"沈丹萍的回答让我很吃惊："我没有工作，姓刘。"警察要我们付5元罚款，但是我继续做出完全没有听懂的样子。正在这时一辆摩托车忽然从自行车道上逆行开过，我故意拿腔拿调地操着北京口音说："啊，你怎么不把他叫住，去罚他的款?"所有人都吓了一跳，"原来你会说中国话啊！"有的人禁不住笑了出来，连警察也忍不住笑了。他决定不罚款了，让我和沈丹萍走了。我们推着车走了很长一段，直到完全离开了那个胖警察的视线。

因为不用再在饭店的前台登记了，来家里做客的朋友比以前多了，他们一般事先不打招呼，通常是在吃饭前来，为的是能帮着我们一起做。在我们的小厨房里一道道精美的菜肴被创造出来，每一次都是色香味俱全。吃饭的时间经常是几个小时，饭后我们在一起谈电影、书籍、音乐、作家，还有社会的变革，对"文革"的质疑；资本主义在当时还不是一个话题，但是我们已经开始批评社会主义；有时我们也谈对西方的赞赏，谈友谊、爱情和美丽的女人。女人们都很大方，她们可以毫无顾忌地互相赞赏对方的外表。在我们的谈话中既有幽默也不失严肃，话题搭配得很好。当然更多的时候我们喜欢谈好玩儿的事，太多的严肃话题是会让人厌倦的。如果有的人讲到了很严肃的话题，其他人就会插嘴说：“你可真深沉！”这样一来气氛就又轻松了。

越来越多的电影界名人搬进了我们的楼里，比如说电影演员谢芳最近搬进了楼下的二层，她在“文革”中和“文革”后都是一位大明星。我们经常去年轻导演尹力在家里办的晚会，气氛总是很热烈，他后来成了很有名的导演。在导演何建军和他爱人金燕的家里我们喜欢谈论深沉的话题，他的家看上去比我在海德堡时见识过的学生宿舍还乱。我们和北京电影制片厂里的大美人张燕成了好朋友，她的爱人是导演张玉强。凌子风的儿子凌飞和他的家人后来也搬到了我们的隔壁，我们两家人一直都互相帮助。

作为一个外国人，我对自己能融入到中国人的生活里感觉非常欣慰，而对于中国人来说，他们可以自由自在地和我交谈也感觉很满意。这么多年来第一次我不用再问自己：有人在观察我吗？很明显，在中国人和外国人的交流方面这是一个进步。社会中正在发生着各种各样的变化，虽然都还很小很低调，但是数量越来越多，小的变化最终汇成了一股巨大的变革力量。在北京生活的外国人对这些新的变化无不感到兴奋，当美国《时代周刊》在1986年把邓小平选为年度新闻人物时我们并不感到吃惊。那一年81岁的邓小平一直把务实主义看得比意识形态的讨论更为重要，他推动的经济体制改革被一些人称为是危险的赌博，他的政策也受到一些人的指责。

是谁给我们“特批”了房子呢？我们四处去询问，很快就找到了答案，这样的事情是很难永远保密的：给我们特批的上级官员正是妇联的领导邓颖超和康克清，她们收到沈丹萍的信之后直接和北影儿童电影厂的厂长于蓝女士取得了联系，并请她给我们安排一套住房。

周而复

1986年3月4日，《人民日报》在头版的显著位置刊发了主标题为《中纪委决定开除周而复党籍》的报道。报道说，中国人民对外友好协会副会长周而复在率对外友好协会代表团访问日本期间，严重违反外事纪律，丧失党格人格，经中央纪律检查委员会决定，开除周而复中国共产党党籍。报道中说周而复的“严重错误”是：在代表团访日期间，周而复身为代表团团长、高级干部和入党多年的党员，无视我国政府的严正立场，不听劝阻，擅自参观了供奉有战犯亡灵的日本靖国神社，丧失民族气节，损害了中国的尊严；此外在生活作风上周而复还严重败坏了共产党员的道德，影响恶劣。

这条消息来得实在突然！在我有困难的时候周而复一直对我伸出援助之手，很多年的交往让我觉得他是一个可以信赖之人。

当我在外文局里遇到人事问题的时候，周而复曾给外文局的领导写过信为我求情，这让我很感动，那时他还不认识我。在我恢复工作几个月之后我才第一次有机会和他见面。他和其他的政府高级官员有些不同，尤其在和外国人交往的时候表现得泰然自若，和他交谈我感觉很自然。他很少讲自己的过去（直到他这次出了很大的政治问题时我才对他的个人经历有了一些了解），我们认识之后经常见面，通常是在我的家里，有时我们也一起在饭店的体育馆里打网球，或者在北京饭店的餐厅里用餐。他年轻的时候曾经给革命家写过传记，所以既是一位作家也是一位文化官员。对于自己的双重身份他觉得没有什么了不起的，说在法国不是也有安德烈·马尔罗嘛。马尔罗是一位法国著名作家，同时又在戴高乐时期做过法国的文化部长。

周而复从 1952 年开始创作长篇小说《上海的早晨》，小说的第三和第四卷到 1979 年才得以出版。在给我的一封信中他说："我总共花了 27 年时间才把这部书写完，其实是 17 年时间，因为中间的'文革'10 年我无法动笔。"

作为文化部副部长的周而复积极参与并支持各项活动，范围十分广泛，涉及歌剧、话剧、芭蕾、绘画、电影、科技、体育、文学等领域。他经常代表中国出访外国，他说他是一个世界公民。我有一次问他是否后悔总是把政治放在第一位，他说："不，没有。"但停了停后他又说，"部长的位子很多人都可以做——不一定非是个作家不可。"

这个坏消息对我们的电影也有直接的影响，因为在《我的北京艺术家朋友》中有我们两个人一起打网球的镜头，其中还有他关于中国文学和西方文学的一些看法。拍摄前我曾在人民大会堂的一次活动中偶然遇到了他，他正在那里作报告。我们在楼道里不期而遇，他问我正在做什么项目，我就给他讲了拍电影的事，之后才有了他在电影里的镜头。

在和漫画家黄苗子的一次通话中我得知，黄苗子也是那个访日代表团的成员。我想到了借此找个机会请周而复到家里来吃顿饭，也许能帮助他排遣一下郁闷的心情。我对周而复说我还安排了一位"特殊的客人"，名字先不告

我们和两位特殊的客人——周而复、黄苗子（左）高兴地相聚。

诉他，周而复答应了我的邀请。我同样也邀请了黄苗子，告诉他有另一位“特殊的客人”。在《我的北京艺术家朋友》中我们也介绍了黄苗子。我希望通过这次特殊的宴请缓和气氛，让他们感受到朋友的情谊。虽然周而复的行为有过错，但是我很清楚他不会做违反国家原则的事情。但是为什么他要去参观靖国神社呢，这一点我也想不明白。

两位特殊的客人在我们的小房间里再一次相聚都感到很高兴。吃饭的时候我问了周而复关于靖国神社的问题。周而复的解释是，他除了做官也在搞文学创作，尤其是他一直在写关于在国外游历的随笔、散文，这也是为什么他产生了去参观靖国神社的冲动。当时他们的日本导游说靖国神社就在附近，他可以进去看一看，不算是正式的参观活动，他想他是以一个作家的身份临时决定进去的，就没有再多想。第二天他的照片被登在了日本的报纸上……他觉得这一切其实是个很恶毒的圈套。

他语气平和地给我们讲了当时的经过。中国政府认为他给国家丢了脸，必须要对他予以惩罚。我继续和周而复保持联系，有时也去他的家里拜访他，但是电影制作公司里的人不得不把他的镜头剪掉，新的版本做好后我们又一次把片子交给审查机关，审查机关第二次批准了发行。

2000年3月我在一次文化活动上又一次见到周而复，在饭桌上我们并排而坐。他很明显地老了，但是谈话时的神情还是和从前一样。他告诉我他的党籍已经被恢复，还说他觉得自己的身份更多的是个作家而不是政客，这无疑是个观念上的变化。

通过电视中国对世界慢慢敞开了大门

我们终于可以一起去德国了，为了这一天我们等待了很久。之前总是有各种各样的麻烦，签证的问题，然后是要照顾小婴儿。去法兰克福之前我们把小丹丹托付给南京的外婆照顾。时间是1986年5月初（切尔诺贝利的核泄露刚刚发生没几天）。我要和我的中国太太在德国住三个月，其间还计划在欧洲旅行，我们两个人都感到很激动。在欧洲我们将重新认识自己，情况正好反过来，在欧洲我们是去“我的国家”，而沈丹萍将变成一个“外国人”。由于苏联的一些领空禁止飞机穿行，我们的飞机飞了整整20个小时才到达目的地。我们一起回到了我还是中学生时曾经住过的房子，站在阳台上望着下面的花园。外面的空气很清新，修缮一新的德国小房子着实很招人喜欢。我看到眼泪顺着沈丹萍的脸颊流了下来。我问她：“怎么啦？”她只是摇摇头没有回答我，她无法解释当时复杂的心情，但是没过多久她就平静了下来。

为了能在德国联系到一些项目，我事先做了充分的准备。通过拍摄《我的北京艺术家朋友》一片，我在中国的电影和电视界结识了很多朋友。我从前做过的文化交流活动到现在基本上都结束了，那些具有开创性的机会已经不复存在。中国的电影和电视行业正在经历一场巨大的变革，整个电影业拥有从业人员53万，以前是属于文化部来管理，现在都被归到新成立的广播电影电视部来负责。新的部委新官上任三把火，他们都很希望在事业上有所创新。正在这时西德国电台（WDR）表示希望和中国的电视台合作制作《今晚在北京》的电视节目，由德国和中国的明星同台演出，这个想法来得很是时候。为此我专门去拜访了广电部的副部长谢文清，谢部长对我说其实英国、美国和日本都已经表示了希望进行类似的合作，但是那些机构没有西德国电台这样大的规模，他说中国希望德国能成为第一个合作伙伴。我们的项目得到了谢部长的全力支持，他还建议我在北京设立一个专门为外国电影服务的联络处。在他的鼓励下我很快就成为了德中双方的中间人兼在北京的项目管理人。中方的合作单位是中央电视台，我这次就是带着他们的资料去了总部在科隆的西德国电台。双方都对合作项目很感兴趣，气氛十分融洽，很快就进入了项目细节的讨论。我们每个人都很清楚，如果项目能做成，中国对世界开放的大门就会开得更大一些。

我向德国电视二台（ZDF）提出在中国推广电视连续剧《探长德里克》的想法，这部连续剧是德国电视二台的招牌剧目，已经成功地被一百多个国家引进。德国电视二台表示了强烈的合作愿望，在中国还没有人知道德国的电视剧是怎样的，我决定带三集的录像带回北京。在中国，人们已经开始看从日本引进的言情剧或者是美国的警匪片，还有印度和巴基斯坦的歌舞片，偶尔也有从巴西来的电影。西欧的电视节目在中国几乎完全不存在，相对其他已经引进的外国电视节目来说，《探长德里克》是个很有水准的连续剧。除了对欧洲很不了解之外，我估计德国电视剧的价格可能也会是个问题，德国电视台报出的每集价格比竞争对手的要高出不少。如果我们真的能把《探长德里克》卖出去，我们就有信心把生意做起来。

德国的电视界对陌生的中国市场也是知之甚少。一天我和德国电视二台国际部的年轻职员伊丽莎白·塞福特（别名“蜜蜂”）一起吃饭，我准备了一些关于制作短片的合同文本，其中包括分别在德国和中国采访中国的新锐女作家张欣欣。张欣欣的作品《北京人》刚刚出了德文版，在德国反响很大。我还提到了拍摄一部纪录片的想法，当时蜜蜂的一个女朋友正好也来了，和我们坐在一起，她的女朋友带了一只狗。蜜蜂问她的女友：

“我们有机会在中国制作一部纪录片，你知道应该把乌苇介绍给谁吗？”

她的女友想了想说：“应该去找马库斯。”

半个小时后我已经坐在了马库斯·沙席特的办公室里，他是德国电视二台的一位主编（多年后他做了台长），负责台内规模最大的“儿童年轻人及家庭”编辑组。我跟他讲了自己的初步想法，他很快就给了我反馈意见。他说最近正好有一个从中国来的杂技团在德国巡演，里面的演员都是八九岁的孩子。他们的表演技艺超群，动作高难得令人无法想象，德国的观众都被他们给迷住了。自然地，观众们很想知道这些孩子都是谁？在哪里长大的？平时如何生活？他们怎么才能练成这一身的本领？他们受到过压迫吗，被打过吗？沙席特问我是否可以就这些话题制作一部纪录片。

“当然可以。”我说，尽量不让自己的喜悦表现得太明显。

“太好了，关于合作的细节我们保持联络。”他建议说。

在我和沙席特顺利地谈完合作的意向之后，一个阴谋也在背后悄悄地发展着，当然在那个时候我一点儿都不知道。

沈丹萍在欧洲对她来说好像是一次解放，没有人因为她是著名演员或者是个外国人而聚在一起盯着她。很快她就适应了这里的气氛，放松得连自己都感到吃惊。我们当时正好在科隆，她给我讲了这个新的体会。听她说完后我把她抱了起来，一直到马路的对面才把她放下，四周没有人多看我们两眼。对于沈丹萍来说这是第一次真正意义上的休假。她不停地给我讲她对欧洲的看法，她喜欢那里的街道，人们的穿着，她尤其喜欢连锁快餐店“北海”里的海鲜，还有人们看到红灯后就真的停下来等待。很快她就敢自己一个人在海德堡城里活动，后来我们又去了我从前经常光顾的法国南部地中海的蓝色海岸地区，她也非常喜欢那里的风光。我的德国朋友们对她做的富有异国风味的饭菜赞不绝口，也为她的歌声而打动，她的真诚和幽默给所有人留下了深刻的印象。认识沈丹萍之前很多德国人以为中国人古板、冷漠、看不透。沈丹萍到了德国后觉得德国人很认真、冷静、礼貌，值得信任，但是不活泼，也不灵活，甚至有些闭塞——这最后一点让我很吃惊。

沈丹萍还不太适应西餐，她很想念北京的朋友们，给他们写了很多信。我出外办事的时候她就在家里制作很特殊的娃娃，她经常拿出南京寄来的丹丹的最新照片看。一天我们在路上看到一个推着婴儿车的妇女，沈丹萍忍不住跑了过去看那个孩子，她激动地对那个母亲说她自己在中国也有一个小孩子，之后她又情不自禁地被那个满头金色卷发的小家伙儿给迷住了……

去法兰克福机场的路上我不仅感觉到也看到了，沈丹萍正在为回家做准备。她的目光很专注，从她的体态可以看出来，好像我们已经回到了北京。我把她现在的神情讲给她听，两个人都笑了。我自己的感受很复杂，在西方住了三个月后，我知道我是属于那里的，但另一方面我对东方也充满了向往。

1987—1992

第八章

我真的是在经历
一场个人的“失败”吗?

“我们来的时候是德国人，走的时候是中国人！”

1. 中德双方电视台商定《今晚在北京》的合作
2. 在电影《秋瑾》中的造型
3. 与《今晚在北京》的中外主持人在鼓楼
4. 演技还行吗？（《屠城血证》）

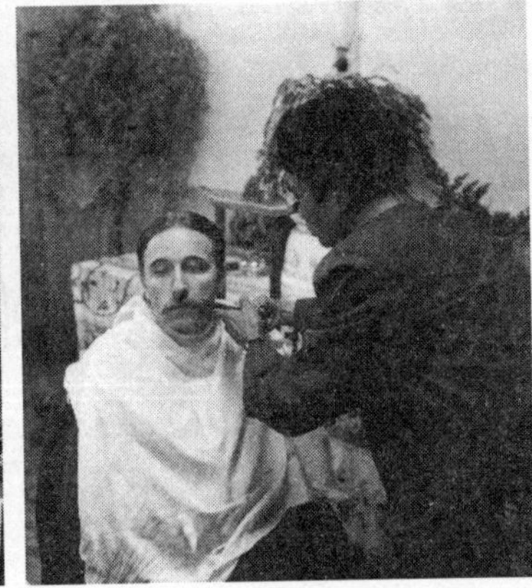

1	2
3	
4	

能做的事情越来越多

回到北京后一切都很顺利。中央电视台决定和我们一起合作制作一些短片（没有中方单位的参与我们不可以制作影片），比如其中一个是介绍年轻导演陈凯歌的短片，内容是记录他在云南拍摄《孩子王》的过程。中央新闻纪录电影制片厂也答应了合作拍摄介绍杂技团孩子的长片，还计划为此组建一个拍摄组并对所有的组织协调工作负责。我给德国电视二台的沙席特写信，告诉了他项目的最新进展。影片计划以一个女孩子的生活为主线，“展示她生活中的方方面面，重点不是表现中国的异国情调，而是让外国的观众把她当做是一个正常人，从这个角度去接受她和理解她”。我建议选北京电视台作为中方的合作单位，北京电视台已经计划引进电视连续剧《探长德里克》。一向很敏感的中国电视界正在向外部世界积极开放，其开放程度经常超出常人的想象。英若诚最近在文化部部长王蒙的推荐下被任命为文化部副部长。王蒙本人也是一位非常著名的作家。他们二位都答应了我的邀请，准备参加德国电视台的一次现场采访，地点在北京，内容是他们对中国文学和戏剧的看法。后来德国的电视台认为直播太麻烦了，我们就把节目改成了拍摄一部介绍性的短片。

和国外通信是一件很费时的事情，有的时候需要等好几个星期的时间。我很久没有收到沙席特的消息了，感觉有些奇怪。我试着打过几次电话过去，也没能找到他。后来我听别人说刚来中国上任不久的德国大使比尔·费舍尔曾向人打听过我的情况，据说他还特意去拜访过沙席特。我不知道他们两个人互相认识，很久之后我才知道沙席特和费舍尔大使其实早就相识，他还曾请大使到北京来调查我的背景。

到了 1987 年 2 月我忽然接到了沙席特的一封信。让我很吃惊的是他不但把我称作是朋友，而且说我们可以开始谈制作合同的细节了。在信的结尾他这样写道：“亲爱的克劳特先生，在过去一段时间里有人在我们这里想方设法要给您的人品抹黑。说您坏话的人是一位严肃而有身份地位的先生，但是我最终发现对您的所有指控都是没有根据的。”沙席特说他觉得我在中国的工作是“受人欢迎的”，他之所以对我澄清这些，是因为他“想和我解释为什么在过去的一段时间里没有和我联系”。

看了他的信之后我不仅感到吃惊也觉得有些后怕。我独自思考了很多天，也把我认识的每一个人都在脑子里过了一遍，我得出的结论是，那个在背后搞阴谋的人应该不是我熟悉的朋友或是熟人。我又问自己，这个人会不会是我的潜在竞争对手呢？但我还是想不出会是谁。又过了一段时间我才慢慢地想起了一个人，他完全有可能是那个“严肃而有身份地位的先生”。如果我没有猜错的话，这个人已经在中国推销德国的电视节目很多年了，在这个领域也颇有名气。他的名字叫曼夫瑞德·多尼奥克，住在柏林，职业是电影中间商兼制片人，他负责制作的一部电影《靡菲斯特》曾获得过奥斯卡奖（1981 年，导演是伊斯特万.萨博）。我本人并不认识多尼奥克，也从没有见过面，对他这个人可以说很不了解。不知为什么，我的直觉告诉我他就是在背后搞阴谋的那个人。

很久以后我终于得到确切的消息，多尼奥克确实就是在背后想搞我的那个人。由他而始的阴谋一直伴随了我很多年。“中国人不要他，德国人也不想要他”是他当时说过的话。不管我去哪里办事，总是会听到有人说，他们被警告过要格外当心我，有时这样的警告还是书面的。每次听到这种说法我都感到不可思议，但是我坚持我的原则，没有因为这些负面因素而气馁。多尼奥克和我之间的矛盾持续了很长时间，但是任何事情都有其两面性，我觉得多尼奥克的存在对我也是一种促进，至少我可以和自己的敌人一起成长。我和多尼奥克在几乎 15 年之后终于走上了合作的道路，但那是后话了。

3 月初我从云南回来，在那里我们采访了正在云南山沟里拍摄《孩子王》的导演陈凯歌。回到北京后我很惊喜地发现沈丹萍和我们的女儿上了《家庭》

杂志的封面，沈丹萍看上去神采奕奕，怀里抱着头发泛着金光的小丹丹。首都剧场正在彩排话剧《沃伊采克》，我把德国导演于尔根·佛莱明工作的场景也摄入了纪录片。德国和中国的文化交流越来越频繁，我们在其中能做的事情也越来越多。我们的生活既开心又充实。德国的八卦杂志忽然对沈丹萍和我的爱情故事产生了浓厚的兴趣，5 月 31 日《图片报》发表了一篇题为《北京之恋——法兰克福的导演和中国最美的女演员》的文章。文章中说“沈丹萍是一位著名的中国影星，她在中国的名气如同是伊丽莎白·泰勒在德国的名气。她气质迷人，可跟德国著名女影星伊蕊斯·贝尔本媲美”。文章中说那个德国人把沈丹萍从五亿中国男人手中夺走了——旁边还配了好几张很漂亮的照片。

完美的合作：《今晚在北京》

西德国电台是一个兼广播和电视于一体的公立性质机构，拥有六家地区性的广播电台和一家电视台，并为德国电视一台提供电视节目。西德国电台和中央电视台共同制作一台娱乐性晚会不仅是历史上的第一次，而且很有政治意义。这台晚会将在德国和中国两地播放，同时满足不同观众的不同口味。双方都同意要尽早交换节目的磁带，谈判进行了一年多。终于谈妥后德方的艺术家们动身来到中国，他们中间有著名歌星乌多·约根斯，语言天才黛丝瑞·诺斯布希，她将和李晓玢一起主持晚会。来自德国的文艺团体包括杜塞尔多夫的红白舞蹈体育俱乐部（当时在中国交谊舞非常受欢迎）、佩普-林恩哈德交响乐团和罗斯巴洛斯马戏团等。参加演出的中方艺术家包括流行歌星成方圆，她每次登台都能让观众听得如痴如醉；此外还有武术表演（当时在西方武术热正在形成之中）、中国的芭蕾舞和京剧表演。为了确保高质量，德国的电视台派出了最强的演员阵容。由于德方的艺术家们对中国非常不了解，自然会有各种各样的担忧，但是舞台经验丰富的演员可以在任何情况下都保持冷静的头脑。整场演出的核心人物是德方导演迪特尔·普略特尔和中方导演朗昆。朗昆虽然很年轻，但已经久经沙场，他会说英语，在吃饭的时候有时还即兴给大家唱几段京剧。中方的电视台也派出了他们最有经验的演员和技术人员。德方的担心很快就消失了，他们对中方的合作表示非常满意：“从专业角度来看，中国的同事和我们是平起平坐的。我们不需要长篇大论地解释，合作十分顺利。”演出的场地定在位于北京西边的中国大剧院里，那里可以容纳1600名观众。

既然大队人马都来到北京，德方的导演希望不仅要拍摄舞台，最好能把北京的一些著名历史遗迹也同时拍进去，比如说乌多·约根斯在长城上，坐在钢琴边唱歌，或者舞蹈团在天安门广场上跳舞。我的任务是去和中方探讨这些想法是否可以实现。把丙烯玻璃做的钢琴搬到长城上去的创意很快就被推翻了，因为需要一台特殊的吊车而且还需要直升机。可行的是把钢琴放到紫禁城内太和殿的侧面，而乌多·约根斯在放在紫禁城里的钢琴边演出，同样也是第一次，非常具有历史意义。为了这次不同寻常的演出，约根斯决定唱《在愚人船上》这首在德国脍炙人口的歌曲。来自杜塞尔多夫的舞蹈团得到了在天坛前表演的许可，从地点上完全可以和紫禁城媲美。

彩排后一位中方的负责人问德国的制作总监吕德格·波尔，中国的艺术家是否能满足德国观众的要求。德国人一向以严谨著称，总彩排后德方还要求再录制两次，而且每次都要带观众。这个要求并不常见，但是中方十分配合。“我们把这个项目当做是一次互相学习的机会。”所有参与项目的人都这样说，由此大家顺利地解决了很多意想不到的问题和矛盾。普略特尔很快就意识到：“在这里工作不能急躁，要有足够的耐心，而且要始终保持礼貌。”当中国人说他们想从德国人那里学到完美主义时他们是很认真的。任何一方都不应该独自做任何决定。有一天拍摄的气氛非常融洽，艺术家们表演得也很精彩，时间到了上午11点左右，德方的制作人员说今天就别吃午饭了，把节目一口气拍完，中方表示同意。到了第二天同样的情况又一次发生，我明显地看出了中方人员的不满，我去问他们后才知道是因为吃饭的事情，从那之后吃饭的时间就固定下来了。德国人来问我为什么中国人不在第一次时就提出反对意见呢？中国人的解释是因为他们想尊重对方的意见，表示礼貌，当然也有不好意思的原因。非常直接的表达方式在中国还很陌生，而德国人也同样在中国深深地体会到了文化差异。

成方圆发现事先说好让她和“世界著名歌手”（中国报纸里的用语）乌多·约根斯一起表演的二重唱被取消了，这让她非常伤心。她的样子谁看了都会心动，后来导演商量了一下又批准了他们的二重唱，结果成方圆和乌多·约根斯的二重唱成了那天晚会的绝对高潮。乌多·约根斯在表演中“大出风头”，德国《新世界报》在报道中写道，“在舞台上他出人意料地亲吻了中国的女歌星，在德国是很普遍的事情，但是在中国简直是闻所未闻！中国人不仅无法接受在公开场合表示亲热，而且还认为这是野蛮人的行为。现场的观众被他的举动惊呆了，愣了一会儿后却由衷地为他们鼓掌叫好”。乌多成了所有人议论的焦点，关于他是如何“把手搭在女歌星的腰上，然后在她的脸颊上亲了一下”有各种各样具体的描述。德国人为自己的“先进”而感到无比自豪，同时也觉得中国人的“朴素”很有趣。（在今天，中国人在公共场合的亲密行为已经和西方没有太大的区别了。）

剧场里的观众被演出彻底征服了！（黛丝瑞·诺斯布希在主持中讲道：“……这是一次把北京烤鸭和德国烤蹄膀放在同一个盘子里的尝试……”）演出结束后双方演职人员热情地拥抱在一起，每个人都对自己的表演感到无比自豪。中方特意把节目的播出时间安排在德国总理科尔访华的那一天。中央电视台的台长王枫说估计那一天将会有四亿中国人在电视上观看这场演出，听到这个消息后歌星乌多·约根斯感觉自己好像已经变成了“中国的皇帝”。在演出结束后的那个夜晚我们在长城饭店的酒吧里庆祝，时间已经过了午夜，52 岁的约根斯还在感叹：“我太激动了，简直不知该说什么好了，观众的热情太让人难忘了。我真没想到会有这么好的效果，简直和在汉堡演出时的感觉是一样的。”怎么样？结果不错吧？德方导演迪特尔·普略特尔也很自信地说：“我们来的时候是德国人，走的时候是中国人！”

德国的电视观众在两周之后，也就是在 1987 年 8 月 1 日星期六晚上 8 点 15 分这个黄金时段欣赏到了这场非同寻常的演出。两年过后，在 1989 年的夏天，西德国电台和中央电视台再一次产生了共同举办晚会的想法，地点选在德国。德国报纸在报道中说中方的电视台台长“夸下海口”，提出“可以用卫星来传送电视信号”。德方的联络人觉得这个方式简直不可思议，尤其中国还是个发展中国家，他们觉得在“技术上和时差上”都有困难。虽然双方都有好的合作愿望，也都很欣赏对方的努力，但是“我们”固有的西方本位想法让我们总是认为我们可以当中国人的老师，中国永远都是跟在我们后面。由于这种想法太根深蒂固了，任何新的创意都被拒之门外。

在电视方面我们又做成了一个新的项目：北京电视台决定从德国电视二台购买电视连续剧《探长德里克》的前36集，价格明显高于东欧国家。“德里克”是中国引进的第一个德国连续剧的主人公。中国人会接受他吗？这个剧的表现手法中国人会喜欢吗？谈判的过程紧张而激烈，我好几次都禁不住在家里花很高的价格给德国打长途电话（那时我们刚在家里装了电话）。1988年年初的时候买卖双方签订了合同。

中国的电视里正在热播一部叫做《河殇》的六集政论片，和《探长德里克》完全不是一个风格的。所有人似乎都在谈论这部政论片。《河殇》的主创人员是一群中国的知识分子，其中有一些人流亡在海外。影片以中国文化的摇篮黄河为主线，介绍了沿途的风光，其中包括被沙漠掩埋的城市和长城，采访了地方政府的官员和科学家。黄河在片中如同是一条正在飞舞的长龙。影片探讨了几百年来一直困扰着中国人的一个核心问题，也就是中国的传统文化为什么没有能发生变革，走进现代化，没有摆脱闭关锁国；影片同时也从西方民族主义的角度提出问题，为什么中国没有能保持在政治和文化上的世界领先地位。影片的作者们认为答案在西方人的手中，也就是说中国人只要走西方的路就可以分享人类的发展。在节目重播的时候我看了这个系列片中的一部分，片中的观点颇有争议性，而表达得如此直接让我感到吃惊。听说在上层领导圈里对这个片子的观点有很大分歧，一位党内的高级官员要求把片子撤下来，其他人则希望在重播时对内容进行删节。这样的节目并不是随便就从天上掉下来的，它听上去更像是一场辩论，就像在餐馆里吃饭的时候经常能听到邻座的人在热烈讨论的那样，主题经常是中国和西方的对比。很多中国人对国家的未来和个人的未来都感到担忧。这不是一个纯理论问题，而是关系到每个人的生活：生活用品的价格连着几个月在上涨，大学毕业生们发现他们挣的钱比出租车司机少。

我是“南京的女婿”

南京的夏天很热，是中国有名的“火炉”。发生在1937年12月的“南京大屠杀”已经过去50年了。“南京大屠杀”也被称作“被遗忘的大屠杀”，

拍摄历史影片《秋瑾》，与谢导合影。

在那次大屠杀中，日本军队在南京的大街小巷里，在房屋里，在长江岸边，在农田里。残忍地杀害了几十万手无寸铁的中国人。12 月的时候，第一部描写南京大屠杀的电影《屠城血证》在电影院里上映。

电影的两个制片人曾到北京来找我们，他们说沈丹萍是南京人，而我是“南京的女婿”（我是第一次听到别人这样叫我），所以想请我们一起参加影片《屠城血证》的演出。我们很快地看了一遍剧本，沈丹萍要扮演的是一个护士，在片中不幸被害，而我要扮演的角色很有意思。当时《拉贝日记》还没有出版，但我已经听说过这个名字，也知道拉贝曾经为西门子工作过。在《屠城血证》中的米乐教授一角就是以拉贝为原型，同时加入了当时生活在南京的其他外国人的一些特征。南京是当时中国的首都，在日本人打到南京之前很多外国人都住在那里，其中有奥地利人、德国人、美国人、白俄罗斯人等。南京大屠杀后很多外国人自愿留下来帮助他们的学生和员工，同时继续完成他们的工作或者保护公司的利益。外国人一起建立的国际安全区一共挽救了 20 万人的生命，在残忍的日本军队面前他们表现得既勇敢又智慧。

我痛快地答应了制作方的邀请。我已经很适应在镜头前的表演，一点儿都不怯场了。从拍摄《我的北京艺术家朋友》到现在，我有不少在中国电影里出演的机会。由于请外国的专业演员非常昂贵，我经常被各种各样的电影请去扮演外国人。我曾参加过历史影片《秋瑾》的拍摄，由著名导演谢晋执导。在那部电影里我扮演一个小角色，是德国在北京的公使穆默·冯·施瓦茨恩斯坦茵。他是在义和团运动中被杀死的德国人克林德的后任，在1901年外国列强向中国提出要求时是他代表德国签字的。由于没有找到施瓦茨恩斯坦茵的历史照片，我就按照克林德的照片做原型，把头发做成中分式，紧紧地贴在头上。化装师画完后我去照镜子，自己把自己吓了一跳，我看上去还真像是那个克林德。我只需要再露出一丝冰冷的目光演出任务就顺利完成了。

《屠城血证》拍摄开始之前，所有的演职人员一起去参观了南京大屠杀的展览，在那里我们看到了很多极其恐怖、残忍的图片，其中有被捆绑在一起的年轻人，等着被刺刀刺死，一排排焚烧得面目全非的尸体，无头尸身，哭泣的小女孩，裸体的老年妇女，狂笑着的日本军人；在展览中我们还看到了日本人使用的杀人工具和尸骨遗骸。中国的参观者无不感到愤慨，他们整个晚上都在讨论展览的内容。他们说，日本军国主义的残忍超出了他们的想象，看完照片之后他们知道了有时几百个中国人只是被两三个拿枪的日本人给杀害的，而且日本人的暴行不只是发生在南京，在中国很多其他城市和乡村里日本人也大开杀戒；直到"今天"东京政府也没有就二战对中国人做出真正的道歉。

电影《屠城血证》的公映在社会上引起很大的震动，不只是对中国观众。电影中的血腥场面超过了所有以往的战争电影，对很多人来说这部电影代表了一种爱国主义的呐喊。外国的新闻记者试图找到合理的解释，为什么"偏偏是现在"这个话题如此受到关注。不论是在北京、南京还是中国其他的一些大城市里，人们都开始迷恋一种来自于日本的大众娱乐方式：卡拉OK。在卡拉OK歌厅里客人自己表演唱歌，通常是唱一些很简单明快的流行歌曲；一些生意人已经开始把卡拉OK歌厅当做是嫖妓的场所。在南京大屠杀50周年纪念日的时候放映这部电影当然具有特殊意义，但是这并不能完全解释电影所带来的巨大反响。一个演员在看完展览后说的话倒是很能说明问题："当时他们用火烧，用炸弹来侵略我们，现在他们用汽车、冰箱、录音机和洗衣机来侵略我们，我们中国人和当时一样愚蠢，软弱，任人宰割……又一次把自己给出卖了！"

“乌苇不会做饭，你们一定要好好照顾他！”

由于所谓的“海外关系”，沈丹萍的名字变得很吸引人，西方成了人人向往的地方。当法国影星阿兰·德龙到中国来演出时，沈丹萍被请去参加欢迎宴会。她的片约也多了起来。每次签了演出合同后她都要在外工作至少一个星期，有时甚至一走就是两个月，遇到这样的情况我们就把女儿托付给孩子的外婆。沈丹萍担心我自己一个人在家里可能会吃不饱，“乌苇不会做饭，你们一定要好好照顾他！”她临走前一定会向她的女友嘱咐。她的女友中有做演员的、唱歌的，也有的是护士或者记者。她们每次都很认真地完成沈丹萍留下的任务，一有机会就变着花样给我做饭吃，不但味道精美，而且菜的名字还都富有诗意，吃饭的时候她们载歌载舞。有时我们在一起热烈地讨论社会上的变化，讨论爱情与痛苦，一边聊天一边互相按摩，我的头部、脸颊、肩膀、胳膊和手都享受过她们的按摩，连理发她们也负责。沈丹萍的女友们很爱讲故事给我听，有的告诉我她发现了自己母亲在外面有男朋友，另一人把她认为对自己不合适的一个男的介绍给了一个女朋友。做梦也是一个我们经

她们就是这样“照顾”我的！

常谈起的话题，一个女友说她一直盼着睡觉的时间赶快到来，因为她在梦里的经历和在现实生活里一样精彩。

有一次我和沈丹萍的女友们讨论情色小说《金瓶梅》，我问她们是否可以理解一个丈夫同时有三个妻子或者七个妻子。年轻的女中医肖利萍给我讲了一个古代的故事。故事说的是一个穷困潦倒的绅士，家里有三房太太。他挣的钱刚好能把家里的几个人喂饱，他的太太们都知道他有困难，从不在家里抱怨。每天晚上绅士都微笑着出门，好像什么事都没有似的，说是去和他的朋友们聚会，每次回来的时候他的衣服上都带有食物的残渣。他从不在家里吃饭，他的太太们不相信他有钱在外面买饭吃，就偷偷地跟着他出去了一次。结果她们发现他在天黑后走很远的路出城到郊外去，专门在坟头上偷吃供品，吃饱后为了消化还偷偷地喝一口供酒。看到这一幕后绅士的太太们对他更加疼爱了。讲完故事后肖的结论是，在一夫多妻制的婚姻里要看那个丈夫是怎样的一个人，如果他能和几个太太和平相处，那他的太太们之间也可以和平相处。

虽然我们的家面积不大，但沈丹萍的女友们经常在我们那里过夜，有时她们和我一起睡在双人床上，左边一个，右边一个，我在中间。她们中有的人睡得很平稳，有的人却一直不安静，搞得我在中间总是很紧张，一动不动直到早上天亮。

买车记

最近一次去德国出差时我忽然想买一辆车带回北京来。北影厂在城外，从那里到中央电视台要走比较远的路。在曼海姆的一家奔驰车店里我看上了一款很气派的280S，金属蓝，带很多镀铬件，流线型设计，看上去很有朝气。除了这辆车的优雅外观外，我为什么要选择奔驰的牌子呢？不久之前在北京刚刚建成了一家汽车修理厂，而奔驰车一向是中国高级干部非常喜欢的一个牌子。普通的中国人还不能买私家车，但是外交官和外国公司的代表们可以，为什么我就不能从自己的老家进口一辆汽车呢？那辆令我心动的新车被运输公司放在一辆大卡车的后座上先运到了汉堡，从汉堡又坐远洋货轮在海上漂了七个星期后到达天津新港，这是离北京最近的港口。

就在那之后一件意想不到的事情发生了：北京海关通知我，说以我的签证没有资格进口汽车，只有大使馆的工作人员和外国公司的代表才有这个权利。这个消息对我打击很大。我梦寐以求的宝贝就躺在港口的仓库里，落满了灰尘，但我除了能去看看它什么也做不了。我到处去打听看哪个人或哪个机构能帮助我，可惜没有结果。几个月就这样过去了。我曾经拍过一部关于北京城市建设的电影，当时曾采访过北京市市长，他对北京把老城墙都给拆了表示非常不满，他的话给我留下了很深刻的印象。在五个月毫无结果的努力后，我实在不知道该怎么办了，我决定最后再试一次，给市长写一封信。在信里我给他讲了汽车的问题，还介绍了我在中国的事业及我计划长期留在中国的想法。信发出去后我开始耐心等待。

过了一些日子我的信被寄了回来，在信的边上可以看到有人写了一句话，那是市长写的，他请海关的人重新考虑一下我的申请。本来还有点儿失望，但是中国的朋友们都说这句话会很管用的。两个半星期后我的申请真的被批准了！实在是太好了……尽管关税很高，我们还是非常开心。

很快我们的新车就经历了第一次重大考验。一天夜里大雨刚停，我开着车想从长安街向北拐进东单大街，启动的时候已经可以看到在街灯下的地面上积满了水。我对自己说，没问题，开过去就是了。开始时我估计可能有一小段的地下水通道出了问题，但是开进水里后发现积水的地方越来越长，好像没有尽头，我这才想到要掉头往回开，但是四个轮子已经完全淹在水下。如果现在停车的话，然后再换倒车挡……发动机可能会熄火，那可就麻烦了！四周到处都是被迫停在水里的汽车，我开始害怕起来，赶快踩了油门，车立刻向前冲了出去！感觉好像是在开船！我把油门彻底踩到了底，但是车最快也只能达到时速 10—13 公里。当时是夏天，旁边的车窗是打开的，如果我把手伸出去完全可以直接伸到水里。在车的前方我看不到车头，只有奔驰车的星状标志还浮在水面上。宝贝汽车啊，不要再减速了！我继续狠踩油门，随着车身左晃右晃，站在路边的中国司机们激动地挥着双臂给我叫好，有的还一边鼓掌一边站在水里，好像是站在游泳池里。不知过了多长时间我终于离开了积水区，到了环路上，等我到家时整个人已经精疲力竭。第二天发动机在突突几声后正常运转，只是车里的磁带录音机没声了。经历过那次险情后我学乖了，下雨的时候无论如何不能走东单！

以前很少有人去关心犯罪问题，现在人们纷纷在家门前安装铁制的防盗门。随着收入差距的扩大，犯罪率也越来越高，虽然从统计数字上说盗窃、抢劫、杀人等的比例并没有西方的多。由于我和沈丹萍经常几个星期不在家，也没有人来帮着照看，沈丹萍决定在家门口安一扇防盗门，门很大，装的时候还动用了混凝土钻机，但是如果谁真想进来的话，估计再大的门也挡不住。为了保险起见我们请人做了个牌子挂在大门上："进口门，带高压电"，用中英文写的，上面还特意画了一个吓人的闪电符号。这个主意看来很奏效，来我们家的客人连门铃都不敢按了。

在北京或者上海，到底有没有基本上像样的饭店

德国电视二台在成功地卖出了《探长德里克》的播放权之后很受鼓舞，他们计划要出口更多的节目到中国来。我告诉德方，在中国这部电视剧不是像在德国那样每周播一集，而是每两天连着播放两集！没过多久很多中国人都看过了这个剧，上班的时候大家在单位或学校里热烈讨论。有的年轻女孩儿说探长德里克看上去很"无聊"，但是男孩子们却说"这个一点儿都不重要"。在柏林电影节上曾获得过银熊奖的导演吴子牛说他把每一集都用录像机录了下来。从那时起我成为德国电视二台的官方节目销售代表（后来又做了其他机构的销售代表，如巴伐利亚国际电影公司和德国之声电视台）。

"我们一定要亲自去一次！"到了第二年年初德国电视二台的负责人很激动地对我说，他想去的地方是北京。

"中国人可以接受吗？"他问我，"如果我们把中国最著名的电视台都一起请过来，然后我们给他们做一次详细的节目介绍？"

我一边考虑一边对他说："这样的活动在北京还从来没有人搞过……政治上应该不是什么问题……我觉得，是可行的。"

我们约好由我先和广电部及合作伙伴北京电视台取得联系。如果一切顺利的话，我们计划在1989年的10月举办这个活动。

在德国总是能遇到一些对外部世界毫无兴趣的人，他们觉得西方是世界

的中心，西方之外的国家都应该顺应西方的思维方式，而德国已经达到了发展的最高峰。“他们必须要学习。”一个抱有这样观点的媒体代表对我说，他的意思是来自第三世界国家的人们都应该向“我们”学习，学习我们的思维方式和经验，不管他们是否曾经有过辉煌的历史。但是我的观点是：不，我不觉得他们有这个必要。就这么简单！是我们应该尊重他们的习惯和想法。不少德国人始终认为自己是真正的决策者，他们可以判断什么是对的什么是错的，在这种前提下进行的会谈通常会不欢而散。在德国有一位号称是“电视文化教父”的名人，身居重要职位，他的名字叫卡尔·施内廷。有人建议他在春夏之交的时候到中国来访问，我当时正好在德国出差，就约好了和他见面。我当然很高兴有机会结识这样一位业内的资深人物。

“克劳特先生，您来讲讲，”他见到我后问的第一个问题是，“在北京或者上海，到现在为止，到底有没有基本上像样的饭店？”

我必须很努力不让自己看上去很吃惊，但还是停了两秒半没说出话来。毕竟在我眼前的这个人实在是太有名了，而且还以知识渊博而著称，估计连外星的情况他都能说得如数家珍。我环视了一下他的办公室，和办公楼里其他人的办公室看上去没什么两样，如果要我来评级的话，顶多给二星级。

“施内廷先生，”我开始回答他的问题，“在您说的那两个城市里有您在德国还从来没有见过的饭店。”

他看上去很迷惑的样子：“您这是什么意思？”

“如果把您熟悉的法兰克福或者西柏林的饭店作为标准，北京或上海的饭店要大三到四倍，房间内的设施也非常舒适，您进去之后很有可能就不想出来了，因为外面的国家可能对您来说太陌生了。”

他继续很迷惑地看着我，好像他不在现场似的，或者他还是没听懂：

“什么？您什么意思？”

“我说得很清楚，施内廷先生。中国的饭店要比我们这里的饭店宏伟气派得多……比如说，中国的饭店里没有窄小的低矮的大堂，在楼道里没有狭窄的楼梯，服务员也比我们这里的要体贴细心得多，在服务上您完全不用担心。我说的那些饭店看上去简直就像是宫殿，关于它们的介绍您可以在任何一本导游书上看到。”

幸好我们谈话的时间不长，离开他的办公室时我感到如释重负。

西德国电台和中央电视台都遵守诺言，希望把计划在德国举办的联合晚会搞好。筹备工作的第一步是中方的一个高级代表团去德国访问。这次访问并不是双方合作的前提条件，但鉴于当时东西方之间的微妙政治关系，很容易发生预想不到的变动，这次访问有助于确立双方刚刚形成的良好关系。我陪同中方的代表团参观了德国电视一台，并参加了他们准备的娱乐活动，中国人很喜欢去逛德国的大商场，也很欣赏德国人办事可靠及德国的清洁环境。他们对德国的食物不是很感兴趣，和北京相比，他们觉得德国的城里空空荡荡的。但是这次访问的最重要目的顺利完成了，西德国电台和中央电视台签订了1989年秋天在科隆举办联合电视晚会的合作意向书。

游行渐渐成了一种日常活动

4月8日胡耀邦在参加政治局的一次会议中突然心脏病发作，一周之后在4月15日去世。听到消息时我正在德国。胡耀邦曾是我的第一位“救星”，他在去世之前很久就已经很少在报端露面了。两年前他因为在反对“资产阶级自由化”和1986年的学生运动中表现不利，辞去了党中央总书记的职务。胡耀邦在不做总书记后已经没有什么发言权，虽然他还保留了政治局委员的身份。胡耀邦去世后不久中国爆发了一场始料未及的巨大混乱，情况每一天都在恶化之中，在很短的时间内社会好像走到了悬崖的边缘。

在胡耀邦去世后的第二天，北京的大学生组织了一个去天安门广场的悼念队伍，等他们到达广场的时候悼念的性质变成了游行。学生们举出横幅和大字报，要求为胡耀邦平反。他们还喊出了反对腐败、改善教育制度、更多的新闻自由、示威权利等口号。游行队伍并没有提出具体的政治纲领，队伍里的大部分学生决定不离开天安门广场。在请愿书里他们写到，只有在政府正式接受了他们的请求后他们才会离开广场，但是没有政府里的人来接他们的请愿书。

政府宣布4月22日周六那一天在人民大会堂里举行正式的追悼会，由此天安门广场将被关闭。在周五晚上上万名大学生到达了广场，他们带了食物

在库车，一处建于公元3世纪的瞭望台

1

2

3

1. 在云南拍摄《云南之恋》
2. 在成都爱道堂
3. 在新疆库车的一个集市

1

2

3

1. 拍摄《我的北京艺术家朋友》
2. 拍摄《沙漠里的孩子》
3. 在杂技之乡“班门弄斧”

1
2

1. 杨尚昆等领导人接见翻译人大会议文件的中外专家
2. 在天安门城楼上拍摄

和被子，准备在那里过夜。22日上午的追悼会由国家主席杨尚昆主持，追悼会中没有提到任何给胡耀邦平反的内容。示威游行者在广场上竖起了一幅巨大的胡耀邦画像，呼吁全国高校罢课。上街游行的人数达到了10万人。针对这起前所未有的事件，《人民日报》在4月26日的头版发表了社论文章，强调这次游行示威是“有组织的反党和反社会主义”活动，参与者没有经验，未成年，他们是受到了一小撮人的煽动。

就在社论发表的同一天我从德国回到北京。在德国的几个星期里我为几个新的项目找到了合作方，同时开始探讨拍摄一部关于中国武术教育的纪录片，虽然纪录片的细节还没有最后敲定。北影厂在北京城的西边，离最著名的两所大学北京大学和清华大学都不远。在回家的路上我看到大学生们举着红色的标语和旗帜源源不断地向天安门广场的方向走去。到了第二天4月27日的时候，据说有八万名学生在长安街上游行，抗议《人民日报》的社论文章，游行队伍长达数公里。

在路边观望的人群对大学生的举动既感到吃惊又表示同情，他们鼓掌助威，神情激动。“文革”结束后大学生给人们的印象是只会读书而不会反抗，现在他们走上街头，人们不免感到游行是有政府支持的，否则怎么能发生呢？表面看上去学生们人多势众，当警察一次次用大喇叭向他们喊话，说他们的行为是违法时，他们似乎一点儿也不怕。

示威游行者给人的印象是他们想给政府提个醒，但是动员的人数之多以及激烈程度之甚，让人想不清楚是否这里面有更深层的原因。风暴来得太突然了。最开始的解释是经济上的原因，比如说物价飞涨，通货膨胀让普通老百姓感到生活困难。此外，人们普遍憎恨的腐败现象也是促成游行的原因之一。很长时间以来相当多的年轻人和学者们一直在呼吁倡导，希望中国能更多更快地和世界接轨。

游行渐渐成了一种日常活动，但是其他的工作和生活还是要继续进行下去。我和北京电视台的一家叫做“北京电视艺术中心”的子公司取得了联系，他们很快就对我们的项目给予了答复，说他们愿意负责引进德国电视节目的组织和安排工作。他们的具体任务是和相关的部委沟通，申请许可，并邀请国内其他电视台的代表。北京电视艺术中心里面的两个中国同事很快就开始着手工作，态度很热情。中国的电视市场正在进入一个国际合作的新时期，西方来的节目既让他们羡慕也让他们担心。我们要准备的活动是一次三天的节目观摩，观摩的内容包括纪录片、电视剧、电视电影、电影。

“你们想请多少个电视台的代表?”我问他们两个人，“500 人还是 1000 人还是更多?”

我们最后决定邀请最重要的 120 家电视台，每家请二到三人。

观摩活动的地点定在长城饭店，这是北京的一家五星级合资饭店，我认识那里的一个副总经理，对于我们的谈判自然很有帮助。

发生过义和团运动的老使馆区

在天安门附近有一处隐藏了不少秘密的地方，最近我经常去那里。我之所以对这个地方感兴趣，要感谢我在建国饭店书店里发现的一本书。书的名字叫《探索老北京》，两位作者是曾在北京居住过的阿灵顿和路易森，书在 1935 年第一次出版。作者在书里把北京的历史变迁描绘得栩栩如生，引人入胜，让已经在北京居住了 15 年的我大开眼界。书中有一章特别介绍了过去的使馆区，也就是今天的天安门广场东边、北京饭店的南边这一地区。书里还配了两张地图，分别是在 1900 年和 1935 年出版的，从图上可以清楚地看到使馆区内外国使节曾经住过的地方、外国人开的医院、各国军队的兵营、俱乐部、银行、饭店、邮局、教堂、海关等。看完这本书后我禁不住按照书中的描写去寻找那些街道，不少建筑到了今天竟还和老照片上一模一样，好像时间停在了那里！同样的房子，同样的屋顶，同样的窗户、围墙、门柱和栅栏！我小时候曾饶有兴致地看过一本关于“义和团起义”的小说，从那时起我就知道了在北京有一条“使馆路”（后来曾改名为“反帝路”，现在又恢复了原来的名字：东交民巷），现在亲自站在这里，我觉得自己好像是在电影里！

现在各国的大使馆早已搬到城市的其他地方，但是很有代表性的各国建筑却留在了这几条街上，有的看上去像是刚刚被修缮一新，其他的看不出有什么变化，还有的已经开始败落了。我经常站在原英国使馆的大门前，自言自语地问自己，在那堵令人生畏的高大围墙后面到底都隐藏了什么样的故事。原比利时使馆的建筑也很令人惊叹，在进门的地方是一排宽敞的台阶；原荷兰使馆的入口设计精美，虽然上面的皇家徽章已经斑驳，只能依稀看出原来的轮廓。在使馆区附近的新桥饭店一向很受人欢迎，我有时去那里的一楼餐厅用餐，每次都会经过这条街。去拜访新西兰作家路易·艾黎时也免不了经过这里，他就住在原来的意大利使馆里。到了今天谁还能想到，在1900年时颇具戏剧化的“租借地围攻战”就发生在这个地方，持续时间长达55天之久。

我带着照相机、小型录像机、很多书和笔记本多次来到这里，从东到西用半个小时可以走完，从南到北，也就是从皇家运河开始走到使馆区的另一个尽头也只要20分钟就够了。我一边走一边寻找在书中看到过的地方，想象着里面曾经发生过的故事，如同回到了过去。

原法国使馆斜对着原德国使馆的南侧，原德国使馆的大门紧闭着，上面没有门牌，不知道今天是什么单位或机构在里面办公。使馆的围墙很高，只能看到里面的一些屋顶和树冠。如果它们可以开口说话的话，应该可以给我们讲述一个很令人惊心动魄的故事。

1900年6月12日，日本使馆的书记生杉山彬在使馆区的马路上被人刺杀后的第二天。德国公使克林德（据说他是个“极其严谨和非常勇敢”的人）在教堂外的街道上散步时遇到一辆骡车。据后来的报道说，骡车上坐着一个中国人，身穿义和团的服装，以“挑衅的方式”在磨刀。中国民众对外国人的野心和特权的愤怒日益增强，杉山彬的死说明有人开始直接威胁使馆区。义和团民们自称刀枪不入，外国人轻蔑地叫他们“拳民”。克林德觉得忍无可忍，他立刻用手中的拐杖去打那个人，那个人就跑掉了。在骡车的里面坐着一个10岁左右的小男孩，穿着同一式样的服装，头上戴着标志性的红头巾。47岁的克林德在愤怒中又开始去打那个孩子，直到对方不动了，克林德才把他拖到了使馆里面。中国政府要求德国使馆放人，但是公使不予理睬。事件发生后在使馆区发生了强烈的暴乱冲突，从6月13日持续到16日，到处都有人在抢劫放火，据说参与其中的有几千个中国人。教堂被烧毁，中国信徒被杀害，很多外国人开的商店被砸。

6月14日是街道上发生暴乱的第二天，克林德在使馆区围墙附近观察到了一群义和团团员正在训练。他立刻回到使馆，召集了一队德国士兵，带他们到了围墙边。他命令士兵们开枪射击正在训练的义和团，说是要看看他们是不是真的刀枪不入。他一定在事后对自己的举动感到颇为自豪，当时的伦敦《泰晤士报》驻京记者乔治·莫里森在日记中这样记载道："克林德和他的士兵们刚刚把围墙边上的七名义和团人给射死……他们的行动非常模范。"

两天后顺天府的府尹亲自去德国使馆求情，请他们放了那个小男孩，但是使馆的人说还是不行，因为孩子已经死了。按照德国使馆内部的说法是孩子在犯"躁狂症"时被克林德用枪给打死了。

城里的中国人听到消息后都义愤填膺，各国使馆随后在邻近的街道里安排了士兵保卫。著名的英国公使罗伯特·赫德在那一天写道："幸好义和团的团员们只有大刀，如果他们有枪的话，他们可以在一夜之间把我们都杀死。"

但是其他人还是有枪的。1900 年 6 月 20 日，克林德一边抽着雪茄一边去清政府总理衙门的路上，被人在头上一枪打死。发生在西总布胡同和哈德门路交界处的这起刺杀事件引发了令世人瞠目的袭击使馆区暴动，时间长达 55 天之久。德国皇帝威廉二世在其国际同盟的支持下对中国人表示了极其强硬的态度："不要同情他们，不要接收战俘。你们要勇敢地作战，让中国人在一千年后还不敢窥视德国人！"

哈德门路就是今天的东单。德国要求中国政府在克林德被刺杀的地方竖立一座石牌坊，并指出碑文必须要表达出清朝光绪皇帝对克林德被刺事件的道歉。

此时此刻，我站在那里，只感到时过境迁。我一边思考着过去，一边听着马路上的嘈杂，一时心潮澎湃。用汉白玉和蓝琉璃瓦建成的气宇轩昂的石牌坊在一战德国战败后都被拆除了，虽然后来又重新出现在中山公园里，但是上面的碑文却完全改了样子。在人行道的边上我偶然看到一些浅色的细方石，好像并不应该放在那里似的。在附近摆摊的老妇笑着点头告诉我说这些石头就是过去石牌坊的一部分，她说住在附近的人都知道。

1919 年 5 月 4 日，北京的爱国学生们为了反对外国列强的压迫而走上街头示威。对于 1989 年的大学生们来说这个纪念日具有很强的象征意义，而对于政府来说则是个两难境地。他们应该怎么办？就在同一天亚洲银行的年会将在北京举行。在北京成为世人关注的焦点时，30 万学生成了天安门广场的主人。

如果我再也见不到太太和女儿该怎么办

我一有空儿就去天安门广场，有时一个人，有时也和朋友一起，不是一天一次，就是隔一两天一次，有时还在晚上去，经常一直待到第二天上午。天安门广场好像是一片花花绿绿的阵营，里面支着无数的帐篷、折叠床、折叠桌，到处都是收音机和大喇叭，年轻人有的走，有的坐，有的在喊话，有的人在拥挤，还有的安静地坐在广场边上思考。整体气氛让人觉得既紧张又团结。白天的时候帐篷的两边被卷起来，5 月的天气非常舒适，外国人在广场上也可以自由地走动，很多人停下脚步和住在广场内的人交谈。

虽然很多游行示威者大力呼吁民主制度，但是他们本身对民主制度的含义并不是很了解。他们普遍觉得民主可以解决一切问题，是一个具有神奇功效的词。很多人读过关于民主的文章，有的人还能背诵一些西方哲人的名言，但是理解并不深入。"美国之声"电台对于游行示威者来说就是权威信息的来源和灵感的汲取地。和我谈话过的人对西方政治制度的理解让我感到他们把西方国家理想化了，觉得那里一片太平，人人幸福。他们对西方认识的局限性我完全可以理解，如果可以做个比较的话，他们对欧洲和美国式民主的了解就如同外国人在 70 年代对中国、越南或古巴的生活方式的了解一样，离事实很远。

来自西方的记者个个都兴奋无比，不论是那些常驻中国的还是专门来报道游行的。他们觉得中国的年轻人终于开始反对僵化呼吁民主了，终于和全世界走到了一起，说共同的语言，人们终于可以理解中国了，而共同的话语基础指的是我们西方人的话语基础。最重要的是，记者现在写的所有东西都可以很快见报，所有的电视报道都被播发。没有比在北京更好的机会啦！不难看出来很多外国记者对中国只是一知半解，他们想当然地把自己国家里的主流观点和规范作为标准来衡量中国的情况。在他们的文章里只要把西方人熟悉的名词都用上就行了，其他的似乎都不重要，不过是异国情调罢了。对不少西方记者来说，全世界对"黑"和"白"的定义必须是一样的，不同地方的"民主"也不应该存在任何区别。我曾亲耳听到一个在西方媒体里做摄影师的人非常气愤地抱怨过："你说什么？这个中国人没听说过滚石乐队？

有没有搞错，是‘滚石’啊？实在是不可思议！这个人肯定有问题！”

大学生们在很短的时间内被捧上了天，成为全世界媒体的焦点。问题是他们是否能认清外国媒体的目的和利益呢，能否知道外国的媒体在报道他们的同时也会利用他们呢？大学生们知道，如果和外国媒体合作，他们可以制造很大的影响，甚至是举足轻重的影响。这当然很诱人但也不无风险。没过多久人们就产生了这样的感觉，认为西方媒体就是示威游行中的一部分，或者说媒体喜欢报道什么示威游行者就会去做什么！

5月13日，500名大学生宣布他们要绝食。他们喊出的口号是“我要吃饭，但是我更要民主！”政府坚持认为示威者是想搞叛乱，学生们想通过绝食来说明他们为了达到目的可以不惜牺牲自己，同时他们也希望看到政府能有所作为，不是只在那里观望。政府的唯一反应是要求学生们离开广场，回到校园里。政府难道已经瘫痪了吗？人们对大学生和政府的表现都感到不解。

中国政府和邓小平个人一直致力于提升中国的国际形象，在首都北京发生的情况对他们来说无疑是个奇耻大辱。5月15日，几百名外国记者将云集北京，报道戈尔巴乔夫的历史性访问。很明显无法在天安门广场上进行预计的欢迎仪式，仪式被临时改到了首都机场，后来在人民英雄纪念碑前献花圈的程序也被取消了。示威者的年轻领袖们都只有二十出头，他们在仅仅几个星期内成为了国家政权的挑战者，他们开始犯错误，走极端。

戈尔巴乔夫是中苏在1960年关系恶化之后第一位访华的苏联国家元首，他的访问意味着两个国家之间30年冷战的结束，同时也是双方重建友好关系的一个重要标志。5月16日上午，广场上的游行示威者高喊着戈尔巴乔夫的名字，在同一时间里，邓小平在人民大会堂的东大厅对来访的客人专注而开诚布公地说，中国和苏联在历史上之所以发生矛盾，主要是因为苏联没有把中国当做是平起平坐的伙伴。他接着说，尽管如此中国并没有忘记苏联在中国建国初期对中国建立工业基础方面提供的帮助；关于两国的意识形态争执，邓小平说他自己也亲身经历过，他说“我们不认为我们的看法永远都是正确的”。他强调双方曾经有过的争论都是一些空谈，他希望大家可以汲取过去的经验，摆脱那些没有意义的讨论，集中精力搞发展并为了未来而努力。

绝食进行了两天之后几百个人陷入昏迷，每15分钟就能听到救护车的鸣笛声，到了夜里也响个不停，让人完全无法入睡，脑子里塞满了各种各样的想法。医务人员尽力帮助绝食者，广场的四周停靠了很多救护车。每天都有上百万人走上街头，各行各业的人都参加了，有工人、国家机关的职工，其中也不乏一些核心机构的员工。游行者都把单位的名字十分自豪地写在标语牌上。一个有钱人为示威人群赠送了一套功率很大的音响设备，募捐者捐赠了上千顶帐篷。全中国各地的大学生纷纷涌向北京，他们从离广场不远的火车站步行到天安门广场，一到就开始安营扎寨。北京城里的交通完全瘫痪，平时我都把汽车停在北京饭店前，现在我决定把车开回家去，要出门的话就骑自行车。所有的人似乎都在路上，在城里有些交叉路口拥挤得都走不过去，就是自行车也无法推过去。交通警察都不知跑到了哪里，在一些路口上大学生们临时组织起来负责指挥交通，由于路上的人实在太多，他们忙得不可开交。学生们的自发行动确实令人惊叹。

5月19日晚上，电视直播中说首都的情况已经失去控制，政府决定采取措施，一天之后又宣布实行戒严，天安门广场需要清理干净。我当时正站在北京饭店前和一群熟人聊天，里面有外国人也有中国人。所有人听到这个消息后都很激动，我们不敢相信自己的耳朵。

天安门广场上的人更加团结了，一些人甚至表示为了运动不怕牺牲。从外面进入天安门广场变得越来越困难，广场被隔离带隔着，示威人员组成了自己的警卫线，只有拿着示威指挥部开具的特殊证件才可以出入。广场内的领导者们（他们是谁的领导呢?）都被保镖们围着，看上去像是一个新的政治局。有人说在广场上曾听到枪声，没有人出来辟谣。

我们听到消息说38军正从各个方向向首都挺进，明天下午就会在广场上实行镇压。我感到忐忑不安，不知明天的北京会是什么样子。这是一场内战的开始吗？谣言说在很多城市里发生了暴乱。沈丹萍最近一段时间在四川参加一部电影的拍摄，拍摄快要结束了。丹丹在南京外婆的家里。两个人都离我有上千公里远。我从来没有像现在这么清楚地意识到中国之大，如果真的发生内战或者类似的情况，飞行将受到限制，火车也会人满为患，电话和邮政都可能瘫痪，而外国人在中国的居留权可能也会成问题。如果我再也见不到太太和女儿该怎么办？我忽然感到很孤立无助。我必须给沈丹萍打个电话！

在紫禁城的东边我找到了一个三轮车夫，我那天没有自己骑车，而出租车已经消失很久了。我还是第一次坐三轮车夫的车。“请您骑到北京电影制片厂，希望不是太远?”车夫一下一下地蹬着脚蹬子，时间已经是晚上 10 点了。在路上我们还能看到一队队激愤的年轻人，不是骑着自行车就是摩托车，目光直视前方，额头上绑着布条，这是他们示威的标志。他们是要去冲破军人设置的壁垒。

“三轮车不能带外国人，只能带中国人！不要做外国人的佣人!”一个骑自行车的人忽然对我的车夫发难，很快另一个队伍里的人们也骑过来质问我的车夫。这样的指责我还是第一次听到。在恐惧和危机中人们会说出过激的话。我的车夫没有理会他们，嘴里嘟囔了几句继续向前蹬车，他无法想象我在内心对他有多感谢。估计他的家里人急需这笔钱，别的人是不是想造反好像和他完全没有关系。我下车后给了他不少小费。

我终于打电话找到了正在饭店里的沈丹萍，她已经听说了北京的情况，也在试着给我拨电话。她的拍摄任务在两天之后就要结束，我们约好让她先去南京，然后看北京的情况，或者留在南京或者和女儿一起回来。她完全可以理解我的担忧，我告诉她我很爱她。

市中心里每天都是一片人的海洋，戒严令并没有把人们关在家里。媒体中的论调一天一变，大家好像都无所谓了。10 万人的军队和坦克没有把城市控制在手里。路口上横着公共汽车、大卡车、建筑机械、集装箱等路障，大大阻碍了军队的进入。负责指挥的将军们并没有命令他们的队伍以紧急状态法赋予的权利那样挺进，车队一次次地被行人挡住，军人和路人们一起讨论，头发花白的老太太还时不时地教训军人一下，没有人把对方当做是敌人。气氛看上去很融洽，我们听到有的军人义正词严地说：“人民解放军永远不会向人民开枪!”人们议论纷纷，说军队里的意见有分歧，所以上面下达的命令还没有被执行。下午的时候阳光明媚，军用直升机从天上撒下了政府宣布戒严令的传单作为最后通牒，很多人挥着拳头对此表示抗议。

我沿着长安街走到中南海，政府大门前两排年轻的军人盘腿席地而坐，他们一言不发，目光深沉，很明显身上没有带武器。在他们的面前围着一大群人，直直地盯着他们。在两个阵营之前狭长的空地上堆满了垃圾和碎石，都是过去几天示威者留下来的。

又是几天过去了，游行队伍的精力在慢慢减弱。老百姓虽然继续对游行表示同情，但是热情也在消减。占领广场的一个继续绝食的核心组织说，他们等的就是流血，因为他们觉得只有流血才能唤醒国人。越来越多的老百姓认为理智应该是第一位的，他们觉得矛盾双方，不论是示威者一方还是政府一方，似乎都已经走得太远了，已经没有达成妥协的可能性。情况十分危机，好像已经没有回头路了。有人说示威者已经取得了很多胜利，但他们也可能丢掉这些胜利；示威者其实已经达到了给政府敲警钟的目的，让他们知道改革应该朝哪个方向发展，现在应该知足了。很多人表示，他们希望回到正常的生活中，我认识的所有人其实都在这么说，不管是中国人还是在北京生活的外国人。来自北京的大学生们大部分都成群结队地离开了天安门广场，但是每天都又有新的学生和年轻人从其他的省市涌入。这些新来的人充满了好奇心，很想经历一些事情，他们空前地团结，慢慢取代了占领广场的第一拨人。因为没有钱，这些外地来的年轻人都住在广场上，没过多久天安门广场就已经臭气熏天，厕所都满得溢了出来。垃圾也堆成了山。环卫工人再加班加点也没有办法清理，最后不得不在地上喷洒化学药品以防止疾病的传播。

北京几所艺术院校里的学生用他们的作品把学生运动推向了高潮和终点。5 月 30 日他们在广场的中央竖起了一座名为“民主女神”的雕像，雕像有 10 米高，由石膏和绑带做成，学生们费了很多麻烦才把雕像运到广场上。现在这个庞大的东西站在那里，让人们不禁想到纽约的自由女神像，它的高度似乎要挑战天安门城楼上的毛主席像。全北京都在议论这尊雕像，不少人还专门跑到广场上去观看。炎热的广场上挤满了人，他们有说有笑，连广场上的臭气也成了喜闻乐见的话题。我当时的感觉是，这些人好像很喜欢这样令人蠢蠢欲动的感觉，他们好像很享受这个难得的挑衅过程。这个雕像到底代表了什么呢？它的创造者又知道多少呢？当然，雕像代表了“美国”和“自由”。为什么是美国？他们觉得美国是不一样的，美国是现代的，是中国人无法到达的，是被禁止的。美国同时也是一个目标，人们从电影中认识了美国和美国的音乐。但是人们并不了解美国。在中国的宣传中美国是个很糟糕的国家，可那里又似乎是很美好的，中国的年轻人都梦想着去那里上大学。在美国可以发财，每一个美国人都是富裕的。每个人都有自己的汽车。美国就是自由。什么是自由？人们可以在那里想做什么就做什么，人们还可以把政府给选下去，但是为什么要把政府给选下去呢？

“一个外国人带了三个中国姑娘！”

在一些国际酒店开的超市里可以买到进口食品和饮料，我比较喜欢丽都饭店的那一家，每个星期都会去一次，虽然那里离我们的家比较远。又是一个星期六，我刚在丽都饭店的超市里买了东西，采购完之后我还去拜访了德国汉莎航空公司在北京的总经理彼得·史迪克先生和他的太太萨比娜。萨比娜是一位很有名的律师，他们两个人住在丽都饭店的公寓里。在后来形势越来越严峻的几周时间里我经常和史迪克通电话，“我常对自己说，”有一次他在电话中说，“我一定会和我的祖父一样长寿。一想到这里我就不害怕了。”快到傍晚时，我在路上遇到了一队很长的军车，里面有装甲车、运货车和吉普车。军车非常整齐在停靠在马路的右边车道上，面对着城里的方向。其他车辆仍旧照常在左边的车道上行驶。

晚上家里来了客人，吃完晚饭后我说我想去天安门广场看一看，沈丹萍说她也想去，她的两个女朋友也说有兴趣。要不要开车一起去？我说，好吧，我们可以尽量开得离广场近一点儿，实在不行了再走一段路。我上了三环后一直向东，然后向南到了长安街，又向西经过了建国饭店。马路上人很少。当我发现对面根本没有车开过来时我才注意到在我开车的方向上也没有其他的车。前方不远的地方是去二环的路口，那里聚集了很多人。我对自己说，没关系的，等我们到了跟前他们肯定会让我们过去的。人群中都是年轻人，我开始减速，以缓慢的速度向前开。有的人开始给我们让地方，但是前面的人越聚越多，车一会儿就开不动了。

四周的路人向车内看进来，很多张脸围在车窗外，离得十分近，他们很吃惊看到车里有外国人。他们看上去不像是学生。车窗是打开的，外面的人把手顺着车窗伸了进来。我和他们握手。他们问我是哪个国家的，其实是很常见的一个问题。由于我想继续向前开，我没有理会他们。难道我到这里来就是为了和行人们聊天吗？

“一个外国人带了三个中国姑娘!”我听到有人愤怒地喊了一嗓子。

话音未落另一个人也跟着喊起来:“一个外国人和三个我们的姑娘!”

沈丹萍和她的两个女友都坐在后座上,一个人把头伸到车里来,“你们是谁?”他问坐在后面的人。

我从反光镜中看到她们三个人开始露出害怕的表情。

“我是他的妻子。他是我的先生。”沈丹萍说。

“你是他的妻子?那另外两个人是谁?”

他的口气在正常询问和质问之间,我还从来没有遇到过这样的场景,全身的警备立刻被调动起来。

“嘿,外国人,你的奔驰车多少钱一辆?”一个人从后窗伸进头来问。我对他笑了笑,心里却对自己开着车出来后悔不已。在过去的几周内奔驰车已经成了腐败的象征,因为这是国家领导们最喜欢开的车。我为什么偏偏现在要开着这辆车到城里来呢?

“说啊,多少钱?”

“今天军队会进来,”另一人说,“你听说了吗?”

“啊……没有,我没听说过,但是我想赶快离开这里!”我感觉到身边的这些人和广场上的人不太一样。

“今天军队会进来!”

“你们能不能走到边上让我们先过去?”我对窗外的人说,脚一直轻轻地放在油门上。

“坐在汽车里的是沈丹萍!”一个妇女忽然尖着嗓门喊了一声。

一时间所有的人都知道了,他们都想探头进来看一看。

“沈丹萍,出来!出来给我们唱一首歌!”

“对,出来!”

一个人把沈丹萍旁边的车门打开了。

“沈丹萍,出来!”

“乌苇,我出去一下,”沈丹萍的眼睛睁得大大的,“你们继续向前开!”

我小声地对后面说:“赶快把门关上!锁好!把窗户摇上!”我还从来没有这样命令过任何人!

沈丹萍把门关上了,从里面锁好,又有人把胳膊从窗户里伸进来,要和我们握手。

“把窗户摇上！”我对她们几个人说。经过一番努力，她们终于把窗户给关上了。只有我旁边的窗户还半开着。

这时有人开始在车头的前面摇晃汽车，好像他们是在和腐败作对。

有两个人直接坐到了车头的挡板上。

车后的人觉得这个主意不错，也加入了他们的摇晃。

我当时立刻想到他们可能想用我们的车做一个路障！

车的两边也有人开始参加摇车，我们在里面感到非常的不舒服。

我对自己说，一定要和窗外的人保持和睦的气氛，集中精力和他们说话。交流是最重要的。

“军队什么时候进来？”我问他们，好像他们在外面摇车，我们在里面没事儿似的。

“你说什么？”

我又重复了一遍我的问题。

“随时都可能吧……我们也不知道。”一个人说。我注意到他觉得自己很了不起，因为可以和一个外国人说话，但是他对我表现出来的客气好像又有些嘲笑的味道。

“你们是在这里等军队吗？”为了找话说，我又问。

摇车的人稍微少了一些。

“是的，”他说，笑了笑，“我们在等军队。”

这时旁边来了一个身材瘦弱的年轻人，看上去有些神经质，穿一件白衬衫，袖子挽了上来，黑色长裤，大概二十四五岁的样子。他挥挥手让摇车的人停下来，然后走到我身边，向车里望了一眼。我对他说，我想到前面的路口右转上二环。他点点头，目光中透着理解，他给周围的人打手势，让他们空出地方来。围观的人在他的指挥下确实动了起来。我向前开动汽车，年轻人又陪着我们走了大约 30 米，好像很担心我们，直到我们的车终于拐上二环为止。我深深地松了一口气，充满感激和认可地向他点头致意，他也向我招手，之后我立刻踩了油门。

二环上也完全没有车。是啊，谁这么傻现在还开车啊！车开到环路上时我才发现前方有一个用水桶、木头和水泥袋搭成的路障。要掉头回到桥上吗？

不，我决定逆行开到加急道上，每耽搁一秒钟都有可能遇到新的路障，或者是军队或者是任何事情。后座上的三个人已经很久没有出声了。连着几个出口和入口都被堵上了，看不到行人，但是路障到处都是。我是在做噩梦吗？不知开了多久我们终于离开了环路，离开了市中心，穿过一些完全不熟悉的空空荡荡的街区回到了家。两个女朋友被安置在电影厂熟人的家里，我们把小女儿从邻居家里接了回来。

二十几支枪同时举了起来对着我们的车窗

电话铃忽然响了，是一个做摄影师的邻居打来的。他语无伦次，说他在电话上听一个朋友讲军人开枪了。不是谣言……他试着喘了一口气……他说他在电话上听到了枪声。很清楚地听到了枪声，声音离他朋友住的楼不远，在复兴门，城中心的西边。军队正在那里开着坦克……

到了第二天我也忍不住要上街去看一看。我的目的地是友谊宾馆。去友谊宾馆的路上几乎没有人，只有几辆烧焦的军车横在路上。在马路中间的隔断上可以看到用红颜色刷写的大字："打倒……"我右手拿着相机，放在车窗很低的位置。照相和摄像是不允许的，如果有人发现我正在拍照或摄影，有可能会开枪的。路上有不少哨卡，没有人阻拦我，也没有其他的路人。饭店里的服务员们看上去情绪很差，他们不想聊天，就是遇到熟人也没有兴趣。

在夜里偶尔会听到枪声，我们永远也不会知道这些枪声是从哪里传来的。从白天的谈话中我可以看出人们的悲伤和愤怒。到底有多少人死了？这个数字会公布出来吗？每天都困在家里沈丹萍也有些待不住了。到了第三天她又坐到了汽车里，在我的身边，丹丹在后座上。我们想去一趟长城饭店，沿途看到的汽车可以用两只手数过来。路上我们看到烧得面目全非的各式各样的军车，还有一排排的公共汽车。好像没有人去管这些车辆，有些地方要绕过这些被毁坏的车辆很不容易。（后来我们听说在那天夜里总共有1000辆车被烧毁。）在长城饭店的大堂里我们没有看到其他的外国人，只有中国的服务员，著名的中庭咖啡厅里空无一人。服务员向我们走过来，我能感觉到他们很高兴有人来光顾，他们的表情好像是看到久别的老朋友一样。从他们那里我们得知客人们都已经纷纷逃离了酒店。

“我们觉得我们都活不了了。”一个女服务员说，一边说一边流眼泪。

“你什么意思?”我吓了一跳。

“政府认为都是外国人的错，说示威游行是由台湾和外国支持的。我们在给外国人开的酒店里工作，他们也会说是我们的错，就像在‘文革’中一样。”

“不，不会的……”我说。

又到了采购生活用品的日子。沈丹萍想去丽都饭店的超市；去那里的路上也几乎没有车，丽都饭店里的情况也和长城饭店里一样。幸好超市里的东西一应俱全，超市的中国经理说供货不成问题。我们希望他说的是对的。我们出了超市穿过丽都的后门进入大堂，那里排了一长队的外国人，他们是在等去机场的巴士。他们个个看上去很憔悴，眼中充满了不解和恐惧。

回来的路上我们经过二环，我一边开车一边想有这么多烧毁的车辆，清理工作应该很快就会开始的。忽然眼前出现了一些战士，他们左右各一排站在路的两边。路上没有其他车辆。接近了战士的位置时我把车速减到时速20公里。每一边站着大概12个战士，每个人手里都拿着枪，路边还站了一些围观的平民。我把车开到左边的车道上。快到第一个战士身边时，他把胳膊抬了起来示意我停车，我没有立刻踩刹车，而是想等车到了他的位置时再停下来也不迟，就在这一瞬间，二十几支枪同时举了起来对着车的前窗，我立刻踩了刹车。我需要举起双手吗，还是怎么样？我把上身探到车窗外，对战士说我们这是开车回家。我问他是否可以继续向前开，他说了些什么，但是我没有听懂。他的口音很重，我也不知道他是否听懂了我的话。我告诉他我没有听懂，他又说了什么，面无表情，他的伙伴们还继续举枪对着我们。现在怎么办？他们想要什么？我又说了一遍，露出没有听懂的表情。这时一个站在旁边看热闹的人离着15米的距离给我打手势，让我们从那里的出口开出去。真的吗？那个战士并没有指出口的方向给我看啊？对对，我应该从那个出口出去，看热闹的人又一次很激动地打了同样的手势。我比划着跟战士说我要从那个出口出去了，他一点儿反应也没有。旁边的人继续向我招手。我开始向前开，瞄准我们的枪还在那里，我一时产生幻觉，好像我们很快就要被打死了。

英若诚信心十足：中国肯定不会倒下

在 17 号宿舍楼的一次聚会中一个熟人对我说，我应该和家人一起离开中国，谁也说不清楚未来会怎么样。他说的当然有一定道理，但沈丹萍的签证很可能是个问题，中国人出国不但需要签证，还需要单位出具一份允许出国的证明。能出具这份证明的单位就在天安门的旁边，我最近曾开车从那儿经过，那里已经完全被军队封锁了。

“那你就带着我们的女儿出去吧，”沈丹萍对我说，“最好你们俩在外面，我留在这里。”别人也觉得她说的有道理。我经过考虑后没有同意，这样的事我做不出来！

英若诚是个很坦诚的人，我很喜欢和他聊天。我听说他最近也和其他人一样在四处打电话，希望知道朋友们的最新情况。我请他去长城饭店吃饭，他痛快地答应了。英若诚从 1986 年开始担任文化部副部长，他对中国文化事业的开放和为艺术家创造良好环境做出了很大的贡献。1987 年作为文化部副部长的英若诚因在柏纳多·贝托鲁奇的电影《末代皇帝》中扮演监狱长一角而闻名于世，电影《末代皇帝》能够在中国制作也要感谢英若诚的大力协助。

英若诚坐着黑色轿车来到饭店，下车时他告诉司机几点钟来接他。饭店里的员工很礼貌地欢迎他的到来，并陪同我们从大堂走到餐厅，餐厅里人很少。英若诚能接受我的邀请意义重大，至少说明政府希望继续对外开放，继续和外国人交往，中国并不想冷冻和外国的关系。在私人层面上，他能来见我也说明了沈丹萍和我还不需要为我们的跨国婚姻而担心。

“如果领导人可以像周恩来总理那样小心谨慎地和学生交流，是不是就不会需要军队的介入了？”我问他，“就像江泽民和朱镕基在上海做到的那样。”在上海，虽然军队也进驻了，但是并没有使用武力。英若诚觉得我说的有可能，他说他理解人们的愤怒和挫折感。我知道他自己也有不少疑问，但是他看上去信心十足，说中国肯定不会倒下，开放政策会继续下去，尽管目前西方在中国面临巨大危机时可能不会这样想。

我应该，或者说我们应该在目前的情况下离开中国吗？出于抗议？还是出于恐惧？我们周围的朋友、爱情、友谊，还有一切对未来的憧憬……难道都要统统抛弃吗？德国朋友们认为这里发生的事件是我经历的一次“失败”，他们为我感到痛心。我在15年前把我的“几乎一切都错误地寄托给这个国家”，这是他们对我说的原话。有的时候我实在想不明白，不得不扪心自问：我真的是在经历一场个人的“失败”吗？答案是：简直是胡说，我完全没有这样的感觉。“逃离”也不是我想要的。能在如此特殊的时期做一名观察者，难道不也是一种难得的优势吗？西方社会的经济惩罚措施到底能持续多长时间？他们会不会再一次竞相追逐中国的巨大市场？我想他们早晚是要回来的，这一点谁都无法否认。这已经不是一个道德问题，而是一个时间问题。

生活在继续

6月23日，一个德国记者问我谁有可能做新的党总书记（我们都知道这个决定将在第二天公布），我说肯定是上海市市长江泽民，我之所以能脱口而出，是因为我之前刚刚问了电影公司里的一个普通职员，他很自然地说是江泽民，好像很确切似的。那个记者听完后很诧异地看着我，好像从来没有听说过这个名字，江泽民在外国人的圈子里还很陌生。第二天他打电话告诉我说我猜得很正确，我借机和他开玩笑说，你看，没有一个外国的中国观察家猜到了是江泽民。据说江泽民是由邓小平亲自选出来的，原因是他把上海的局面控制得很好。

我们还听到了一个很有意思的新闻：在6月4日前后那几天，为了让上海人保持理智，不要像北京人这样失去控制，江泽民曾经对上海电视台做出指示，要求他们把充满枪战场面的美国电视连续剧《神探亨特》换掉，改播德国的《探长德里克》！原因是德里克从不把使用暴力当做是解决问题的办法。

我接到西德国电台编辑部的传真。第一句话是，电台台长“在6月2日”批准了拍摄关于中国武术教育电影的申请，这个消息让我很振奋。如果我的申请在两天之后才递给台长，结果是什么就很难说了。汉莎公司那边也有了新的项目，他们问我是否能帮忙找到关于德中航空公司“欧亚（Eurasia）”30年代在中国运营的资料。北京电视台希望引进更多的《探长德里克》，这一点我已经有了预感。本来计划在秋天举办的德国电影电视观摩会由于德方的原因被推迟到1990年的年初，德方在给中国广电部的一封信中解释说，由于“一些技术上的麻烦”不得不推迟会议。

我认识的一位在中国很有名的作家，在“六四”之后经常说自己成了北京的一个隐士，其实我们很多人和他有一样的感受，只是并不愿意像他这样大声说出来罢了。我们都待在家里，几乎和外界隔绝，除非有事非出去不可。路上的行人仍旧很少，军人还在城里守卫，气氛几乎没有缓和。大家似乎都在保持距离，默默地观察事态。在北京、上海、成都和其他很多城市里，警察在寻找暴乱背后的指使人，很多人由此被抓了起来，他们有的被判了几年徒刑，有的被判了死刑。大学生和知识分子很少有受到处罚的，最重要的学运领袖们都去了西方国家。共产党在内部开始肃清运动，之后又进行了反腐运动，他们知道游行示威的一个重要原因就是要反腐败。“六四”后西方国家对中国实行制裁，外国的游客都不来中国旅游了。两个月后饭店里重新开始卖外国来的报纸杂志。

中国会走向何方？在我的朋友圈里主要是知识分子和做文化艺术媒体的人，其中也包括政府官员，他们都对中国在过去10年的开放和发展以及个人获得的自由感到欣慰。在党和政府内其实一直都存在着对改革的反对意见，保守派的人希望能回到50年代，继续搞社会主义计划经济，以国营企业为主，继续以意识形态和政治挂帅开展由党领导的群众运动，他们非常担心改革开放会导致资本主义的“和平演变”。和他们观点相对的是以邓小平为首的所谓的务实派，他们推行经济和政治的改革，宣传市场经济，引进资本和技术，搞现代化，对世界开放，加强个人的自主性，在世界上和中国内都不搞阶级斗争；此外他们建立经济特区，为引进资本提供优惠政策，同时创造一个经济领域的试验田。“六四”之后保守派占了上风，他们觉得自己一直都很清楚改革开放会带来怎样的后果。在1989年中国爆发学生运动的同时，东欧国家内的社会主义制度正在戏剧化地破产，到了11月9日柏林墙倒塌时，保守派们感到他们的观点得到了验证。无论是保守派还是改革派在听到罗马尼亚处决了试图逃跑的独裁者尼古拉·齐奥塞斯库和他的妻子埃列娜时都受到了同样的震动。对外界来说，邓小平继续是中国的最高元首，一切还是他说了算，在“六四”之后他继续要求“更多的开放”，而实际上保守派一直在努力排挤他，但成果似乎并不明显。

纪录片《欧阳的热度》通过讲述一个练习武术的女孩儿的故事，表现了中国武术教育的情况，我们的合作方是中央新闻纪录电影制片厂。拍摄工作在北京和成都进行，影片结束时柏林墙刚刚倒塌没有几天，我和太太、女儿一起去了德国，我们想这一次在德国多住一段时间，总共四个月。1990 年 1 月 10 日北京市取消了戒严令，那时我们还在德国。德国电视二台和巴伐利亚电影公司由于计划和北京合作办一场德国电影电视观摩会而在德国受到各方的严厉批评。这类活动在中国还从来没有举办过。难道国际媒体在中国面临如此危机的时候不是更需要去那里，更需要尽力发挥自己的作用吗？难道不应该利用这样的机会去介绍自己的电影和电视文化吗？难道我们应该惩罚那些对德国电影电视感兴趣的人吗？幸好德国电视台的台长没有在批评面前却步，我回到北京后继续和中方筹划这次预计要进行三天的大型观摩活动。后来的事实证明活动办得非常成功，参加者都是中国电影电视界的代表，活动本身让他们对德国留下了美好的印象。

活动开始前的一天，也就是 5 月 21 日，德国前总理赫尔穆特·施密特到中国来访问，他是天安门事件之后第一位来访的欧洲人。施密特和 86 岁高龄的邓小平进行了会谈。施密特希望通过他的访问表明他站在西方公众主流意见的“对立面”上。在他们两人长时间的对话中，邓小平不但有自我批评，而且很开诚布公地分析了“六四”的起因，他指出原因“在党内，甚至是在党的高层领导中间”。对于施密特来说，邓小平的这个观点意味着他“承认在当时没有能控制好党内的最高领导层”。

“你是不是成了中国人？”

沈丹萍参加了吴子牛导演的电影《大磨坊》的拍摄，她在片中扮演九翠；吴子牛是著名的中国“第五代导演”之一，在 1989 年第 39 届柏林电影节上，他导演的故事片《晚钟》曾获得过银熊奖。《大磨坊》的故事发生在 20 年代湖南山区的一个小村庄里，九翠和青果（由李玉生扮演）从小青梅竹马，都在一个磨坊里做工。青果的收入很少，他离开农村去城里找工作，但是没有找到，后来就参加了革命军。在革命军一次次地战败后青果不得不又回到村子里，继续在磨坊里做工。他发现九翠已经被迫和一个她不爱的人结婚了，她的丈夫（由陶泽如扮演）还带领一些人追杀红军的人。村子里没有人知道青果曾经当过兵，但是青果知道九翠的丈夫杀红军的事，而且也知道村子里谁和他是同伙。青果把这些人一个个地抓起来然后在磨坊里把他们碾死（他一边杀人一边喊道：“我是干净的！我是干净的！”），他觉得只有这样才能洗清自己。后来他想和九翠私奔，但是九翠在知道了他的行为后在恐惧中逃离了他。看完电影后很多人的想法是：不管杀人是否有道理，杀人本身就会把人给吓跑。

吴子牛的这部电影是专门为国际电影节拍摄的。我想把电影带到柏林电影节上去参展，广电部副部长丁峤和电影管理局的领导滕进贤对此都没有表示反对。通常一部电影是否可以被送到国外去参展他们两个人点头就可以了。《大磨坊》是由湖南长沙的潇湘电影制片厂和香港银都有限公司共同制作的，后者负责影片海外版权的发行，他们同意由我把电影介绍给柏林电影节并且负责在欧洲的销售。电影节的组委会在1991年初决定邀请《大磨坊》参展，我们都感到很兴奋。准备工作已经开始进行，电影拷贝也寄了出去，连参展人员的名单都定了下来。就在这时，我们忽然接到电影管理局的通知说决定不派《大磨坊》去参展。消息传到柏林后引起了各方的关注，毕竟电影入围的消息已经被正式宣布了。后来虽然我们多方努力，但是到了快开幕的前几天我们知道彻底没有希望了。电影管理局的滕进贤请我们谅解，说决定并不是电影管理局作出的。对于这样的电影他们必须和多方协调讨论，而这次因为影片和湖南有关，他们特别和湖南省打了招呼。湖南省的政府和党组织一致反对这个片子去国外参展，因为他们认为“电影没有表现出湖南作为一个光辉的革命省的形象”。所有参与这部电影的各方对这个解释都感到非常失望，但我们没有想到的是，没过多久这部电影竟然顺利地获得了在国内影院放映的许可。

这部电影对我来说具有特殊意义。沈丹萍在影片中再一次展现了她感情细腻的演技以及她在观众和同业中享有的知名度，看来她和欧洲的特殊关系并没有给她的演艺事业造成障碍。虽然她在很多方面非常欣赏德国和欧洲，但是她并不想在那里定居，如果去住的话也只是有限的一段时间。对我来说，连我自己都有些吃惊，我已经在中国住了15年。在这里我感到很亲切，也一直对自己有机会经历两个完全不同的大洲而感到庆幸。1990年12月6日我在德国的电视里再一次观看了由利诺·文图拉和迷人的玛琳·约伯特主演的法国电影《连环大追杀》，电影首映时我还在上大学，当时我就很喜欢这部电影。在12月6日那天晚上我把片中利诺·文图拉说的一句话写到了日历上："如果不随心所欲地生活，那你已经在生活中迷失了。"

"你是不是成了中国人？"有时候德国来的客人问我，我可以理解他们的问题，毕竟我在中国住了这么长的时间。我会笑一笑，回答他们："不。"一个西方人在情感上很难真正地变成一个中国人，我也从来都没有希望自己成为一个中国人。中国和西方存在很多不同，观点也有分歧，所以双方的交流、阐明自己的观点和思路对于增进了解非常重要。有关现代化、透明度及民主化的讨论当然都很重要，但是不应该因为我是从西方来的就一定会在这些问题上有更道德、更聪明、更科学或者是更强的观点。如果我从前曾经这样想过，那么我早就不再这样自以为是了。正因为如此，很多中国人愿意和我探讨这些问题，他们觉得和我说话的时候可以畅所欲言。中国本身就是一个世界，一个我们无法完全理解透彻的世界。越和她接近我越对她迷恋。

一个尼姑的生活

拍电影的时候我总是希望能通过这一过程去了解新的事物。沈丹萍有一次在拍片时因为下榻的饭店客满，被临时安排在一个尼姑庵里。第二天早上4点半她就醒了，看到窗外院子里一队年轻的穿着彩色袍子的光头尼姑们正在唱经，每隔一段时间还敲一下钟。沈丹萍被眼前的景象完全迷住了。

我本人其实也经常去庙里，但对于尼姑的生活却一无所知，不知道她们都是从哪里来的，她们的想法是什么。沈丹萍的偶然经历给了我拍片的启发，1991的夏天我专门去了一趟中国西南，在那里走访了很多间尼姑庵！其中最吸引我的是成都的爱道堂。爱道堂的四周是喧闹的街道，我从那里经过时路人都很友好地向我点头致意并给我指路，好像他们都知道我要去哪里。爱道堂有600年历史，一进到里面一下就安静下来，很难想象围墙之外就是一座大都市。我一直认为尼姑们的生活是很悲伤和孤独的，在和她们的聊天中我坦诚地说了我的这个想法，尼姑们听完后都笑了出来："不，不。正相反，你们的生活才是悲伤和孤独的，因为你们每天都要和这个斗，和那个争，永远有无法满足的愿望，而我们才是幸福的！”从那之后我再也不先开口说话了，最好的做法是去倾听。

尼姑赵新在举行佛教仪式和唱经时都是很重要的角色，在谈到佛教知识时她才思敏捷，而且有出人意料的幽默感，但是有时她也会发脾气。她并不回答所有的问题，比如我问到关于她出家前的情况时她就不说话，对我笑笑而已。赵新在 22 岁的时候上了尼姑学校，她说话的时候表情和眼睛一直在动，凌乱的牙齿一隐一现，像是个可爱的小姑娘。她让我进到她住的狭小的房间里，她自己坐在桌边写毛笔字。屋里的墙上挂了一个贴满了她小时候照片的镜框。我们的摄影师正准备把这些老照片摄入镜头，她忽然叫了起来，用手挡住镜框：“这个你们不可以拍，”她的口气好像是吓坏了，“这个你们不可以看。我已经不是那个人了，这些照片根本不应该挂在这儿！”

我们去赵新家采访，车子开了 150 公里进到一片大山里，那里的人很明显还从来都没有见过外国人。在小巷里，大块儿的猪肉挂在铁钩子上，在一间昏暗的小酒馆里男人们在桌边打麻将。村里的党支书请我们吃饭，他说他

采访赵新的妈妈。

自己也信佛。赵新十三四岁的时候有一次在成都的姑妈家里住了一个假期，目的就是为了能待在庙里，党支书说他本来可以制止她，但是他没有这样做。赵新的老师给成都写了很多信也没有用。赵新以前的一个女同学说她在学校时就和其他孩子不一样，说话很少，只有当她给更小的孩子们讲故事的时候才会眉飞色舞的。赵新的哥哥到现在也不同意他的妹妹住在尼姑庵里，他希望她能回家来和他一起做裁缝。赵新的母亲（她的父亲去世了）好像并不怎么担心赵新的事，虽然他们很少有机会见面，但是一直保持着联系。

有时候我们的问题让赵新感到很恼火。比如说最近有一个年轻的尼姑离开了寺庙，而且出去没多久就结婚了，我问她对此如何评论，她很生气地说："没什么可说的，我又不想出名！"说完后她站起来向外走了几步，后来又停了下来，我们赶快就说："好，好，不问这个问题啦。"她这才坐下来继续和我们交谈。影片拍完后我们给它起的名字是《另一个世界里的公主》。

直到今天我们还和赵新保持着朋友关系，我去成都或者她来北京的时候我们都会约好见面，有的时候还打很长时间的电话，谈论对上帝和世界的看法。有一次赵新在我面前很伤心地哭了，原来在庙里的生活也不总是一帆风顺。很多年之后我们开始用网络联系，她曾给我发过一些她小时候的黑白照片。在电话中她告诉我看了照片后必须要立刻删掉，都是她不小心才发给我的。在一张照片上她看上去好像十六七岁的样子，目光里充满了自信，样子很纯，我对她说不管谁看了这张照片都会喜欢上她的。一次她和另外两个尼姑来北京，我开车带她们几个人去游天安门，下车的时候来了一个警察，很严厉地说我们不可以在那里停车，赵新马上对他说："您不要这么厉害嘛，我们马上就回来的。"然后态度很认真地接着说，"您可以相信这个外国人，他是我们中的一员，他很快也要信佛出家了！"警察听得直点头，脸上充满了佩服和敬仰的神情，我只好一直强忍着才没有笑出来。等我们参观完发现那个警察还站在那里帮我们看车。

"谁不改革开放谁就得下台。"

关于苏联的解体我只是断断续续地听到了消息，那时我还在成都，专心拍摄影片。想和政治拉开距离是很容易的。

1990 年的 2 月和 4 月间邓小平专门去了上海，在那里发表了几次讲话。在讲话中他对北京的一些“僵化”政策提出批评，要求继续推进改革和改变思想。他很气愤地说实行市场经济不等同与实行资本主义制度，而认为引进外资就会自动导致第三世界的贫困是错误的。他尤其指出上海要积极引进外资，利用这个机会把城市建设成世界级的大都市。

1991 年 7 月，苏联共产党被迫放弃对国家的独裁引起了世界范围内的震动，中国的领导层在那之后更加强调了防范资本主义和平演变的重要性。他们的观点是在国内国外都有势力在推动资本主义和平演变，这将意味着历史的倒退和人民的灾难。领导层内两个派别争斗的核心问题是：共产党如何才能保住它的权力，赢得人民的支持并把国家推向前进？是通过意识形态政治教育和传统的社会主义原则吗？还是可以通过经济的快速发展和由此引发的必要的社会变革？中国的媒体大量地报道了苏联的解体，每天都有相关的消息。苏联不仅曾经是中国的老大哥，苏联的命运也正在直接影响着中国的发展。人们担心的是中国会不会也面临同样的命运，解体、混乱、犯罪率上升、经济崩溃？我听到很多人担心地说，如果中国人开始互相争战，情况将比“日本人来侵略的时候还要可怕”。很多人都认为，绝对不可以低估国家稳定的重要性；任何批评都应该有界限，在任何情况下都要以保全国家的完整为前提，这也意味着要保全国家的经济。在这样一个大背景下人们开始对“六四”事件的发生有了更多元的看法。

1992 年 1 月 17 日邓小平和他的妻子女儿们坐上专列去中国南方，他的目的地包括国民生产总值年增长率高达 25%的广东省，他也去了上海，这次具有历史意义的旅行后来被称为“南巡”。南巡是邓小平针对他的对手们发动的最后一次战略行动。在长达两个月的时间里，他的对手们封锁了邓小平南巡的新闻报道，而正是这次南巡最终改变了中国的历史。邓小平在广州、深圳、珠海讲话的核心是如果没有 1989 年前的 10 年改革开放，中国共产党在 1989 年的动乱中就不可能生存下来。他说并不是改革造成了混乱，而是完全反过来，正是因为有改革才在当时避免了中国的完全崩溃。他说共产党的主要任务是经济建设。苏联的解体不是因为社会主义有不可逾越的弱点，而是因为戈尔巴乔夫没有搞清楚要解放经济。“如果我们做不到改善人民的生活水平，”邓在讲话中说，“如果我们做不到发展经济，那我们的党就没有出路了。”他鼓励非国营企业的发展：“有人说，改革和开放是发展资本主义，说资本主义的和平演变是在经济领域，这是‘左倾’思想。”他还说在左派和右派中都有敌人：“你们要注意右派，但是也更要注意左派。”

邓小平志在必得。“谁不改革开放谁就得下台。”他说。在北京的高层领导里已经开始感到压力。北京的媒体一直压着没有报道这次南巡，他们面临着很大的政治风险，而广东和香港的报纸都已经做了详细报道。到了2月中旬，邓的讲话稿被分发给部分党政领导人。3月初的时候邓小平回到北京，在政治局主持了一次两天长的会议。在那次会议上，一些政治局委员进行了自我批评，在那之后邓的所有观点都被当做是核心纲领公布出来。3月11日新华社详细报道了邓的“南巡”，之后《人民日报》也报道了，中央电视台播放了大型纪录片，然后还给各单位免费发送了纪录片的录像带。发展的道路如此被修正了。同一年，中国的经济发展达到了史无前例的14.4%，完全超出了预测的6%。计划经济走到了头，中国特色的社会主义市场经济从那时开始以持续发展和国家的全面现代化让全世界瞩目，或者可以说同时也让全世界感到害怕。在1989年之后，更多的是在1992年之后，利用这个机会到中国来投资的多是来自香港和台湾的海外华人。在他们之后西方人才和日本人、韩国人一起进入中国。

“你完全可以把女儿送到中国的学校去。”

2月的时候我开始考虑丹丹入学的事情。等她上学后她需要有一个自己的房间，我们虽然很喜欢现在住的地方，但是面积确实太小了。我们在城西车公庄路上的华侨公寓里找到了一套新房子，面积有180平方米，比现在的要大多了，屋顶很高，租金当然也不低，每个月要2200美元。房东是一个香港人，我每个月把房租定期汇到他在香港的户头上。和过去住单位里几乎是免费的房子相比，这里意味着很大的变化。新房里的条件实在是太诱人了，不仅房间大，而且窗户也很大，我们终于可以在里面自由走动了。沈丹萍不在北京，她正在外地拍片，丹丹这一段时间在南京住，我自己把家搬了过来，想给她们一个惊喜。作为一个外国人能在北京自己搬家感觉好极了（在中国

我家丹丹初长成。

一个外国人永远都是外国人）。女儿在进到她的新房间的那一刻就喜欢上了，沈丹萍没有丹丹那么兴奋，因为她还不知道我在房间的哪个角落，必须要先把我喊出来。在开始的几天里她很想念我们的老房子，虽然那里很小但是什么都能找到，在新房子里一切都变了。住了六个月之后她对我说：

“如果我们再搬家的话，一定不要比这个小！”

“啊，”我问她，“那你觉得社会主义怎么样？”

我们一直在考虑是否让女儿去上德国学校，问题是不同的学校制度对孩子的教育是不利的。德国籍的父亲当然首先会把德国学校当做首选，我去见了那里的老师和学生，他们也都证实了我的担忧。我又去问了价格昂贵的美国学校，他们的办公室设在五星级的长城饭店里。那一段时间我正在拍一部影片，故事里的一个德国男孩在上海的美国学校里上学。我发现在国际学校里的孩子因为和父母住在外国人的小区里，和中国人的生活之间存在着很大的距离。对于只来中国住两三年的孩子来说这样的环境可能很合适，但是对丹丹来说，她有中国的妈妈，中国的外公和外婆，又是在中国长大的，国际学校的环境很明显对她不合适。在我犹豫不决的时候一个德国人给我讲了他的经验，他的结论是：“你完全可以把女儿送到中国的学校去。中国学校里的必修课程和国际学校里的一样好，而且有的科目还有可能更好。”我又去咨询了一些其他人，最后给丹丹在新家附近的一所小学里报了名。当我和她一起走进教室的时候所有的孩子都坐在那里等我们了，见到我们后他们禁不住欢呼起来，他们很高兴地发现新同学的爸爸是个外国人。

“怎么样?”丹丹放学后我问她。

“我在班里是最高的。”

“还有呢?”

“哦,”她说，“在课间的时候班里的几个同学说我是希特勒的后代!”

“什么?”我说，“还有呢?”

“我打了其中的两个男同学。”

“然后呢?”

“哦，没什么，没问题的。”

“我觉得，那些同学肯定是因为喜欢你，但又不知道该怎么表达出来，所以才说了那些傻话。”

丹丹听完后点了点头，好像我说得很有道理似的，然后问我：“希特勒是谁?”

1992—1997

第九章

新的探险：追寻往昔的辉煌

在交河古城

1. 十三陵郊游：一幅斑斓的长卷
2. 在成都参加电影电视节
3. 大漠深处
4. 小可爱珊珊

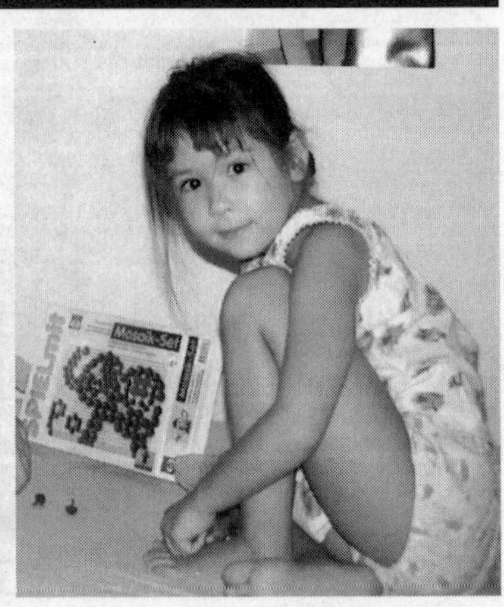

变化，就这样来了

电影演员张丰毅给我打电话，说导演赵宝刚准备拍一部电视连续剧，里面有一个和中国女人结婚的外国人角色，赵宝刚想知道我是否有兴趣扮演这个角色。我觉得能和一个中国女人结婚的外国人应该是个不错的人吧，就痛快地答应了他们的邀请。我的角色是个意大利商人，叫马可。在一场重头戏中，马可刚从意大利回到中国的家里，一打开门却看到自己的爱人（由刘蓓扮演）正躺在另一个男人的怀里（由王志文扮演）。随后发生的争执在剧本里写得很莫名其妙，总之到最后我扮演的那个意大利老公在老婆的要求下拿起行李离开了（由他付钱的）公寓。我之前没有看过剧本，在拍摄的时候我对导演说，这个剧本写得没有生活根据，遇到这种情况时西方人不会这样做的，尤其是像我这样一个人高马大的西方人肯定不会就这么善罢甘休的。由于大家的意见无法统一，我们不得不先坐下来谈。除了一名女演员外其他的人都是男的，大概 20 个人。我们各自阐明了自己的观点，然后谁都不说话了。沉默了几分钟后制片人说："我们每个人都可以做出像马可那样的反应，而且你也可以的。"哎……我感到很无奈。估计他们当初编剧本的时候并不是无缘无故地加上马可这个角色的。首先按照当前的改革开放形势电视剧里需要一个外国人，其次他必须在中国人面前吃亏才行。这些我都可以理解。只是在这场戏里他们想出来的结局没有任何道理，所以我不想演这一场。这个外国人不过是片中的一个配角，我觉得他如何消失其实观众并不很在意，所以我建议他们把我离开这一幕的对话改动一下，找另外一个理由让我离开，他们答应了。但是……我在王府井一家商店的橱窗里偶然看到了这个连续剧，我发现自己被骗了。是我自己故意只往好处想？我完全知道在后期制作的时候很容易修改，他们只需要把剧本原来的内容再加进去就可以了！不过这个角色倒是对我没有任何损害，正相反。观众看完后都注意到了那个可恶的摄像师从头到尾都故意把我拍得很矮。

我之所以说了这么多，原因是这部叫做《过把瘾》的连续剧在中国可是个新鲜事物，可以说它是中国的第一部收视率非常高的肥皂剧。故事的作者是年轻的新星作家王朔。知识分子和艺术家们都面临着巨大的社会变革，1989 年之前，他们作为勇敢的评论家和社会的良心还很受人敬仰，在那之后由于经济和政治上的变化他们的地位迅速下降。他们不得不创造具有商业价值的作品，这是他们以前不需要的。这一变化是有代价的。画家黄永玉在“六四”之后留在了香港，1993 年他决定搬回北京，刚回来时他办了一个大型的宴会，请了很多朋友。后来他不无讽刺地说，在那次晚宴中他的一些画家朋友变得让他认不出来了。他们穿得非常时髦，曾经有的幽默感没有了，他们在谈论作画时好像是在谈生意，友谊似乎也消失得无影无踪。黄永玉对中国社会及自己的人生哲学保持了清醒的头脑，他继续发表令人耳目一新的文章及漫画。他的绘画作品在香港和台湾的画廊里售价不菲，很快他就在离市中心 25 公里的郊区购置了一块很气派的房产，在那里建造了一座古色古香的中式建筑。从前他和其他画家一样经常把作品当礼物送给别人，现在他时常为自己的礼物出现在拍卖会上而感到非常恼火。

随着“下海”一切都变了。人们开始忙碌起来，但并没有完全忽略去交流自己内心感受的变化，这是人们最喜欢谈论的话题。（直到今天还是如此！）商业化大潮不可逆转地改变了人与人之间的关系，人们普遍感觉到体贴、真诚、天真、朴素、互助等美德在被渐渐淡忘，它们在实现自我和发财的过程中显得不那么重要了。

《德国商报》驻北京的记者彼得·赛德利兹曾在当时写道，在中国几乎没有人对政治感兴趣。他在文章中还引用了沈丹萍的话，沈丹萍说她希望她的孩子能在和平的环境中成长，不受打扰；沈丹萍还说她觉得只有外国人才会关心中国政府的一些言论是否有更深层的含义并为此感到忧心忡忡。赛德利兹写道，沈丹萍虽然在电影中演过不同的人物角色而且也拍过广告，但是她没有随波逐流，她在私人生活中建立了一个世外桃源。赛德利兹的观点是当今中国人民生活的核心是家庭和朋友，不是政治。

很多中国人希望通过教育获得好的机会，希望出国留学，一些家长找到我，他们的要求很具体：“我们想把女儿送到汉堡的一家大学去上学，你可以帮我们找个关系吗?”出国意味着接受好的教育，但是和80年代时把出国当做是出路或者是人生目标已经不太一样了。出国已经慢慢成了常规，每天都有人在办签证，外国不再遥远，人们可以在自己的家里和国外通电话发传真，不少北京人为了能看外国的电视节目在阳台上安装了卫星天线。反过来，越来越多在国外居住过多年的中国人开始回国做生意，做研究人员，做教师或技术人员，他们得到了以前无法想象的事业机会。一代企业家正在成长，在世界的任何地方都没有比中国更多的创新机会。在经济发展的同时也发生了另外一个很重要的变化，那就是中国人开始意识到他们不需要在他们一直崇拜的西方人面前感到渺小，中国人在能力和精力上和西方人是同等的，他们完全可以和西方竞争。

一个从瑞典回来的年轻女子在南三里屯开了一家叫做“CafeCafe”的小店，是北京的第一家私人酒吧，全城的人都在议论它，我们开始定期去那里捧场。我说的“我们”是指外国人和那些喜欢外国的中国人。在离“CafeCafe”不远的北三里屯，从澳大利亚回来的一对中国夫妇开了一家叫做“Public Place”的酒吧，在酒吧里他们悬挂了德国1968年的代表人物名模乌施·欧博梅尔的黑白照片。在照片上性感狂放的欧博梅尔摆出诱人的姿态，长发披散，手里夹着一支大麻烟，她的神情却好像手里举的是一支蜡烛。没过多久北京外国人的第三个据点也出现了，名字叫“The Hidden Tree（隐藏的树）”，在店里确实藏了一棵树。店的主人是李季，我在很多年前认识他的时候他还在幻想着成为一名演员和制片人，现在他和他的比利时女友合伙开了这家店。一天我去他那里时店已经关门了，椅子都被摆到了桌子上，李季对我倾诉了他无法和他很喜欢的一位摄影师在一起的苦闷。

天气变热后咖啡馆和酒吧纷纷把桌椅摆在外面。“来来来，坐到我们这儿来!”一天晚上我路过三里屯时听到安娜和索若娅对我招手。我坐下时不小心碰到了安娜的膝盖，很不好意思……我正在想，她晃晃头让我注意桌子下面，老天！她的手里竟拿着一支大麻烟！在中国还是第一次有人给我大麻烟!

“哪里搞到的?”

“在一个酒吧里。装在柯达胶卷盒里。从新疆来的。”

看来腐败已经来了，我暗自想……

如果现在想吃一顿牛排或者喝一杯威士忌，我们不用非去五星级饭店不可了，在这些新开的酒吧和咖啡馆里，不但可以相对实惠地吃到西餐，而且还有一种中外合璧的气氛。尽管如此建国饭店里的 Justine's 酒吧仍旧是很多人最喜欢去的地方，Justine's 的忠实顾客包括《德国商报》的记者彼得·赛德利兹，《费加罗报》的让·沙伯龙，法国大使馆的卜来世，美国《时代周刊》的米亚·特纳等。我们在那里不是交流一天之中发生的事情，就是讨论下一次在谁家里办晚会。在我们参加的晚会上总是有丰盛的食品，有时还有自助餐。对于外国人和先富起来的中国人来说白兰地是必不可少的，在任何聚会上都有大量的白兰地。谁要在参加晚会时带了一瓶“人头马”，他就会以充满胜利的姿态把酒瓶举得高高的，其他人都会兴奋地鼓掌，“人头马”成了身份和文化的象征。只要是法国的就很受欢迎，在社交中，法国人也和中国人以及中国的政治家们关系搞得很融洽。卜来世和他的中国女友住在一起，他的女友是著名京剧演员郑子茹，她的发型严谨而独特。外交公寓里的管理人员认为他们同居是个很严重的错误，子茹想结婚但是卜来世觉得这个决定很难作出来。他的私事成了朋友圈里的一个话题。一天晚上他送让·沙伯龙回家，让实在忍不住打了他一拳，几乎是哭着对他说:“和她结婚吧……马上和她结婚……不要再拖了……不然就太晚了……你看我……到了我这个年纪就太晚了……不要犯我犯过的错误!”卜来世第二天在电话上和我讲了他们的对话。虽然他没有立刻和子茹结婚，但是过了一段时间后还是终于作出了这个决定。他们结婚的时候在中国政府方面已经没有任何问题，社会上对于中外通婚的看法也很宽容了。

在一个周日的上午，彼得·赛德利兹租了一辆公共汽车，带上他请来的一些年轻的中国画家去了十三陵。十三陵始建于15世纪，建筑气宇轩昂，保存得非常完好。十三陵建在山脚下，离北京有50公里。陵墓的门口没有守门人，也没有其他的参观者。赛德利兹特意带了一块巨大的画布，长10米宽2米，我们把画布挂在陵墓的围墙上。画家们带了毛笔和颜料，在一座皇帝的墓地旁开始作画，好像应该是正统的墓。画家们有的站，有的蹲，有的卧，想到哪画到哪，两个半小时过后，一幅色彩绚丽的画卷完成了，画面上有围墙、松柏、皇帝、太后、外国人、红卫兵、蜗牛、蝴蝶。我们把画挂在塑像和拱门之间，搭在古老的琉璃瓦之上，在画的前方我们一边听着录音机里放出来的音乐一边跳舞，我的任务是用胶卷记录下第一次中国人和外国人一起郊游的历史瞬间。树林里的野生动物好奇地跑来围着我们看，这里原本是皇帝们长眠的地方。

赛德利兹和他的太太丝尔维、小女儿马歌一起搬到北京之前曾在香港住过。我一次去香港拜访他时，他正在电话里给一家德国电视台发关于菲律宾火山爆发的报道，他在报道结束时说的最后一句话让我感到很吃惊：

“这是彼得·赛德利兹在马尼拉的报道。”

“你现在是在马尼拉吗？”我问他。

“当然，”他说，“听众愿意听到这个，不然他们不相信。”

去香港工作之前赛德利兹曾在莫斯科、华盛顿和开普敦都住过，在积累了丰富的海外经验后他来到了正在转型期的中国，对他来说简直是如鱼得水。赛德利兹比其他记者有更敏锐的触觉，有更多的远见，他的夸张性报道无疑让西方的观众增加了对中国的了解。他定期有目的地邀请在当时并不受人关

和洪晃、让·沙伯龙、赛德利兹（左一）在十三陵。

拍摄《云南之恋》——我的第一部故事片。

注的第三世界国家的大使们吃饭，和他们交流信息，这一点远远超过了其他的西方记者。正是从这些大使们的口中他得到了比从中国人那里能得到的更多的信息。他很有手腕，为了让读者感兴趣他什么都敢做，在晚会上他很喜欢说的一句话是："先制造谣言，然后再找合适的时机否认它！"赛德利兹在报道中国的经济和政治之外最关心的是中国的新一代画家，也就是说，他不但报道他们，也收藏他们中具有批评性的作品，在当时他就看到了这些画的价值，也想到了在未来可以把它们高价卖掉，从他家里挂的画就可以看出来。年轻的方力钧出于自己的生意考虑不想把画卖给赛德利兹，可能是觉得他不过是个记者，而不是什么大公司的老板，赛德利兹很生气：

"我已经写了两篇文章去吹捧他，他竟然还不愿意把画卖给我！真不知道他是怎么想的。"

是啊，中国已经不是以前的中国，不仅对外国人是这样，对中国人来说也是一样的。

确实，北京也不是以前的北京了。城市越现代，我越感觉到我希望在电影中表现过去人们印象中的异国情调和现在的光怪陆离，表现现代和传统之间的矛盾。在友谊宾馆的游泳池里我结识了安明，他是来自西南地区云南的一个大学生，在北京学外语，他来自人口很少的拉祜族。我知道云南的首府昆明，在几年前曾去过一次，当时是去采访在那里拍摄《孩子王》的陈凯歌，我们从昆明出发，坐着吉普车去过云南省的不少地方。我对这个和越南交界的省份并不十分了解，我向安明问了很多很多的问题，和他的交谈启发了我的灵感，最后我决定制作一部叫做《云南之恋》的影片，是我制作的第一部故事片。故事讲的是一个女孩和两个男人之间的爱情故事，他们都生活在一个布满庙宇的山坡上，那里有神灵和鬼魂，有泼水节，有传统的清洗仪式及精美无比的爱情信物。

“什么谣言？关于我的吗？”

我刚刚在德国完成了影片的后期制作就听说了一件很可怕的事，让我感到困惑不已。从 1979—1984 年，我在中国已经亲身领教过人言可畏，没有想到同样的问题再一次发生，只是换了个地点。

1994 年 9 月 26 日，我和德国电视二台外交政策编辑部的负责人在他的办公室里会谈，他问我是否能得到中方的许可去拍一部关于中国人民解放军的片子。“如果在邓小平去世后，”他说，“我们手里有这么一个片子那可就太棒了。”我们约好等我过几天回北京后去打听一下可能性，影片的主要内容是记录战士和军官们在军队内的生活和训练并以此来展现他们的内心世界。三个星期后，也就是在 10 月 19 日，我给德国电视二台发了传真（连我自己都很吃惊可以这么快就有结果），告诉他们我已经“得到了一个具体的许可，德方可以制作一部这样的影片”，而且“可以拍摄陆海空三军”，“可以观看历史和当前的影视资料”，“也可以采访军队里的代表”。随后电视台的编辑部给我发来了拍摄影片的“注意事项”及内容大纲，但是到了 11 月份德国那边忽然没有了音信。他们的解释是：电视台在北京的记者对我的参与提出了强烈抗议，而电视台总部里的主编站在驻北京记者那一边。很明显外交政策编辑部的人对此感到很不好意思（他们对我说“幸好这种事情只是单独事件”），我本以为事情就这样不了了之了，没想到后面还发生了不少很严重的变故。

几个月后我去了一次德国，1995 年 2 月 21 日我和电视台的公关部主管迪特·史瓦森纳博士一起共进午餐，他原来是《视角》节目组的负责人，我曾经跟他们一起合作拍过片子。像往常一样他先开口问我：

“您怎么样?”

“还行。”我想都没想就答道。

“我可以想象。”他忽然说。

“什么意思?”我问他。

“当然是因为谣言已经传得满城风雨了!”

“什么谣言？关于我的吗？有人传我的谣言吗?”

“怎么，难道您还不知道?!”

从史瓦森纳博士那里我得知，在1994年11月14日召开的全体节目组大会上，也就是在差不多三个月之前，德国电视二台节目主管在会议议程第1b条中明确地提到北京记者葛特·安豪特发来的一封信，在信里他让大家一定不要和乌苇·克劳特这个人合作，因为他在中国隐瞒真实身份，自称是电视二台的员工!

我努力克制着自己的愤怒，毕竟这不是第一次有人在背后说我的坏话，虽然是发生在完全不同的社会中。我很快就看到了这封信的复印件，是德国电视二台驻北京办事处在11月8日发的一份传真。在信中他重复强调了我的危险性，说我可能给电视台带来损失。在信中他没有隐瞒自己的动机：克劳特为节目编辑部提供的服务，他“本人也都能做到”。他指责克劳特在中国“跟所有人都说他是电视台的员工”，到处去“吹牛”，比如他在“外交部有路子”，关于去军队拍片的事情上克劳特也“到处很兴奋地宣扬”他是电视台的员工，由此给电视台在中国的工作带来了损害，所以他“请大家务必要防范这人……”他的信同时发给了电视台的主编和节目主管。

看到这封信后我的心情很不平静，信的作者似乎认为中国离德国很远而克劳特是个奇怪的人（他能在中国住这么久就很值得怀疑），他觉得他写的信只要不传出去大家在德国就都会听信他的一派胡言乱语。虽然写信的人不是什么大人物，但是看到信的总部主管们并没有去调查研究而是轻易地相信了他的话。我很好奇他们下一步将会如何反应。

听到我的处境后，电视台节目销售部的主管阿列克赞达·柯立达斯博士在3月1日给电视台的节目主管奥斯瓦德·林尔写了一封信。在信里柯立达斯说克劳特在过去的八年中一直是德国电视二台的签约销售代表，他在中国成功地销售了一百多个小时的电视节目；克劳特对电视台一向很忠诚，在中国有广泛的媒体关系，正是在他的努力下德国电视二台才得以在中国享有很高的声誉，目前克劳特正在为德国的新闻节目能在北京和上海的电视台里播放而努力，而有关军队影片的制作也已经谈成，被中方正式列入了拍摄日程。

其他和我保持业务联系的人也都在帮我澄清事实，比如说迪特·史瓦森纳在 11 月的时候就主动对节目主管表示他无法理解对我的指责，但是节目主管没有给他答复。我自己也去见了节目主管林尔和电视台主编克劳斯·布雷斯尔，把我自己写的信交给他们。在给布雷斯尔的信中我讲到我对自己受到的无端指控感到十分震惊，一封毫不负责任的信就可以把一个好人给抹黑，而且在完全没有调查事实的基础上又把谣言作为官方的看法公开出去，对我的事业造成了极端的破坏。我还指出，这样的做事方式“十分危险”，“我强烈要求您可以纠正这个错误，恢复我的名誉”。

让我感到欣慰的是，在节目主管那边很快就有了结果，他在 1995 年 3 月 27 日召开的一次小型会议上（根据当时的会议记录）说，“从主管那里下发的关于克劳特先生的说法造成了错误的印象，让我们对克劳特的人品和素质发生了质疑。事后，在另一次大型的节目会议中这一错误说法才被纠正”。他还说和克劳特的合作没有“任何问题”。一天之后林尔给我写了一封信，他对我表示了道歉，并希望这件“不愉快的事情”已经过去了。

电视台主编克劳斯·布雷斯尔的反应和林尔完全相反，他是当时德国最有名的电视台主编，在德国新闻界是个举足轻重的人物。布雷斯尔在 1995 年 3 月 27 日也写了一封信，说他自始至终都对电视台在北京的记者负有责任——很自然是他的责任。为了减少损失他说他将“不再插手这件事”，他对这件事情表示遗憾，但是他的遗憾听上去似乎不疼不痒的，完全没有讲到自己的做法有任何不妥，不但如此，他还在信里洋洋洒洒地写了两页半，目的只是为了辩解为什么他们在没有调查事情真相的情况下作出了判断。

家有儿女万事足

我们在东西方之间穿梭，过着快节奏的生活。我们被邀请去参加中国最高级别的电影奖“百花奖”的颁奖典礼。我们一进场，沈丹萍的出现立刻引起雷鸣般的掌声，持续了很长时间。人们激动地望着她，她经过的时候闪光灯嚓嚓作响，人声鼎沸。沈丹萍获得了梦寐以求的“最佳女演员”称号，站在领奖台上她光彩照人，如此地娇小，又如此地优雅。作为奖品她得到了一尊 44 厘米高的小金人，她把小金人握在双手里，充满感情地发表了获奖感言。曾几何时，一个来自普通家庭的女孩子凭借着她的天分、勇气、智慧和努力达到了事业的顶峰。她的声音平稳，娓娓道来，可以看得出来她在那一刻很镇定。她是因为在电影《留村察看》中的表演而获奖的。《留村察看》是一部反腐败的影片。观察家们认为沈丹萍之所以获奖不仅是因为观众喜欢她在片中的精彩表演，而且因为她是一位非常受欢迎的女演员。后者对于我们来说尤其重要，当她在几乎 10 年前决定和一个外国人结婚的时候曾受到很多非议，现在她再一次赢得了观众的心。

我们的生活过得很平稳，中国的官员们从来不给我们找麻烦，正相反，我们可以感觉到他们尽量帮助我们。但是我们还是遇到了麻烦。女儿丹丹有德国和中国两本护照。因为父亲是德国人所以她有德国护照，同时因为母亲是中国人而且她是在中国出生的，她也有中国护照。很多年来双方的政府都没有要求我们在两者中作出选择，但是中方要求丹丹去德国时要在她的中国护照里有一个德国签证。大使馆的签证处虽然很不愿意但是每次也都没有拒绝，但是最近一次大使馆的官员对我们说：“不行，这个我们做不了！”中国的官员听到我说的难处时说：“那好吧，我们给您的女儿一本特殊护照，只可以使用一次，在德国你们可以去那里的中国大使馆办签证，那里负责给持有德国护照的人发签证。”为了保证女儿能在两个国家之间顺畅地往来，我带上 10 岁大的丹丹飞到了德国，等到了那边的中国大使馆时他们却说他们也管不了我们的事。他们没有发给丹丹签证，而是给了她一个特殊入境的许可，这样她可以回到中国。虽然事情没有办好，但我们父女二人在德国、英国和法国度过了很愉快的两周，晚上我不想待在家里，而是充分地享受欧洲的夜晚，每次出去我都会带上丹丹。我可以感觉到邻座的人总是不由自主地盯着我们，尤其是长着一对丹凤眼的丹丹，他们的表情让我觉得自己身边的小女孩好像是从泰国买来的似的。

从一个美国外交官那里我听说西方国家的大使馆已经达成协议，对于像丹丹这种情况的，外国大使馆应该发给签证，他说德国大使馆也支持这一协议。我再一次去到德国大使馆询问，有好几个签证官一起来听我讲这件事的来龙去脉。后来他们告诉我上次拒绝给丹丹发签证的那个人完全是自作主张，他的做法是错误的。

一天老朋友周亭给我打电话。"乌苇，"他说，"很久没见了，黄宗江和我觉得杨宪益一个人很孤单，我们要不要一起去看看他？"当然我很愿意，我们约好了在一个周六的下午直接在杨宪益的家里见面。在那里我们聊得非常开心，各自讲了过去和现在的经历，还像以前那样喝白酒，直到差不多一个小时后他们互相打手势表示先停一停。三个上了年纪的人一下放下轻松的样子，变得很严肃。杨宪益开始说话。

"乌苇，我们今天请你来不是无缘无故的，我们是有目的的。"他说。我一下警觉起来。

"你和白霞，"他说，"你们两个人10年都没有联系了。"

"是的，"我说，我稍微放松了一下，"她当初走的时候也没有和我联系。我只是偶尔从别人那里听到她曾在澳门和美国工作过。你们知道她现在在哪里吗？"

"她给我们写了一封信，她现在和罗瑞住在剑桥，她请我们和你联系。她最近要带罗瑞去香港旅行，她想问你是否愿意见见你的儿子。如果愿意的话她会带罗瑞到北京来……"

"我当然愿意见他。"

"嗯……我们理解你的处境……我们知道中国的女人会怎么想。你现在和沈丹萍在一起，她可能不希望你去见罗瑞，女人们都爱嫉妒。但是我们可以帮助你见罗瑞，他今年是不是已经12岁啦？你的爱人不会知道的，我们来帮你安排，没有问题的。"

然后他接着说："如果你不希望见到白霞，不希望她在场，我们也可以安排。"说完三个人都做出鬼脸笑了笑。

"我可以看一下白霞写的信吗？"我问。

宗江把信递给我。我看了信后决定自己和她联系。她能主动表示想和我联系让我很感动，我也很感谢三位老人的热心。

“至于沈丹萍，”我说，“她最近还在和我说呢，罗瑞早晚有一天会来看我的，到时她会以最热情的方式接待他。”

现在轮到我笑着做鬼脸：“当我和沈丹萍谈到白霞时，她总是站在白霞的那一方。”所有人都笑了出来，我们又都把白酒满上继续聊天。

两个月后我从伦敦坐火车去剑桥，在剑桥的火车站上我搭了一辆出租车。去城里要走挺长一段路。快要到达目的地的时候我才忽然想起来我只给罗瑞带了两件礼物，给白霞什么都没有带！出租车司机不知道在哪里有花店，我们只好又开车回到火车站，在那里我选了一束红玫瑰。我终于走进了白霞工作的学院大厅里。在进门登记处我报了白霞的大名帕特丽莎·威尔森，接待员给她打电话，说有一个先生来访……然后她点点头对着话筒说：“好，我告诉他。”然后对我说等一分钟。在大厅的中央是一条通向楼上的旋转楼梯，很有气派，从楼梯上走下来一个小男孩，步伐匀称。他就是罗瑞！几秒钟后我看到了他的母亲，她的步伐也很匀称……10年时间过去了，我们再一次相聚，后来罗瑞对我说那次见面对他的一生来说“意义重大”，从那之后白霞和我又恢复了朋友的关系。罗瑞计划在圣诞节的时候到北京来，他很期待能认识他同父异母的妹妹，而丹丹也一直想有机会认识她这位神秘的英国哥哥。

五年之后，在2001年6月的一封信里罗瑞告诉我一个新消息（其实白霞也事先给过我一些暗示）：“我母亲刚刚结婚了……她的先生是詹姆斯·莫里斯爵士，他是剑桥大学的教授，曾在1996年获得过诺贝尔经济学奖。因为詹姆斯是爵士，所以我母亲现在叫做帕特丽莎·莫里斯爵士夫人……我的名字还是叫罗瑞·威尔森-克劳特。”他还开玩笑地说，“如果我早知道有这样的结果，我当时真应该去学经济学。”

深入塔克拉玛干大沙漠

中国的改革派政治家们一直在推陈出新，他们努力向西方学习发展的经验，有时候会花较长的时间才能意识到通向成功最重要的因素是什么。对改革不满的人越来越多地提出质疑：现代化难道就是全盘西化吗？难道要把中国的革命传统都统统抛掉吗？中国是否会在消费国外的产品和思想的同时把自己的文明和历史都丢掉呢？中国如何才能既发展又坚持自己的原则？中国在世界上的地位到底是什么？人们在寻找发展的意义，虽然经济越来越好，但是人们也更加明显地意识到发展所带来的弊端，自私自利胜利了，社会似乎越来越不公平，人和人之间失去诚信，理想主义似乎只有在回忆中才能找到。中国正处在一个巨大的转型期，新的价值观正在形成之中。

很长时间以来我一直有一个愿望，那就是进入塔克拉玛干大沙漠，去寻找那些曾经辉煌一时但已消失很久的城市。为什么我们这些生活在城里的现代人想去沙漠呢？也许我们并不相信城里人具备与生俱来的优越感和深度？还是想去挑战自己，看看是否能在沙漠中生存？我很难想象在那里会发生什么，我也没有想到那些消失的城市还会和我的祖国有关联。

塔克拉玛干是世界上最大的纯沙沙漠，它的面积超过了英国的国土面积，里面的沙丘从 50 米高到 100 米高不等，有的地方还高达 300 米。位于中国西北部的塔克拉玛干沙漠占据了中亚很大的一片地区。塔克拉玛干的含义是“只可进，不可出！”我还上大学的时候曾经去过撒哈拉沙漠的边缘，也曾坐在安全的大巴车里穿越过以色列的内盖夫沙漠，但是我还从来没有真正地和沙漠有过接触。

1996 年夏天，我和两个中国朋友一起坐了五个小时的飞机从北京到了新疆的首府乌鲁木齐，在那里我们好像完全是在另外一个时差里。一个朋友的朋友请我们吃饭，他的朋友们也都前来捧场。我们一共 12 个人，在乌鲁木齐市内最有名的一家五星级酒店里吃饭，在餐桌边的一张小桌上摆了整整 10 瓶白酒，我们每个人面前都有一个白酒杯。主人让服务员把那些小酒杯换成平时喝水用的大杯子，服务员们立刻照办，然后把酒斟满。我是那天的贵客，主人很同情地指着我面前的小酒杯，我赶忙说不行，但是他一再坚持。我问他酒是多少度的，他说 52 度，我问他是否有低一些度数的，有，他说还有 32 度的。在场的所有人都说：“低度的来得慢去得慢，高度的来得快去得也快！”我必须打起精神来才能不被他们小看，毕竟我的目的是去塔克拉玛干沙漠，我肯定需要他们所有人的帮助，主人已经表示他要为我们的旅程提供吉普车。我们所有人都用大杯子给吉普车的司机敬酒，好像这是这里办事的规矩。第二天早上 6 点钟我们出发。除此之外我们没有做任何准备，我们一心想的就是进入那梦幻般的沙漠。（我去过多次塔克拉玛干沙漠，以下的描述是结合了两次的经历。)

崭新的吉普车带着我们开在一片开阔的碎石地面上，一路向西南方向，四周给人的感觉好像是一片石头的海洋。石头有圆形的，有方形的，大小不一。没有房屋，没有树木，什么都没有，荒凉的景象让人感到十分突兀，我们难道不是刚刚才离开了现代化的城市，离开了飞机和酒店？怎么觉得我们忽然到了另外一个星球上！我禁不住问自己一个很愚蠢的问题：世界上原本是不是就是这个样子？在远处我们看到一个人在走路，好像是要走向无际的天边。他没有向我们招手。他知道他要去哪里吗？天空灰蒙蒙的，如同是地上石头的颜色；河床干涸，像是一条巨大的蟒蛇在我们身边若隐若现。就这样走了不知多久我们开始看到山，一片绿洲出现在眼前，然后又消失了。我们经过如同废墟一般的古城交河和高昌，我莫名其妙地觉得它们看上去相像，就像海德堡和法兰克福也很像一样。我们只能听到自己的脚步声，自己的说话声和风声。在两千多年前建立的这些古城曾经是丝绸之路上的重镇，是政治、军事、宗教、艺术的中心。在这里，中国、印度、伊斯兰和希腊罗马四大文明相遇。在过去的六百多年里古城变成了废墟，沙土掩埋了原来的政府官邸、佛教寺庙、儒学院、监狱、大街小巷、商店、住房、雕像。在火焰山的中间有红色的沙石，好像是出自一位艺术大师之手，远处巍峨的峡谷里隐藏着佛教石窟。在1500年前由能工巧匠在峭壁之间开凿的位于“绘画之乡”的克孜尔千佛洞，在800年的时间里曾是众多僧徒的居住和坐禅的场所。在100年前石窟内还刻满了精美绝伦的壁画，由于沙漠和干燥的气候得以完好地保存下来。壁画颜色绚丽，来自不同的时期，从画面上可以看到来自不同国度的僧侣和信徒，在一份史料中还提到壁画中有一个红发碧眼的西洋人。和那时相比，现在石窟内已经所剩无几，很多壁画被人以恶劣的手段掠走或破坏了。来到这个地区之前我曾对这里抱着很美好的憧憬，但是看到这些破坏后，尤其是得知了来自欧洲、美国、俄罗斯和日本的盗宝人在他们各自政府、国王和大公司的资助下曾在这里进行过恣意的破坏，我感到很痛心。这些盗宝人的劣迹遍布整个中亚的沙漠，有的寺庙被他们洗劫一空。德国的盗宝人阿尔伯特·勒柯克就是其中的一个，这个曾经做过酒商的德国人后来因盗墓而臭名远扬。看着眼前的景象我不禁想到“劫掠艺术品”的问题，拥有劫掠艺术品的那些国家在被要求归还时应该如何作出有责任的反应呢？

在火焰山内气温达到摄氏四十多度，我们爬上了一片叫做吐峪沟的绿洲，峡谷内风光如画，我们在里面散步时看到对面高耸的悬崖壁上有一处石窟的入口。“我想去那里看看。”我说。第二天我们真到了那边。入口的地方上了锁，但是要打开也很容易，因为锁已经被人撬开过了。我们小心谨慎地进到了神秘的石窟内，石壁上布满了佛像，可惜很多都被以前的盗宝贼们破坏得面目全非了。

在新疆境内的道路比德国、法国、英国和葡萄牙的道路加在一起还长，道路的状况也非常好，路上的车很少。我们的车一路向南开去，有时我也坐在方向盘的后面。若羌县位于塔克拉玛干沙漠的东南端，是个灰尘很大的小县城。房子的颜色如同沙子，道路上也铺满了沙子，餐馆和商店都很简陋。县城里有很多空地，道路沿途可以看到不少新栽的树木。历史上若羌县是进入沙漠的起点站，我们想从这里向东短暂地进入号称是“死亡地带”的罗布泊沙漠，去那里寻找消失了的城市米兰。短暂停留对于罗布泊沙漠可能是个不恰当的说法，在地图上仅仅标出了去新米兰的道路，只有几公里长，后面就完全没有路了。没过多久我们开到了黑色的沙漠上，四周一望无垠，空旷得令人恐惧。由于我们完全没有经验，不会用日光作参照物，看任何一个方向都是一样的。我们已经不知道是从哪个方向开进来的，也就是说，我们完全迷失了方向。为什么这里没有路标？我们难道不是开在有人居住的两个县城之间吗？为什么这里一个人也没有，一辆汽车也没有？忽然我们感到自己很渺小。当我们看到远处开来一辆白色的汽车，车后扬起长长的灰尘时我们都跳了起来，冲回到车里，司机加大油门赶上了那辆车。我们跟随着前面的车开到了一条铺过沥青的马路上，从那里我们又一口气开到了下一个小镇上。到的时候是正午，对于刚才的经历大家都保持沉默。我们进了一家面馆，里面没有别的客人。服务员给我们拿来了啤酒，正是我们需要的。饭菜很简单但是我们吃得很香，我们还把服务员请来一起吃。我们问那个服务员是否可以告诉我们怎么才能到米兰去，我们的目的是去那里寻找古老的宝藏。每个人都知道在 100 年前一些不怕死的外国人已经尝试着进入过米兰古城，想把那里的宝藏掠夺出来。服务员竟然能说出当时一些盗宝人的名字，比如说奥瑞·斯坦因和斯文·赫定。他说他可以给我们介绍一个人，那个人知道在哪里可以找到米兰和楼兰的宝物。我们说我们并不想买宝物，只是想去看看米兰，如果能找到一个导游给我们带路就太好了。服务员说他就可以给我们带路。过了一会儿，那个知道在哪里可以搞到宝物的人也来了，他和服务员先低声交谈了几句。餐馆里又坐了另外两桌人，他们肯定都听到了我们的谈话。

那个后来进来的人说了一句让我很吃惊的话："楼兰里有的东西我都有；那里没有的东西我也有！"他的意思是我们没有必要冒险进到沙漠里去，他给我们讲了他和他的一个朋友是如何赶着驴车进到楼兰古城里面发现了埋藏在那里千年之久的宝物，有首饰、陶瓷、家用器皿、工具，还有一些服装碎片。他们在回来的路上差点儿就没命了，他的朋友后来被抓进了监狱，因为他在卖宝物的时候被政府发现了。但是坐在我们面前的这个人说他和上面有很好的关系，他不用担心被抓起来。如果我们想去米兰他可以坐在我们的吉普车里给我们指路。去楼兰就困难了，那里有军队站岗，去那里探险需要由官方的机构来组织，费用相当高，而且只能从若羌县出发。外国人是否能拿到探险的许可他们不是很清楚。他说他也可以带我们去楼兰，因为没有完全不可能的事，但是我们要事先考虑好。如果我们想看楼兰的宝物他随时恭候，他还可以给我们介绍一位曾经参加过赫定探险队的老人。我们不知道是否可以相信他，既然他能带我们去米兰，我们最后还是决定带上他。

我们开过一片片的沙丘和树林，不停地上坡下坡，一会儿向右急转弯，一会儿又向左急转弯，司机一会儿要大踩油门，一会儿又猛撤油门，只有这样我们的车才不会陷在沙子里。路的前方没有轮胎的痕迹，我们好像不是开在一条路上，但导游对车行的方向很确切。为了保护头不撞到车顶上，我们每一秒钟都要抓牢栏杆。

"这里可以停车了，"导游说，"我们走路过去。"

"远吗？"

"不远。"

风很大，我们踩着黑色的沙子走了一段时间，忽然到了一个悬崖的边上，米兰古城的轮廓一下映入眼帘。来得太突然了，我们都屏住了呼吸！我们聚精会神地看着眼前的景象，过了好一会儿才开始顶着大风兴奋地向下面的废墟走过去，敞开的夹克衫在风中扬了起来。

由黏土搭建的建筑形状各异，屋顶有圆形的，有方形的，还有带尖顶的，有的围着围墙。米兰古城始建于公元1—3世纪，我们现在看到的宏伟建筑群始自8世纪和9世纪，当时米兰古城曾是西藏王的军营所在地。在我们的脚下也曾发生过令人无法置信的盗宝事件，100年前，来自欧洲的盗宝人在这里发现的绘画里有一种如同是天使一般的飞禽，和人们想象的佛教中的神仙不一样，他们说那是“受到了来自地中海东部地区希腊罗马的影响”，他们认为“米兰是一个融合了印度、波斯、希腊文化特征的佛教圣地”。今天的游客们都知道，在这一望无垠的沙丘之下曾经掩埋了无数艺术品及文本、雕塑、绘画等宝贵文物。其中最最有价值的文物已经离开中国很长时间了，被分散在不同的国家里。它们曾经见证了生活在这里的古人。作为一个来自大城市的现代人，当我用手指小心地抚摸黏土制的砖块，听着耳边的风声，心中久久不能平息。我真想能超越时空像幽灵一样回到过去，寻找古人的足迹。

在位于丝绸之路南段的民丰我们认识了一个维吾尔人，他说他可以带我们进入塔克拉玛干沙漠参观安迪尔古城。他来的时候带了三个同伴和一辆吉普车，他的车比我们的要大，轮胎也粗一圈，很适合在沙地上行驶。我只是在一个沙漠边的加油站里见过比这些胎更大的轮胎，但却是装在大卡车上的。我当时还特意站在那些巨大的轮胎前比了比，它们竟比我高出一头。我们一行人开着两辆车朝着若羌的方向开回去，在一个路口向左转，然后再笔直地向北开，直到完全离开公路。在荒原中我们到了一片树木的旁边，在那里我们搭起了帐篷，在日落的余晖中生火做饭。天黑之后只能看到火苗，两次有当地的人过来看我们。他们中间有年长的维吾尔人，脸上布满了皱纹，也有互相追赶着跑的小男孩，一边跑一边大声地笑，大部分的人都不说话，只想看看我们。过了一段时间我们都一起盯着火堆，后来他们就都走了。

第二天早上我们穿过了安迪尔河，吉普车压着树丛顺利地爬到了对岸。车在硬地上开了很长时间，树越来越少，然后所有植被都消失了，我们只看到远处一片无垠的白沙。我非常佩服我们的导游，他们前进的样子好像到处都可以看到路标似的。但是他们也很警惕，每走一步都很仔细。我们进到沙坡里，城里来的吉普车跟在导游的越野车之后，我们绕过高的沙丘，只有矮的沙丘才可以直接开过去，沙子很软，如同磨碎的胡椒面。我觉得这里的沙丘完全可以吞食一个人，就如同吞食一个气泡一样容易。开什么速度，如何掌握风的方向，完全取决于经验和感觉，如果估计错了，轮胎就会陷到沙子里。在紧急的时刻作决定也要非常神速，不可以突然踩刹车，如果需要的话只能轻轻地踩。我过一会儿就禁不住问自己一次，导游那辆车到底是如何掌握方向的。有一次我们停车，有个人下了车，表情看上去很不确切。他四处张望，然后向前走了一段距离，再一次四处张望。又过了一会儿他搞清楚了方向。我们几个人除了完全相信导游的判断外一点儿办法都没有。我们一次次地把沙子从轮胎前铲出来，一起把车从沙堆里推出来。有时候我们的一个导游要走在车前指路，告诉我们哪里的地是硬的。我们的吉普车虽然看上去很气派，但不适合开在大沙漠里，对我们这些城里人来说无疑是个教训。当我们的吉普车再一次陷到沙堆里后，我们决定先把车放在那里，大家都挤到了导游的车里。很快我们就看不到自己的吉普车了。我希望我们回来的时候还能找到它。在这样一个完全陌生的世界里一切都显得很不确定。曾经有过的优越感在这里消失得无影无踪，我们专注地盯着前方，不知还会遇到什么，同时也感到一种从未体验过的自由。我们正在走向一条从未经历过的道路，强烈的陌生感控制着我们。

突然沙丘变矮了，风也小了。我们走了多久？可以相信我们对时间的直觉吗？我们下了车，开始步行。因为在我们的脚下有很多看不见的宝藏，我们不希望车子把它们压坏。我们已经进到了安迪尔古城的地界。安迪尔古城在公元3世纪的时候开始繁荣，然后城市被彻底遗弃了400年之久，到7世纪的时候被改建成一个边陲口岸，后来城市再一次被遗弃。

吉普车和骆驼——一个也不能少！

阳光十分强烈，但是我不怕热。我把袖子卷起来，在头上戴了毛帽子，我的鞋完全浸在沙子里，感觉和沙子是一体的。我发现我有在沙漠里行走的耐力，我在北京每天练习的3×33次屈膝运动看来不是白练的。不舒服的是装着照相机和水瓶的背包，我总是要调整它在背上的位置。沙子上可以看到一些平行的线条，好像不是风吹出来的而是用机器画出来的。在沙丘的中间我渐渐可以看到一些分散开来的形状，有方形的，直线形的，有的还有尖，其间有一些木桩突出来。这些可是1000年以前的木桩，干燥的气候防止了腐烂，在有些地方可以清楚地看到叠在一起的巨大石板。在远处有一个像城堡一样的建筑，那就是安迪尔古城的废墟。随着我们走近越来越多的建筑呈现在眼前，它们越来越高，越来越宏伟。我们几个人开始赛跑，看谁能最早到达废墟。等我们停下来时，我们看到沙地上有很多陶土碎片，零散地分布在一间起居室大小的空地上。碎片的颜色有的是浅棕色，有的是深棕色，有的发红，有的发白，有厚有薄，有的精雕细刻，有的粗糙厚重。把这些碎片拿在手里，禁不住想算一算它们有多老了，一千一百年或者更早，感觉太神奇了，放下第一块后又拿起第二块，然后第三块。我不再和其他人赛跑而是慢慢地环顾四周。眼前的安迪尔废墟让我想到了在《圣经》里曾经提到过的由黏土建造的塔式建筑。这里的黏土砖墙几乎变成了白色，这座建筑到底有多高呢，有多少被埋在了沙子的下面？我真想把它从地里挖出来！

我该生谁的气

几个星期之后我开始拍摄系列影片《沙漠里的孩子》，我对自己说如果要了解沙漠就要认识那里的孩子，孩子不会说谎，从他们那里我们可以看到沙漠的真相。我们选的孩子们确实在影片中表现得很自然真实。我们在离库车20公里的地方发现了一片很壮观的地貌作为影片的主要背景，旁边还有一座3世纪建造的瞭望台和深深的干涸的河床。后来我知道那个阴魂不散的德国人勒柯克也在克孜尔附近的佛教石窟里进行过掠夺。在新疆的每一个地方我们都能听到这些曾在19世纪末20世纪初到这里来盗宝的人的名字，第一个人是瑞典地理学家兼地形学家斯文·赫定，之后是生在匈牙利的英国人奥瑞·斯坦因，他一个人就盗走了装满29个巨大箱子的宝物，里面包括具有很高价值的书法和艺术品，他到了英国后曾很自豪地说他的行动只花了英国纳税人 130 英镑。这笔钱正是斯坦因连蒙带骗交给敦煌的王道士王元换宝物的钱。在斯坦因带走的文物中包括一部《金刚经》，是人类历史上最早的印刷书。斯坦因由此被英国皇家封为爵士。在斯坦因之后就轮到德国人勒柯克了，据说他为了运输的方便把石窟中最珍贵的壁画切割成香槟酒箱子大小，在他之后还来了不少其他的人，其中包括年轻的法国人伯希和教授。在这些人之间和他们所代表的国家之间展开了掠夺中国财宝的激烈竞争，谁动作越快谁掠夺的宝物就越多，而我们的德国祖先就是他们中的一员，他们以令人无法思议的方式掠走了上吨的宝物。

1998 年 3 月 26 日，我和一个朋友一起去参观在柏林的印度艺术博物馆(后来更名为“亚洲艺术博物馆”)，在那里我看到了来自新疆的无价之宝。展品和博物馆都非常令人惊叹，参观结束后我们和博物馆的女馆长进行了一次深入的交谈。馆长是玛利安娜·雅尔迪茨教授，她是一位东方学家、印度学学家兼艺术史专家。我们在讲到勒柯克的时候她用蔑视而反感的口气说了一句：“他是用狐尾锯把壁画锯下来的！”很明显使用如此拙劣的挖掘工具让她感到十分不妥。我觉得也许我的机会来了。我正在筹划一个很引人注目的文化交流项目，我希望组织中国的交响乐队和欧洲著名的独唱演员一起去高昌古城的废墟上演出，目的是让今天的人们去关注这个曾经活跃在 2000 年前的地区，展示当时的国际交流，并希望为今天的交流带来灵感。

我对雅尔迪茨馆长说我在参观展览时看到在众多的来自新疆的展品中有一些小的物件，如家用器皿、首饰等，我做出很天真的表情问她是否可以借给我们在演出中使用一下：

“您可不可以想象一下，为了增加这次合作项目的象征意义，一个非常小的象征意义，把这样一些小的物件还给中国?”

我估计我提出的要求不会有什么实质性的影响，但是我至少想知道对于我的这种“无理要求”对方会有什么样的反应，也许她会有一个折中的建议。毕竟这个博物馆里的所有展品都是它们曾经所在国家的文化遗产的一部分，而且毫无疑问仍旧牵动着那个国家人民的心。这些文化遗产是连接今天和历史的纽带，失去它们而造成的损失是无法估量的。我当然很清楚我的问题给馆长女士出了难题，但是她的回答也比我事先想象得还要无理。有好几秒钟她说不出话来，她的脸色开始变得阴沉，是我从来没有见过的。她忽然大声地喊了起来："不!"她的口气非常强硬，声音干枯，她又以同样的节奏重复了三遍：

"不！——不！——不!"

然后在最后还加了一句：

"这个——绝对——不行!"

我不知道我是应该生那些盗宝贼们的气，还是生那些自认为是知书达理的现代文化人的气。前者认为他们是世界的主人，有权利和义务在其他国家掠夺，而后者觉得无论是在法律上还是在考古记录上他们都有足够的权利支配这些盗窃来的外国文物，同时一概拒绝同文物原属国的相关人员进行交流并共同寻找解决办法。他们似乎无法想象如果两手空空，如果失去了这些文物后会是什么景象。如果事情是反过来的，也许我们在今天可以把事情看得更清楚。假设在北京的博物馆里正在展出通过盗窃或者通过交易方式买来的尼伯龙根文物、海德堡手写诗歌文本的原件或者是查理大帝的皇冠，或者在上海的某个博物馆里正在管理着我们国家的一些独一无二的历史文物和艺术品，如果德国人知道了这些情况，想一想他们将会发出什么样的抗议!

让我无法理解的还不止这些。在和女馆长的谈话中我还发现，德国的博物馆还从未和中国的相关文化机构进行过任何正式的接触。我由此向他们提出建议，在我回到北京后，在博物馆的"道义和积极支持"下和北京取得联系。第一轮的会谈很有成效，中国"国家文物管理办公室"的主任王立梅女士对于德国博物馆主动来联系表示欢迎。她告诉我们，巴黎和伦敦的博物馆很早以前就和中国建立了联系，比如说他们已经邀请过中国的相关官员和专家学者去博物馆考察。王女士说她很感兴趣去参观柏林的博物馆，同时表示了中方支持文物研究的愿望。我建议柏林的女馆长直接给北京的王女士写一封信，女馆长照办了。之后我就没有再插手这件事。

很多年之后我又计划拍摄一部关于中亚沙漠宝物的影片，想从另一个角度接触这个话题。我希望通过影片介绍这些珍贵的文物和它们今天所在的地方，展示当时盗宝人对古迹场所的破坏，割走壁画后在墙上留下的令人痛心疾首的空白，以及被人遗忘的死寂的庙宇。影片还有一个目标，那就是通过画面把那些远在异国他乡的艺术品和它们的故乡联系在一起来展现。

从我家可以看到颐和园

沈丹萍希望能比她的母亲生更多的孩子，她的母亲有三个孩子。在流产过一次后沈丹萍不是很清楚她是否还想再怀孕。后来她还是怀孕了，在等待孩子出生的九个月时间里她一直在抱怨，说都是我的错。1996年9月11日安娜·珊珊出生，她的到来打开了我们生活中新的一章，每个人都感到很幸福。家里多了一口人也意味着我们的支出会增加，我们每个月最大的一笔支出是付给香港人的房租，一晃我们在华侨公寓里已经住了将近五年。就在这些年中，买私人住房或者别墅成为了一个很新的话题。不论是在城里还是在城外二三十公里的地方，开始出现一些很漂亮的住宅，他们由房地产公司建造，融资不是由银行贷款就是由未来的房主预付房款。我们在北京城的西北地区用现金买了一套新的公寓，那个地段很有历史，曾经是圆明园的旧址。从我们新家的窗户我们可以看到在不远处的颐和园里的小山和宫殿的房顶。

我们把新家选在这个地方需要一些勇气，这是我们第一次从城里搬到城外住。搬家后的第一天我们坐在一起吃早饭，那是1997年10月里的一天，看着离我们不远的西山，我们都感到这个选择是正确的。就像沈丹萍在很多年前就预测过的那样，我们的新家比上一次又大了不少。

1997—2009

第十章

“我们会用全新的眼光看世界。”

老友喜相逢

1. 和德国电视二台台长沙席特
2. 如今傅莱已成雕像
3. 从我的办公室看出去
4.《纽约时报》：“21世纪从这里开始。”

1 2
3
4

“对我来说就是一位老人去世了。”

马克思主义的意识形态在人们的日常生活中几乎销声匿迹，很多过来人仍然不敢相信自己的眼睛。这确实是邓小平给人们下的保证：要有勇气走一条新的道路，要致富，不要过多地考虑意识形态的深层意义。无法接受这个事实的人们开始担心意识形态的缺失可能会带来社会问题，而其他人则认为这些过分谨慎的理论问题与现实关系不大。事实也确实如此，无论是在马路上，在商场和超市里，还是在住宅和办公室里，物质生活变得越来越多样化。世界名牌产品，尤其是家用电器、电视、手机、电脑、照相机、录像机、激光唱机、汽车、高档家具、内衣、首饰、化妆品等等都已经进入了中国的市场，而且有的还直接在中国生产，既满足了内销也增加了出口。爱美的“半边天”们在跟随潮流上也越来越大胆，作为旁观者看到她们穿着最新潮的服装，梳着最新颖的发式，脸上涂着最新型的化妆品神采飞扬地出入商场、咖啡厅或其他社交场合，确实感到耳目一新。（有一天沈丹萍和她的几个女朋友在我们家里把她衣柜里的衣服试了个遍，好像是在开时装秀一样。我是现场唯一的男观众，看着她们美丽的身影，我不禁想起了自己小时候经历过的种种物质享受以及小孩子玩过家家的喜悦。）办公大楼、饭店以及各式各样超级现代的建筑如雨后春笋一样在各地涌现。有的新城区出现得实在是太快了，好像一夜之间就完成了，路过的人们都不敢相信自己的眼睛。新的建筑群终于脱离了原来单调的灰色和一成不变的式样。地产商的广告牌越做越大，从国际化的现代设计到凸显乡土气息的风格，应有尽有。美国的快餐店占据了北京的大街小巷，不管房租有多高都挡不住他们，结果有的竟然把分店开到了紫禁城里，实在很令人遗憾。修一条环城高速路仅仅用了九个月的时间

(从那之后我们每天的行程也随之发生了变化)。马路上堵车司空见惯，手机在生活中变得格外重要。坐在车里最常见的通话是告诉对方会谈要推迟或者告诉家人会晚到一个小时。堵车越厉害司机们越不礼让，人人都想向前挤，在这个时候中国人把礼仪之邦的美德都抛到了脑后，和世界上其他地方的司机没有什么两样，不但如此，他们表现得更加自私和不管不顾（对于我们来说实在很费解)。原本拥挤的自行车道现在还有，但是骑自行车的人不知跑到哪里去了。如果想放松一下紧张的神经，可以去做头部、面部、全身或者足部按摩。不少上班族在上班之前去做足疗，在挤按捏揉的痛苦中享受乐趣。来自国外的音乐会、演出和电影早已不是什么新鲜事了，居然有时候还会一票难求，让票贩子们生意兴隆。装饰得富丽堂皇的高档餐厅和珍稀罕见的海鲜大餐紧挨着简朴的家常小馆，大家都觉得没什么。有的餐馆打出了革命怀旧牌，内部装修和饭菜都很简单，服务员穿红卫兵服装，扬声器里放革命时期的音乐，墙上挂着黑白的老照片，在这样的餐馆里人们好像又回到了毛泽东时代。在阿山蒂餐馆里气氛完全不同，那里可以看到最精彩的肚皮舞表演，每天晚上 9 点半准时开始。每当欢快的舞曲响起，食客们都会受到感染禁不住跟着跳起来。维吾尔乐队的乐手们一向不苟言笑，但是他们的音乐实在是太迷人了。

邓小平的最后一次公开露面已经是三年前的事了，也就是在 1994 年的春节。电视画面上的他体态苍老，随后的新闻里既没有讲他的健康情况也没有提到他的执政能力。西方的一些中国观察家开始预测，如果邓不在了中国可能会发生混乱。1997 年 2 月 19 日 92 岁高龄的邓小平去世了，听到消息后人们纷纷在工作休息的时间里议论。我当时正在长安街上的一个演播室里进行《沙漠里的孩子》的后期制作。考虑到在邓的遗体被运往八宝山革命公墓的那个上午交通可能会受到影响，我和同事们约好了那天的下午才去演播室。我曾经问一位认识的女医生，请她告诉我她在听到邓的死讯时是什么反应。这位中年女医生说："也没想什么，对我来说就是一位老人去世了。我为他的长寿而感到欣慰，但是他的去世对我并没有多大影响。"我认识的很多其他人也是这样想的。邓的接班人在很早以前就已经决定了，他的去世没有带来政策上的逆转，这同毛去世时群龙无首的状况有了很大的不同。从已公布的消息中我们得知朱镕基将取代李鹏做新的总理。在邓去世后第二年3月举行的人大会上通过了这一人事变动，海内外都松了一口气。

发生在天安门广场上的“六四风波”在西方人的记忆中慢慢淡漠，中国的市场魅力又一次征服了西方人。中国再一次启程，赢得了新的自信。可以说，80年代的中国曾经迷恋西方，在1989年发生的事件是那一时期的极端体现。到了90年代中国更加开放，越来越多的中国人走出了国门，他们中间有科技人员、政府代表、商人、艺术家；反过来，更多的西方人也来到中国。传真和网络等现代通讯技术的发展使中国同外界的交流变得更加容易。来自国外的文学、科技、专业书籍和电影都迅速地进入中国，帮助中国更深入地了解西方世界。中国在发展成为经济强国后对外部世界的理解更加理智，而对自己的历史、传统和能力也有了新的认识。西方的发展可以给中国带来很多启发，中国人也从上到下都对向西方学习表现出空前的热情。1998年6月29日，美国总统克林顿在中国进行国事访问时到北京大学演讲，电视台直播了他的演讲以及之后的问答过程，这对当时在场的很多国外媒体来说是无法想象的。学生们的提问不乏对美国式民主和对美国的人权状况的尖锐观察及疑问，他们对个人权利同集体权利之间的理论区别也发表了自己独到的见解。

1998年夏天的长江洪水是24年以来最为厉害的一次，在中国，人们似乎已经对自然灾害的报道习以为常。国家这么大，气候条件差异也太大了。沈丹萍正在发洪水的武汉参加电视连续剧《父子情深》的拍摄，在电话里她说剧组里没有人考虑过中断拍摄。洪水使长江流域几百万人无家可归，那里的画面好像是在战争中。三十多万士兵、五百万民兵和八百万当地的有关人员参加了救援工作，尽管这样仍然有三千多人在洪水中丧生。当沈丹萍在一个风雨交加的夜晚打电话告诉我说他们的车被洪水困在路上时，我“恨死”了那个制片人。

新的工作领域

除了自己制作电影以及给德国的电视台和电影厂做中国代理以外（代理的内容主要是为德国的电视节目和影片做销售和联络工作），我和我的合伙人又开辟了一个新的工作领域，即制作动画片。之所以有这个想法要感谢来自德国的一个询价。在德国制作动画片十分昂贵，有一次一位德国制片人把剧本发给我，请我在中国询问一下制作的价格。我找到了北京的“金熊猫”公司，在他们的合作下我把价格报了回去。之后我们和德方顺利地达成了协议，决定将片中的主要角色及大部分的场景拿到中国来设计，然后加入德方的修改意见，最后做成粗剪的版本。德方只需要根据这个版本做最后的改动和剪辑。我们合作的第一部作品是根据儿童文学女作家柯奈利亚·冯克的作品《丽丽和弗罗斯》改编的同名动画片。

在丹尼尔·布来兹办的一个私人晚会上，我偶然结识了一位二十八九岁的中国女子。她的名字叫 Cecillia，英语和法语都会说一些，看上去聪明漂亮，最引人注目的是她的独特气质，让人感觉到她的身后一定有故事。后来我听说她在 19 岁时曾去西藏住过一年。我出于好奇很想知道更多关于 Cecillia 在西藏的经历，就和她约好了去三里屯“隐藏的树”酒吧见面。“隐藏的树”还是像往常那样热闹，我们坐下后 Cecillia 点了一杯橙汁，我要了一瓶啤酒。“你当时为什么决定去西藏?”我问她，随后她和我分享了一段不可思议的往事。

18 岁那年的一天早上，Cecillia 起床后突然发现自己所有的头发都掉光了！她抓着光秃秃的头歇斯底里地喊了起来，完全失去了理智。她母亲听到喊声后闯了进来，看到她的样子也开始惊恐地大喊。那一刻两个人都陷入了深深的绝望中，虽然她们想的事情完全不一样。她妈妈认为是她自己把头发剃掉的！她们开始激烈地争吵，后来她爸爸也回来了，但是他也不相信女儿的话。从那之后 Cecillia 不敢出门，也不敢再去学校，直到她给自己买了一顶巨大的帽子。她一直没有勇气摘下那顶帽子。她的父母带她到处去看中医西医，但是没有一个人能查出什么问题。医生们只好给她开了维生素和一些健身的补药。有一天，她的一位女朋友忽然想到好像是在哪里听说过在佛教的文献中有一夜之间变秃顶的情况。Cecillia 听到后直接去了北京的雍和宫，向那里的喇嘛询问。很快，她被一个西藏来京的佛教代表团带回了西藏。

当我们喝到第三杯果汁和啤酒时，Cecillia 讲到了她去西藏的旅程以及在寺庙里的生活。在那里她终于摆脱了帽子，找回了内心的平静。慢慢地她学会了在心里和父母对话。一年之后她的头发开始生长，随后没过多久她就返回了北京。我问她有没有一张秃头时的照片。她说有，但是要先回家去找一找。

在这个故事的基础上我创造了一个剧本。在剧本中 Cecillia 不再是一个中国女孩，而是一个叫莫尼卡的德国女孩。莫尼卡和她的父母住在北京，她的父亲是一个性情粗暴的生意人，而她的母亲是个郁郁寡欢的家庭主妇。莫尼卡后来也没有去西藏而是去了湖北的武当山，住进了有七百多年历史的道观里。一夜之间她进入了一个完全无法想象的全新世界，在道观里她开始学习静坐修行，参加武术训练，学习中药疗法，练习书法，同时也熟悉了道观里的种种清规戒律。莫尼卡仿佛回到了中世纪，在开始的时候当然很不适应，一直试图反抗。1999 年我开始拍这部电影，扮演女主角莫尼卡的是德国演员多蕊迪·瑞希特。沈丹萍在电影中扮演了道观里的一位主事。电影的名字是《莫尼卡——在道教的国度里》。德国大使的夫人萨比娜·于伯沙尔扮演莫尼卡的母亲，事后她对自己在影片中与自己平时的本色完全不同的表演非常吃惊："我先生可从来没有这么无拘无束过！他看了之后一定不敢相信自己的眼睛！"

我一直对古老的庙宇、对前人的智慧以及尼姑、和尚的神秘生活非常感兴趣，自己有时也想不明白为什么。也许是因为我不相信人类对世间万物都有答案，也许我们学到的所有知识不过是"人们的一种幻觉"而已？我当然

《莫尼卡——在道教的国度里》剧照。

也免不了和尼姑朋友们“辩论”，虽然我很喜欢她们。二十五六岁的尼姑正见在她要办婚事前的两周告诉她的未婚夫她不想结婚了，她要进尼姑庵读经。她会说英语，曾在斯里兰卡的佛学院里进修过一年，现在她的主要工作是帮助孤儿和地震的受害者。正见很长时间才能和她的父母见一次面，但是她说她的父母很爱她。最近她独自一人去四川和西藏交界处的一座高原寺庙里静修了10天10夜，那里没有窗户，除了有人给她提供食物外她完全是一个人。她特意选择去体验这种感受，希望能在寻找自我的过程中向前迈进一大步。谁见了身材娇小头发剃得光光的正见后都不免会产生怜悯，想去保护她。尽管我对她的行为表示敬佩和认同，我还是觉得她寻找智慧的方式不过是一种很美好的幻觉。当我小心翼翼地把我的想法告诉她时，我们总是会开始一场辩论，我每一次都努力控制自己的语气，专注地看着她。“我知道你心里是怎么想的。”她会这样说，似乎她能把我看透似的。乍一听总是让我感到短暂的迷惑，我尽量不把自己的感受表现在脸上。至少我希望我能做到不露声色。然后我会回到自己一直坚持的立场上：“不，你不知道我是怎么想的。在我的内心里有很多东西，比你能够想象的要多多了。应该是反过来，我才知道为什么你决定离开社会到这里来生活。”她听我说完后淡淡地笑了一下然后就不说话了。虽然我们有不同的观点，但是谈话的气氛仍旧很融洽，我们坐在一起可以谈上几个小时，我们的对话如同是轻柔的波浪。告别时我们都双手合十，一边鞠躬一边说“阿弥陀佛”。离开后不久我会写短信表示感谢，她也会很快就给我回复。

中国人说不

当影片《莫尼卡》在德国完成后期制作时科索沃战争爆发了。5月8日，中国在贝尔格莱德的大使馆被美国的导弹击中，使馆内三个中国人丧生。中国各地的年轻人纷纷走上街头进行示威游行。华盛顿解释说这是一个疏忽，但是中国人都不相信。抗议的人们一致认为美国的导弹是有的放矢，目的就是为了侮辱中国和遏制中国。示威者还向美国的大使馆和领事馆投掷了石块和燃烧瓶。在德国的电视里我不但看到示威的场面，也看到一些熟悉的德国驻北京记者在镜头前被愤怒的示威者辱骂的镜头。我的家人都在北京，由于不知道事态将会如何发展，我感到忧心忡忡。中国政府的做法让我更加担心。一方面他们和老百姓一样表现出愤怒，所以对大规模的游行给予支持，但在另一方面他们也完全不希望和美国发生正面冲突或者是破坏双边的贸易关系。如果他们不格外小心谨慎的话，很有可能会把抗议的矛头引向自己。在游行队伍中其实已经有一些学生和知识分子开始指责政府过于亲美了。不少人说如果毛主席还在的话他绝对不会对这种事情视而不见的。曾经在1989年天安门广场上亲历过“自由女神”像的外国人，到了今天也没能看清楚在过去的10年中中国到底都发生了怎样的变化。

这次示威游行无异于向西方社会揭开了中国的面纱。1989年的时代已经过去了。西方人一直认为的自我中心论已经不适用了。1997年7月1日香港回归了中国，两年之后澳门也脱离了葡萄牙的殖民统治。人们开始思考，认为中国的革命不可能从一开始就是错误的，同时对于现代化一定要等同于西化的看法表示质疑。大部分的亚洲国家正在实现经济腾飞，而美国正从世界上最大的一个债权国变成最大的债务国。人们越来越关注价值观的问题，他们想知道亚洲的发展是否应该以西方的价值观作为基础。一位原美国政府的官员弗朗西斯·福山写了一篇叫做《历史的终结》的文章（后来他又出版了一本同名书），在文章中他提出了一些很极端的观点。福山认为在苏联解体后西方国家应占据意识形态的世界领导地位，他的观点对于价值观的争论如同火上浇油。另外一些颇具争议的观点来自美国人塞缪尔·亨廷顿的文章《文明的冲突》（发表于1993年，后来也单独成书）。亨廷顿认为世界未来的真正前线不是在意识形态领域，也不是在经济方面，而是在大的文化圈的边缘上。一些中国人认为这篇文章的观点受到了法西斯理论的影响，同时也释放出一个信号，即西方会竭尽全力来遏制中国。为了达到孤立中国的目的，人权问题将会被西方抓住不放。持这种观点的人还认为美国政府其实并不关心中国人权问题的真正情况及其发展，他们关心的不过是要保住自己的霸主地位；而西方在他们所做的一切解释中，无论是在殖民时期还是那之后，都能看出来他们对亚洲的经济腾飞并没有兴趣。

在这场激烈的论战中一本新书横空出世，它就是1996年出版的《中国人可以说不》。书一出来就引起了很大反响。书里五位作者年龄都在30岁上下，最小的28岁，最大的40岁。《中国人可以说不》可以说是当年在中国最具影响力的一本书。《德国商报》记者彼得·赛德利兹在他的文章中说，这本书“反映了中国人的灵魂”。书的作者没有试图隐藏他们自己早年间对美国的好感：“一部美国旧片给我们带来的欣喜是何等的强烈！”这种根深蒂固的“亲美情结”让他们否定了自身的价值。他们当时的观点是“民族主义注定是逆世界潮流的、劣根性昭著的表现”，“而只有世界主义（实则是美国价值的世界主义）才是现代人唯一的理智的选择”，但是他们当时没有想清楚的是所谓的世界主义“实则是美国价值的世界主义”。那么中国人的“心灵滋扰”来自何方呢？作者们给出的回答是：它们“来自落后境地中的怨恨，来自求索中的困顿，来自第三世界式的失落心理”。他们认为这是中国人缺乏自信的表现，也是为什么把美国当做榜样的原因。在他们的眼中中国人把自己变成了奴隶，而且这个问题不仅局限于中国，全世界都把美国的文化当做榜样。他们还说美国已经不是那个曾经和法西斯作战的国家了，而是变成了当今“力图主宰世界的霸权”。

书的作者声明这本书并不是以国际问题专家的角度去写的，更多的是表达一种情感选择。无论如何，这本书的出现让人们听到了中国人寻求自我价值观的声音以及要和世界平起平坐的愿望。反对美国轰炸使馆的抗议活动也增加了中国人的自信（美国在当年12月对空袭的受难者给予了经济赔偿）。

示威游行开始后没几天我就乘汉莎航空公司的飞机回到了北京。由于行程是事先安排好的，我没有料到会赶上这么敏感的时间点。在回家的路上出租汽车司机听到我是德国人之后态度变得异常礼貌，他对中国政府还像以前那样只把俄国当做是中国最重要的伙伴感到极其不满。像往常一样，我从德国带来了各式各样的西式食品如熏三文鱼，第二天吃早饭的时候全家人坐在一起共同享受这些当时在北京还很难买到的美味。在饭桌上13岁的丹丹一边高兴地品尝着这些德国的好东西，一边略带严肃地让我在未来一段时间里不要去学校接她，尤其是我开的那辆德国汽车可能会让她的同学们误解为我给“北约成员国”工作。她还向我道歉说，她在我不在的时候把《明镜》和《明星》周刊里的希特勒照片都剪了下来，因为他们在学校里做反美反北约的墙报，需要贴上一些希特勒和克林顿的照片。看来情况确实有些复杂。幸好没过多久抗议的高潮过去了。6 个月之后，也就是在同一年的 11 月 15 日，中国和美国在经过了激烈的磋商和谈判后终于就中国加入世界贸易组织达成了协议。这是一份意义重大的协议，它标志着中国开始在国际体系中成为负责任的一员。

新的纪元开始得很好

“生活在老纪元里的朋友们，我从新的纪元向你们问好！”随着 2000 年新年钟声的敲响，我兴奋地拿起手机向远在德国的朋友们祝福，喜悦之情溢于言表。在海德堡、慕尼黑、法兰克福和柏林的朋友们还在苦苦等待着午夜的到来，而我们在北京已经看到了新纪元的第一道曙光。那天晚上我们在家里举办了一场令人难忘的新年晚会，一共有八十多位朋友来和我们一起庆祝。晚会结束后我租了一辆大巴车，把那些还有勇气和精力继续庆祝的人带到八达岭长城去看日出。差不多有一半的客人参加了，我们冒着零下的寒冷一步步爬上陡峭的台阶。幸好走之前我没忘记在皮夹克的每一个兜里都塞了一瓶威士忌。初升的太阳不是想象中的红彤彤的圆球，天边也没有朝霞，那天早上雾气很重。但是太阳升起时我们还是禁不住忘情地欢呼跳跃，互相拥抱拍照，我们都很清楚那一刻将永远留在每一个人的心中。

新年后的第二天我坐飞机去了越南，行程是很早以前就定好的。在西贡我计划和从科隆过去的一个朋友见面，地点是坐落在西贡河畔的著名历史酒店西贡雄伟酒店。在熙熙攘攘的东可街边，我从小贩手里买了一本盗版的格雷厄姆·格林写的小说《沉默的美国人》。这次买到的是德文版，我已经是第三次看这本书了。我和朋友计划从西贡一路向北到河内。在河内我们将住在河内大都市酒店，那是一座始建于 1901 年的充满怀旧风格的宫殿。我太喜欢历史酒店了，因为在它们的身后有那么多的故事。新的纪元开始得很好。

在家里我们接到湖南卫视的电话，他们想请沈丹萍和我去参加一个 60 分钟的访谈节目。在节目里他们希望能对我们两个人生活的方方面面提问，比如说我们是怎么认识的，我们的感情生活、家庭、工作等等。邀请来得很突然。湖南卫视已经不再是一家普通的地方电视台，而是一家前卫的全国性电视台，他们的节目备受年轻人的欢迎。把一个中外联姻的家庭请到电视台去做访谈嘉宾在那时还从来没有听说过。这样的话题是否能被观众接受是个疑问，由此很多电视台有顾虑，担心观众会议论纷纷，也怕这样的节目可能让观众对我们产生误解。我们两个人虽然以前也一起上过电视，回答过很简单的一些问题，但是通常都是让沈丹萍唱一首歌，有时我还要做个简单的小杂耍，作为访谈的嘉宾还从来没有过。我们当然痛快地答应了他们，不久之后就双双飞到了湖南省会长沙。

演播室里的工作人员都很年轻，做事也很专业。在交谈中我们得知，整个部门里的二十多个员工最近还去了一趟欧洲，也到了德国。去欧洲的目的不是制作节目，而是去认识国外以及国外的电视节目，他们希望通过这样的旅行获得国际电视人的视野。访谈节目由一男一女两个主持人来主持，两个人都不到30岁，他们提的问题很直接。一个中国女孩是如何爱上一个完全陌生的外国人的，对于很多中国人来说很难理解。现场还坐了五十多位年轻的观众，他们也可以向我们提问。沈丹萍和我始终都保持了幽默感。当沈丹萍讲到在我晚上出去见朋友时她从来不给我打电话，因为不想让我的朋友感到她在控制我，观众中有人表现出不可以理解，也不赞同她的做法。当她讲到在孩子的外婆来我们这里帮忙照顾孩子的时候，总是自动告诉沈丹萍在她不在的时候都有谁给我打了电话，我夜里都是几点才回家的，而如果反过来，有关沈丹萍的这些消息她从来不告诉我，观众听到这里都开心地笑了起来。节目的制作人对录制的结果非常满意。后来北京德国商会的会长在看到播出的节目后立刻给我写了电邮："你的表现太棒了！我把整场节目都录下来了！"我自己也感到很欣慰，能在中国的电视上为德国做些有益的宣传何乐而不为呢。

和奥托·席利部长共进早餐

在大使官邸的一次活动中我听德国驻华大使于倍寿博士讲到德国的内政部长要来华访问，我问他是否可以让我也来参加欢迎会，毕竟内政部长奥托·席利在早年间曾作为辩护律师为我辩护过。大使耸耸肩对我说："我得看看安排的情况，现在还说不好，过几天我和您联系吧。"

过了几天大使打来电话："席利先生很想见到您。我们谈了很长时间关于您的情况。明天7点在凯宾斯基饭店可以吗？"

"当然可以。我明天晚上没有安排。"

“不是晚上，是早上7点的早餐。半个小时。”

我从离开德国后就没有再见过席利。在我的印象中他是一位勇敢的律师，同时也是一个敏锐的人。对于德国的内政我不想妄加评价，那些都离我太远了。很长时间以来我都很享受这样的一种状态，那就是我不再去对政治中的种种细节而激动。我更感兴趣的是大方向，大的战略方向。我到席利住的套间门口去接他，这是事先和他的下属约定好的。在德国的媒体中对政治人物的报道通常就事论事，很少涉及被报道对象的私人情况，所以我也不知道将要见到的席利是怎样的一个人，反过来我想他对我的现状一定也是知之甚少。当我们两个人一起穿过走廊，步行下楼梯到贵宾层时，我最初的担心才慢慢消失。我们都没有打官腔，预示着这次见面将会很顺利。席利还像以前那样幽默，但又不失自我批评能力。我们谈论的话题更多地集中在中国而不是德国，更多的是叙旧而不是论今。对于席利来说，中国是德国的一个合作伙伴，即使两个国家有不同的见解但也要增进交流，或者说正因为两个国家有不同的见解所以才更需要增进交流。基于这个考虑，他认为去和中国政府中保守派的领袖进行接触是很必要的。他很直接地对我说，在北京的短短几天给他留下了十分深刻的印象。

谈着谈着，时间超过了半个小时，到结束时差不多两个小时已经过去，早餐桌上的食物早已被清理干净。我们的话题没有局限在政治上。当我谈到在塔克拉玛干大沙漠拍片的经历时，席利给我讲了他在利比亚的撒哈拉大沙漠中的经历。能和一个政治家在这个话题上谈得很投机让我感到非常欣慰。当我讲到《另一个世界里的公主》的故事时，他立刻表示如果有机会他很希望能认识成都爱道堂里的那些尼姑们。在交谈中我也没有隐瞒自己在中国生活有时会遇到的不愉快，同时告诉他不管有多困难总是有朋友来帮助我支持我，为我的立场辩护。席利没有想到，在中国我可以得到这么多人的帮助，在最后他很认真地总结了一句：“请您永远别忘了，在德国是我为您辩护的。”

从凯宾斯基饭店出来后我步行300米来到明亮的亮马大厦，我的合资公司就在那里的九层办公。公司的名字叫“亚和世信息咨询有限公司”（是我和原来在出版社的同事史燕生教授的“德中贸易公司”合资建立的）。一边走我一边在脑子里不停地思量着“生活道路”这个词，是啊……这就是我的生活道路。

“我们之间其实不一定非合作不可。”

中国对世界的开放让中国的观众对西方的电视节目和电影有了新的认识，这对我的工作也产生了影响。越来越多的国家和地区有机会来中国推广他们的节目，在电视中出现了更多来自香港、台湾、新加坡、韩国的电视连续剧。不仅他们的面孔让中国人感到亲切，来自这些亚洲国家和地区的节目也和中国人的生活更加接近。与之相比，德国的节目价格昂贵，通常是亚洲竞争对手的两倍。在引进电视节目的操作中，中国方面开始使用一种新的报价法。以往的做法是节目的卖方先到中国的电视台去营销，如果买方有兴趣，就会向卖方报一个美元的价格。现在电视台都希望节省外汇，他们不再支付美元而是用广告时段来付费。也就是说卖方有权把广告时段卖给自己找来的广告客户，以此换取他们卖节目的钱，有时还能挣到比以往直接卖节目更多的钱。对于德方这种三角形的业务形式是个问题，因为在当时，德国的企业完全没有兴趣在中国的电视上做广告，这和对中国市场很有战略远见的美国人、日本人和韩国人的思维方式有很大的区别。如果想进入这个电视市场还有第三种方式，那就是创立一个每周一次的定期系列节目或连续剧，一年和中国的电视台签一次合同。制作这样的定期节目需要一家德国的制作公司和一家中国当地的广告公司组建合资企业来共同完成。

一家德国的国际性节目销售商对合作表示了意愿，为了进一步促成他们和中方的合作，我建议德方派一个代表团来中国看一看。德方的代表团有三名成员，其中一位是公司的负责人，另外两位是他的下属。我专门到上海的浦东机场去接他们，估计他们还没有见过这么现代化的机场。从他们的第一反应中我感到选择上海机场是个好决定。为了让他们对上海超现代化的浦东新区有一个直观的认识，我特意安排司机在去饭店之前到浦东转了一圈儿。一座座摩天大楼从我们的身边晃过，坐在车里必须要费力地把头伸出窗外才能勉强看到大楼高耸的顶部。浦东的繁荣景象也让初来乍到的德国客人感到十分震惊。在饭店里他们稍事停顿，立刻表示想到中国合伙人的办公室去拜访。在过去的几个月里双方一直在洽谈共同进入中国电视节目市场的可能性，而我是双方的中间联络人。早在几年前在上海举办的一次电视节上我就认识了中方的合伙人，当时他是上海电视局里的一位负责人，同时也是负责上海电视节的一位高级官员。在那次电视节最后一天的下午他来到了我们的德国展台上，拿起我们准备好的节目单很快地勾勾点点一通，半个小时之后我们就签订了一系列版权交易合同。现在他拥有自己的广告和销售公司，公司地址就在上海繁华的南京路上。会谈开始后，德中双方在观点上的摩擦愈发明显。其实在来中国之前德方项目负责人的言行举止就已经预示了今天可能会遇到困难。他曾经很不情愿写电邮和中方联系，如果有什么事情需要商讨的话，他更倾向于在电话里发号施令。他自视很了解这个世界，觉得自己对西方国家不论是美国还是澳大利亚都如数家珍，而世界上的其他地方也理应遵循这些国家的规矩。我已经预感到和他的公司之间的合作将遇到很大的问题，项目随时都有夭折的危险，但是我不想轻易放弃。让他们到上海来亲自看一下是我最后的一次机会，也许通过他们自己的观察他们可以认识到中国并不是他们想象中的那种第三世界国家。虽然上海的第一印象让他刮目相看，但是在谈话中双方经验上的差异和愿望上的分歧却越来越无法弥合。在时差和文化差异的双重作用下，德方负责人又开始了他习惯性的粗暴训话。等他终于骂完后中方的总经理也毫不客气地回应道："我们之间其实不一定非合作不可。我以前也明确地说过，现在有很多国外的公司都在排着队要和我们合作，其中也有美国的公司。我很感兴趣和德国公司合作，但是没有必要强求。"

作为来访者的德方没有想到中方会表现出这样无所谓的态度，到了这个时候他才意识到需要和对方平起平坐地交流。如果他一开始就能抱有这样的态度，也就不会在对方的心中留下后来一直无法抹去的阴影了。在随后的几天中，这位德方的负责人还经历了更多的震惊，这还不包括上海五光十色的夜生活。在上海的最后一个晚上我建议大家一起去位于金茂大厦56层的君悦大酒店，在那里的意大利餐厅共进晚餐。金茂大厦共有88层，是当时上海最高的大楼。坐在餐厅里，我们远眺黄浦江及江对岸老殖民建筑林立的外滩。那些老建筑看上去好像是一排排玩具房子，在它们的后面是一座向远方无限伸展出去的现代化大都市。每一个人都为眼前的景象感到惊叹，我禁不住想刺激一下身边这位自以为是的中年德国人：

"慕尼黑市的温特浮灵区在哪里?"

他给我指远方的一个地方。"在那一片雾的后面很远的地方。"他回答道。

“当你们明天飞回温特浮灵区后，”我还想继续在同一个地方刺刺他，“也许会用全新的眼光来看温特浮灵区？”

他顿了几秒钟，然后回答道：“不。”

我有些吃惊。不知道他现在又要说出什么来。

他又停了几秒钟，然后慢慢地说：

“我们会用全新的眼光看世界。”

中国企业的自信在中国共产党2001年7月1日庆祝建党80周年时达到了一个新的高度。共产党的总书记和国家主席江泽民在那天发表了一篇很轰动的重要讲话。在那之后的几个月时间里，知识分子和企业家们都对讲话内容进行了热烈的讨论。在讲话中，江泽民说马克思主义思想应该与时俱进；他指出在社会中已经形成了一个主要由私人企业主组成的新的阶层，这个阶层对社会的发展起到了积极的作用；这个阶层里的人应该有资格成为中国共产党的党员。他还说这个阶层确实代表了中国的“先进生产力”，如果他们没有机会入党的话，共产党就不可以说自己是在领导全国人民。当这一爆炸性的说法一提出来，一些党内的干部和普通老百姓都感到很困惑，另一些人则感到非常兴奋，而传统派表现出愤怒和完全的不理解。持反对观点的人认为，从共产党宣言的发表到今天还从来没有任何一个国家的共产党允许资本家加入，如何可以相信代表剥削阶级利益的资本家能把实行共产主义当做是他们的生活目标呢？有的人认为江泽民犯了一个十分严重的政治错误，认为他变成了人民的敌人，应该受到党和人民的惩罚。作为一个局外人我认为两边的意见都很有意思。共产党的领导层在批评面前采取了谨慎的态度，他们一方面表现出对不同意见的理解，另一方面坚持认为新政策是合乎社会发展潮流的。在《人民日报》的一篇社论中再一次确认了这一新的方向，即共产党需要适应现代社会，这样才能避免原苏联共产党的命运。没有中国共产党的中国将会如同噩梦一样。

大熊猫很招人喜爱。我听说在四川卧龙熊猫的故乡流传着不少关于熊猫的奇闻怪事。一次某人正在林间散步，忽然看到迎面来了一只个头很大的熊猫，双方都害怕得一动也不敢动，就这么互相对视了好一阵。后来估计熊猫觉得没什么意思，就坐下来开始噼里啪啦地吃竹子，对陌生人再也不看一眼，那个人才借机悄悄地溜走。在另一个故事里，一只饿坏了的大熊猫闯进了一个村庄，在一家人的厨房里自力更生地找到了食物，酒足饭饱后竟然大大方方在主人的双人床上睡着了。还有一只熊猫可能是太喜欢到村子里来玩儿了，它有事儿没事儿就自己来一趟，结果给村里的人们带来了不少麻烦。村民们没有办法，只能一次次地用车把它送回树林里，一次比一次送得远，希望它不会再找回来。从中国的林业部和卧龙的熊猫中心那里我们得到了去卧龙拍摄一部熊猫题材影片的许可。外国人在中国制作电影曾经很少见，而且还有很多手续上的麻烦，现在已经是很普通的事情了。在拍摄期间我和我的同事们在高原地带的野外住了一段时间，海拔从 1700 米到 5000 米不等。我们给片子起名字叫《熊猫的妈妈》。

难忘的展鹏之行

借在德国进行后期制作的机会我去了一趟柏林。2003 年 3 月 11 日我和制片人曼夫瑞德·多尼奥克约好了在柏林的多林特瑞士堡饭店的大堂见面。我们第一次见面是在两年前的上海国际电影节上，当时我们住在同一间饭店里。用早餐的时候他先看到我，非常礼貌地叫我过去和他坐在一起，我感谢了他的好意，本不想打扰他，但他坚持要我坐过去。在餐桌上他希望和我澄清“在过去几年中发生在我们之间的误会”。他说他在中国学会了克制，注意到要给自己同时也要给别人留“面子”，我笑了笑说彼此彼此，然后问他我们是如何产生了误会，而且都是哪些具体的误会。其实我们并不认识，但是都知道对方是谁。多尼奥克制作的最后一部电影叫《激情间谍》，故事的主人公是 1944 年在东京被处决的大间谍理查德·佐尔格。在那次早餐后我们成了朋友，一起参加了电影节的很多活动，后来又在柏林、北京和上海多次聚会。我们产生了举办“湄公电影节”的主意，希望通过这个电影节来推广在湄公河流域国家制作的电影。动身去柏林之前我还为第二天在总理府同文化部的会谈做了准备。我在大堂里苦等了多尼奥克一晚上。第二天早上我给他的公司打去电话，才知道他在四天之前突然不幸去世了。在纪念悼词中有一句是这样说的，多尼奥克同他的电影一起已经成为“一个纪元的‘良心’代表”。

3月29日我离开德国时没有像往常那样坐汉莎的飞机，而是选择了泰航经曼谷回北京。虽然时间会长一些，但是利用曼谷的中转我可以在那里停留几天。从曼谷出发可以很方便地去越南、柬埔寨、老挝，或者是和家人去泰国度假。最近我又一次看到了1972年越战时的一张纪实照片，一张在战争时期曾经深深触动过无数人的照片。照片上一个正在马路上奔跑的小女孩，全身赤裸，双臂伸开，像一个正在哭喊中的天使，她的身后是正在燃烧着的凝固汽油弹，浓烟滚滚，小女孩的四周还有其他四个小孩子，每个人都在拼命地奔跑，试图从战争的黑色浓烟中逃离出来。这张照片是20世纪最具影响力的战争写照之一。那个奔跑中的小女孩名字叫金福，当时只有9岁。在照片上她12岁的哥哥跑在她的前面，嘴边已经被熏成黑色，他喊道："我快死了！我快死了！"照片是在西贡北部的展鹏拍摄的，位于原来的一号公路上。看到照片后我决定去照片的拍摄地看一看。这是我为什么选择到曼谷中转的主要原因，此外我也想再去一趟西贡。

到西贡的第二天上午我叫了一辆出租汽车，司机可以说几句英语。中午

《战火中的女孩》——曾经深深触动过无数人的照片。

的时候我们到了展鹏，在公路的入口处先停了下来。司机下去问路，两个过路人给我们指了远处的一家餐馆。远看过去像是一家卖面条的小店，路人说金福的家人就在那里。餐馆在里外都摆了几张桌子，墙上挂了主人一家的照片。照片中除了那张著名的战争写照外还有金福现在的照片。在一张老照片上还很年轻的金福正在德国接受治疗，另一张是她在古巴上学。金福现在住在加拿大。我和司机在一张桌旁坐下，临桌坐着一位上了年纪的美国人，他的旁边是两个越南人。美国人的脸上布满了皱纹，他目光空洞好像完全不在这里一样。过了一会儿他缓缓地站起来，拄着两条拐杖离开了。一个戴着厚玻璃眼镜的越南人走到我们的桌旁，说他是这里的经理。我们聊了几句后发现他原来就是金福的哥哥，叫清海，在那张逃命的照片上也有他。餐馆里的客人们在得知了他的身份后都很吃惊，也对他更加肃然起敬，大家说话的声音都变小了。清海告诉我们他的一只眼睛被凝固汽油弹给毁了。他今年45岁，有三个女儿，在加拿大生活的妹妹今年40岁，有两个儿子。他自己还从来没有出过国。以前他是个农民，现在经营旅店。他的旅店虽然有一些名气，经常有外国客人专门来这里造访，但是要维持下去也很不容易。就是在他今天开店的地址上，1972年6月8日凝固汽油弹曾经被引爆。我们吃完面条后清海很自豪地带我们去参观了附近的一座高台庙，他的祖父曾经在那里工作过。高台教不仅融合了道教、佛教、儒家和耶稣，还把维克多·雨果作为圣人之一供奉。清海对高台教很虔诚，而他的妹妹后来皈依了天主教。清海和我站在五颜六色的庙前照了合影，在庙的上方雕刻着龙和白天鹅。就是从这个地方清海和他的妹妹还有家里的其他人为了逃命冲向了一号公路。

金福的衣服几乎被凝固汽油弹给烧光了，剩下的残片也被她撕了下来。越南摄影师黄幼公当时在美联社任职，照片《战火中的女孩》是他拍摄的，也是他最后救了金福一命。金福的叔叔和姨妈也幸运地逃了出来。摄影师让金福、清海还有他们当时只有五岁的小弟弟连同他们的叔叔和姨妈都上了自己的小面包车，直接去了附近的医院。一路上金福都处于昏迷状态。清海带我去看了照片拍摄的地方，但是他已经不能很精确地说出他们当时站的位置，公路在翻修后改变了原来的走向，现在的新路向东边移动了一段距离。在告别之前他留给我地址和电邮，我们互相联系了一段时间。我回来不久后清海曾写了一封信，说一场台风把他家里的房顶给掀掉了，现在已经很少有客人

和清海在一座高台教的庙宇前。

去他那里，维持旅店变得更加困难。他还说家里负债累累。7 月 8 日我又收到他的一封信，之后就失去了联系。后来从其他渠道我听到一些有关他的消息，他的身体情况每况愈下，年少时留下的病根仍在作怪，而远在加拿大的金福也同样无法摆脱病痛的折磨。

非典时期的生活

3 月 30 日，在曼谷机场，我买了一份当地的英文报纸。报纸上报道了一位叫卡罗·乌尔巴尼的药理学家在曼谷去世的消息。他死前曾在河内的一家法国医院里工作，在那里他被传染上了一种他当时正在研究的新型病毒，名字叫“严重急性呼吸综合征”，简称 SARS（非典）。我还在欧洲的时候媒体中就已经出现了一些关于这个发生在亚洲的陌生传染病的报道，从前一年的 11 月开始在中国和一些周边国家已经发现了死亡病例。在香港的一家国际酒店里发生了多起传染，病毒的源头来自一个刚刚在广东停留过一段时间的医生，后来这个医生也不幸去世了。从他那里传出来的病毒后来扩散到了多个国家，不久之后世界卫生组织宣布非典“威胁到全世界的卫生”。法兰克福机场实行非常严格的安全措施，对有不明流感症状的亚洲旅客一律隔离。当我从曼谷登机后看到机舱里的所有空务人员都戴着口罩，同时也给乘客发了口罩。我的周围坐满了戴口罩的人。飞机里的人没有往常那么多。我没有感到不舒服，嗓子不疼，呼吸不困难，没有头疼脑热，也没有腹泻，但是我还是没有兴趣去碰空姐微笑着递过来的早餐。

除了少数一些人开始戴口罩以外，北京人的生活好像并没有发生什么大的变化。口罩可以在任何一个药店里买到，通常是五个一包，一次性的。在公共场合人与人之间的身体接触也没有发生大的变化，人们照样在办公室里、商场里、餐馆里或者公众的活动中握手拥抱。香港成了非典病毒的扩散中心，而旁边的广东省则是病毒的发源地。在从香港发来的一组图片中我们看到一片片被隔离的高层楼房，里面是忧心忡忡的病人和穿着厚厚的塑料外套的医生，看上去很令人不安。这样的场景好像从前只在好莱坞的电影中才见过。北京媒体报道相对平静，好像在北京和中国其他一些省份的发病率和死亡率都不高。到了 4 月 2 日，世界卫生组织对香港和广东发出了旅行警报。这是世界卫生组织历史上第一次对发生疫情的地区发出旅行警报。这一举动意味着所有的会议、公共项目和贸易活动都需要停止。这将对北京和国内其他地区产生怎样的影响呢？之后两天，有的国际媒体开始预测说非典是“世界经济棺材上的钉子”。

中国和国际上的科学家们在很快的时间内就对病毒的研究有了突破。他们分离出一种新型的诱发非典的冠状病毒变种，据说这种病毒是从果子狸传到人身上的，而果子狸是广东一带很有名的野味。病毒学专家认为在某些村庄和城乡交接的地区卫生条件很差，拥挤的生活方式以及同家养动物居住得太近，加上喜欢吃野味的习惯都对这种病毒的传播提供了条件。

在亚洲周边国家及加拿大的发病人数每天都在上升，死亡人数也是如此。在北京的死亡人数却一直没有变，还是 13 个人。相当一段时间里北京人还是挺放心的，但是慢慢地我们也隐隐感到消息有可能不准。不论是中国人还是外国人都觉得报道中的数据很有可能被造假。按照通常的逻辑压低真正的病例数目是为了防止民众发生恐慌，此外造假的人估计还希望西方的商人不要因为中国发生疫情而对在中国投资失去信心。作为老百姓，担心的是不知道卫生部门是否已经掌握了先进的科学方式来应对疫情。中国在消灭疫情方面确实有很多经验，但是那都是很长时间以前的事了，现在已经不再是缺医少药的50年代，人们也不会像当年那样毫无保留地服从指挥。卫生部门的人是不是都被眼前的景象吓坏了？是不是都躲在办公室里不敢出来了？无论如何他们当时还不习惯和公众交流，或者觉得没有必要接受任何国际组织的检查。从国外的媒体中我们得知，世界卫生组织的代表无法进入到中国的医院和医学实验室进行调查，中方对合作似乎没有什么兴趣，外国专家们批评中国在管理公众舆论方面存在问题。

4月20日情况发生了戏剧化的逆转。在北京的一些医生和外地的一些军队医院里开始公开这次疫情的真实状况，随后卫生部部长张文康和北京市副市长孟学农因为“严重错误”被撤职（在西方人们通常把这类人物称为“农民牺牲者”），他们的错误在于掩盖了疫情暴发的严重情况，对公众撒谎；此外卫生部门对这样的突发事件没有足够的控制机制，准备不足。在4月22日时全国发病人数达到2422例（当时全世界是4836例），这比以前公布的数字要高了很多。110名中国人因非典而死亡（全世界是293人），其中北京有774人发病，39人死亡。北京一夜之间变成世界非典疫情中心。从那之后，卫生部和北京市政府每天都召开新闻发布会，通过电视直播向公众宣布最新的病例人数及控制疫情的最新措施。

在北京，幼儿园、小学、中学和大学都停课了，很多单位仅仅保留了最基本的应急机制，能在家里用电话和网络工作的员工都待在家里。餐馆和所有的娱乐设施也都关门了，连一些商家也停止了营业。为了防止疫情的扩散，湖里不可以游泳。所有的会议和活动都被取消，没有国外来的游客和生意人。饭店里空空如也，中国人也尽量避免去其他国家旅行。路上几乎看不到出租车，公共生活几近瘫痪。在北京有三家医院被宣布为隔离区，一些出现病例的街区也被隔离，在北京城外还额外建了一座隔离站。

我们的日常生活照常，生活用品商店都开门，但是除非是为了去拣便宜，那些商店很少有人光顾。人们更喜欢去露天的自由市场和马路边的小摊上采购。公共汽车也很少有人坐。丹丹17岁了，她把搁置已久的自行车又找了出来，每天骑自行车去自由市场为家里采购生活用品，出门的时候还特意戴上图案时髦的口罩。不但不用上学，学校里连考试也取消了，丹丹很开心，不停地写短信和其他被隔离起来的同学保持联系。小女儿珊珊 6 岁了，她一个人可以几个小时不间断地在院子里的游乐场上玩耍，有时还用很严肃的口气重复“非典”这个词。在家里气氛出奇的好，每个人都很幽默，每一天都在欢声笑语中度过，我觉得这才是应对非典的最好方式。沈丹萍兴致勃勃地当起了大厨，每天变着花样给我们做精美的饭菜。她参加演出的中央电视台的一部电视剧停工了，其他的电影制作也都停止了。我终于找到了一大段空闲时间把积了很久的资料整理归档。当快乐的一天要结束的时候，通常是丹丹第一个上床休息，大概在夜里 1 点左右，之后是沈丹萍和珊珊，夜里两点。等她们都休息了，我还会在电视上或网上再看一会儿国际新闻，然后倒上一杯威士忌，安静地坐一会儿，大概 3 点钟左右才上床。第二天通常我们上午 11 点或 12 点共进早餐，一边吃一边交换昨天看到的新闻，比如有多少新的病例，最新的死亡人数是多少。被感染病人的死亡率在 5%到 10%之间。在数百万人口的城市南京还没有发现任何一个病例，但是最近隔离了 10 万人，原因是一个带有非典病毒的北京人去了南京，同他直接和间接接触的人加在一起达到了 10 万。另外一个很引人注目的消息是 1200 名军人，其中有 70%是女兵，自愿到治疗非典的医院去援助。我们一直都很关注医院里的情况，尤其是在那里工作的医务人员，他们是同疫情作战的英雄。由于医院里的感染率很高，很多医务人员不得不穿很多层的隔离服。

一晃几个星期过去了。我每隔几天会去办公室看一看，通常是在下午。北京的马路上空空荡荡，每个人都戴着口罩，乍一看上去好像又回到了神秘的 20 世纪 70 年代！在进办公室之前亮马大厦的门卫会用一种小手枪式的体温计在离我 30 厘米的位置测量体温，然后又用另外一个看似小手枪的瓶子在我的手上喷上消毒剂。所有的项目都被束之高阁，项目的合作方都告诉我们这是他们接到的规定，有事的话只能电话联系。人们对一切可能的身体接触都忧心忡忡，似乎非典病毒会依附在任何光滑的表面上（如桌面上，门把手上）长达 55 个小时，同时不停地复制！在电梯里大家用钥匙来按电钮。完全不见面也不太可能，但是见面后我们都互相理解，不握手，当然在面颊上的亲吻礼也免了，在交谈时人与人之间的距离至少保持有一米！我和霍吾道的广告公司正在进行一项合作，我为他们策划了一本45页的宣传册子。在中国建设部工作的德国人法尔克·卡格马赫也一直想和我谈一部侦探片的项目，但是就目前的情况来看，估计没有哪一家德国的电视台会对拍摄一部有关中国的侦探片感兴趣。我还是像往常一样去丽都饭店的超市采购进口食物，饭店里的外籍员工都被放了无薪长假。我们听朋友讲，从中国回到德国的人被当地人当做是外星人，他们的孩子在学校里很长时间没人搭理。所有人都担心会染上从中国来的疾病，有的公司还请求他们刚从中国回来的员工先不要去上班。在那段时间里我曾试了三次说服我的三位女士去德国度假，但是她们谁都不愿意。我们也讨论过如果不幸被隔离的话应该如何保持冷静，当然最重要的还是保持健康。我们在德国的熟人中有一些人因为看了媒体的报道，在那两个半月的时间里为我们操了不少心。我在给他们的回信中写道，我们“不应该忽视的是，在全世界最危险的传染病是艾滋病，而在非洲和一些贫困的国家里是疟疾，每天都有3000个孩子死于疟疾”。有时我们家里也会来客人，我们自己也偶尔出去拜访朋友。一个周日我们去了维克多·傅莱的家里，烧烤到半夜，还喝了不少酒。摄影师邢单文在她的家里办了一个小型的“口罩晚会”。北京人都挺镇静，照常去散步，放风筝，坐在草坪上，打牌。在家庭里的交流比以前明显地增多了，夫妻感情更加融洽，人们都在说，家里的生活变得丰富多彩了。对于北京最终能控制住疫情我很有信心，我只是希望疫情能在传到农村之前就被抑制住，因为在农村的医疗条件还远远不能和北京相比。

短信作为交流方式越来越受欢迎。“在非典时期如何看出一个人是不是北京人?”有人在短信里写道，“如果他长胖了，因为在家里又吃又睡；如果他皮肤变白了，因为他很少出门；如果他的手变敏感了，因为他不停地洗手。所有北京人都变干净了。由于不停地看电视他们总是眨眼睛，视力也下降了。他的交往恐惧症和对未来的困惑都越来越严重。”后来我从莫尼卡·林那里收到一封短信（她是我制作的电影《乔纳斯在上海》中的演员），她写道：“政府宣布从今天开始所有妻子、母亲和孩子都必须留在家里，而男人们可以出去享受SARS（S指唱歌，A指喝酒，R指浪漫，S指性）。”

6月24日世卫组织把北京从非典疫区的清单中解除，关于中国的旅行警告也取消了。在中国总共有5300例非典病人，其中有344人死亡，而在全世界是8500例病人，790人死亡。

后来我在《德国医生杂志》上看到早在4月间就发表的一篇文章，文中谈到了人们对非典的“歇斯底里和一知半解”，看完后我颇为震惊。在那篇文章中没有报纸和电视上常见的煽风点火的语气，而是很镇静地描述了非典的特征。其实每一次流感的爆发都会带来比非典更多的死亡人数，但是这个事实并没有阻止大量的记者在非典上大做文章。判断标准被人为地混淆，民众的感情被导向错误的地方。为什么会出现这样的现象其实很值得探讨。几年后德国最著名的媒体研究人士之一汉斯·马提艾斯于2009年5月11日在《明镜》周刊网站上试图分析背后的原因。他认为像世卫组织这样的机构试图“把情况描述得比事实更加严重。他们知道全世界的媒体都会对此大加渲染，所以他们不需要冷静地向人们传递信息，而是走到人们可以忍受的极端”。之所以这样做的原因是：“谨慎地说就是在这些行为的背后隐藏着很多利益。像世卫组织这样的机构需要很多资金。他们越是把自己武装成防范危机的核心机构之一，他们得到的钱就越多。”其他一些作者也发表了类似的评论。病毒和传染源都可以“引发集体恐慌”，其中“对陌生人的恐惧”也起了一定的作用，比如说一些国家的民众希望加强“对入境人员的检查和控制，对异化的防卫”，提高对于来自“卫生标准还不够发达或者还有待改进的”地区人们的防范意识，还有观点认为“某些地区的文化饮食特色应对（疫情的爆发）承担责任”。在评论中有人把当时的媒体报道称为“过度报警”，好像是为了测试大众反应而进行的一种“大众测验”的“预演”。疟疾在西方很少有人关注，也从来没有给大众和媒体带来什么不安。批评家们认为，对于非典的报道让人们感到“并不是在缺医少药的发展中国家里的受疫情影响的人们让人担心，而是担心他们作为病毒源对于世界其他地方的威胁”。

夭折了的德中对话设想

好几个月之前我就产生了一个很大胆的设想，在柏林的时候我曾经把这个设想讲给了席利部长，当时是3月10日，九天之后伊拉克战争爆发。我的想法是德国和中国都需要对方，也希望进一步接近对方，而通常出现的问题都是因为交流不畅。中国人和中国政府都对德国很欣赏并表现出尊敬，但反过来德国的公众对中国并不信任。我经常问自己，为什么我们不可以进行一场公开的政治文化对话？由代表两个国家的公众人物，最好是一德一中两位德高望重的政治家坐在一起进行一场开诚布公的对话，双方都把自己的问题和观点讲出来。谈话将在摄影机前进行，地点可以选在柏林或是北京。我认为时机已经成熟了，估计中国方面也会有兴趣，但是德国方面将做何反应？席利部长是个合适的人选，不仅因为他有丰富的从政经验，还因为他早年间在哲学方面的学术背景，此外我也相信他有能力尊重不同国家的不同观点。让我很欣慰的是，他不但很赞同这个想法而且还欣然答应了我的邀请。至于中方，我们很想请中国总理朱镕基作为对话的对手，因为他在德国很受欢迎，但是朱的任期已满（他的位置很快就要被副总理温家宝所取代），而我们估计温不太可能有时间来参加这个对话。

在世卫组织宣布非典结束之前，北京人的生活已经开始逐渐恢复正常。我和文化部、信息部的代表开始会谈，听取他们对于德中对话一事的看法。他们都觉得这个主意很好。不出所料，朱镕基已经不再参加任何公开的活动了，但是中方提出了其他一些合适的人选。很快我们就把焦点集中在国务院新闻办公室主任赵启正身上。赵是一位很有经验的政治家，他智慧，科学知识丰富，在国际舞台上游刃有余。来北京做国务院新闻办公室主任之前他任上海市副市长。由于他对浦东建设所做出的突出贡献，赵启正也被称为“浦东赵”。

一天中午，我在位于长安街旁使馆区内的国际俱乐部和梅兆荣教授共进午餐。梅曾做了近九年的中国驻联邦德国大使，现在他是中国人民外交学会的会长。梅兆荣在德国的政界和商界都享有盛誉，他也很欣赏我正在筹划的德中对话，认为这是具有开创性的好事，他说他会亲自去向赵主任介绍这个计划。

赵主任在朝阳门大街 225 号的办公室里接见了我们，梅兆荣也在场，参加会见的还有国务院新闻办公室的局长江伟强和一位工作人员。赵主任和我坐在会客室中间的位置上，在我们的座位中间是一张小茶几，茶几上摆着茶水。赵主任手里拿着我递上去的材料，我借这个机会把我们的计划又详细地讲了一遍。赵主任在他的回答中说，德中关系的维护是非常重要的，德国是一个文化大国，越来越多的德国企业到中国来开厂做生意。他点出了几个很有名的德国企业。他说一次公开的电视对话将会促进双方的理解。他问我席利部长希望和他谈哪些话题，还没等我回答他又笑着说，他会在不同的领域事先做准备，比如说文化、哲学、经济、政治，还有关于老百姓日常生活的情况。之后他问这次对话如果是在北京举行，德方希望选择什么样的场所。我告诉他，我认为对话最好不安排在电视台的演播室里，而是在一座传统的宫殿里。这是德方电视台提出的愿望。赵主任说这个可以去安排，他会考虑一下具体的情况，等他选好后我还可以去参观一下。最后赵主任说，中国的电视台将会使用最好的设备来制作这次对话节目。关于时间我们初定在10月底，也就是席利下一次来中国访问的时候。

席利因为一个紧要的事务推迟了来北京的日程。我们和中方重新约定了把德中对话定在2004年的2月。不久之后中方忽然来询问，想知道席利是否有可能给中国媒体界最重要的二百多名代表做个报告，内容拟定为“德国（和欧洲的）政府如何和媒体交流，政治家如何同记者打交道，而记者又如何对待政治家”。中方说在非典暴发期间政府和新闻媒体中都有过失误，双方都需要改进，而且也强烈地希望能做到更加透明。国务院新闻办公室的赵主任还以亚洲式的含蓄方式让我明白，虽然他是这次政治家对话的主人，但是由于席利无论在从政时间上还是在官职上都略胜一筹，他很愿意把开场的机会让给席利。

后来席利又不得不把2月的约会推掉，中方感到很遗憾。所有的准备工作都已经就绪，具有历史意义的拍摄场所也租了下来。中国的电视台不仅成立了制作组，给全国重要的媒体记者的邀请信也都发了出去，连对话后的庆祝晚宴也都安排妥当。我们只好又把日期推到了2004年的12月。但是到了12月赵主任正在国外开会无法参加，由此这个德中对话的设想就这样夭折了。

我们曾经自信地追求尊严和幸福

老工厂总是给人怀旧的感觉。位于北京东北方向的798工厂区是由东德的工程师在50年代建设的，到了今天798变成了一个知名的艺术区，到处都是画廊，新潮的服饰店，时髦的餐厅，现代的书店，大型的雕塑。仁俱乐部也在那里。仁俱乐部是由原来的一座厂房改建的，一场隆重的德国摇滚教父乌多·林登贝格的演唱会将要在那里举办，活动由大众汽车赞助。在俱乐部里挤满了人，气氛空前热烈，外国人和中国人一起沉浸在摇滚节奏中！吸引中国观众的原因是崔健的同场演出，这是他离开公众舞台很多年之后的第一次亮相。德国的外派人员也来了不少，听到家乡的老歌，还有一些甲壳虫乐队的老段子，让一些随着这些音乐长大的德国人激动不已，他们的眼睛湿润了，伸出双臂举过头顶，随着音乐的节奏左右摆动……手中点燃的打火机也随着乐曲的节奏晃来晃去。他们的样子在我眼中有些可笑，好像他们更感兴趣的是过去而不是现在。

几周之后我又见识了另一座富有怀旧意味的厂房。艾波特海姆是坐落在法尔兹的一个村庄。艺术家布朗贝亨、大学教授史路赫特和其他几个人在很多年前把艾波特海姆的一间厂房买了下来，在那里共同管理和建造了一些很宽敞的私人住宅。当我在德国的时候我曾到那里去造访过，和他们有过一些交流。这次去是因为在那里要举办一个一百多人参加的大型晚会，很多我认识的老朋友也在场。他们中的很多人我从 1974 年离开德国后就再也没有见过。晚会那天大家从德国的各地赶来，我很兴奋，很早就到了。晚会的主办者在厂房里摆放了啤酒桌和长凳，架起了烧烤炉，自助餐也都准备就绪。这么多年没有见面，我想很多人会变得面目全非，估计一下子会认不出来。关于大家在思想和政治观点上可能存在不同我也做好了心理准备，毕竟我们的生活道路太不相同了。完全出乎我的意料的是，这些曾经同我一起反叛过的人们到了今天会有如此大的变化，好像他们完全失去了年轻时的开放和坦诚。晚会一开始我就注意到几乎每个人在寒暄之后都很自然地宣布他们即将退休，不是在三年之后就是在七年之后。作为信息的交换当然无可厚非，但是听他们的口气好像是在听几位老人对话，态度平缓，略带伤感，对于生活中无法改变的现象看得很淡然，生活对于他们来说似乎不再有什么新的东西，未来不过是日复一日而已。这简直太不可思议了！在我们没有见面的这么多年里到底都发生了什么？他们可是一直生活在可以说是世界上最自由也最富裕的国家里啊。在我的眼中，他们个个都看上去很健康！为什么他们活得这么没有朝气、没有活力呢？

最让我不解的是他们的变化，我无法把他们现在的样子和他们在二十多岁时的样子联系起来。当时世界是属于我们的，我们有观点，勇敢地捍卫自己的观点，我们有新的思想，藐视失败或者监牢，我们反对镇压，拥有国际视角，我们不刻板，曾经自信地追求尊严和幸福！正是因为我们的这些追求（无论我们当时犯了怎样的错误）使我们充满活力和魅力。在那个晚会上我从一个话题换到另一个话题，始终都很失望，我不理解他们为什么变得毫无特色。他们已经没有了新鲜的想法，摒弃了开诚布公的交往，失去了天真，剩下的只有狭窄的思维和无聊以及来自于小地方的沾沾自喜和对权威的服从。这样的环境让我感到压抑，我必须赶快离开，免得受到他们的传染。

公主到了北京，她可能是来和电影厂签约的，或者只是为了和电影学院的老同学聚一聚。她没有去故宫或者颐和园。在上海的时候她住在一间面积不大的三居室里，屋里摆满了书。第一次见到公主是在两年前的第五届上海国际电影节上，当时我正在和平饭店的爵士酒吧里。在那个远近闻名的酒吧里，每天晚上都有老爵士乐队的现场演出。酒吧里来了不少参加电影节的人。琼玛看上去三十八九岁的模样，她用中文夹杂着英文和我谈了在中国写剧本的困难，当时我并不知道她是一位十分成功的剧作家。我更多的是在暗自惊叹她从里到外的一身黑，黑裙子，黑衬衫，黑色的丝绸围巾，黑色的大衣。坐在我旁边的一位电影人忽然对我说："她是慈禧的后裔！"我有点不敢相信自己的耳朵，就又问了一遍。"就是，就是，慈禧就是中国的最后一位女皇！"从那之后我没有再考虑审查的问题，而是一直在试图找出新鲜而有意思的话题和她谈，同时注意不要在这位迷人的女士面前表现得太过冒失甚至被当做是个粗人。她具有令人瞠目的天真。当我小心谨慎地再次向她提问时，她一点儿都没有生气，正相反，她的态度反倒放松了一些。是的，她是清朝皇家叶赫那拉的第五代后人。

"你一定有很多独特的经历。"我略微犹豫地问她。

她笑了笑。

我尽量轻描淡写地问她："你是怎么到上海来的？"

"故事说来话长。我从1994年开始就住在这里。"

"可以想象是个很长的话题……之前你是住在北京吗？"

"是。"

"你有兄妹吗？"

"我有一个哥哥，一个姐姐。姐姐住在国外。哥哥……现在我们之间的电话联系也多了一些。"

"……不知我是不是可以这样说，你长得挺像慈禧。"我边说边笑了笑。

“当我还是个孩子时，父亲有时带我去颐和园。每次去他都要我站在慈禧的大幅画像前，然后小声地对我说，你和她长得真像。我通常会大喊大叫然后又哭又闹，因为画像上的那个女人看上去很老，我很害怕她……”

女演员弗郎西斯卡·佩特丽坐在我的对面，她忽然对我说她很想到舞台上去唱一首歌，这时琼玛也忽然被感动了：“我也要去唱一首歌!”由于我每次来上海都来这里听老爵士乐队的演出，他们已经认识我了。我走过去帮两位女士询问，是否可以让她们上台唱一首歌。乐队的人很开通地批准了这个特例，每位女士可以唱一首。首先是金发碧眼的弗朗西斯卡，然后是一袭黑衣的琼玛。在她们唱的时候，有些人随着节奏跳了起来。那是一个美好的夜晚。从那之后我每次去上海都会和琼玛见面，她到北京时也来找我。

我们坐在北京市中心一家叫“过客”的小餐馆里。这里的招牌菜是一种奇辣无比的面汤，喝了第一口后先要不停地流 15 分钟的眼泪，然后才能慢慢尝出味道，除了面汤外店里还有各色精选的红葡萄酒。琼玛在谈话中时而神采飞扬，时而忧郁感伤。在她还是孩子的时候就因为自己的身世而备受折磨。“文革”一开始她不得不和父母及兄妹分离。他们家里的老管家把她带到了自己在顺义的老家，在那里没有人认识她，这样她才安全地生活了几年。在顺义她开始和猫、狗、燕子、树木花草交朋友，她觉得和这些东西接触比和人交往要容易。她的姐姐因为蔑视自己的出身，很早就离家出走，参加了红卫兵。一年之后她当医生的父亲在周总理的干预下从下放的地方被放了回来，之后她在北京又有了家。当时他们住在一间很小的房子里，他们从前的大宅子已经回不去了。不久之后她 13 岁的姐姐也回来了。造反派知道了她的身世后把她赶了出来。在学校里她和姐姐都很孤立，没有人愿意和她们一起玩儿，都想找机会来欺负她们。她们姐妹二人本该同病相怜，可是也许正是因为这个，姐妹之间一直没有弥补隔阂。后来她们走了完全不同的道路，姐姐在情况转好后在工业界内做到了高管的职位，而琼玛在中学毕业后去上了医学院，后来又在电影学院毕业。直到最近姐妹俩才又开始联系，琼玛对此感到很欣慰。她对我说，她认为她的姐姐在童年时受到的惊吓太深了，以至于一直到今天都无法完全摆脱。

当这位公主讲述她的往事时我没有听出仇恨，只有不解和遗憾。“有人爱我吗?”这是她很长一段时间里从早到晚都在问自己的问题。她很多愁善感，把自己和现实与社会之间的距离都写到了作品中。她的一部电影作品曾

这一天我们初相识

Liebesromanze hinter der Großen Mauer

Schein und Wirklichkeit: die Traumfrau aller Chinesen, Shen Dan Ping wie sie – ungeschminkt – ihren Traummann aus Deutschland umarmt und wie sie jede Woche über den Bildschirm flimmert (kleines Bild)

In China ist Shen Dan Ping ein Superstar. Den Gang ihrer Wohnung ziert ein großes Kinoplakat. „So hab' ich sie immer bei mir", sagt ihr Mann Uwe Kräuter

Ein Deutscher ist mit der »Liz Taylor von China« glücklich

Die einen versuchen es per Zeitungsinserat, die anderen jede Nacht in einer anderen Disko. Ganz so einfach machte es sich Uwe Kräuter (39) aus Frankfurt nicht. Er ging bis nach China, um seine große Liebe zu finden: Shen Dan Ping (27), im Reich der Mitte so bekannt wie bei uns Liz Taylor. Mit ihrer Fernsehserie erreicht sie jede der rund 150 Millionen dreiköpfigen Musterfamilien. Jeder Mann träumt in schlaflosen Nächten von ihrer erotischen Ausstrahlung, jede Frau sieht ihre Schönheit als leuchtendes Vorbild, und jedes Kind spricht auf dem Schulhof über ihr jüngstes TV-Abenteuer.

Seit knapp drei Jahren arbeitet Uwe Kräuter im Auftrag des ZDF als Fernsehregisseur in China. Und auf dem Studiogelände von Peking lernte er die Frau fürs Leben kennen. Doch bis zum Happy-End mußte das junge Paar noch Hindernisse beinahe so hoch wie die berühmte Chinesische Mauer überwinden. Shen Dan Pings Mutter versuchte, ihrer Tochter diese Liebe mit einem Schauermärchen auszureden, das seit dem Mittelalter in China die Runde macht: „Paß auf! Der nimmt dich mit nach Europa und verkauft dich dort!"

Die beiden Verliebten hielten ihr Glück vor der Öffentlichkeit geheim, nicht nur, weil es in China streng verpönt ist, auf der Straße zu schmusen oder Händchen zu halten, sondern auch, weil die chinesische Presse Jagd auf die schöne Shen Dan Ping machte. Millionen Männer waren empört über die „Langnase" aus Deutschland, die ihnen ihren größten Fernsehliebling wegschnappen wollte.

Doch nach der Hochzeit, und erst recht nach der Geburt von Töchterchen Wei Dan-Elisabeth (auf deutsch: Schilf-Pfingstrose) glätteten sich die Wogen wieder. Heute wird Shen Dan Ping-Kräuter mehr gefeiert denn je!

Sie wohnt mit ihrer Familie direkt auf dem Filmgelände von Peking, wo auch ihr Mann im Herbst mit den Dreharbeiten für eine Folge von Hardy Krügers „Weltenbummler-Geschichten" beginnt. „Daß Shen Dan in so jungem Alter schon eine eigene kleine Wohnung zugeteilt bekommen hat, verdanken wir zwar nur ihrer Beliebtheit", erzählt Uwe Kräuter. „Aber in China ein Star zu sein, heißt deshalb nicht automatisch, gleich in Luxus und Reichtum schwelgen zu können wie bei uns." ■

Auf dem Studiogelände von Peking bewohnt der deutsche Fernsehregisseur Uwe Kräuter mit seiner chinesischen Frau eine kleine Wohnung. Inzwischen haben die Chinesen die deutsch-chinesische Familie ins Herz geschlossen. Mit Töchterchen Wei Dan-Elisabeth (2) zierte Shen Dan Ping auch schon einen Illustrierten-titel (rechts). Sehr zum Stolz des deutschen Ehemannes und Vaters

12 FREIZEIT REVUE

1　　2

3　　4

5

1. 最是那一低头的温柔
2. 婚后第一次一起到欧洲
3. 在《屠城血证》片场
4. 共同的喜好
5. 我们上了德国的杂志

1

2

3

1. 洋女婿还合格吧——和岳父岳母
2. 家有儿女——丹丹、珊珊和罗瑞
3. 越来越有夫妻相

1

2

1. 做客英达的访谈节目——中德“二人转”
2. 做客英达的访谈节目——全家“大合唱”

在东京得过大奖。我有一次问她，是否想写一部自传，她说不会的，因为需要考虑到她的姐姐，还有一直令她恐惧的父亲。

琼玛的曾曾祖母慈禧执掌政权长达40年之久。在国外这位“女皇”以性格变态和善于权术而闻名。琼玛对这种常见的说法很心平气和。我和她提到最新的慈禧研究认为慈禧并非只有人们知道的那一面，而是一个个性丰富的人物，她的恶名更多是因为后人出于某些政治原因而特意渲染的。她听完后并没有表现出什么兴趣，对她来说更重要的是她的祖先叶赫那拉家族有能力在近400年的清朝历史中推出了三位最具影响力的女性。她为此感到一种内在的自豪，虽然在目前她认为自己婚姻的失败是一件很丢脸的事。她把精力都投入到儿子的教育上，她的儿子也十分敬佩她，但是男人的问题她仍旧没有解决。吃完饭后有时我们一起去我很喜欢的“苏西黄”酒吧，或者是“8号公馆”。她一个人的时候从来不去这样的地方，但是和我们在一起她总是很兴奋，光彩四射。通常要等到晚会结束后她才会又露出往日的感伤。有一次她轻声地对我说：“有时我真的希望能够失去控制一次，完全不考虑我的身份，真正的疯狂一次，就一次。”但是她做不到。

告别傅莱

傅莱躺在医院的特护病房里。我跟他的太太和儿子维克多一起去看望他。他们一家已经很长时间不住在四合院里，而是搬到了一个为老干部修建的别墅区里。在那里除了老干部还住了一些富有的企业家和艺术家。傅莱的太太比他年轻15岁，傅莱对此一向很自豪。他有一次跟我说，在他回维也纳老家探亲的时候他的一些熟人曾和他开玩笑：“如果有这样的太太在家里我也愿意留在中国了。”1974年我来中国后经常去傅莱的家里做客，曾向他请教过很多问题，那一年他的儿子维克多才14岁。维克多和傅莱的关系一向不太好，他的学校生涯是在“文革”中度过的。作为一个外国人，傅莱一方面生活在动荡不定的中国，而另一方面又无法抹去对故乡奥地利的记忆，这可能使他和儿子产生了沟通上的问题。我刚刚认识傅莱的时候，他表面上是在卫生部里任职，但实际上受到很多攻击，“文革”期间他很长时间都不能工作，每天被迫待在家里。在生命的晚期，傅莱和维克多的关系终于有了改善。在最后一年里，维克多每天都守在他的病床前，和他聊天，而这时的傅莱已经没有办法说话了。对于意识形态和政治，傅莱早已选择了缄默。2004 年 11 月 24 日傅莱去世，终年 84 岁。除了他的太太江国珍和维克多之外，他的未亡人还有他和前妻李滨珠的一个女儿、两个儿子。

我们陪同傅莱的家人一起把他的骨灰埋葬在中国政府专门为他修建的纪念陵墓里。陵墓位于河北省唐县的一座山脚下，距离北京四个小时的车程。当年二十出头血气方刚的傅莱就是在唐县穿上红军的军装参加了抗日战争，这一切好像都发生在很久很久以前了。宽敞的陵园里有一尊傅莱的半身大理石雕像，后面是一个石制的世界地球模型。中国政府把傅莱博士称作是“国际主义战士”，正是因为他的努力，红军才能在条件落后的战争时期自行生产盘尼西林。此外傅莱还在防止瘟疫方面做出了突出贡献，他“把一生都献给了中国的建设”。在同一座陵园里还有白求恩的墓地。1939 年毛泽东曾写过一篇叫做《纪念白求恩》的文章，从此白求恩在中国成为了一个不朽的名字。印度籍医生柯棣华也葬在那里。白求恩和柯棣华都在抗日战争中牺牲。去参加下葬仪式的中外朋友们当晚聚在一起，在当地一间很不错的小酒店里畅饮，我们和维克多干杯，一直喝到天亮，嘴里喊着“傅莱万岁，万岁，万万岁！”只有这样我们才能忍受对傅莱的告别。我和维克多在塔克拉玛干沙漠里的探险也成了大家的话题。后来维克多很不好意思地告诉我们，1967 年在他还是小孩子的时候，他们一家人曾被请到天安门城楼上，和伟大领袖毛泽东在一起。毛泽东在对广场上的百万红卫兵致完欢迎辞后笑着把维克多抱到了胳膊上。

我把办公室搬到了建外 SOHO

呵，让我在这里很快地再加一小段，可以吗？这个小插曲我真是非提不可：我见到了来自巴黎的偶像！其实我很少去马克西姆餐厅，但是很凑巧，曾经担任法国驻华大使、现任法国驻柏林大使的马腾和他的中国太太正好在北京。《费加罗报》的前任驻北京记者让·沙伯龙正好也在北京，为了能见到马腾，他和我分别在午夜左右到了崇文门外的马克西姆餐厅。在餐厅昏暗的包间里我们找了好一会儿才找到了法国人办的晚会上。马克西姆餐厅是由皮尔·卡丹引进到中国的，它在设计和装饰方面都和巴黎的马克西姆餐厅保持了一致，在北京它也同样享有盛誉。马腾大使把我一一介绍给“当晚的嘉宾”，首先是站在他旁边的让·雅尔，当代法国最成功的艺术家之一，在未来主义的电子合成乐和激光的应用方面他无疑是个天才。雅尔告诉我，他之所以在北京是因为他正在为第二年要在北京举办的“法国文化年”准备一场大型音乐会。我问他准备活动是否一切都顺利，他笑了笑然后淡淡地说：“不，当然不，因为我们是在中国！”看来他挺在行的。他在中国的第一次演出是1981年，曾经在北京和上海都表演过，在那之前他花了整整两年时间才把条件谈妥。当马腾告诉他，我从1974年开始一直在中国生活时，雅尔的眼睛一下瞪大了，他对我这些年来的经历很感兴趣。我们聊了很久，忽然他想起了什么：

“等等，我可以把你介绍给伊莎贝拉·阿佳妮认识吗？”

“啊……当然！”

现在轮到我瞪大眼睛了。

“伊莎贝拉·阿佳妮……她在这里。”

“非常愿意，当然。”

“伊莎贝拉！伊莎贝拉！”他在屋里大喊起来，“你可以过来一下吗？”

伊莎贝拉不仅美艳照人，很庆幸的是也很“语无伦次”。她手舞足蹈地告诉我她刚到中国没有几天，但是已经有了非常多的印象。她的热情洋溢使我在笨拙地寒暄了几句后慢慢地放松了下来。伊莎贝拉激动地说她在这里接触到的所有人都非常友好，可惜她后天就要和雅尔一起回国……这时我们的对话被一段发言给打断了。在舞台上一位钢琴高手开始演奏，他讲一口流利的英语，据说还是孔子最年轻的一位后人。

北京人艺重排了《茶馆》，演员全部起用新人，这个决定很大胆，但是效果会和以前一样好吗？《茶馆》中描写的旧社会对于今天的年轻人来说已经很遥远，远得好像是来自中世纪。我已经很久没有去人艺看戏了，而上一次看《茶馆》则离得更远。我决定和丹丹一起去。剧场还在原来的位置，墙面粉刷一新，但是周围的环境已经发生了很大的变化，一开始我还有些不适应。在过去的10年中北京的每一个角落都在发生巨大的变化。在人艺的对面出现了一座新开的酒店，而北边的那家酒店一定是重修过了，我几乎没有认出来。剧场前的围墙不见了，整个剧院直接对着马路，倒是显得宽敞了一些。我激动地把这些新发现一一告诉丹丹，但是她好像一点儿都不感兴趣。剧场里的人给我们安排了最好的位子，六排正中间的两个位子，领位的人微笑说这两个位子可是原来周恩来总理的专用座位。大幕一拉开，喧闹拥挤的茶馆一下子又扑面而来，气氛和在1980年第一次看的时候完全一样，观众无不大声地叫好。新版《茶馆》非常忠实于原版，从道具布景的细节到演员的音容笑貌都和我原来看到的没有什么区别。这可以说是导演的窍门，当然也是最保险的办法，那就是完完全全地复制！我坐在那里感觉自己又回到了从前！有些场景仍然让我感动不已，而对于丹丹来说就很不一样了。这个剧离她的生活太远了。

这一年丹丹18岁。两年前她跟我说她想去德国上大学。一年前她去了上海后觉得上海不错，又想去上海上大学。离上大学的时间越近，她越开始觉得还是北京最好，她其实不想离家太远。最终她决定了去上北京语言大学。北京语言大学是中国一所著名的大学，80%的学生是外国人。在那里她将开始住学生宿舍。9月的一个晚上我开车把她送到了校园，她提起两只旅行箱开始了新的生活，我看到她的眼睛湿润了。

建外SOHO区位于北京的市中心，在长安街和东三环的交界处，和中国大饭店的建筑群遥相呼应。建外SOHO里包括了数量众多的高矮不一的办公和住宅楼，外墙的颜色都是白色，楼与楼之间安排得错落有致。在楼的底层有咖啡厅、餐馆和服装店。室内光线明朗是这里的一个突出特点。在区内可以步行到达几乎所有的楼房，让我很吃惊的是：在这里听不到外面大都市的喧嚣。建外SOHO的创造者是智慧超人的潘石屹和张欣夫妇，他们已经活跃在北京的房地产市场上相当一段时间。和建外SOHO一比，亮马大厦让人觉得落伍了。我决定把我的办公室搬到建外SOHO去，虽然这样一来我每天要多开几公里的汽车。当我在新的办公室里第一次接待来自欧洲的客人时，我发现他们的目光中都充满了惊讶。他们一定没有想到北京会是这个样子。透过落地窗展现在我们眼前的是一幅炫目的现代画卷。

我在德国也搬了一次家，情况和中国完全不同。我们把在罗世镇的房子卖掉了。我发现如果长期生活在海外而在德国没有一个家的话，很容易就会失去同故乡的联系。为了能维系这个联系，也为将来我的两个女儿着想，我在海德堡的路德街上买了一套不大的公寓，位置就在市中心的市政广场边上，这里离我从前做学生的时候住过的地方只有几百米。住在新公寓里看着窗外几十年如一日的海德堡，我感到一种强烈的文化冲击。世界是不是在这里停了下来？

中国人一向都了解圣诞的习俗，到了今天，西方人也忽然发现了中国人有过农历春节的传统。在艾波特海姆庆祝春节的气氛竟比在北京还热闹！我的三位女士都在放假，作为家里唯一的男士我的责任重大。在海德堡的新家里我们过得很开心，她们三个人非常喜欢在城里的步行区里散步。珊珊尤其迷恋那里的冰激凌，通常她还没到摊位前，卖冰激凌的人就已经给她准备好了额外的一份新鲜奶油。尽管在中国有严格的计划生育政策，但是珊珊出生的时候中国当局对我们很通融，我们为她顺利地办了身份证。但是后来又不可以了，结果珊珊现在只能拿德国的护照，对于她本人来说倒是无所谓。对她来说目前最感兴趣的是为什么那个陌生的金头发的男孩子不在楼下向她招手了。上次她来海德堡的时候那个男孩还在窗外招手让她下去一起玩，现在她就站在窗前可是外面的人不见了。

重访大寨：令人吃惊

我经常在脑海中想象大寨今天的样子，一直到1980年大寨还都是中国农村学习的榜样。我不应该忘记老朋友。在一个老熟人的帮助下我得到了郭凤莲的电话号码，她还传话过来说欢迎我随时和她联系。在电话里我问她是否可以去拜访她，她欣然答应了。上一次见到郭凤莲是在1977年，当时我对她进行了一次长时间的采访，一晃整整28年过去了。《北京周报》的老同事大史陪着我一起去，我们不再需要坐夜里的火车而是坐着豪华的大巴车在高速公路上用了仅仅四个小时就到了。郭凤莲派她的司机开着最新型的奥迪车到车站来接我们，饭店给我们安排了套间。饭店是郭凤莲领导的公司开办的，公司在同一座楼里办公。和上次一样的是，我们一到村里就有一位年轻的姑娘来给我们带路，我们一起穿过一片山坡，一边走一边听她讲村里的最新变化。和上次一比这里的变化太令人吃惊了。同时和上次一样的是我们在路上遇到了一大批和我们一样来访的人员。前一年，大寨一共接待了从中国各地来的

20 万名访客。这简直不可思议！虽然大寨已经有 25 年不再是榜样了……这些访客为什么还要来这里？

在村子里走完一圈儿后我们来到了大寨纪念馆，参观了大寨的光辉历史，之后我们在郭凤莲的办公室里见到了她。郭凤莲现在不仅是村里的党支书，还是大寨公司的总经理。她负责的领域包括水泥、运煤、畜牧业还有旅游项目。我带了一张我们 28 年前在虎头山上合影的放大照，在照片的下面我特意加上了一句当时很著名的口号："农业学大寨！"快 60 岁的郭一看到照片立刻开心地笑了。在照片上她意气风发，现在的她依然神采飞扬，只是在举手投足间有了一些多愁善感。

"你看上去比那时候年轻。"她对我说。照片上的我留着络腮胡子，对于中国人来说留胡子的多半是祖父级的。

"沈丹萍也是这么说的。"我对她的评价只能这样回答。由于我已经讲到了沈丹萍，我就壮着胆子又加了一句：

"沈丹萍昨天还问我说为什么当时没有和你走到一起。"郭听完后大声地笑了起来。

我继续说："我回答她说，其实不是没有可能的……"郭笑得更厉害了。

我说："……但是很可惜，我认识她的时候她已经结婚了。"郭听到这里禁不住叫了起来。

我们之间的距离感一下就消失了，后来的时间里我们各自兴奋地讲述了自己在过去这么多年里的经历和目前的状况。她让一位女员工给我们拿来了核桃奶，是他们公司自己生产的，据说已经在全国都创出了名气。

"味道好极了。"我喝了一口之后告诉她。

"真的吗？"郭微笑着说，"你可以帮我们做做国际宣传啊！"

新大寨到了今天仍然是中国农村的榜样，大寨在团结互助和共同协商方面保留着光荣传统。大寨为村民提供学校教育、健康保障和对老弱病残的扶持，这在农村里是不常见的，这也是为什么很多中国公司、机构和教育组织在过去的几年中一直派代表团去参观大寨。大寨在人们的心目中是诚实和希望的代表。大寨并非"文革"的产物，在"文革"开始前的三年也就是在 1963 年时大寨已经成为榜样。当时一场自然灾害给大寨造成了很严重的破坏，但是村民们齐心协力用自己的力量把村子重新建了起来。

28 年过去，弹指一挥间——和宋玉英。

1980 年郭凤莲失去了所有职位，被迫离开大寨去了省里的其他地方，随后她的名字也在媒体中消失了。当时，中国政府正在对大寨的党组织和副总理陈永贵进行调查。有人指出大寨自力更生做出的成绩并不是真实的，他们说大寨是由政府扶植的典型，大寨的成绩被做过手脚，还有一些钱的进账并没有记录在账本中。虽然没有人指出郭本人有什么欺骗行为，但是她不得不在外地工作了 11 年，直到 1991 年 11 月才终于回到大寨。陈永贵在 1986 年去世前得到平反，他的错误并没有指责中说的那么严重。当年的铁姑娘没有过多地给我们讲述那 10 年间的种种遭遇，她只是黯然地说她觉得政治很肮脏。她的这句心里话我是第一次听到。最后她说，如果总是回忆过去发生的坏事情是不理智的。

郭凤莲为我们准备了宴会。“乌苇，你在这里还认识谁？要不要把他们一起叫来吃饭?”她把宋立英叫来了。宋立英小的时候被卖给一个地主，16 岁结婚，17 岁成为大寨的妇联主任。宴会上的饭菜十分丰盛，很快就摆满了一桌子。郭告诉我们她一直努力追求的理想并没有错误，大寨在艰苦的自然条件下做出了无法想象的成绩。郭回到大寨时村子破败不堪，人口只有 500 人，占地仅两平方公里。经过几年的努力，大寨再一次适应了中国的新发展。郭凤莲对我们说，60年代和70年代的首要目的是为人们提供足够的粮食和生活用品，现在吃饭已经不成问题了，而首要任务是把资本投在正确的地方。时代的变化使大寨的重点发生了根本变化，大寨跟上了新的潮流。从他们自豪的介绍中我得知，大寨的人均收入已经超过了全国的平均水平。

我问观众“你们看，我容易吗?”

在中国我们频频收到电视台的邀请，沈丹萍和我成为了很受欢迎的访谈节目嘉宾。在这些访谈中我们一向都很坦诚，但对一些敏感的话题也会比较谨慎。节目播放后的第二天我们总是在马路上被陌生人认出来，表示想和我们握手。有的节目提到了我刚来中国时的情况以及同现在的对比。《中国日报》发表了一整页关于我的介绍文章，回顾了我在中国的种种经历，文章的题目把我夸成是一个“穿越了文化长城的德国人”。通常外国人都被认为对中国的文化缺乏了解。北京电视台请我参加了一个题为“怕不怕老婆”的节目。在天津电视台中沈丹萍和我一起参加了一个烹饪节目，虽然我们在现场确实做了几道菜，但是节目的重点更多是为了给观众提供娱乐。在节目的结尾处一位能说会道的心理分析师对我们的婚姻生活做了一番科学分析（必须提到的是，他对于我这个外国人的评价还是很正面的）。

当沈丹萍在节目中抱怨我不做家务，我就问观众“你们看，我容易吗?”他们都使劲儿地给我鼓掌。如果我在众人面前表示对沈丹萍的柔情，观众也会给我们更多的掌声。在这些节目中我们从来没有经历过不愉快的情况，观众一向都很认可我们的跨国婚姻。有一次，一位老作家看了电视后立刻给我们打电话，兴奋地说：“乌苇，我在电视上看到了你们一家人，节目实在是很特别。看来人们还是喜欢你们的。只是……”他话锋一转，“先不说什么国际主义，你看现在的经济和社会一团糟，已经和马克思主义完全没有关系了。这完全不是马克思主义的社会！我已经活了八十多岁，我有资格这么说……”过了一会儿他又平静下来，“我要寄给你一本我写的新书，你也出现在里面。不管怎么样，我们永远是朋友……”

2006年1月7日，在上海东方电视台的一场向全国播放的大型晚会上，我们的家庭被观众评为“中国最幽默的家庭”（我们还因此得到了一笔奖金），对我们来说这个奖励不仅仅只意味着有趣。后来我们又被天津电视台请去参加《男人世界》的节目，主持人那威对我们的婚姻也赞许有加。北京电视台的节目（2009 年，英达主持的《夫妻剧场》）把我们全家都请去了，那台节目据说创造了最高的收视率，后来被多次重播。这些对我们来说都是一种肯定：我们已经实现了自我设定的奋斗目标，我们赢得了人们的认可和信任。

在一次德国外交人员的聚会上，一位大使馆的高级官员告诉我，已经卸任的前德国驻华大使曾要求大使馆的人员尽量不要和我接触。我听到这个消息时完全没有感到失望，倒是有些吃惊。据说他这样做的原因是认为我在“为那边儿做事”。这样的无中生有对我来说好比是插在背后的一把刀。实在是不可思议，我和这位前德国驻华大使仅仅有过一次短暂的会面。我确实发现一些事先约好的项目没有做到，约好的人没有来，或者有的人忽然中断了和我的联系，但这些奇怪的现象并没有让我联想到和这位大使有关系。作为一个国家的官员他为什么觉得自己有权利肆意摆弄别人？我实在是不明白，我决定不把他当回事：反正他就是这样，是一个让人无法理喻的小人。

新时代的艺术与生活

北京人艺出人意料地决定再次上演自行编排的《屠夫》。从上一次曼海姆民族剧院在北京隆重上演《屠夫》到现在，已经过去了令人无法相信的 25 年。现在的北京已经不是当时的北京，时代发生了变化。虽然观众的掌声还是很热烈，但和 80 年代初观众的激动程度相比已经不可同日而语。又过了几个星期，郑子茹邀请我去观看她表演的现代舞剧。郑子茹曾经是一位京剧名角，在现代舞剧的演出中她也同样技艺精湛。演出无疑是成功的，但是就是在这里我们也见证了时代的变迁。在 10 年或最多 15 年前，还不用说更早的时候，人们还在思考艺术与社会的关系，在家里和在聚会的时候大家都认真而热烈地讨论。当时人们认为可以通过具有革命性的艺术改变世界。现在持这样观点的人越来越少了。曾几何时，艺术家们把走在社会的前沿作为自己的追求，但是在疯狂发展的现代中国是否这样的关系要倒置了？

批判性的观点虽然还可以听到，但是它们变得越来越不重要了。有些行为艺术作品很不严肃，比如说在一件表现妇女解放的作品中几名年轻的女子蹲着写毛笔字，毛笔竟被插放在她们的阴处。艺术虽然在形式上还保持了挑战的姿态，但是实际上已经沦为时代的附属；重要的是要跟上形势，不要掉队。郭芳办的晚会就是很好的例子。郭在早年间曾经经营了一家叫阿山蒂的小餐馆，当时我们和北京的一些朋友经常去那里捧场。餐馆里布置得很温馨，舒服得好像是在自己家里一样，曾经有一些西方客人还因为没法刷卡而向年轻的女经理发出过无理的抱怨。现在的阿山蒂经常举办大型晚会，每两周到一个月就会举办一次社交活动。他们定期为知名品牌开发布会，客户中包括施华洛世奇水晶、波士西装、马爹利酒、著名的牛仔裤和内衣品牌。晚会的地点有时是现代的博物馆、豪华的购物中心，有时是昂贵的餐厅或者是有名的厂房。晚会上不但有精彩的时装表演，有时还伴随着前卫的展览，如滴血的成年人画像，带恐怖眼神的孩子头像，眯着眼睛大打出手的中学生。参加晚会的客人从青年人到中年人都有，他们都是时代的弄潮儿，每个人都收到私人邀请，个个都在衣着、发式和化装上标新立异，似乎要引领亚洲的最新潮。诱人的热舞，惊险的杂技表演，超级明星的捧场及无处不在的电视摄像机和暴风雨般的闪光灯让客人始终处于亢奋之中。精选的饮料从大号的玻璃容器中源源涌出，人们可以尽情地享受，当然都是免费的。在印制精美的邀请信上总是在最后很体贴地印上一句叮嘱：“请不要开车来。”

金色盘子里的美味令人垂涎欲滴，来自唐朝的金色酒杯中盛满了醉人的美酒，陪伴在我们旁边的是一只善解人意的鹦鹉。到处都是雕像，在我们坐的客厅里，在壁炉边，在卧室里，有一些竟然在厨房里，古老的石雕，最高的快要碰到房顶了，佛像，玉雕舞者，太监，精致的鼻烟壶，首饰盒……我一时感到眼花缭乱。在院子里也摆满了物件，每一件都看上去很有历史。高欢和他的太太喻慧住在南京牛首山下的一片竹林边。喻慧是一位著名的艺术家，和他们一起住的还有他们两个人在各自以前婚姻中的几个孩子。高欢的梦想很快就要彻底实现了。

我们坐在凌乱的客厅里。高欢说找中国的生意人来投资他的高端艺术项目没有什么难度，因为很多富有的生意人还有政府已经认识到了艺术和文化的作用。两位男士很谦虚地向我们点头，表情严肃。在高欢的家聚集了各式各样的客人，在交谈中大家都畅所欲言。刚才向我们点头的是当地一家道路建筑公司的老总，他们已经答应无偿为这里的园区修一条马路。一位客人很直接地问我德国人对希特勒是怎么评价的。在环保部门工作的一位高级官员在分析中国古典思想与康德之间的共性，他的周围站了不少认真的听众。坐在我面前的一位和尚说他的想法正好相反。和尚说他在几年前突发奇想离开了妻子和女儿出家当了和尚，我不相信一个人可以轻易作出这样的决定，他听我说完后幽幽地说："外国人啊，永远也理解不了中国人。"他给我写了一幅很美的书法，内容是我们都在等待日出，而太阳一定会升起。

"我太太有时候很担心，"高欢对我说，"我也会有一天忽然决定出家。"

我摆出一副很不解的表情。其他人好像都无所谓似的。

高欢笑着说："当然她都是在瞎操心。"

"你不要把我们的什么事都讲给别人听……"他太太打断他的话。

"哦，你看他的头发已经都剃光了……"我说，"是不是……"

"只是为了舒服。"高欢扮着鬼脸笑着说。

20年前我认识高欢的时候，他给我讲了他和一个男朋友、两个女朋友一起跑到拉萨去生活的传奇故事。他们几个年轻人计划去拉萨搞艺术。那一年是1982年，"文化大革命"刚刚结束六年，这几个二十出头的汉人作出了去西藏的大胆决定。那时去拉萨要搭乘运货的大客车走盘山路，需要好几天时间。开始的时候很多朋友都说想一起去，但是随着出发时间的临近，一个个朋友都缩了回去。政府对于年轻人去拉萨探险的想法并不支持。高欢的父母都是南京著名的艺术家，他们没有反对高欢的决定。其他人的家长都很担心。当时只有22岁的喻慧干脆离家出走，因为她无法说服她的父亲，当时她并不是高欢的女朋友而是另一人的女朋友。她是在很多年之后才和高欢相爱的。他们四个人在世界屋脊上开始了一段自由的生活，每天都经历到新的幸福。在他们的回忆中连当时把两个男人抓到监狱里去的警察都非常友善，警察还允许他们的女朋友到监狱里去送水果。当喻慧的父亲知道了女儿在拉萨时他亲自去把她给接了回来，由此他们四个人的探险也不得不结束了。他们得到了想要的东西，没能去成的人后来都对他们的经历羡慕不已。

高欢在1996年2月18日那天上了《纽约时报》的封面，在照片上他戴着墨镜，嘴里叼着雪茄，穿中式上衣，站在一座中西合璧的建筑物前，照片的旁边写着："21世纪从这里开始。中国的繁荣让全世界屏住呼吸。"在报道中《纽约时报》说他们需要一位中年男人，事业成功，从事艺术工作，应该离过婚（在过去的几十年时间里离婚在中国几乎无法想象）。高欢符合所有这些条件。当时他正在开工厂，生产一种检验信用卡的设备。高欢用他的收入买了 30 匹马，有从英国来的，有从俄罗斯来的，他非常喜爱养马。

在过去的 13 年中，高欢一直在收藏和买卖古老的艺术品，他的收藏有的来自私人的遗产，有的是从农民或者商人那里买到的。开始的时候不过是个很独特的爱好而已，现在高欢终于公开了他的愿望，那就是他想办一家私人博物馆。他说这是他的一个梦想。政府的代表对他说："你收藏的艺术品很有价值。它们都是你的私人财产，你随时可以把它们卖出去。你要好好考虑一下自己的决定。一旦有了博物馆的名称，你就不可以随意把它们卖掉了。"高欢说他已经非常认真地考虑过了，他坚持自己的决定。国际专家认为他的收藏品"无论是在世界范围内还是作为私人博物馆都是独一无二的"。

高欢的古歌博物馆正在修建中，里面同时还在建一家高档餐厅，餐厅前是一片人工湖，很快湖里就要注水了。高欢穿着旧式的棉大衣，脚蹬沾满泥巴的靴子在工地上指挥工人施工，他看上去很自豪。"乌苇，你有没有兴趣在我们博物馆的管理层里做国际顾问？"我当然有兴趣。不仅有兴趣，我觉得他的项目实在是太精彩了。

沈丹萍参加拍摄了一部很有宣传意味的电影。虽然电影里也反映了一些批评社会时政的地方，但仍然是一部地地道道的宣传片。为了庆祝影片的完成和发行，制作方决定在人民大会堂举办一场特殊的推广活动。沈丹萍对参加这样的庆祝活动不是很感兴趣，但又不好拒绝。电影的导演和我关系不错，他觉得在媒体的热烈报道中不应该少了外国人的支持，我其实对这类活动挺感兴趣的，就欣然接受了邀请。在大会堂的活动结束后我又去了"Vics"，在那里有一个朋友在办生日晚会。"Vics"是北京城里最现代的酒吧，一个来自 21 世纪的地下室酒吧。那是一个有些怪异的晚上，我先后见识了两个完全不同的世界。

人民大会堂建于 50 年代，领导的发言也好像来自 50 年代。语气谦逊，着装简朴，连讲话中的政治性也好像是来自于那个年代，至少听上去和现在的生活没有什么关系。电影《温暖》讲述了发生在浙江省一个小地方的真实故事，以一位优秀人民警察的事迹为原型，再现了在现实生活中人民警察真情为民、乐于助人、克己奉公的形象。故事当然很感人，体现了普通百姓的朴素愿望。作为故事原型的女警察也被请到舞台上，她穿着警服，很谦虚地说她得到的荣誉太多了。听着她的发言，我仿佛又回到了过去和自己在很多年前制作过的电影中。在庆祝宴会上导演轻叹着对我说："拍摄这样的影片并不容易，要满足各方面的要求同时还要拍出高质量。"

派对，派对……北京的派对

宴会之后我一个人去了 Vics。沈丹萍有些累了先回了家，我倒是很精神。位于工体（地下）的 Vics 灯火辉煌，充满现代气息，里面有长长的吧台，圆形的舞池，最先进的调音设备，巨大的液晶屏幕，很多包间，宽敞的过道和曲折的楼梯。可以说，如果没有去过至少六次肯定会迷路。我跌跌撞撞地走到里面，音乐声震耳欲聋，是我从来没有经历过的。如果仅仅是在两段音乐之间的转换过程中那个肌肉发达的黑人 DJ 能让我耳朵安静一下也好啊，可是他一定要在那个时候再大声地说唱一段。是不是我需要在这里好好反思一下我的年纪？Vics 的老板是我的朋友孟桐，他曾经在丽都饭店做过服务员。在那里庆祝生日的是一个朋友的朋友，是位律师，那天 35 岁。大概有 40 个朋友来给他庆祝，大部分也都是律师，预定的位子在舞池旁边高起的一个平台上，桌子上已经摆满了各色知名的进口酒，之后我们还一起分享了精美无比的巧克力和蛋糕。客人们都和主人年龄相仿，个个彬彬有礼，努力和外国人用英语交谈。音乐的声音实在太大，每个人都不得不在别人的耳边大喊。有的人在国外生活过，和我谈话的一个人告诉我他曾在澳大利亚学法律。正常的交谈不太可能，五分钟之后我们已经开始交换手机号码。Vics 里的女士们个个都打扮得光鲜耀眼，对男人的目光毫不躲避。从我们所在的高台上可以清楚地观察到路过的女人，舞池中的女人，站在我们下面桌边的女人，她们无不散发出迷人的魅力，在场的中外男士都被迷倒了。站在我们附近的女士们很大方，和我们聊天时对其他女人大加赞赏："那个女人的背影真棒！看她走得多好看！现在终于可以看看她的脸了。"大概凌晨两点的时候我才离开，大部分的客人还在那里。

确实是这样，两个不同的世界碰撞在一起，而在内心里，它们却只能相互融合。两年后孟桐又在动物园附近开了一家更加前卫的酒吧，在古色古香的建筑上悬挂了一个鲜红的大幅标志：道。酒吧厚重的大木门看上去像是庙门，在开业酒会上，一位舞蹈家一边跳一边用黑色的墨水在白色的地板上写出了一个大大的“道”字，同时一位男低音在清唱道经。喜好说唱乐的观众们看着眼前的表演无法掩饰他们的惊讶：“这和我们有什么关系?”在舞池中长腿的美女坐在哈雷戴维森摩托车的后座上，身穿黑色的衬衫，黑色的热裤配黑色的丝袜，她们既是酒吧里的服务员同时也是演员。当她们弯腰给客人倒酒的时候她们用一只手挡住暴露的胸口。在一道透明的帷幕后面可以看到一些女孩子的背影，她们在诱人地扭动着腰身。酒吧里放的西方音乐震耳欲聋，如同是在打仗。

在最近一期的《明镜》周刊里我看到一篇关于一个 40 岁左右德国男人的故事，他对自己住的城市挺满意的，时不时也喜欢去酒吧和迪厅。他抱怨在那里他总是要忍受一些年轻人的轻蔑之言：“现在连这些老不死的也都到这里来玩儿啦!”在中国的酒吧里可听不到这样的蠢话。是不是因为中国的年轻人都知道自己早晚也会到40 岁或者更大的年纪？所以有什么好担心和抱怨的呢？尽情去酒吧迪厅享受吧！其实情况也不是这么简单。一个在北京开业的西方心理咨询师曾给我讲过，他在北京一半的病人都是欧洲籍中年男子，从40 岁到 60 岁不等，他们在接受心理治疗的时候或早或晚都会说出这样一句话：“其实我最爱的还是我太太!”我开始还不明白这是什么意思。原来他们都是一些有身份地位的生意人，他们在酒吧或西餐厅里认识了年轻貌美会说英文的中国女人，她们大都既羞涩又迷人，不是在房地产、广告就是在时装界里工作。她们个个看上去有修养，不会开口就要钱，但是通常在交往了一段日子后她们就会提出要给在老家失业的父母寄钱。她们的行为举止和在欧洲人们知道的普通妓女完全不同。随着交流的深入，这些西方男人开始说出越来越多他们的私人生活，到了一定时候那些女人们早已知道了他们的电话和地址。这些女人开始提出要男人买房买车的要求，定期的生活费已经无法满足她们的要求。如果男人拒绝这样的要求，女人们就威胁说他们要把所有的事情都讲给他们的老婆或者他们的公司同事，把男人如何利用了她们年轻的身体等种种细节统统讲出去。这时男人简直要崩溃了，最后躺在了心理咨询师的长沙发上……必须承认，我觉得这些故事实在很搞笑。不少朋友听了这些故事后和我都有同感。有的中国女人听到这样的故事后拍手叫好："终于有人敢做敢当了！终于有人去治治这类人了！就应该这么治他们！"

永恒的话题：互相了解和理解

在 2007 年的新年之夜我参加了一个令人难忘的私人晚会。晚会的主人是德国大使馆的文化参赞冯马丁先生和他的太太龚迎春。晚会上不但有精美的自助餐和酒水，精彩的现场音乐表演，还有众多尊贵的客人。一个人忽然问我，作为一个德国人我是否能和中国人建立真正的友谊，就像德国人之间很熟悉的那种友谊。提问题的人是我刚刚结识的新任德国驻华大使。他问得很认真，我的第一反应是有些吃惊。这位大使说的友谊是指男人之间的那种称兄道弟的友谊吗？我其实可以理解他的疑惑，他对德国人的了解自然要远远胜于对亚洲人的了解；此外，中国人之间的关系和他们同外国人之间的关系不太一样，比我们想象的要更加复杂一些。一个外国人如果在德国能和当地人平起平坐就会有成就感，感到被接受；而在中国，中国人对外国人——不管他是法国人、美国人、英国人还是德国人——总是给予格外的关注和尊重。让很多西方人感到吃惊的还有一点，那就是中国人对我们的文学和国家的了解比我们对中国的了解要多很多。这已经不是什么新鲜事，其实一直都是这样的。以最近国际图书市场上的情况，我们可以更清楚地看到这一点：中国从德国购买的书籍版权数量是德国从中国购买的 25 倍，也就是说 25:1，同样的统计数据在中国和英国之间是 127:1，中国和美国之间是 291:1。这种不平衡对于一个西方人来说意味着很难逾越的差距。现在西方人可能还对自己感到很自信，但是在众人的关注下他可能觉得不知所措，然后慢慢拉开和中国人的距离，对这里的人产生误解。另外一些人可以很快适应这里的环境，他们非常注意自己的言行举止，给予中国人足够的尊重，由此他们在中国生活得比在自己的故乡更加如鱼得水。很有意思的一点是，东欧国家和中国曾有过类似的社会主义经验，正是因为这一共同的政治背景，有人认为他们更了解中国和中国人的思维方式，知道这些知识比对中国的传统和文化的书本知识更加重要。在听到大使的提问后我的第一反应是：

“您看，我都能和一个中国女人结婚，我当然确信我们可以和中国人建立互信的友谊。”

他看上去还是半信半疑。“您个人经历过这样的友谊吗?”他继续问我。

我答道：“当然。”

大使告诉我他刚刚到中国几个月——他换了话题——到目前为止在中国的所见所闻让他感到很惊叹，在来之前他无法想象中国有如此飞速的现代化发展。而另一方面，当他和德国记者在一起谈话时似乎只剩下一个话题，那就是侵犯人权的话题。他很直接地问我该如何来解释这个现象。

在我们的周围人们欢快地又唱又跳，离新年的到来只有一个半小时了。

同样的问题我已经在过去几年中多次被访华的德国部长们问过，他们问得很认真但又不免疑惑，我也每次都直接说出了我的看法。我告诉他们，一些记者因为个人的考虑希望把中国描绘成一个没有快乐的国家，是一个侵犯人权的地方。侵犯人权理应受到强烈的抨击，但是在批评的时候不应该忽略人权在西方的历史发展过程，法制的建设以及人们在意识上接受这个理念至少经历了几个世纪。在中国，这样的发展也需要时间，需要教育和几代人的努力，而不是由外人来居高临下地指点几下就可以实现的。在中国还有很多需要改进的地方。德国法律部和中国的相关机构多年来一直在进行的法制对话就是很有帮助的实践。此外，极端不公平的现象已经无法被完全掩饰，中国现在拥有世界上最多的网民，通过网络，信息得到传播。

在我的回答中我还会继续说，如果要观察和评价像中国这样的国家，重要的是要认识到它社会发展的大方向，只有这样才可以对它的优劣作出合理的判断。一些西方人想把中国人从苦难中拯救出来的态度是很愚蠢而可笑的，尤其是想到在历史上欧洲人曾给中国人带来怎样的灾难。我们应该相信世界上人口最多的国家有权利、能力和智慧评价自我，认识自我，并走出自己的道路来，虽然道路可能是困难而曲折的。中国在过去 30 年中的发展是世界上任何国家无法比拟的，中国在过去的 20 年间让 3 亿人摆脱了饥饿，这在世界历史上是史无前例的。联合国前秘书长科菲·安南在他发表的文章中对中国的成绩赞许有加。尤其是和非洲相比，在同一时间段内非洲的饥饿情况没有得到好转，虽然世界上的发达国家多次表示要予以援助。能做到给一无所有的人们提供粮食、衣服和住所，中国无疑认识到了如何去满足人的最基本要求。

如果不把这个大方向摆正，不全盘考虑，那么作出的判断就会有偏颇，并可能在读者中造成恐惧。而制造恐惧不过是要把公众引导回他们希望得到的安全感那里，让他们感到“我们”是具有道德优势的。

马丁和他的两个儿子组成的摇滚乐队正在进行精彩的演出，他们弹着吉他敲着架子鼓重新诠释甲壳虫乐队的经典老歌，在这种热烈的气氛中我不想再继续深入阐述我的观点了。西方的政治家总是让人觉得他们是为了获得某些个人利益而在别的国家利用人权问题把自己轻松地描绘成正义的斗士，尤其在经济发展得令世人艳羡的中国，这种现象尤为明显。有些政治家到了北京后大谈人权问题，好像除了这个话题外不知还能谈什么似的。作为外国的政府在访问中不掩盖自己的不同见解是一方面，而在会谈之后的记者招待会上大加渲染不同见解就是另外一回事了。他们留给观众的感觉是西方人在10年、20年前或在过去100年间拥有的优势在一点点地消失。如果下次一个中国来的代表团在柏林访问时毫无顾忌地在公众面前批评德国排外势力的加剧，作为德国人我们不知会做何感受。

异国他乡对一个人在精神上的影响因人而异。我参加了歌德学院举办的一次作家对话，参与者有德国来的作家马丁·瓦尔泽和中国作家莫言。瓦尔泽头戴一顶宽沿儿帽，身穿厚重的大衣，脖子上围了一条很厚实的羊毛围巾。他向观众道歉说他感冒了，但是他身边的人透露说他并没有感冒，而是感觉被吓着了，是中国把他给吓着了。他觉得中国太陌生了，在这里他找不到任何家乡的感觉，失去熟悉的安全感令他很痛苦。他把这种感受形容为“文化震撼”。他之所以穿得里三层外三层就是要给自己一层保护，同时也是掩饰自己，在一个困难的环境中可以把头缩进去。他的担心其实是多余的，对于他这样的著名作家，中国人当然是会给“面子”的，反过来他讲了几句对中国及中国文学的赞美之辞，虽然他也拐弯抹角地讲出了其实他对中国的文学并不了解。

三年前我曾经策划过德中两位政治家的高端对话，但是这个计划由于时间的原因最终没能实现。现在我希望再尝试一次。这次中方有了新的想法。他们认为德国的一些媒体对中国的评价有不妥之处，同时在中国的媒体中也有对德国不对的看法。他们建议把德国最重要的十家媒体机构的代表请到北京来交流几天。在交流中这些德方的客人将有机会和中国的主要媒体代表坐在一起进行直接的对话。通过这样直接的对话，中方希望大家不要出于客气而只说不痛不痒的话，而是要直接地说出对方的不妥之处，并开诚布公地向对方提出问题。中方认为这样的讨论可以清除误解并增进双方的理解。被邀请的德方媒体代表需要自己承担旅途费用，但在中国境内的所有费用都由邀请方来解决。中方问我是否愿意作为国际协调人来组织这次对话，时间上他们建议在 2008 年的 5 月。我欣然答应，为什么不呢？

一个月之后中方又扩大了活动的范围，对话的地点不仅是在北京，而且还计划要去西藏参观几天。

我给德国媒体的主编、发行人、节目主管等发了邀请信，同时我也说服了一位德高望重的德国政治家来帮助我在德国的联络。被邀请人的第一轮反应十分令人鼓舞，有人在回话中说得很清楚："我们通常认为没有人会主动和我们进行公开和直接的对话，但是现在却是中国人做到了。"当西藏发生暴乱时，我们的邀请信已经都发了出去。对于暴乱中的死伤人数有不同的说法。暴乱的时间不是偶然的，它的发生与北京 8 月将要举办的奥运会有关。住在北京的我们都知道中国的军队和警察会非常谨慎行事，防止事态的进一步恶化，因为政府最担心的就是在西藏会出问题。西方媒体的视线都聚焦在西藏。西方国家几十年来一直利用西藏问题来解决自己内政方面的问题，好像要把对中国政策的指责都投射在西藏身上。对于德国总理默克尔来说，中国就如同是一个更大的东德一样，她不去考虑中国的特性，在攻击中国方面始终走在最前列。在这种情况下，德国的媒体对于中方的对话邀请表现出了消极的态度。只有少数几家媒体以他们的智慧、勇气和对世界的理解在危机中接受了对话的邀请。事实上德国人应该做的不只是接受邀请，我们应该主动提出邀请才对。

这次受到国际政治支持的打着善良对抗邪恶旗号的危机持续了很长时间，直到 5 月 12 日在四川汶川发生了大地震之后，西方媒体对于中国的打压才告一段落。地震之后不久，西方媒体对于中国的攻击再一次开始，直到奥运会时期，虽然有一些西方政府在事后表达了歉意，尤其是法国。在参加完鸟巢的开幕式后我来到凯宾斯基饭店内的德国奥运活动中心，坐在施罗德的旁边。施罗德对默克尔总理没有来参加开幕式表示遗憾，和美国、法国、英国及俄罗斯的国家元首不同的是她选择了缺席。几天后德国内政部长沃尔夫冈·舒伊布勒访问中国，他在接受德国电视的一次采访中肯定了中国做出的成绩，让人吃惊的是，采访他的电视主持人约翰内斯·肯那想尽一切办法想把他的观点反转过来。

离开德国奥运活动中心后我回到家，在电视里偶然看到新片《从头再来》的预告。一年前导演古榕请我在《从头再来》中扮演一个国际大腕投资家的角色。故事发生在奥运之前北京大兴土木的时期，一栋由我扮演的投资家投资的高楼由于在购买建材中出现了贪污腐败，楼后来坍塌了。影片中有不少很戏剧化的场面，比如说主人公年轻的建筑设计师（苏可扮演）在北京的夜店里流连，寻找离开了他的情人（姚笛扮演），当他看到她衣着暴露地出现在夜店的舞台上，他冲上舞台把她抱了下来，后来她挣脱了，他就一直跟在她的后面。最后两个人到了王府井的教堂前，外面大雨倾盆。男主人公用颤抖的声音说："我爱你！我不能没有你！"然后给了她（据后来观众评价）在中国电影中最美最长的一个吻，之后镜头慢慢向上摇到夜空中。我扮演的角色可没这么浪漫，但是拍摄的过程还是很享受，在欣赏五光十色的北京城的同时，我有不少机会坐在林肯车里一口一口地品尝威士忌，当然这不过是演戏罢了。

中国方面关于媒体对话的邀请始终没有撤回，但是随着时间的流逝也没有再提起。很长时间以来我一直在思考一个问题，那就是德中双方如何更好地让对方了解自己。维比克·布吕安开始觉得我是在"胡思乱想"，布吕安是70年代在德国最有名的电视播音员，现在她写的书《我父亲的祖国》在德国成了畅销书，书里讲的是作者本人如何探索自己家族历史的故事。书的重点人物是布吕安的父亲汉斯·乔治·克拉姆洛特，他曾因为对1944年7月20日发生的刺杀希特勒事件"知情"而被处决，同时被处决的还有为刺杀活动找到炸药的伯恩哈特·克拉姆洛特（我的朋友乔恩·克拉姆洛特的父亲）。这是一本揭露德国法西斯的好书，非常贴近生活，对于战后的一代人很有启发意义。为什么不把这本书翻译成中文介绍给中国的读者呢？有一些德国人听到我的想法后觉得很可笑，乔恩·克拉姆洛特就对我说，这本书"讲的不过是一个德国家族里发生的故事，为什么中国人会对此感兴趣呢？"也许他们应该对此书感兴趣。翻译的工作拖了很长时间，中间还前后换了三位译者。在奥运会开幕前，这本书的中文版终于由一家大型的出版社出版了，而且翻译得非常精彩。

在过去的两年里沈丹萍一直在密切关注北京的房地产市场。她每天都仔细地阅读报纸的地产版，从中她知道了市场的走向，价格的变化规律，地产商的腐败，房屋的质量问题，买卖双方的纠纷，老城区的拆迁以及由此带来的争端，法律部门的意见，富人的豪华社区，等等。吃早饭的时候她把这些信息一一讲给我听。除了这是一个很令人着迷的话题外，我们还有实际的考虑。我们和现在的物业公司发生了一些摩擦，结果很令人不满，以至于我们不得不动用法律手段来维权。打官司的事在媒体中也掀起了一些风波，其实也没有什么特别的。后来我们打赢了官司，媒体又做了报道，有一些熟人看到报道后给我们打电话："嘿，祝贺你们啊！我们在报纸上看到你们赢了。如果钱到了账上，可不要忘记请客啊！"

长话短说，我们决定离开住了 11 年的西山脚下的房子，虽然从那里可以方便地看到富丽堂皇的颐和园。在海德堡的时候我的家人都过得很开心，因为家的附近就有商店、餐馆、咖啡厅，而且走路可以到很多地方，而住在北京西郊时我们去哪里都要开车。其实在北京有很多房子，非常的多。我们开始去看房，但是我们看中的都很贵，实在是太贵了。但是我们不急，就这样慢慢地看了好几个月。在 12 月的一天我们无意中发现了在朝阳公园附近的一栋新楼，外观十分优雅，经过谈判后价格也可以接受。不，不，这一次我们没有再搬进更大的房子！在过去的几年中我想清楚了，如果我们不得不再住回到最开始的 38 或 39 平方米的小房子里我也没有什么大的问题，毕竟我们在生活中的乐趣并不能以房子的大小来衡量。我必须说的是沈丹萍的谈判技巧实在令我佩服不已，她真不愧是个好演员。2009 年 6 月我们搬进了新家。我热爱搬家。我喜欢搬家之前的准备，也喜欢搬家之后的重新布置。搬家让人年轻，带来活力，搬家永远都是一个新的开始。我们特意等珊珊考完期末考试才搬家。她已经 12 岁了，考完试后就小学毕业了。想到搬家以后要离开原来的学校，珊珊在毕业时哭了。她和 42 个同班同学依依惜别，尤其舍不得那些曾经和她朝夕相处的女同学们。在泪水中他们拿起水笔把自己的名字写在对方的衬衫、手臂和脸上。

结束语

生活在不同的文化之间：没有损失；无可比拟！

全家人围坐在餐桌旁

1. 一颗单纯的心，永远的青春活力
2. 我送给罗瑞的照片（电视画面截图，第一排中间穿黑衣服的人就是我）
3. 我们向警察的封锁线发起进攻

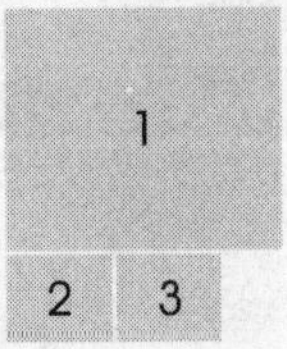

我当初为什么选择了中国？当时的我正在寻找一个另外的世界，一个更好的世界。出现在我眼前的新世界确实与众不同，但是并没有更好。在很多地方它还是太封建了。生活在我的故乡德国时我批判，我反叛，我大声疾呼，在中国我也是这样。只要我认为在原则上和情感上是对的我就敢做敢当。虽然我努力适应在中国的陌生环境，我的言行并不能处处被人接受，尤其是在“文革”时期，矛盾和误解有时让我陷入困境。在发生这些情况的时候，我从来都没有故意去打破这里的规矩或者去伤某些人的“面子”，但是大部分的时候我和中国人相处得很融洽。对我来说中国到了今天仍旧是“另外”一个世界，但今天的中国和当初躲在厚厚的帷幕后面的那个完全神秘的国家已经不可同日而语了。

不得不再说一说故事的开头：由于在海德堡参加了抗议罗伯特·麦克纳马拉的活动我被判入狱。麦克纳马拉作为肯尼迪和约翰逊总统任期时的美国国防部长，对美国在东南亚战争中惨绝人寰的杀戮和摧残负有直接的责任。那场战争有可能引发第三次世界大战。躲避刑罚并非是我来中国的初衷，但的确导致了我第一次申请延长在中国的工作合同。不久之前，也就是在 2009 年 6 月 6 日，93 岁的麦克纳马拉在睡眠中死去。我还留着一张在海德堡参加抗议活动时的照片，照片是在警察围起的封锁线后面从两个警察的钢盔帽的夹缝里拍的。我们当时手挽手站成一排，表情很平静，正是我们对警察的封锁线发起进攻前的那一个瞬间，我们想冲到麦克纳马拉主持的一个会议里去抗议。在我们的身后飘扬着巨大的抗议横幅。和我站在同一排的伙伴们后来都上了法庭。我的儿子今年和我当时的年龄一样。我把照片寄给了他，他在回信里说，他不但很高兴能看到这张照片，而且很赞赏我“在罗伯特·麦克纳马拉这样的人面前没有示弱”。沈丹萍也经常说我和我的伙伴们应该向德国政府要求赔偿，每次她这样说的时候还会加一句：“全体中国人民都会支持你们的！”

麦克纳马拉退位后没有落下个好下场。《纽约时报》的报道里说他在华盛顿的街头像个“逃犯”一样弯着腰走路，脚上的球鞋“破烂不堪”，两眼“直勾勾地盯着远处”。在东南亚的战争结束20年之后，他打破沉默写了一本回忆录，在书中他写道，“我曾经想过永远不去写这一段”，但是他又解释说，“我们……作为作出越战决定的人，是本着我们当时认为是正确的国家（指美国）原则和传统的。我们做出的每一个决定都是以这样的价值观作为指导的。但是我们还是错了，大错特错了。”（Yet we were wrong, terribly wrong.）

曾经让西方人感到很舒服的世界观正在以让人无法预测的速度走向尽头。500年前欧洲人开始用传教士的探险精神加上火炮和圣经去征服世界，由此从陌生的国家掠夺财富。老欧洲领导世界的时间似乎长得没有尽头，到了20世纪欧洲人把世界的领导权交给了新兴的美国。现在美国独霸一方的地位也要结束了。白人在世界上的势力正在逐渐减弱，这让他们感到恐惧。世界的未来正在移向亚洲。亚洲的崛起对有些人来说意味着西方的没落。已经有迹象表明，仍旧是世界超级大国的美国，正在从新崛起的强国中国手中失去领地。这一权利转移过程并非一定要带来强权的交替，而可能形成多个世界权力中心。简单的强权交替将是不尽如人意的选择，好的选择应是以共同利益为基础，互通有无的多元化权力中心。需要搞清楚的是，中国和其他的第三世界大国已经不受制裁和恐吓的牵制，美国在二战之后一意孤行的世界观已经不起作用了。就连一些小的国家也能常常把西方的军事潜力当做笑柄，更不要提美国曾经大张旗鼓宣布的孤立中国遏制其发展的政策完全无法实现。抱着这样想法的人很有可能成为最后的失败者。最近中国和美国都表现出他们并不感兴趣去争夺未来的超级强权，双方都认为可以结成理智的“中美国”，在现实中，两个国家早已在经济上成为一体，没有对方无法生存。如果不可以向美国出口或者没有美国的投资，中国的日子将不会好过，反过来美国人也得益于来自中国的廉价产品。在新的时期的开始，我们很有可能看到两个超级强权并存的状况。

对于西方来说最重要的问题是：我们如何才能赢得拥有不同文化传统的人们的同情和理解呢？我们还有资格做他们的榜样吗？如果我们坚持用惯有的思维方式来审视判断其他人，我们有可能会犯错误，甚至还可能以友为敌。理智的做法是不要总是认为只有我们对政治和经济的思考和做法才是合理的。每个国家都有自己的历史文化和传统，每个民族都有自己的爱国主义精神。国家之间的交往需要知己知彼，同时需要受过良好教育的专业人士及政府顾问，他们不仅是有丰富的书本知识，更要对所面对的国家有深入的了解。在世界融合的过程中我们要学会提问题，倾听对方，努力增进理解，同时要做好准备用对方的眼光来看世界。

美国的对外政策制定者正在寻找新的道路，这很令人瞩目但又并非完全出乎意料。一时间每个人都在大谈特谈国际合作及重返外交的必要性。在我们的世界中，重要的不是去找出谁是好人谁是坏人，而是要认识到不同的利益和价值观。外交政策的重点不是寻找争端而是寻找共性。有的人开始思考为什么和中国相比美国在全世界有那么多的敌人，答案是：因为中国不干涉其他国家的内政，不对别国进行意识形态的批评，不以武力威慑。对于别国无论大小，不论是民主制还是独裁制都耐心交往，在国际关系中一贯保持冷静的态度。华盛顿的政治家们似乎也觉悟了，开始思考中国的经济和外交政策的优势。中国的经济政策一方面寻求发展，同时兼顾环保，而中国的外交政策为经济增长服务。一些政治评论家可能会说只要花钱就能让其他国家听话，他们认为和平不过是一个价格的问题，但是他们心里很知道这样的做法对美国来说已经不是第一次了。有些人已经预言，中国将以它的“迷人战略”来改变世界。另外一些人则反感中国最近表现出来的“新的自信”，他们认为中国在西方人面前表现得太狂妄了。“狂妄”？在某些地方有可能，但是亲爱的朋友们，我们必须要学会适应这样的情况。一百年来中国人一直生活在我们的“狂妄”之下，现在我们又有什么资格对他们指手画脚呢？难道他们只可以对我们表示出大度和宽容吗？中国人如何去适应新的角色当然也取决于我们的行为。

中国正走在现代化的道路上，也就是说“一个拥有13亿人口的国家正在演变成一个民主、富裕、社会公平、环保、尊重民族文化差异的社会”（《法兰克福汇报》，作者艾米·施瓦格，2009年9月15日）。这样的过程没有榜样可寻。在仅仅两代人的时间里，中国社会在经济及政治方面发生了史无前例的变化，在其他国家这样的变化需要很多代人。西方人为了自身的安全考虑，应该支持中国政府维护稳定的立场。一个软弱的中国将给亚洲带来动荡，也不利于世界的稳定，不可以忽视的是，中国在过去的几十年中始终努力在互惠的条件下和西方建立关系。

在金融危机中，西方人看中国的目光发生了微妙的变化，中国最终成为世界经济的发动机，让他们在兴奋之中藏不住尴尬。现任德国经济部长在上任后没有按照惯例去访问法国或者美国，而是首先在2009年底到了中国，观察家们对此都表示惊讶。《法兰克福汇报》对此发表了题为《中国龙的召唤》的专题报道。一位部长助理对此的评论很直白，听上去好像他已经不是很在乎美国："五年之后我们来中国的次数一定会多于去美国的次数，因为这里的市场太大了，机遇太多了，而且中国也比负债累累的美国有钱多了。"

智慧的德国老人赫尔穆特·施密特把中国称作是我们的"中国邻居"，这是一种充满自信的表示，应该作为我们同中国交往的出发点。

在中国总能遇到这样的一些外国年轻人，在各自的家乡时都自觉挺酷的，但是在中国住了几个月之后仍然对这里的一切感到惊羡不已。对于政治他们并不太感兴趣，他们到中国来通常是上短期课程、实习或者是旅游。中国和他们想象中的完全不一样，他们一谈到中国就眉飞色舞，其中有不少人一到中国后就决定要在家乡尽快把书读完然后回到中国来。经常有年轻的德国人告诉我："在我们的家乡人们还在做梦，他们根本就想不到外面的世界是什么样子！"有一小部分人已经等不到毕业："我不回国了。我到现在才知道我以前学的东西和我都没有关系。到了中国我才知道什么是重要的，我终于找到了自己的位置。"

听到这样的话时总是让我想到自己的当年。今天的年轻人和我有那么多相似的地方，但是又是那么的不同。我曾经和他们年龄相仿，一个人走在北京的大街上，脑海中充满了问题和希望，我勇敢地决定留在这里，虽然并没有意识到我当时的决定会改变我的一生。

丹丹去年大学毕业了，她拿到了文学学士学位。她能讲流利的德语、英语、韩语和汉语。她总是高兴地笑个不停，她现在的年龄就是沈丹萍刚刚认识我时的年龄，简直是难以置信。丹丹如愿以偿地获得了在一家国际连锁酒店接受管理培训的机会，培训开始之前她还在欧洲做了实习，她的愿望是在亚洲豪华酒店业内发展自己的事业。丹丹是亚洲人，也是欧洲人，她觉得这是她的幸运。作为一个世界公民她觉得不需要在两者中做出选择。

在我和沈丹萍结婚的时候，女演员最晚到 29 岁就很难有机会演主角了，和著名的中国古典小说《红楼梦》里的那些在十五六岁时就爱得死去活来的男男女女们相比已经是个进步。而在今天，无论电影的主题是什么，各个年龄段的演员都有可能挑大梁。沈丹萍在“神奇电影”《被爱情遗忘的角落》中扮演的荒妹形象始终令人难忘，充分展现了她的精湛演艺。虽然她取得了很大的成绩，沈丹萍却不希望我们的女儿去当演员。她认为在演艺界获得成功的偶然性太大，演员过于依赖于好的角色而且拍摄工作也太辛苦。尽管如此，直到今天她最喜欢做的事情还是去演电影，而不是像其他一些人那样把电影当做是生活的替代。她最喜欢的电影演员一直是罗密·施奈德，到了今天也没有改变。看了迈克尔·杰克逊的新片《就是这样》后她成了“流行乐之王”的粉丝，有空儿就模仿他的太空步。沈丹萍最不感兴趣的是政治，除非是关系到人性的话题。有时她能在最让人想不到的地方说出一句她小时候背过的毛主席语录，每次都让我们惊叹不已。沈丹萍从来都不是一个秘密，在她那有时让人琢磨不透的表面下藏着一颗单纯的心。从我认识她的第一天起一直到现在，沈丹萍无论从外表上还是内心里都没有改变，在外面世界的千变万化中能保持自己的本色是很难的，但是她做到了，这也是她作为演员一直受人喜爱的原因。

现在我必须要引用一句中国的老话：男人一生都是狼，20 岁的女人是绵羊：狼吃羊；30 岁的女人也是狼：狼和狼对峙，随时可能向对方发起进攻；40 岁的女人是虎：虎吃狼！这句话我已经听了 25 年，以我个人的经验来说，这句老话说得还是挺有道理的。一向温柔的沈丹萍偶尔也会露出老虎的一面来，两者的混合让我对她更着迷。最近我们和几位新朋友在城里一起吃饭，朋友们对沈丹萍的青春活力赞叹不已，我开玩笑地反问了他们一句：“那你们说她应该感谢谁呢?”大家都笑了起来，有的还大声地拍手鼓掌。为了换换口味，沈丹萍很快将要开始在电视台里做主持人，好处是她可以有比较长的一段时间住在北京，避免了去各地奔波的辛劳，另一方面也可以多和家人在一起。对她来说最重要的是照顾家人和朋友，收拾屋子，请朋友到家里做客，和全家人一同去度假，读传记。有时候她自己也写文章。

虽然我在中国住了这么多年，中国对我来说仍旧像是一个充满了异国情调的度假胜地。我这样说并不是要把中国和泰国的沙滩来做比较。当一家德国媒体的驻京记者问我在中国的体会时，我确实使用了这个略显天真的说法。当时我们正在参加大使馆里的一个自助餐招待会，他正要把一块蛋糕夹到盘子上。

“对，就是，”我很自然地重复了刚才的回答，当然我承认我是故意这样说给他听的，“在中国我总是觉得自己好像在度假。”

我对面的这个记者已经在中国生活工作了很多年，他的报道中充斥着压迫、独裁、苦难，对中国的发展他从来没说过什么好话……他觉得我的回答实在是太过分了，他举起胳膊用手里握着的蛋糕铲子直指着我，面带怒色，狠狠地一字一句地说：

“我不相信你说的话！”

他信不信倒也无所谓，但是他的口气和体态让我觉得他好像无比愤怒和郁闷。那一刻真的是很有意思。其实我可以理解他当时的反应。有那么一些和他类似的外国记者一直希望把中国妖魔化，让西方的读者对中国产生恐惧和厌恶，他们不但受到中国人的指责，在北京居住的很多外国人对他们的报道也感到反感。一方面他们的报道经常无法反映事实的全貌，另一方面也不符合（西方）世界在政治和经济上的要求。时代在变化，新闻从业人员应该具有更宽广的世界眼光，认识到多样化的重要性，同时也应该更加诚实。缺乏这些素质的人员早晚是要离开这个行业的。

不管中国是否是一个度假胜地，我的第二故乡并不能完全地取代我的故乡。每隔几个月或最长半年时间我就要回家一次，即使没有什么业务上要处理的事情。我留恋德国的城市和天空，留恋那里的朋友和跟他们一起的谈话，留恋那里的饮食，留恋我一直热爱的海德堡，还有所有我熟悉的东西。每一次回德国我都禁不住把过去和今天做个对比；每次买完回家的机票我都很兴奋。

“等你老了，你想住在哪里?”有时德国的朋友很严肃地问我，然后再加一句，“一定是在这里吧?”

这叫什么问题，等我老了的时候!

我笑了笑说：

“你看，我现在刚刚35岁，关于这个问题我还从来没有考虑过!”

有些人觉得我的回答一点儿都不可笑，开始用奇怪的目光看着我。我说的也不完全是瞎编的，我在中国生活了刚好35年。在这个充满活力的国家里我从不觉得自己有多老，因为我每天都可以看到学到新东西，同时亲手创造出新的东西。

穿梭在两个文化中间，让我的生活既丰富多彩又无可比拟。在两个世界之间找到平衡是需要付出代价的，不管在这里还是在那里我都会感到孤独。如果说是要怪谁的话，那就要怪我无法停止对这两个世界进行比较。我学会了适应一些事情，对文化间的不同有了更深的理解，但是另一些事情却要永远失去。一个人对自我的了解和自信来自于他的经历，在一个陌生的环境里人们总是会自然地和它拉开距离，但是在适应了陌生的环境后又会开始对以前的世界产生距离。这种矛盾是无法避免的。保持独立的最大好处就是可以做出自由的选择，可以在两个世界中追求美好的东西。

会有损失吗?最近丹丹从南方回到北京来探望我们。我们好几个月没有团聚了。现在全家人围坐在餐桌旁，互相讲各自的经历，讨论过去、现在和未来，谈论亚洲和欧洲，工作和学校，爱情和家庭，一起看过去的照片、录像，听音乐，喝香槟……不，此时此地我没有感觉到自己有任何损失。

2010年3月于北京

感 谢

感谢所有让我在中国的生活变得美好的人，不管他们是年老的、年轻的还是孩子，不管他们是中国人还是外国人；感谢所有回答了我的问题的人，还有所有给了我教诲的人；感谢所有帮助过我但没有留下姓名的人。

感谢下面提到的每一个人，他们的名字没有出现在本书中，但是他们都对我的生活产生过影响，有的直到今天（排名不分先后）：

刘洋，王能涛，李天民，黄友义，安尼瓦，艾斯卡尔，王良，张昆，高诗京，王铁生，沈小萌，杨二车娜姆，熊焰，彭明哲，肖丽媛，陈亮，马晓，薛白，李童，董莹，江澄，宫晓东，张抗抗，王亚妮，李彬，朱军，陈平，蔡明，丁虹，周新霞，林朝翔，韦唯，田辉，邓林，李勤勤，韩美林，裘小龙，高晴，沈蓓艺，张有待，赵丽萍，巫新华，李露，潘星，吕军，唐笙，范之龙，赵洵，熊蕾，韩新，王铁生，金鑫，周采芹，洪晃，徐淑君，林兆华，余玉熙。

Prinz Franz von Auersperg, Susanne Gertrud Baetke, Reinhard Becker, Botschafter Dr. Albrecht Conze, Uta Dingethal, Charles Doerner, Jonny Erling, Roland Fischer, Michael Glawogger, Heike Goebel, Christoph Gottschalk, Marjorie Grin-Klimm, Konsul Dr. Albrecht von der Heyden, Thomar Hopfgarten, Nicolas V. Iljine, Beate Kayser, Botschafter Karl-Otto Koenig, Daniel und Hedi Kriegeskotte, Klaus Lackschewitz, Botschafter Friedrich Ludwig Loehr, Andreas Lorenz, Chozie Ma, Meg Maggio, Petra Mann, Frank H. Meyer, Ursula Menzel-Fischer, Guli Michel, Susanne Mueller, Gouverneur Dr. Sami Musallam, Alexander Niemetz, Jochen Noth, Anton M. Piech, Ilja Poepper, Eric Poepper, Rainer Regensburger, Uwe Richter, Gabi Ripke, Eva Rothe, Dr. Djavid Salehi, Thorsten Schaumann, Christian Y. Schmidt, Torsten Schulz, Frank Sieren, Mark Siemons, Jana Simon, Prof. Albert Speer, Friedrich-Wilhelm Spieker, Peter Steinhart, Hans Peter （“Molli”） Stichs, Brigitte Suarez, Eckhard R. Schneider, Guenter Weinknecht, Dr. Brigitte Zypries.

参考书目（Bibliographie）

1. Arlington, L. C. & Lewisohn, William: In Search of Old Peking. Hongkong 1987.
2. Baum, Vicki: Hotel Shanghai. Koeln 1985.
3. Baumer, Christoph: Geisterstaedte der Suedlichen Seidenstrasse–Entdeckungen in der Wueste Takla Makan. Stuttgart/Zuerich 1996.
4. Becher, Ulrich/Preses, Peter: Der Bockerer. Hamburg 1981.
5. Cao Yu: Gewitter. Beijing 1980.
6. Chang, Iris: The Rape of Nanking–The Forgotten Holocaust of World War II. New York 1998.
7. Chong, Denise: Das Maedchen hinter dem Foto–Die Geschichte der Kim Phuc. Hamburg 2001.
8. Deng, Rong: Deng Xiaoping and the Cultural Revolution–A Daughter Recalls the Critical Years. Beijing 2002.
9. Dimond, E. Grey: Inside China Today–A Western View. (London 1983) . Beijing 2003.
10. Durniok, Manfred: Reflections on China. Berlin 2001.
11. Fewsmith, Joseph: China Since Tiananmen–The Politics of Transition. New York 2001.
12. Fleming, Peter: Die Belagerung zu Peking. Stuttgart 1961.
13. Gao, Xingjian: Der Berg der Seele. Frankfurt/Main 2001.
14. Greene, Graham: Der stille Amerikaner. Muenchen 1993.
15. Hopkirk, Peter: Foreign Devils on the Silk Road–The Search for the Lost Treasures of Central Asia. 1984.
16. Kemenade, Willem van: China AG–Maos Utopie und die Macht des Marktes. Muenchen 1997.
17. Lao She: Das Teehaus–Mit Auffuehrungsfotos und Materialien, herausgegeben von Uwe Kraeuter und Huo Yong. Frankfurt/Main 1980.
18. Kuhn, Robert Lawrence: The Man Who Changed China–The Life and Legacy of Jiang Zemin. New York 2004.
19. Legal, Claus & Saure, Hans–Wilhelm: Derrick–Harry, hol schon mal den Wagen / Das offizielle Buch zur Kultserie des ZDF. Berlin 1998.
20. Malraux, Andre: So lebt der Mensch. Stuttgart 1979.
21. Mao, Tsetung: Gedichte. Beijing 1978.

22. McNamara, Robert S.: In Retrospect-The Tragedy and Lessons of Vietnam. New York 1996.

23. Nationaltheater Mannheim, Intendant Arnold Petersen (Hrsg.) : Nationaltheater Mannheim in China-Das grosse Gastspiel. 1982.

24. Porter, Edgar, A.: The People´s Doctor-George Hatem and China's Revolution. Honolulu 1997.

25. Qian, Qichen: Ten Episodes in China's Diplomacy. New York 2005.

26. Rabe, John (Hrsg. Erwin Wickert) : Der gute Deutsche von Nanking. Stuttgart 1997.

27. Rittenberg, Sidney & Bennett, Amanda: The Man Who Stayed Behind. New York 1993.

28. Schmidt, Helmut: Nachbar China-Helmut Schmidt im Gespraech mit Frank Sieren. Berlin 2006.

29. Schmidt, Helmut/ Stern, Fritz: Unser Jahrhundert-Ein Gespraech. Muenchen 2010.

30. Scholl-Latour, Peter: Die Angst des weissen Mannes-Ein Abgesang. Berlin 2009.

31. Seagrave, Sterling: Die Konkubine auf dem Drachenthron-Leben und Legende der letzten Kaiserin von China 1835-1908. Muenchen 1993.

32. Seitz, Konrad: China-Eine Weltmacht kehrt zurueck. Berlin 2000.

33. Short, Philip: Pol Pot-The History of a Nightmare. London 2005.

34. Sieren, Frank: Der China Code-Wie das boomende Reich der Mitte Deutschland veraendert. Berlin 2005.

35. Sihanouk, Norodom: L'Indochine vue de Pekin-Entretiens avec Jean Lacouture. Paris 1972.

36. Snow, Edgar: Roter Stern ueber China. Frankfurt/Main 1970.

37. Sun, Tzu: The Art of War. New York 1977.

38. Tang, Feng-dschang: Schaschiyu verwandelt sich. Beijing 1976.

39. Tsao, Hsueh-chin & Kao, Ngo: A Dream of Red Mansions. Beijing 1978.

40. Vaillant, Fee & Maier, Hanns: Dokumentation Retrospektive des chinesischen Films-XXXI. Internationale Filmwoche Mannheim. Mannheim 1982.

41. Wang, Shu: Maos Mann in Bonn-Vom Journalisten zum Botschafter. Frankfurt/Main 2002.

42. Weiss, Ruth: Am Rande der Geschichte-Mein Leben in China. Osnabrueck 1999.

43. Xin, Fengxia: Reminiscences. Beijing 1981.

44. Yang, Xianyi: White Tiger-Autobiography of Yang Xianyi. Hongkong 2002.

45. Ying, Ruocheng/Conceison, Claire: Voices Carry-Behind Bars and Backstage During China's Revolution and Reform. Lanham, Maryland 2009.

46. Zhao, Qizheng: Dialogue Between Nations. Beijing 2009.